著者略歴

明治二十年　静岡県生まれ
大正　二年　東京大学文学部史学科卒業
山形、水戸、静岡各高等学校教授を歴任
昭和二十一年　静岡高等学校長事務取扱を最後に退官
同年、静岡に学校法人常葉学園（はじめ静岡女子高等学院）を創立
昭和四十一年　常葉女子短期大学を設立し学長に就任
昭和四十四年十月死去、八十二歳

〔主要著書〕
『栄西禅師』『日支交通史』『日華文化交流史』『日宋関係』『参考新日本史』『日本喫茶史』等

日本古印刷文化史　新装版

二〇一六年(平成二十八)一月一日　第一版第一刷発行

著　者　木《き》宮《みや》泰《やす》彦《ひこ》
発行者　吉川道郎
発行所　株式会社　吉川弘文館
郵便番号一一三―〇〇三三
東京都文京区本郷七丁目二番八号
電話〇三―三八一三―九一五一〈代表〉
振替口座〇〇一〇〇―五―二四四
http://www.yoshikawa-k.co.jp/
印刷＝藤原印刷株式会社
製本＝誠製本株式会社

ISBN978-4-642-01653-7

本書の初版は、昭和七年に冨山房より刊行されました。復刊にあたっては
第三版（昭和五十年刊）を原本といたしました。

理もないのだが、本当に長いつきあいとなった。今回、同書の復刊がなされるとのこと、新しい装いの本書にお目にかかれるのを心待ちにしている。

（京都府立大学教授）

ら明治にかけて日本に滞在し、日本研究にも造詣の深かった英国外交官アーネスト・サトウの収集によるもので、彼の死後、コレクションは同館に寄贈され、日本関係古版本の中核を占める収集物になった。ここで紹介する『貞観政要』もそのうちの一冊である。ところで、『貞観政要』とはどのような書物であるのか、概略を述べておこう。同書は、中国唐代の名君として名高い皇帝太宗が臣下と交わした問答を、史家呉競が記した書物であり、中国のみならず朝鮮や日本の為政者にも、いわゆる帝王学の書として広く読まれてきた。

大英図書館に所蔵されている版本は、跋文によれば慶長五年四月、家康の命により足利学校の庠主《しょうしゅ》三要、すなわち閑室元佶《かんしつげんきつ》が刊行した、いわゆる伏見版で、跋文を記したのは家康側近の西笑承兌《せいしょうしょうたい》であった。

学問好きの性格があった家康は盛んに典籍の開版事業を行った。慶長年間の伏見版、元和年間の駿河版などがそれであるが、前者伏見版の刊行は山城伏見の円光寺において、慶長四年から同十一年までの八年間に、七種八十冊の典籍が出版された。本書もそのうちの一冊ということになる。伏見版について、日本の印刷文化史上の意義をあげるとすれば、刊行に際して朝鮮の活字印刷の技術が大いに利用されたという点である。従来、わが国では木版印刷が行われてきた。だが、文禄・慶長の役を契機として朝鮮から活字印刷術がもたらされ、これが伏見版の発行にも大いに利用されることになったのである。

現在、京都洛北の地一乗寺に名跡を継ぐ円光寺には、その木活字が五万二千個ばかり伝存しており、近年重要文化財に指定された。

手元にある本書は、筆者の蔵書中でもかなり古い書物に属する。改めて手に取ってみると、もうほとんど解体寸前の状態にあり、表紙にもいくつか補修の跡が見える。昭和五〇年に冨山房から復刊（三版）されたものであるから無

一例をあげよう。たとえば本書の次のような指摘は今日なお示唆深いものである。

文永・弘安の役を中心とし、前後三十余年の久しきに亘れる日元の険悪なる国際関係を回想する者は、何人と雖もこの間に平和的貿易が行はれようとは、容易に想到し得ざる所であり、且つこれに関する纏まつた完全な史料に乏しく、従つてこれを闡明することが頗る困難な状態にあつたからである。けれども一度入元僧や帰化元僧等の語録・詩文集・伝記などを検討すれば、（中略）想うに元末凡そ六十年間は、各時代を通じ、我が商船の最も盛んに志那に赴いた時であつた。

文永・弘安の役前後の日元交通に関するものであるが、臨戦状態にある両国間では平和的貿易などもおそらくは低調であったろうというのが大方の予想であった。しかるに著者はそのような予想が実は誤りであることをすでに早く喝破していたのである。

近年、村井章介氏らの研究（「渡来僧の世紀」、同氏著『東アジア往還』所収）により著者のこのような指摘はさらに明確化し、この時期をむしろ民間交流の活発化した時期と見なす評価が定着するに至った。これは、それほど古い話ではない。

さて、話は前後することになるが、本書がいかに示唆深い書であるかを筆者が改めて認識したのは、近年、大英図書館で行った五山版調査の際であったと思う。これについては、かつて駄文を弄したこともあるので（「文化交流の一齣―大英図書館蔵『貞観政要』のことなど―」『歴史書通信』二〇一二年七月）、関心のある方はそちらをご参照頂きたいが、内容的な関連もあるので、拙文を締めくくるにあたり、再度簡単に紹介させていただきたい（文末の引用部分が本書を参考にした部分である）。

現在、大英図書館には日本の禅宗寺院で刊行された古版本が多く保存されている。これらの多くは、江戸時代末かる。

室町時代、遣明船派遣停止に至る頃までは、京都禅院を中心とする開版事業は依然として盛んであったが、応仁の乱以後になると急速に衰微した。また前代以来衰退の傾向にあった南都諸大寺や高野山などの、いわゆる和様版にも同様な状況が見られる。だが、これと対照的に、地方の禅院における開版事業はますます隆盛化し、下野・武蔵・甲斐・駿河・美濃・周防・土佐・薩摩・日向などの地へと拡大していった。さらにこれとは別に、室町時代には朝鮮貿易により高麗版大蔵経の流入が増大したことも特色のひとつである。

応仁の乱後、衰微していた開版事業も、秀吉による天下統一を契機として再び盛んになり、江戸時代に入ると空前の発展を遂げることになった。その際、とくに注目すべき事柄としては、活字印刷法の伝来である。秀吉の朝鮮出兵を契機に日本にもたらされ、後陽成天皇・後水尾天皇の勅版、家康の伏見版・駿府版などにこの新技術が用いられた。一方、来日した宣教師等によって金属活字による印刷、いわゆるキリシタン版の刊行も行われた。

以上、本書の内容を簡単に紹介してみたが、ここで、関連して特に述べておかなければならないことは、著者には実は『日華文化交流史』（同氏『日支交通史』を改訂。昭和四〇年に冨山房より再刊）という、もう一つの名著のあることである。

同書は、原始時代より江戸時代に至る日中文化交流の様相を、博捜した史料を駆使して詳述したものであるが、とくに中世禅僧の語録・詩文集・伝記などへの目配りは、他の追随を許さぬものがあった。このため筆者なども、研究開始当初より常に座右の書として恩恵を被ってきたのであるが、本書『日本古印刷文化史』では同書のこのような成果が到る処に援用されており、日中両国を往来する禅僧達の動向まで視野に入れた興味深い論述が、高いレベルで実現したようである。

刻流布して、我が文化の発展に寄與したかを闡明しようと考えた。

と述べている。

つまり、奈良時代から江戸時代に至る日本の印刷文化の発展を、大陸・半島との文化交流を縦軸に、統一的・総合的に論じてみたいということであった。

それでは同書の内容を、筆者の研究分野に関連する範囲で簡単に紹介しておこう。

鎌倉時代以降、禅僧の日中往来は活発化した。それにつれて経典・禅語録類を中心とした典籍の輸入も拡大し、従来は奈良・京都を中心としていた開版事業に新たに鎌倉の地が加わり、京都では儒書・詩文集などの開版も始まった。ちなみに著者は本文中、「唐様版」という新たな類型化を提唱するが、それは

五山版の名を以てしては、包括しがたい博多版・大内版・薩摩版・駿河版等をも含み、我が中世に於ける開版事業といふ一事象の上に反映した志那文化の影響の跡を検討し考察するに、最も適切なる名称であると思考するからである。

と述べている。五山と直接に関係はなくとも、宋・元・明版を復刻、あるいはそれに倣って開版された版本を「唐様版」と総称し、中国文化の影響を検討したいという意図からである。

さて、南北朝時代になると、前述の状況にはさらに拍車がかかった。宋元版本の輸入や復刻が相次ぎ、また日本撰述書の開版も活発化するなど、いわゆる五山版の黄金時代を迎えたのである。この時期には、京都・鎌倉の禅院に加え、博多、兵庫、越前などの地方禅院においても開版事業が行われた。また高師直や足利尊氏・基氏父子など武士達の開版が活発化し、さらに京都辺りでは営利を目的とした典籍の開版も始まった。このような状況の背景には、この時期の禅宗の興隆とともに、兪良甫《ゆりようほ》に代表されるような優秀な彫工が元から多く渡来したことなどがあげられてい

解説

上田純一

禅宗を媒介とした中世対外交流史に少なからぬ関心をもつ筆者は、禅宗寺院で刊行された古版本、いわゆる五山版の調査を行うことが少なくない。ただ、その際の目的は、一般に行われているような書誌学的興味からのものではなく、実は本文奥に記された跋文類の調査を主な対象にしたものである。それらを積極的に利用することで、常に悩まされ続けている史料不足の問題を、多少なりとも緩和できないかという切実な理由なのである。

そのような筆者にとって、木宮泰彦氏『日本古印刷文化史』は、実にありがたく、また示唆深い書物であった。筆者の要求と同方向のベクトルをもった、まさにお誂え向きの書物であったからである。

本書の執筆意図について、著者は自序において次のように述べている。著者によれば、従来の刊行物やその開版に関する研究というものは、

概ね好事家が稀覯刊本の来歴を繹《たず》ね、愛書家が古刻書を蒐集して、版式・装潢《そうこう》を稽《かんが》ふるに止まり、是等を綜合して體系を整へた研究は甚だ乏しく、（中略）頗る寂寥たる感がある。

そこで、本書では日中文化交流の側面から、とくに印刷文化をとりあげて、

五山版以下唐様系統に属する諸版本を調査して、彼らが（留学僧ら―筆者注）如何なる典籍を将来し、これを復

日本古刻書

索引

1. 本索引は殊更に本書に記載した日本古刻書のみの索引とした。かくすれば、一面また日本古刻書總目錄とも見らるべく、古刻書檢索上多少の利便があらうと考へたからである。
2. 本索引は發音のまゝの假名遣に依り、字音假名遣に依らない。
3. 書名は檢索に便ならしめるため、普通に用ひられてゐる略名を擧げたものが少くない。
4. 書名の次に「應永五」などゝあるのは、その年に刊行され、「永享二前」などゝあるのは、その年以前に刊行され、また「觀應三摺」などゝあるのは、その年に摺寫されたことを示したものである。
5. 刊行年代の詳かでないものは、版種を附記しておいた。版種は和様版・唐様版・活字版の三種に大別し、同じ和様版でも春日版・東大寺版・高野版・京洛版など細別した版種の明瞭なものは、その名を示すことゝした。

ア

安樂集 弘安三 115,503
安樂集 寛元三 115,126,479
安樂集 正中二 117,126,548
安樂集 至德三 313,567
阿彌陀經 嘉禎二 114,476
阿彌陀經 元亨二 546
阿彌陀經 正中二 116,126,548
阿彌陀經 應永十五 369,624
阿彌陀經 永享三前 640
阿彌陀經 明德四前 657
東鑑 慶長十 397,399,688

イ・ヰ

僞山大圓禪師警策 建久頃 176,462
一華五葉 應永頃？ 638
一山國師語錄 應永十四 335,623
一山國師語錄（唐樣版） 281
一切如來金剛被甲眞言 天文廿 361,669
一乘義私記（春日版） 72
因明正理門論本 貞應元 63,469
韻府群玉 永享二前 640
韻府群玉（唐樣版） 285
韻鏡 大永八 355,664
韻鏡 永祿七 357,367
韻鏡 慶長七 691
韻鏡 慶長十三 694
醫書大全 大永八 354,381,663
陰虛本病（唐樣版） 393
伊勢物語（嵯峨本） 445,446,448,450
伊勢物語 慶長十三 664
伊勢物語肖聞抄（嵯峨本） 445,446,448,450
伊勢物語肖聞抄 慶長十四 696
犬たんか（嵯峨本？） 446

ウ

盂蘭盆經 建長三 76,481
盂蘭盆經 觀應二前 562
盂蘭盆經疏新記 永仁六 164,530
盂蘭盆經疏新記 永正二 340,341,661
盂蘭盆經疏 延慶四前 539
盂蘭盆禮文 建治元 495
運菴和尙語錄（唐樣版） 281
雲谷和尙語錄（唐樣版） 281
雲門匡眞禪師廣錄（唐樣版） 280
雲門匡眞禪師廣錄 慶長十八 436,703

エ・ヱ

圓覺經（東大寺版） 74
圓覺經 弘安中 75,202,512
圓覺經 元弘頃？ 254,554
圓覺經 觀應文和頃？ 247,567
圓覺經略疏之鈔 文安五前 74,645
圜悟錄 應永十一 242,621
鹽山和泥合水集 至德三 162,296

偃溪和尙語錄（唐樣版）　280

オ・ヲ

往生要集 承元四　109,464
往生要集 建保四　110,467
往生要集 建長五　110,484
往生要集 建長七　486
往生十因 寶治二　115,126,480
往生十因 嘉元三　116,537
往生西方淨土瑞應删傳 貞永元　114,475
往生論註 建長八前　487
應菴和尙語錄 正應元　179,222,514
應菴和尙語錄 應安三　221,580
黃檗山斷際禪師傳心法要（唐樣版）　280
黃龍十世錄 康曆二　591
王狀元集百家註分類東坡先生詩（唐樣版）　261,262,284
音註孟子（唐樣版）　285
大原談義聞書 永正十七　368,662
扇の草紙（嵯峨本）　446,447,449

カ・クヮ・ガ

嘉泰普燈錄 嘉元二　184,536
嘉泰普燈錄（唐樣版）　278
科文 文永九　494
科註妙法蓮華經 慶長十四　435
歌仙（嵯峨本）　445,447,448,450
魁本大字諸儒箋解古文眞寶前集（唐樣版）　283
魁本大字諸儒箋解古文眞寶後集（唐樣版）　283
觀無量壽經 正安四　116,126,532
觀無量壽經 正平六前　563
觀無量壽經 至德三　313,597
觀音經普門品 嘉禎二　476
觀彌勒上生兜率天經贊 承久二前　467
觀普賢經 弘長頃　491
觀普賢經 貞應三前　470
觀普賢經 天文十七前　668
觀世流謠本（嵯峨本）　445,447,449
勸發菩提心集 正應三　83,517
勸發諸王要偈 元和元　438,708
勸學文 慶長二　385,389,678
寒山子詩集 正中二　191,548
旱霖集 應永廿九　337,635
元祖蓮公薩埵略傳 慶長六　431,685
感山雲臥紀談 貞和二　247,560
感山雲臥紀談（唐樣版）　278
下學集 元和三　710

キ・ギ

敎誡新學比丘行護律儀 永仁七　85,530
敎誡新學比丘行護律儀 正和五　85,86,540
敎誡新學比丘行護律儀 文和元

78,310,565
敎誡新學比丘行護律儀 慶長九 435,452,687
敎誡律義 文永十 163
義雲和尙語錄 延文二 256,568
義堂和尙語錄 永和頃? 590
希叟和尙語錄 (唐様版) 281
夾註肇論 (唐様版?) 78
夾註肇論 嘉元四 537
虛堂和尙語錄 正和二 183,539
虛堂和尙語錄 (唐様版) 281
虛堂和尙後錄 (唐様版) 281
虛舟和尙語錄 乾元二 181,535
巨山和尙語錄 乾元二 181,535
錦繡段 慶長二 385,389,678
玉篇 慶長十 691

ク・グ

俱舍論頌疏 慶長十六 435,702
黑谷上人和語燈錄 元亨元 116,120,544
黑谷上人御法語 貞治四 313,575
黑谷上人起請文 貞治四 313,314,574
空華集 貞治七? 236,578
愚中和尙年譜 應永廿九 343
群書治要 元和二 403
久世舞 (嵯峨本) 447,449

ケ・ゲ

華嚴經 (春日版) 71
華嚴經 建武永和頃 587
華嚴經 元亨四 547
華嚴經探玄記 嘉曆三 74
華嚴經探玄記 元德三 551
華嚴經隨疏演義鈔 正慶元 553
華嚴經合論 應安五 223,583
華嚴經普賢行願品疏 明德二 309,603
華嚴經普賢行願品隨疏義記 明德二 309,603
華嚴經普賢行願品別行疏 應永廿六前 632
華嚴五敎章 弘安六 73,508
華嚴五敎章 慶長十七 440,702
顯戒論 應永廿六 633
顯戒論 元和三 439,711
月林和尙語錄 元亨二 300
月林和尙語錄 貞治二 573
月林和尙語錄 應安三 263,580
月江和尙語錄 大永八前 663
月江和尙語錄 (唐様版) 280
月菴和尙語錄 明德二 257,603
月菴禪師行實 應永十六 343,624
景德傳燈錄 貞和四 225,561
景德傳燈錄 延文三 226,569
元亨釋書 永和三 236,587
元亨釋書 明德二 237,603
元亨釋書 慶長四 683
元亨釋書 慶長十 450,690

源氏物語（嵯峨本） 445,449,450
幻住清規（唐様版） 282
闕疑抄 慶長頃？ 708

コ・ゴ

金光明最勝王經 寛元四前 67
金光明最勝王經 永仁三 528
金光明最勝王經 正安元 67,531
金光明最勝王經 永德二前 593
金光明最勝王經 長祿四 651
金光明最勝王經大科文 正應元 83,84,514
金光明最勝王經大科文 正應元 513
金剛般若波羅蜜經 永和三 252,589
金剛般若波羅蜜經註解 康曆二 242,591
金剛般若波羅蜜經註解 應永廿七 335,634
金剛頂經開題 慶長十五 441,700
金剛頂經儀決 正應四 95,102,518
金剛頂瑜伽經 弘安二 94,102,501
金剛頂瑜伽經 應永廿四 364,631
金剛頂瑜伽經 文安元 370,645
金剛頂發菩提心論 建長七 92,486
金剛壽命陀羅尼經 嘉禎三 477
古林和尙語錄 康永元 219,231,554
古林和尙拾遺偈頌 康永四 231,558
古尊宿語要（唐様版） 280
古文尙書孔氏傳 元亨二 187,546
古文尙書孔氏傳 永正三 187,357,661
古文尙書孔氏傳 永正十一 357,662
古文孝經 文祿二 388
古文孝經 慶長四 391,680
古文眞寶 慶長十四 696
古今韻會擧要 應永五 339,617
古今銘盡（嵯峨本） 446
古今和歌集（嵯峨本） 445,449,450
五百家註音辯昌黎先生文集（兪良甫版） 264,265,266,381
五百家註音辯唐柳先生文集（兪良甫版） 381
五部大乘經 永德三 256,594
五部大乘經 至德三 71,598
五燈會元 貞治七 228,577
五家正宗賛 貞和五 220,562
五家正宗賛 慶長十三 436,695
五味禪（唐様版） 280
五妃曲 慶長八 393
虛空藏菩薩陀羅尼 文永十 495
虛空藏菩薩陀羅尼 文和二 565
虎丘和尙語錄 正應元 179,515
虎丘和尙語錄 貞治七 221,222,577
虎丘和尙語錄（唐様版） 280
虎關和尙十禪支錄 應永廿二 335,627
皇元風雅前集（唐様版） 283
皇元風雅後集（唐様版） 283
皇宋事寶類苑 元和七 414,715
兀菴禪師語錄 弘長頃 491

兀菴禪師語録 文永頃？ 198
兀菴禪師語録 應安六 230,583
高峯和尙語録（唐様版） 280
高峯龍泉院因師集賢語録（唐様版） 280
御請來目録 建治三 93,102,497
御成敗式目 享祿二 357,664
御成敗式目 慶長十二 694
弘法大師請來録 正安四 95,102,535
光明眞言初心要鈔 慶長九 441,688
枯崖漫録（唐様版） 278
洪覺範林間録（唐様版） 281
江湖風月集（唐様版） 276,283,586
興禪記（唐様版） 281
孔子家語 慶長四 394,396,682
孔安禮節 慶長十七 703
黄石公素書 慶長廿 706

サ

三敎指歸 建長五 92,484
三敎指歸 正應二 94,102,516
三敎指歸 天正八 674
三國佛法傳通緣起 應永六 361,618
三部經音義 慶長頃？ 706
三部假名抄 應永廿六 367,370,633
三論玄義 建長八 76,487
三陀羅尼 文和頃？ 232,567
三略 慶長四 397,682
三略 慶長五 397,684
最勝王經疏（春日版） 67
最勝王經疏 長祿頃 357
山谷詩集註（唐様版） 283
察病指南（唐様版） 285
沙石集 慶長十 431,688
沙石集 元和二 710

シ

聚分韻略 應永十九 336,625
聚分韻略 文明十三 352,655
聚分韻略 文明十八 656
聚分韻略 明應二 344,657
聚分韻略 永正元 340,660
聚分韻略 享祿三 345,665
聚分韻略 天文八 353,667
聚分韻略 天文廿三 345,347,670
聚分韻略（唐様版） 285
聚分韻略 慶長十七 702
新脩科分六學僧傳（唐様版） 278
新刊五百家註音辯唐柳先生文集 嘉慶元 263,265,266,599
新編排韻增益事類氏族大全 明德四 605
新編排韻增廣事類氏族大全（唐様版） 284
新編林間後録（唐様版） 281
新芳薩天錫雜詩妙選稾全集（唐様版） 284
新刪定四分僧戒本 元亨二 164,544

新撰貞和分類古今尊宿偈頌集 永和元 234,575,585
新板大字附音釋文千字文註(唐様版) 284
新板廣増附音釋文胡曾詩註(唐様版) 284
四分比丘戒本疏 寛元二 479
四分律删繁補闕行事鈔 建長四 163,483
四分律删繁補闕行事鈔 慶長十二 693
四分律含注戒本疏行宗記 正安元 164,531
四節文 弘安八 88
四體千字文 天文十九 352,669
四體千字文 天正二 421,674
四體千字文 慶長七 685
四體千字文 慶長九 686
四體千字文 慶長十一 692,693
釋摩訶衍論 建長八 93,486
釋摩訶衍論記 正應元 94,102,513
釋摩訶衍論抄 弘安五 94,507
釋淨土群疑論 建長二 115,481
釋淨土二義頌義 慶長十四 696
釋門自鏡錄(唐様版) 277
釋氏要覽(唐様版) 278
集千家注分類杜工部詩 永和二 587
集千家注分類杜工部詩(唐様版) 283
集洪州黄龍山南禪師書尺 貞治六 241,571
諸偈撮要 應永十一 342,622
諸伽陀集法則 文祿二 676
諸聖者の御作業 天正十九 387
宗鏡錄 應安四 221,222,259,262,263,267,581
宗派圖 元和三 436,711
宗門統要(唐様版) 278
勝鬘經 文永三 88,492
勝鬘經義疏 寶治元 88
勝鬘經義疏 永仁三 527
勝鬘經義疏 元和四前 712
悉曇字記 弘安三 94,102,506
悉曇字母并釋義 正平七 311,564
首楞嚴義疏注經 曆應二 287,553
首楞嚴經會解 康應二 246,625
聖一國師年譜 應永廿四 172,336,628
聖一國師年譜 元和六 714
聖一國師語錄(唐様版) 281
聖一國師語錄 元和六 714
春秋經傳集解 正中二 188,547
春秋經傳集解(兪良甫版) 264,266
心經幽賛添改科 寛喜三 70,473
資持記及行事鈔 建長四 163,482
稱讃淨土經 弘安三 115,504
出相阿彌陀經 應永三十三 368,637
正信偈三帖和讃 文明五 368,370,654
聲名集 天文十 364,667
詩人玉屑 正中元 189,547
蕉堅稿 應永頃? 338,638

鐔津文集（唐様版） 283
笑隠和尚語録（唐様版） 281
松源和尚語録（唐様版） 279
職原鈔 慶長四 392,681
職原鈔 慶長十三 695
周易 慶長十 397,398,690,691
史記（嵯峨本？） 446
書札禮事 慶長十七 703
心地敎行決疑 元和四 713

ジ・チ

成唯識論 寛治二 32,39,456
成唯識論 建仁二 43,63,462
成唯識論 建保三前 466
成唯識論 承久三 43,63,468
成唯識論 文永六 493
成唯識論 元徳元前 550
成唯識論 嘉暦四前 549
成唯識論 貞和三 307
成唯識論 貞和三 560
成唯識論 永徳二前 593
成唯識論述記 康治元前 40,457
成唯識論述記 保元二前 41,459
成唯識論述記 保元二前 41,459
成唯識論述記 養和二前 41,461
成唯識論述記 建久六 64,461
成唯識論述記 治承三前 41,462
成唯識論了義燈 永久四前 40,456
成唯識論了義燈 保延四前 40,457
成唯識論了義燈 仁平二前 40,458
成唯識論了義燈 承元二前 463
成唯識論演祕 承久二 468
淨土三部經 建保二 114,123,124,465
淨土三部經 仁治二 115,125,478
淨土三部經 文保元前 542
淨土三部經 元亨二 116,126,544
淨土三部經 正平七 313,564
淨土三部經 應永六 366,618
淨土三部經 嘉吉三 367,644
淨土三部經 文明二 367,653
淨土論 永享九 367,642
淨土略名目 天文廿一 368,670
淨土二藏二敎略頌 文明十九 368,656
淨心誡觀本（唐様版） 277
淨瑠璃姫物語（嵯峨本） 488
地藏本願經 嘉元四 67,637
地藏本願經 寶德四 646
十住心論 正嘉三 92,99,489
十住心論 慶長十四 441,697
十七條憲法 弘安八 88,511
十七條憲法德失鏡 慶長十三 694
十卷章 元和二 708
重刊貞和類聚祖苑聯芳集 嘉慶二 234,235,276,600
重新點校附音增註蒙求 應安七 267,585
貞永式目鈔 慶長頃？ 707
竺仙和尚天柱集（唐様版） 282

寂室和尚語録 永和三　257,588
爾雅（唐様版）　285
實語敎 明應六　658
城西聯句 元和四　713

ズ

随求陀羅尼 文明十二　654
随求卽得眞言儀軌 嘉暦二　95,548
随心如意輪心經 嘉慶二　309,601

セ・ゼ

選擇本願念佛集 建暦元　114,464
選擇本願念佛集 嘉祿三　117
選擇本願念佛集 延應元　114,477
選擇本願念佛集 建長三　115,482
選擇本願念佛集 正中二　117,126,548
選擇本願念佛集 永享十一　367,642
禪林類聚 貞治六　241,242,575
禪林類聚（唐様版）　261
禪林類聚（臨川寺版）　267
禪林類聚 慶長十八　704
禪林類聚 元和六　715
禪林僧寶傳 永仁三　200,529
禪門寶訓集 弘安十　200,511
禪門寶訓集（唐様版）　282
禪家四部錄 文明元前　653
禪家四部錄（唐様版）　279
禪宗永嘉集（唐様版）　280
禪苑清規 享德二前　646
禪儀外文集（唐様版）　283
清拙和尚語録 明德二　230,603
清拙和尚語録（唐様版）　279
清拙和尚禪居集（唐様版）　282
清少納言（嵯峨本？）　445
雪竇明覺大師語録 正應二　179,258,516
雪竇和尚明覺大師瀑泉集（唐様版）　282
雪峯和尚語録 貞和五　220,221,562
雪岑和尚續集（唐様版）　286
節用集（饅頭屋本）　423
節用集 天正十八　420,676
節用集 慶長二　418,678
節用集 慶長十五　699
節用集 慶長十六　701
石谿和尚語録（唐様版）　281
石門洪覺範林間錄及後錄 康暦二　242,591
全室和尚語録 康暦永德頃？　249,595
全室外集（唐様版）　282
絶海和尚語録 應永頃？　338,639
精刊唐宋千家聯珠詩格（唐様版）　284
世親攝論（春日版）　72
撰集抄（嵯峨本）　449,450

ソ・ゾ

增註唐賢絶句三體詩法 明應三　340,657

增註唐賢絶句三體詩法 大永頃 353,665
增註唐賢絶句三體詩法（唐様版）283
增修互註禮部韻略 應永六前 285,620
蘇悉地羯羅經 弘安三 93,102,506
蘇悉地羯羅經 應永廿五 364,631
續遍照發揮性靈集 建治三 93,102,497
續叢林公論（唐様版） 282
續傳燈錄 元和二 436,710
像法決疑經 弘安八 511
像法決疑經 應永廿一 337,626
藏乘法數 應永十七 343,625
藏叟摘稾（唐様版） 283
祖庭事苑（唐様版） 278
叢林校定清規總要（唐様版） 282
僧寶正續傳（唐様版） 278
卽身成佛義 建長三 76,91,482

タ・ダ

大藏經目錄 慶長十八 437,704
大藏經綱目指要錄 應安頃？ 262,585
大藏一覽集 慶長二十 400
大般若經 嘉祿三 98,472
大般若經 弘安二 500
大般若經 暦應明德 605
大般若經 觀應三摺 565
大般若經 文和二摺 289,566
大般若經 應安七 584
大般若經 應安中 239
大般若經 永和二 586
大般若經 康暦元 291,591
大般若經 至德元 596
大般若經 應永 617
大般若經 應永康正 359,647
大般若理趣分 建長七 71,485
大毘盧遮那成佛神變加持經 弘安二 93,501
大毘盧遮那成佛神變加持經 應永廿三 364
大毘盧遮那成佛神變加持經 應永廿四 627
大毘盧遮那成佛神變加持經 嘉吉元 369,643
大毘盧遮那經供養次第法疏 弘安三 94,102,504
大毘盧遮那成佛經疏 應永廿一 627
大毘盧遮那成佛經疏 元和二 441,709
大日經開題 慶長十五 441,700
大日經疏 弘安二 93,102,501
大日經住心品 寶德二前 645
大乘玄論 弘安三 118,506
大乘玄論 永仁三 527
大乘入道次第科分 文永七頃 82,493
大乘入道次第 文永八 82,494
大乘法苑林章 久安六前 41,458
大乘法苑林章 嘉應二前 41,459
大乘起信論 寛元元 73,478
大乘起信論義記 永仁五 74,527

大乘起信論疏 慶長十七　702
大乘莊嚴經論 貞應二　63,469
大乘百法明門論（春日版）　72
大乘本生心地觀經 天福元　475
大方等大集經 至德三　256,597
大樂金剛不空眞實三摩耶經 天文廿四　365,672
大品經（春日版）　71
大品般若經 元亨正中元德　550
大智度論（義眞點）　32
大佛頂首楞嚴經 弘安元　499
大佛頂首楞嚴經 延應元　477
大隨求卽得陀羅尼經 天文十一　668
大隨求卽得陀羅尼 天正十二　675
大悲呪 元弘頃　552
大孔雀明王經 寬治五前　38,456
大光明藏 應永七　338,620
大光明藏（唐樣版）　278
大慧普覺禪師普說（唐樣版）　279
大慧普覺禪師宗門武庫（唐樣版）　279
大慧宗杲語錄（五山版）　251
大應國師語錄 應安五　246,582
大燈國師語錄（唐樣版）　279
大川和尙語錄 應永廿　625
大川和尙語錄（唐樣版）　280
大學 慶長四　391,680
大學章句 文明十三　351,654
大學章句 延德四　344,345,657
太平記 慶長八　443,685
太平記 慶長十五　699
斷際禪師傳心法要 弘安六　199,507

チ

注華嚴法界觀門 應永三　361,616
注十疑論 建曆元　114,465
註菩薩戒經（唐樣版）　172,277
註菩薩戒經 應永廿七前　634
註菩薩戒經 應永頃？　639
勅修百丈淸規 文和五　245,568
勅修百丈淸規 長祿二前　650
勅修百丈淸規（唐樣版）　282
中論偈頌 正應五　76,303,518
中庸 慶長四　391,680
中州樂府（唐樣版）　284
長恨歌琵琶行（活字版）　392
知恩院本堂勸進牒 永享四　368

ツ

通別二受抄 應永二　361,616
徒然草 慶長十八　704
徒然草（嵯峨本）　445,448,450
徒然草抄 慶長頃？　686
徒然草壽命院抄（活字版）　430
徒然草壽命院抄 慶長九　443,686

テ

天台四敎儀 應永廿六　632
天台四敎儀集解 文祿頃？　677

天台四教儀集註 慶長五　684
天台名目類聚抄 元和四　435,714
天目中峯廣慧禪師語錄 (唐様版)　280,281
傳法正宗記 弘安十　200,521
傳法正宗記 至徳元　263,265,266,274,595
轉女身經 康元元　81,84,488
貞觀政要 慶長五　396,397,683
庭訓往來 天正八　675
帝鑑圖說 慶長十一　691

ト・ド

東山和尙外集 貞和三　251,561
鈍鐵集 延文頃？　248,572
童子敎 明應六　658
唐朝四賢精詩 (唐様版)　283
獨庵外集續稾 (唐様版)　283
唐才子傳 (唐様版)　284
ドクトリナ・クリスタン (天草版)　387

ナ

南堂和尙語錄 應安元　241,242,579

ニ

仁王經 元亨三　67,546
仁王經 (傳敎版)　31
仁王經開題 慶長十五　441,698
仁王護國般若經 文安元　369,645
仁王護國般若經 天正九　675
仁王護國般若經 天正十八　676
仁王護國陀羅尼 建治元？　82,84,496
人天眼目 乾元二　181,535
人天寶鑑 (唐様版)　278
日本書紀 慶長十五　700
日本書紀神代卷 慶長四　390,679
二十四孝 (嵯峨本)　446,448

ネ

念佛安心大要抄 應永卅　363,367

ノ

能花傳書 (嵯峨本)　445,449,450

ハ

般若心經 永德元　309
般若心經註解 應永廿七　335,634
般若心經註解 康曆二　242
般若心經疏 應永二　263,615
般若心經疏 文明十一前　654
般若心經幽賛 貞應三　70,470
般若心經幽賛添改科 寛正二　359,651
般若波羅蜜多理趣經 建治二　76,496
般若波羅蜜多理趣經 正平廿　309,574
般若波羅蜜多理趣經 文明十五　365,655
般若波羅蜜多理趣經 天文廿四　365,671

般若波羅蜜多理趣經開題 正平六 311,564
般若波羅蜜多理趣釋 永仁四 529
八方珠玉集 至德二 253,596
八幡宮理趣三昧禮懺 元龜四摺？ 673
八十一難經圖 天文五 666
八卦圖會 慶長十六 701
破菴和尙語錄 應安三 221,222,580
破菴和尙語錄 正應元 179,516
般舟讚 貞永元 114,123,125,473
般舟讚 正安四 116,126,534
范德機詩集 延文六 248,572
白氏文集 (唐樣版) 283,285
犯罪懺悔文 天平勝寶二 1

ヒ

祕密寶鑰 建長六 96,485
祕密寶鑰 正應三 95,102,517
祕密曼荼羅敎付法傳 弘安二 93,103,501
祕藏記 慶長十二 694
表無表章 正應五 81,519
七書 慶長十 397
七書 慶長十一 692
比丘六物圖私鈔 慶長十六 701
百人一首 (嵯峨本) 448,450
百人一首 (嵯峨本) 447,449,450

フ・ブ

佛制比丘六物圖 寬元四 163,479
佛制比丘六物圖 明應四前 658
佛制比丘六物圖 (五山版) 335
佛祖統紀 嘉應頃 232,601
佛祖歷代通載 (唐樣版) 278
佛祖歷代通載 慶長十七 434,702
佛祖宗派綱要 應永廿五 343,631
佛祖宗派綱要 慶長九 688
佛祖正傳宗派圖 永德二 172,232,594
佛祖正法直傳 康曆三 257,592
佛祖正法直傳 應永三 338,617
佛祖正法直傳 應永十一 338,622
佛果圜悟禪師碧巖集 (總持寺版) 652
佛果圜悟禪師碧巖集 (本源院版) 652
佛果圜悟禪師碧巖集 (瑞龍寺版) 652
佛果圜悟禪師碧巖集 (妙心寺版) 652
佛果圜悟禪師碧巖集 (唐樣版) 279
佛果圜悟眞覺禪師心要 嘉曆三 183,549
佛果圜悟眞覺禪師心要 曆應四 241,554
佛果圜悟眞覺禪師心要 (唐樣版) 279
佛光國師語錄 弘安頃？ 513
佛光國師語錄 貞和觀應頃？ 251,564
佛光國師語錄 貞治六 241,575
佛光國師語錄 應安元前 579
佛光國師語錄 應安三 221,581
佛光國師眞如寺語錄 嘉慶二 253,601
佛源禪師語錄 永和四 249,589

佛源禪師語錄 弘安七　200,509
佛德禪師語錄 至德元　221,596
佛德大通禪師愚中和尙年譜 永享十三　643
佛鑑禪師語錄 應安三　580
佛國國師語錄（唐様版）　280
佛智禪師語錄（唐様版）　279
佛燈國師語錄（元和元）　255
佛母大孔雀明王經 貞應三　90,490
佛最上乘祕密三摩地禮懺文 元龜四摺　673
物初大觀語錄 貞治頃？　579
物初大觀語錄（五山版）　230
分類合璧圖像句解君臣故事（唐様版）　284
不思議疏 弘安三　505
父母恩重經 永德三　305,594
文章達德錄（嵯峨本）　445

ヘ・ベ

辨中邊論 貞應元　63,469
辨顯密二敎論 元應二　543
辨證配劑醫燈 慶長頃？　707
平石如祇禪師語錄（唐様版）　267
平家物語（天草版）　386
平家物語（嵯峨本）　445,446,449,450,452
遍照發揮性靈集 正嘉二　93,488
碧山堂集 應安五　263,274,582

ホ・ボ

法華經（傳教版）　30
法華經 承曆四前　32,455
法華經 嘉祿元　63,471
法華經 弘長三　66,308,490
法華經 文永八　66,494
法華經 貞和三　307,559
法華經 文和四　307,566,567
法華經 延文貞治頃　292,578
法華經 貞治五　309
法華經 應安五　582
法華經 應永六前　620
法華經 應永十四前　623
法華經 應永廿九　635
法華經 應永廿九　635
法華經 永享五　641
法華經 嘉吉元前　643
法華經 享德四前　646
法華經 長祿三　363
法華經 文明十四　344
法華經 明應五　658
法華經 明應六　345,346,659
法華經 永正十六　362,662
法華經 天文十七前　669
法華經 天文十九前　669
法華經 天文廿三前　671
法華經 弘治三　361,672
法華經 文祿四　676

法華經普門品 承元三　65,463
法華經壽量品 永正八摺　661
法華經心八名普察陀羅尼 嘉祿元　70,471
法華經音訓 至德三　293,597
法華經傳記 慶長五　430,684
法華經論 建長六　66,485
法華經句解 (唐様版)　278
法華義疏 寶治元　88,480
法華義疏 永仁三　76,78,188,303,525
法華玄義 弘安正應　104
法華玄義序 文祿頃?　677
法華玄義序 文祿四　434
法華玄義釋籤 久安四　38,104,457
法華玄義釋籤 弘安正應　104
法華玄義科文 慶長九　434,687
法華玄義科文 元和四　439,711
法華攝釋 安元二前　460
法華攝釋 安元三前　41
法華文句記 弘安正應　104
法華止觀補行弘決 弘安正應　104
法華文句科解 慶長十　434
法華文句科解 元和四　437,712
法華遊意 建長四　76,483
法華經釋 正平六　563
法華三大部並註疏 正應五　519
法華疏私記 慶長十六　701
法華去惑 元和四　713
法華肝要略註要句集 元和六　714
法苑珠林 康曆三　268,592
法苑珠林 寬永元　439,717
法然上人像 正和四　116,540
法然上人像 永享十二　368,643
菩薩戒本宗要 建治元　82,496
菩薩戒本宗要 德治二　85,538
菩薩戒本宗要 文保二　85,543
菩薩戒本宗要 正平十四　77,310,571
菩薩戒本持犯要記 寬元二　479
梵網經 承久二　88
梵網經天台疏 應永頃?　640
梵網經菩薩戒經 嘉禎二　476
梵網經菩薩戒經 正應三　85,518
梵網經菩薩戒本 寶治二　163,480
梵網經菩薩戒本 文永四　185,492
梵網經菩薩戒本 應永卅　636
梵網經菩薩心地品 承久二　467
梵網經菩薩心地品戒疏 (唐様版)　278
梵網經古迹記 正嘉三　81,489
梵網經古迹記 正安四　85,532
梵網經古迹記 正和五　540
梵網經古迹記科文 建治元　82,495
梵網經古迹記補行文集 弘安元　82,497
梵僊和尚語錄 (唐様版)　279
北磵和尚語錄 (唐様版)　281
北磵文集 (唐様版)　282
北磵詩集 應安七　248,584
補註蒙求 文祿五　418,677

寶篋院陀羅尼經 建長三 70,481
蒲室集 延文四 220,572
翻譯名義集（唐様版） 277
本朝古今銘盡（嵯峨本） 446,448
方丈記（嵯峨本） 445,447,449
保元物語（嵯峨本） 449,450

マ

摩訶止觀科解 慶長八 434,593
摩訶止觀科解 元和三 439,711

ミ

密菴和尚語錄 正應元 179,515
密菴和尚語錄（唐様版） 261,279,294
未來星宿劫千佛名經 德治三 534

ム

無垢淨光陀羅尼 神護景雲四 4
無垢稱經 延慶元 538
無垢稱疏（春日版） 72
無量壽經 建仁四 113,462
無量壽經 正安元前 531
無量壽經 康安元前 573
無量壽經鈔 慶長十九 705
無量壽經鈔 慶長廿 706
無量義經 弘長頃？ 491
無量義經 天文十七前 668
無言鈔（嵯峨本？） 445
無門和尚語錄 應永廿八 343,635
無門和尚語錄（唐様版） 280
無門關 應永十二 343,622
無準和尚語錄 應安三 221,222,580
無量壽禪師日用清規（兪良甫版） 263
無量壽禪師日用清規（唐様版） 282
夢窓國師語錄並年譜 貞治四 221,222,574
夢中問答 康永三頃？ 121,297,555
夢中問答 應永頃？ 121,243,299,637

メ

明教大師輔教編 觀應二 216,220 222,563
明德記 慶長十九 705
冥樞會要 嘉應元 238,598

モ

文珠師利菩薩發願經 貞和三 560
文選 慶長十二 427,693
孟子 慶長四 391,681
毛詩 慶長九 435
毛詩鄭箋（唐様版） 285

ヤ

藥師本願功德經 康永三 309,555
藥師本願功德經 文明十七 362,655
藥師本願功德經 永正二？ 361,660
藥師本願功德經 天文七 362,666

ユ

維摩經 文永四　88
維摩經義疏 寶治元　88
維摩經義疏 文永六前　493
維摩經義疏 永仁六前　530
維摩經略疏 元和二　710
維摩詰經 文永四　76,492
唯識論（義眞點）　32
唯識論述記 建久六　64
唯識義章（春日版）　72
唯識二十論（春日版）　72
唯識三十頌（春日版）　72
融通念佛緣起 明德元　313,602
融通念佛緣起 應永廿一　366,626
瑜伽師地論 建曆三　63,465
瑜伽師地論略纂（春日版）　72
遺敎經 永享九　641

ヨ

謠亂曲（嵯峨本？）　445

ラ

羅湖野錄 元龜元前　660
羅湖野錄（唐様版）　278
來々禪子集 元弘元　250,551
落葉集 慶長三　387

リ

臨濟慧照禪師語錄 元應二　183,543
臨濟慧照禪師語錄 嘉曆四　183,549
臨濟慧照禪師語錄 永享九　339,642
臨濟慧照禪師語錄 延德三　344,656
臨濟慧照禪師語錄 元和九　716
律宗作持羯磨 正和五　85,86,541
律宗新學作持要文 應永八　361,621
律三大部　15
了菴淸欲語錄 應安元　241,243,579
李善注文選 應安七　263,265,266,274,585
立齋先生標題解註音釋十八史略（唐様版）　284
隆興佛敎編年通論（唐様版）　277
六韜 慶長四　397,398,681

レ

歷代帝王紹運圖（唐様版）　284
歷代帝王編年互見之圖 永和二　249
歷代序略 天文廿三　345,348,671
聯新事備詩學大成 明應八前　659
聯新事備詩學大成（唐様版）　284
靈源和尙筆語 曆應五　241,554
了菴淸欲禪師語錄（唐様版）　279
冷齋夜話（唐様版）　284
列子鬳齋口義（唐様版）　285

ロ

論語 天文二　356,665

論語 慶長四 391,681
論語集解 正平十九 301,381,573
論語集解 明應八 353,659
論語集解 慶長頃？ 685
論語集解 慶長十四 698
論語集解（要法寺版） 396,430
六字神呪王經 天喜元前 32,38,455

ワ

和點法華經 嘉慶元 294,599
和點法華經 應永五 294,336,617
和漢合運圖 慶長十？ 431
和風安心抄 慶長頃？ 706
倭玉篇 慶長十五 699
倭玉篇 慶長十八 705

日本古印刷文化史

新装版

木宮泰彦著

吉川弘文館 刊行

陀羅尼

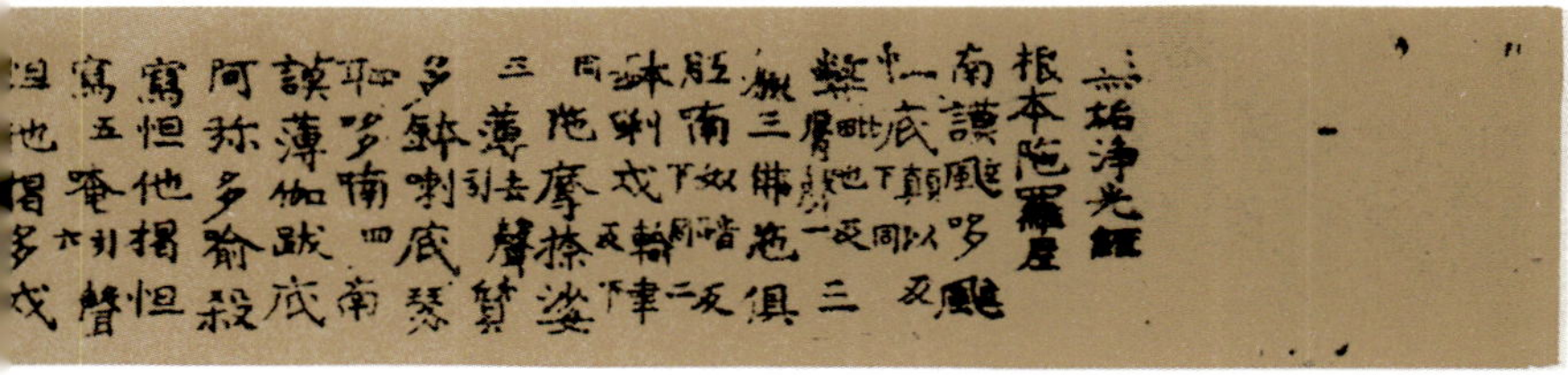
無垢浄光経
根本陀羅尼

根本陀羅尼

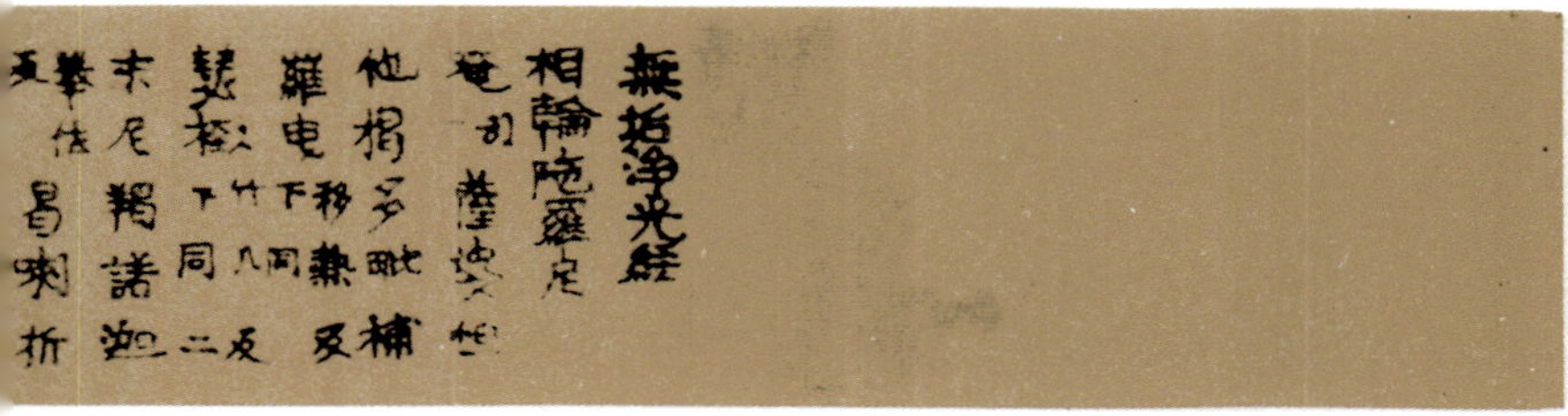
無垢浄光経
相輪陀羅尼

相輪陀羅尼

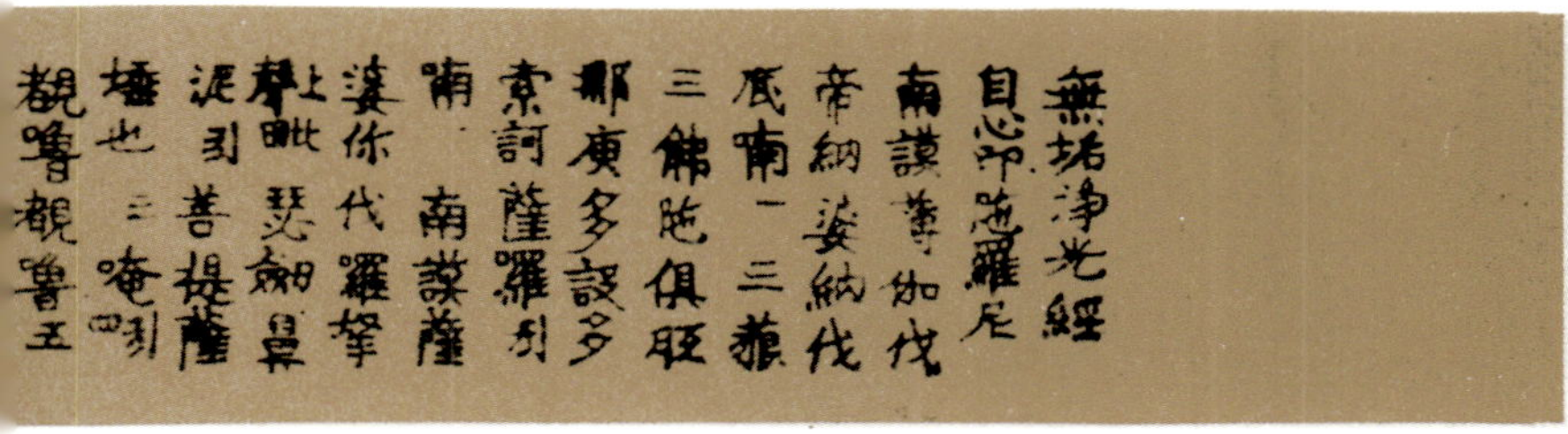
無垢浄光経
自心印陀羅尼

自心印陀羅尼

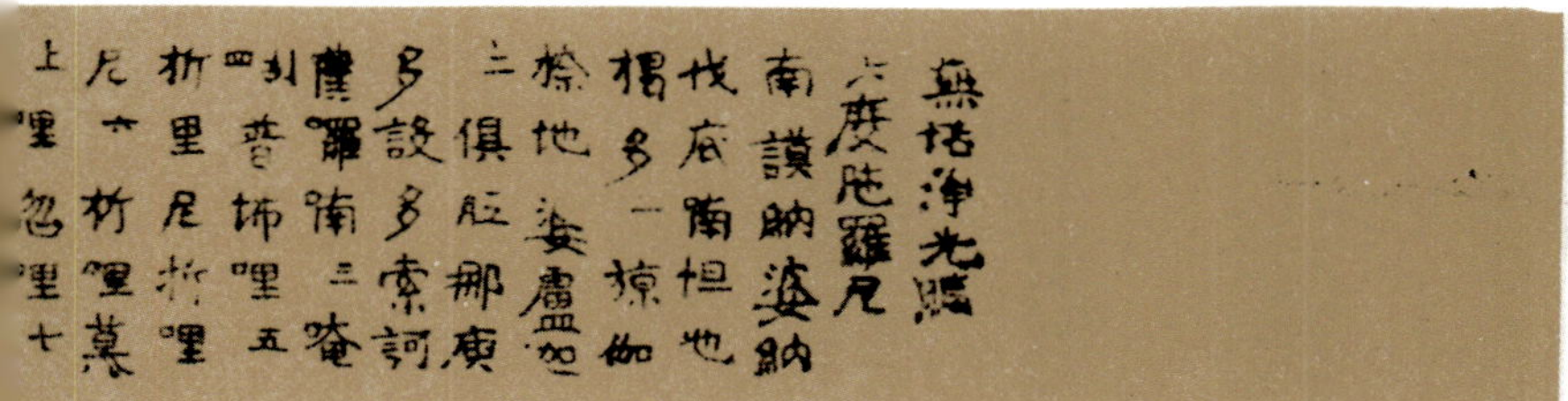
無垢浄光経
六度陀羅尼

六度陀羅尼

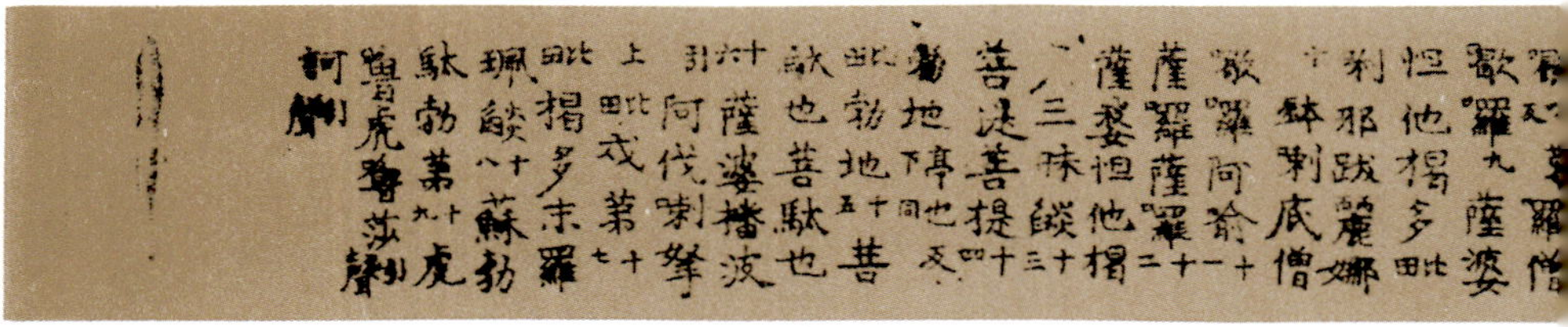
歌囉九薩婆
怛他揭多毗
刹那䟦麗娜
十鉢剌底僧
啾囉阿瑜十一
薩囉薩囉十二
薩婆怛他揭
三昧䫻十三
菩提菩提十四
勃地停也同下十四反
毗勃地十五菩
馱也菩馱也
薩婆播波
阿伐刺拏引
毗戍第十七
揭多末羅
珮䫻八十蘇勃
馱勃第九十虎
虜虎魯莎
訶引

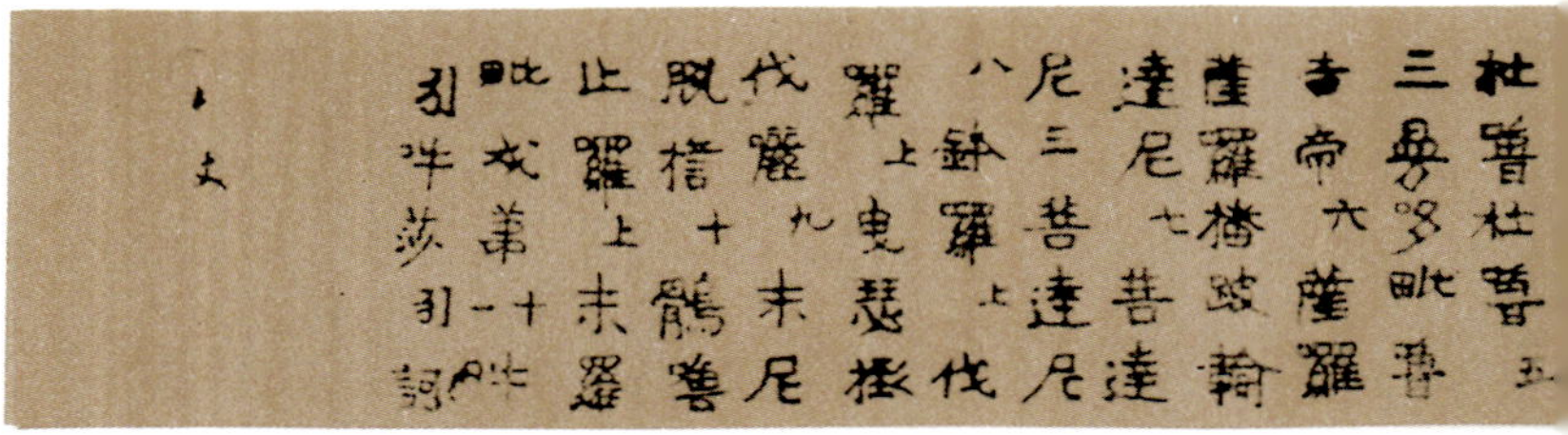
杜魯杜魯五
三摩多毗魯
帝六薩羅
薩羅播䟦輸
達尼七菩達
尼三菩達尼
八鉢羅上伐
羅上曳瑟捺
伐麗九末尼
颰揞十鶻嚕
止羅上末羅
毗戍第一十
引吽莎引訶

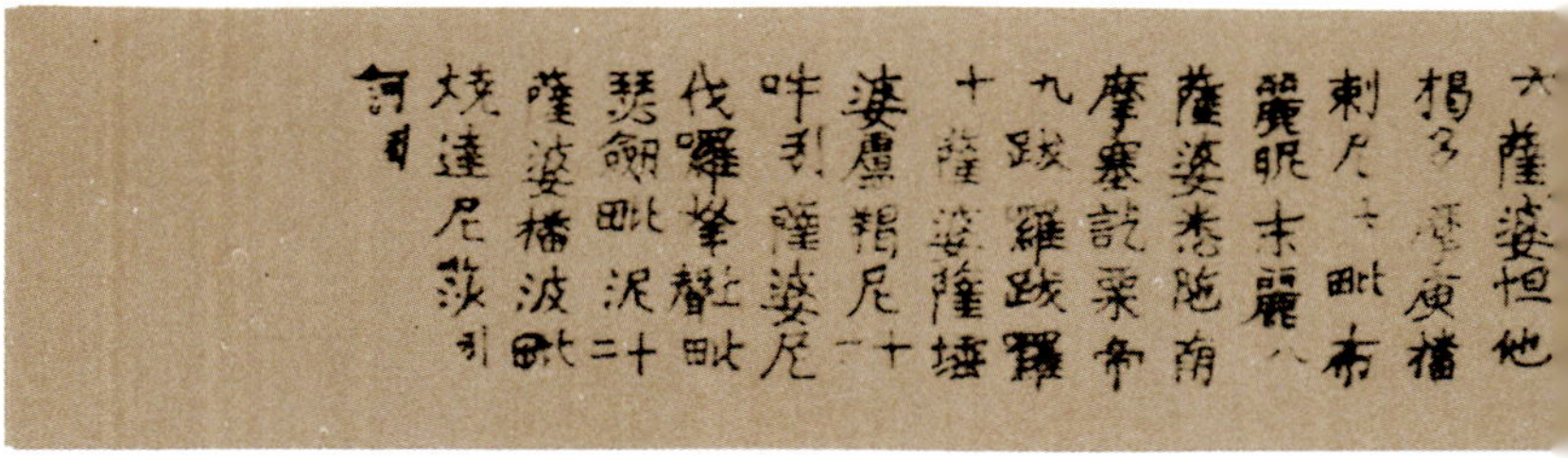
六薩婆怛他
揭多摩㕧播
刺尼七毗布
麗眠末麗八
薩婆杰陁南
摩塞訖栗弟
九䟦羅䟦囉
十薩婆薩埵
婆盧揭尼一十
吽引薩婆尼
伐囉拏鬱毗
瑟劍毗泥二十
薩婆播波毗
燒達尼莎引
訶引

日本古印刷文化史に題す

本書は專ら印刷開版の上から、我が日本帝國文化の推移、發展、興隆の觀察を試みんとしたるものである。これは如何にもよき思ひ著きである。何物でも自ら語り、且つ傳ふべき歷史をもつてゐる。例へば一個の茶碗にしても、その用は單だ一杓の茶を盛るに過ぎざるも、茶碗そのものに含む所の意義は、極めて深長だ。これに由つて、その一般社會との關係を辿れば、尙更らその輪郭が擴大せられてゆく。況んや印刷開版そのものが、旣に文化と極めて緊密なる關係をもつてゐるものなるに於てをや。

× × ×

然も此の如き思ひ著きにしても、それを實行する上に於ては、多大の骨折りを必須とする。特にその著者たらんには、一般の史學と書史學

との素養を必須とする。著者は歴史専攻の篤學者にして、曾て『日支交通史』の好著を以て世に知られてゐる。予は著者の今回の著作が、必ず著者の目的を達し、前人未墾の新境地を開拓するもの少く無いであらうと信ずる。

本書は奈良朝に始り、江戸時代に終る。而して更に附錄として、古刻書題跋集を添へてゐる。寛政以降我國に於て、吉田篁墩、市野迷庵、松崎慊堂、狩谷棭齋の徒出で來つて、校勘の學大いに行はれ、古書舊刻を單に蒐集するのみならず、これに就いてその由來を詳にし、その淵源を明にし、更に比較研究の業を盛んならしめ、その結果として、幕末には澁江抽齋、森枳園の『經籍訪古志』の如きを見るに至つた。而して明治の昭代に於ては、田中青山伯の『古芸餘香』あり、更に島田翰の『古文舊書考』あり、而して更に淸末には楊守敬の『日本訪書志』あり、留眞譜あり。其他その類少からず。大正に入りては、和田雲村の『訪書餘錄』の如きも、亦たその一に

數ふべきものであらう。

×　×　×

然かもこれ等は專ら各個の書籍に就て解題、若くは研究を試みたるものにして、本書の如く終始一貫、脈絡相通じ、一種の文化史を作したるものは、從來その例を見ず。但だ中村博士等の『世界印刷史』あるも、其の局面は世界にして、日本は其の主なる一部分に止まる。故に日本古印刷文化史は、名實兩ながら著者を其の開拓者と云はねばならぬ。

予は著者が大膽にも、斯る大題目に向つて、その力を傾けたるを賀し、聊か此に敬意を表して置く。但だ此の如き大題目なれば、幾多の遺漏若くは紕謬あるべきは、著者と雖も、自から豫期せねばならぬ所。然も著者が勇往邁進、來者の爲にその新境地を開拓したるの功と勞とは、固より顯彰す可き價値がある。

昭和六年十二月二十一日

東京民友社樓上に於て

蘇峰迂人

再版に際して

昭和七年二月、私は「日本古印刷文化史」と題する一書を公にした。それから三十余年の歳月は夢のように過ぎ去り、本書のために序文を寄せられた徳富蘇峰先生も、また特に題簽を賜った恩師文学博士三上参次先生も既に世を去られ、私自身もいつしか喜寿を過ぎ、白髪の老翁となった。

初め私がこの書を著そうとしたのは、開版印刷に関する研究は、文化史の一部門として、相当重要な地位を占むべきものと考えたからである。凡そ開版印刷事業の興隆進歩は、文化の普及発展を進め、文化の普及発展は更にまた開版印刷事業の興隆進歩を促し、互に因果関係にある。だから一時代の刊行書の開版の旨趣、内容、及び普及伝播の状況等を仔細に検討し、探究すれば、自らその時代の文化の特質、趨勢、思想の傾向推移、学問の発展興隆等を、ある程度把握することが出来ると思う。

かくて私は自らを揣らず、大胆にも日本古印刷文化史の体系を立てようと考え、昭和の初め五・六年に亙り、公務の余暇ある毎に、東京大学図書館、東京上野図書館、岩崎文庫、静嘉堂文庫、成簣堂文庫、宮内庁図書寮、神宮文庫、久原文庫、東大寺図書館、天理図書館、京都五山以下禅宗の諸大寺を訪ねて、古刻書を閲覧し、資料を蒐集し、刻苦数年、検討整理することに力めた。併し何分にも研究の範囲が余りに広汎に過ぎ、到るところに疑問百出して殆ど収拾するによしなく、筆を投じて長歎息することも数々であった。けれども翻って考えるに、これが完璧を期するには、今後永き年月に亙る調査と、多くの学者の研究を俟たねばならない。寧ろこれを公にして江湖の是正を乞うに如かずと考え、取敢えず梓に上したのがこの書である。故に徳富蘇峰先生も序文に、

本書の如く終始一貫、脈絡相通じ一種の文化史を作したるものは、従来その例を見ず。

と称揚されたが、また一面には、

予は著者が大胆にも斯る大題目に向って、その力を傾けたるを賀し、聊か此に敬意を表して置く。但だ此の如き大題目なれば幾多の遺漏若くは紕繆あるべきは、著者と雖も、自から予期せねばならぬ所、然も著者が勇往邁進来者の為に、その新境地を開拓したるの功と労とは、固より顕彰すべき価値がある。

との御批評を賜ったが、全くその通りである。

本書は、出版してから既に三十余年の歳月を経過し、最早や世間から全く忘れられていたものと思っていたところ、数日前、突如として出版元冨山房から稀覯の書として再版したいとの申出があった。いよいよ再版するとなれば、出来るだけ遺漏を補い、紕繆を正すべきは著者としての責任である。併し、何分にも齢既に八十歳に垂んとし、視力は著しく衰え、細字を読むには一々拡大鏡を必要とする状態にある。のみならず、私は旧制静岡高等学校教授の職を退いてから、学校法人常葉学園理事長として、自ら創立した常葉《トコハ》・橘の両高校、及び併設中学校を経営管理すべき責務があり、また最近に於け

る大学生急増対策として、四十一年度から女子短期大学開設の計画もあり、育英事業と学園の経営とに忙しく、静かに書斎に閉じ籠って研究に没頭する時間的余裕がない。よって止むなく旧版のまま再版することとした。希くば読者これを諒とせられよ。

幸に、私には昭和三十年七月に公にした「日華文化交流史」(冨山房発行)と題する一書がある。この書は大正十五年から昭和二年にかけて著した日支交通史上下二巻を公刊してから、折に触れ事に当って修正を加え、新たに研究したところをまとめて集大成したものである。特に昭和十五年、文部省の命により中国に出張する機会を得、往昔宋・元・明に留学した我が禅僧が、好んで掛錫した江南地方の禅院五山・十刹・甲刹などの寺々を巡歴して、彼等が禅を修めたのみならず、さまざまの文化を究め、或いは彼地の文化的所産を齎し、次ぎ次ぎに清新な刺戟を我が国に与え、文化の促進と発展とに貢献した状況を明かにした。従って、この書のうちには、彼地の典籍の将来は勿論、開版印刷、殊に唐様版に関する研究は能う限り詳細に論述している。

読者この書をも繙かれ、日本古印刷文化史に欠けたところを補われなば、まことに幸である。

昭和四十年一月三十日

著者識

自序

凡そ印刷の興隆は文化の發展を促し、文化の發展は印刷の興隆を進め、互に因となり果となり、頗る密接な關係にある。従つて一時代の刊行物や、その開版の旨趣を探究すれば、自ら文化の趨勢、思想の傾向を察知し得る場合が多い。特に我が國の如く、印刷術の由來甚だ遠く、泰西にあつては、未だその萠芽だになかつた時代に於て、既に多くの刊本を出し、人文開發に及ぼす所の大であつた國に於ては、これに關する研究は、文化史の一部門として重要な地位を占むべきものであるといはねばならぬ。然るに從來の研究は、概ね好事家が稀覯刊本の來歷を繹ね、愛書家が古刻書を蒐集して、版式・裝潢を稽ふるに止まり、是等を綜合して體系を整へた研究は甚だ乏しく、文化史の他の部門の研究に比して、頗る寂寥たる感がある。

予嘗て日支交通史と題する一小著を成すに當り、我が中世の文化が宋・元・明の文化に負ふ所甚だ多く、且つこれが移入は、萬里の鯨波を冒して陸續として支那に留學した僧徒の力によることを覺り、彼等の勞苦を憶ひ、轉、深謝の念禁じ難きものが

あつた。爾來予は頻りに斷簡零墨を辿つて、是等の留學僧にして、文献にその名の遺存するもの凡そ三百八十餘人の事蹟を探り、更に彼等が齎らした文化の各方面に亘つて研究を試みんと欲し、先づこれが第一着手として、五山版以下唐樣系統に屬する諸版本を調査して、彼等が如何なる典籍を將來し、これを覆刻流布して、我が文化の發展に寄與したかを闡明しようと考へた。適〻文部省の精神科學研究費の交付を受くる光榮を擔うたから、こゝに公務の餘暇を以て、頻りに東西の諸文庫・諸大寺を訪ねて秘籍を捜り、唐樣版はもとより、和樣版・活字版に至るまで、廣く古刻書を閲覽し、刻苦數年近者やゝ我が印刷文化史の體系を得たもののゝ如く感ぜられた。仍つて自ら揣らずこれが敍述を試みるに、疑問續出して、殆ど收拾するによしなく、筆を投じて己が淺學を長嘆したことも數〻であつた。併し今年一月廿三日、七十八歳の老齢を以て逝去した母が、生前に、うづ高く積まれた本書の材料を眺めながら、老人らしい思ひやりを以て、衷心からその完成を祈られたことを憶ひ、母の慈愛の記念にもと、再び勇を鼓して、漸くにして稿を了へた。稿成つた後、通讀するに、その成果の幾許もないのに慚悚の情禁じ難いものがある。且つなほ自ら意に滿たざ

る所も尠くない。併しながら若しこれが完璧を期するに於ては、更に幾年を要すべきか測り知ることが出來ぬ。寧ろこれを公にして江湖の是正を乞ふに如かずと信じ、杜撰をも顧みず、こゝに梓に上すことゝした。

本書の成つたのは、恩師文學博士三上參次先生並に靜岡高等學校長堀重里先生の指導と激勵とに負ふ所が多い。また三上先生は特に本書の爲めに題簽を、德富蘇峰先生は序文を賜ひ、これを以て卷頭を飾ることを得たのは、寔に光榮の至りである。こゝに特記して諸先生に對し、深厚なる謝意を表する所以である。

昭和六年十二月二十三日夜

亡き母の溫顏を偲びつゝ

著　者　識

凡例

一、本書は奈良時代の印刷創始期から、江戸時代の活字版興隆期に至る上下凡そ八百五十餘年間の印刷文化を系統的に敍述したものである。

一、本書に於て、著者自ら幾多の臆説を試みたが、また先進諸學者の調査研究に據る所が尠くない。その直接恩惠を蒙つたものは、本文中、若しくは各節の終に註記したけれども、なほ遺漏なきを保し難い。それ等の諸學者に對し、甚深なる敬意を表すると共に、謹んでその學恩を感謝する。

一、本書に於ては、古刻書の寸法・廓界の有無・行數・字數等形式的方面の記述は、特に必要を認めざる限り、概ね省略した。また本書に引用・拔萃した古刻書題跋の配字も原本に從はなかつたものが多い。蓋し是等のことは、印刷文化史としては、寧ろ末梢的の事柄に屬し、且つ悉く正確に記載することは、殆ど不可能であるからである。

一、本書の年代には、概ね括弧して、西紀年代を記入し、對照上便ならしめた。

一、本書の附錄古刻書題跋集は、もと著者自らが研究の便宜上編纂したものであるが、後の研究者にとつても、必ずや重要なる文献となるべきことを想ひ、煩を厭はず、悉く附載することゝした。

一、本書の索引は、殊更に本書に記載した古刻書のみの索引とした。かくすれば一面日本古刻書總目錄とも見らるべく、古刻書檢索上利便が少くないと信じたからである。

一、本書の材料は、東にあつては、東京帝國大學史料編纂所・宮內省圖書寮・岩崎文庫・靜嘉堂文庫・成簣堂文庫・足利學校遺蹟圖書館、西にあつては京都帝國大學附屬圖書館・久原文庫・東大寺圖書館・神宮文庫を始め、京都・奈良の諸大寺に於て蒐集したものである。以上の諸文庫・諸大寺が無名の一學究に對し、貴重な藏本の閲覽・撮影を許され、多大な便宜を與へられたに對し、深厚なる謝意を表す。

目次

第一篇　奈良時代（印刷創始期）

第一章　奈良時代の開版

一　大伴赤麿の犯罪懺悔文の開版説……一

二　無垢淨光陀羅尼經の開版……四

三　摺本無垢淨光陀羅尼經の形式……一一

四　律三大部開版説……一五

第二章　我が印刷術は獨創か

一　支那に於ける印刷術の起源……一七

二　印刷術は唐からの傳來か……二三

第二篇　平安時代（印刷興隆期）
第一章　平安時代の開版
一　開版事業の中絶……三〇
二　摺供養と開版事業……三四
三　春日版の出現……三九
第二章　支那版本の輸入
一　五代・北宋の開版……四四
二　商舶の來往と版本の輸入……四七
三　渡海僧と支那版本の將來……五一
第三篇　鎌倉時代（和様版隆盛期）
第一章　奈良版
一　奈良版の隆盛……六一

二　興福寺春日社の開版……六三
三　東大寺の開版……七三
四　唐招提寺・西大寺の開版……八〇
五　法隆寺の開版……八七

第二章　高野版

一　高野版の隆盛……八九
二　高野版の開版者……九八

第三章　京洛版

一　叡山版……一〇三
二　往生要集の開版……一〇九
三　京洛版の名稱……一一一
四　淨土教典籍の開版……一一三
五　黒谷上人和語燈錄の開版……一二〇
六　淨土教典籍の開版者……一二三

第四章　入宋僧と典籍の將來
一　商船の來往と入宋僧……一二七
二　宋版大藏經の將來……一三三
三　禪籍儒書・詩文集・醫書等の將來……一四六
第五章　京都に於ける唐様版
一　泉涌寺の開版……一六二
二　唐様版の名稱……一六五
三　禪僧と開版事業……一六九
四　普門院の開版……一七六
五　諸禪院の開版……一八一
六　儒書詩文集の開版……一八六
第六章　鎌倉に於ける唐様版
一　宋僧の來化……一九三
二　歸化宋僧と禪籍の開版……一九八

三　宋に於ける我が禪籍の開版……二〇三

第四篇　南北朝時代（唐様版隆盛期）

第一章　入元僧と典籍の將來

一　商舶の來往と入元僧……二〇八
二　元版大藏經の將來……二一一
三　典籍の將來と開版事業の興隆……二一五

第二章　京都禪院の開版

一　天龍寺・相國寺の開版……二一八
二　建仁寺の開版……二二四
三　南禪寺・東福寺の開版……二三二
四　臨川寺の開版……二四〇
五　諸禪院の開版……二四五

第三章　地方禪院の開版

一　鎌倉禪院の開版……二五〇
二　各地禪院の開版……二五四
第四章　元の雕工と開版
一　元の雕工等の歸化……二六八
二　出版書肆の先驅……二六九
三　營利を目的とせる開版……二七五
第五章　武人の開版
一　經典の開版……二八六
二　禪籍の開版……二九七
三　儒書の開版……三〇一
第六章　和様版の衰勢
一　奈良版……三〇六
二　高野版……三一一
三　京洛版……三一二

第五篇　室町時代（印刷衰微期）
第一章　入明僧と典籍の將來
一　勘合船の往來と入明僧……三一五
二　典籍の輸入……三一九
三　明版並に麗版大藏經の將來……三二四
第二章　唐樣版の衰頽
一　室町時代の唐樣版……三三三
二　京都禪院の開版……三三四
三　地方禪院の開版……三四二
四　學者・武士の開版……三四九
第三章　和樣版の衰微
一　奈良版……三五八
二　高野版……三六四

三　京洛版……三六六

第六篇　江戸時代（活字版興隆期）

第一章　活字版の傳來

一　支那の活字版……三七三
二　朝鮮の活字版……三七七
三　活字版の傳來……三八一

第二章　勅版と官版

一　後陽成天皇の勅版……三八八
二　伏見版……三九四
三　駿府版……三九九
四　後水尾天皇の勅版……四一四

第三章　私版

一　補註蒙求と節用集の開版……四一七

二　要法寺版……四二六
三　京洛諸寺の活字版……四三三
四　活字版大藏經開版の企圖……四三七
五　奈良・高野山の活字版……四四〇
六　嵯峨本……四四三
附錄古刻書題跋集……四五五
日本古刻書索引……卷尾

圖版目次

摺本無垢淨光陀羅尼……（口繪）
百萬塔……八
十三重節塔……九
金剛般若波羅蜜經 唐咸通九年刊……二〇
春日版成唯識論 寛治二年刊……三二―三三
宋版大藏經佛本行集經卷第十九 宋開寶七年刊……五七
春日版瑜伽師地論 建曆三年刊……六四―六五
東大寺版華嚴經隨疏演義鈔 正慶元年刊……七四―七五
高野版三教指歸 建長五年刊
高野版十住心論 建長六年刊……九二―九三
京洛版往生要集 建保四年刊……一一〇
京洛版黑谷上人和語燈錄 元亨元年刊……一二〇―一二一

宋版大藏經東禪寺版 宋元豐八年刊……一三四
宋版大藏經開元寺版 宋紹興三年刊……一三五
泉涌寺版佛制比丘六物圖 寛元四年刊……一六二
五山版虛舟和尚語錄 嘉元元年刊……一八二—一八三
五山版禪林僧寶傳 永仁三年刊……二〇一
元版大藏經大普寧寺版……二一一
五山版佛德禪師語錄 至德元年刊
五山版破菴和尚語錄跋 應安三年刊……二三二—二三三
五山版宗鏡錄 應安四年刊
兪良甫版碧山堂集 應安五年刊……二六二—二六三
兪良甫版月江和尚語錄跋 應安三年刊……二六四
兪良甫版般若心經疏跋 應永二年刊……二六五
兪良甫版傳法正宗記 至德元年刊
兪良甫版新刊五百家註音辯唐柳先生文集 嘉慶元年刊……二六六—二六七

新撰貞和分類古今尊宿偈頌集
五山版重刊貞和類聚祖苑聯芳集……二七六—二七七
高師直開版首楞嚴義疏注經曆應二年刊
足利尊氏大般若經願文文和三年印摺……二八八—二八九
五山版和點法華經應永五年刊
五山版夢中問答康永刊……二九六—二九七
正平版論語二跋本
正平版論語單跋本……三〇二—三〇三
春日版妙法蓮華經弘長三年刊
春日版妙法蓮華經文和四年刊……三〇八
明版大藏經(北藏)明正統五年刊……三二五
明版大藏經(南藏)……三二六
麗版大藏經(再雕本)……三二七

駿河版聚分韻略跋天文二十三年刊
駿河版歴代序略天文二十三年刊……三四八—三四九
薩摩版大學章句延德四年刊……三五二—三五三
享祿版韻鏡跋享祿元年刊……三五五
阿佐井野版增註唐賢絕句三體詩法跋
大内版聚分韻略跋天文八年刊……三五八—三五九
天草版平家物語……三八六
天草版ドクトリナ・クリスタン……三八七
後陽成天皇勅版日本書紀慶長四年刊……三九〇—三九一
伏見版貞觀政要慶長五年刊……三九六—三九七
駿府版大藏一覽集慶長二十年刊
駿府版群書治要元和二年刊……四〇〇—四〇一
後水尾天皇勅版皇宋事實類苑元和七年刊……四一六—四一七

易林本別版節用集慶長二年刊 }……四一八—四一九
甫菴版補註蒙求文祿五年刊 }
堺版節用集天正十八年刊……四二〇
饅頭屋本節用集……四二三
直江版文選慶長十二年刊……四二六—四二七
要法寺版和漢合運圖……四三三
活字版大藏經元和元年刊……四三八
嵯峨本伊勢物語……四四四—四四五

日本古印刷文化史

第一篇　奈良時代（印刷創始期）

第一章　奈良時代の開版

一　大伴赤麿の犯罪懺悔文の開版說

我が國の開版は、孝謙天皇の天平勝寶二年（七五〇）武藏國多摩郡の大領大伴赤麿といふもの〻遺族が、赤麿在世中の犯罪のことを記して印刷し、これを諸人に頒つて罪業懺悔の方便としたに始まるといふ說がある。(1) この說は日本國現報善惡靈異記卷中「己作寺用其寺物作牛役緣第九」の文に據つたもので、その文に云く、

大伴赤麿者武藏國多摩郡大領也、以天平勝寶元年己丑冬十二月十九日死、以二年庚寅夏五月七日生黑斑犢自負碑文矣、探之斑文謂、赤麿者擅於己所造寺而隨恣心借用寺物未報納之死亡焉、爲償此物故受牛身者也、於茲諸眷屬及同僚發懺悔心而慄無極謂作罪可恐豈應無報矣、此事可報季葉楷模故以同年六月一日傳于諸人矣、

冀無慚愧者、覽乎斯錄改心行善、寧飢苦所迫飲銅湯而不食寺物、古人諺曰、現在甘露未來鐵丸者其斯謂之矣、誠知非無因果不怖愼歟、所以大集經云、盜僧物者罪過於五逆云々

文に楷模とあるのは、靈異記には二字を合して加多岐と註し、一般に形木卽ち雕造せられた印板であると解せられてゐる。

併しこの懺悔文を以て我が國開版の初めとなすことに就いては異論をなすものがある。寧樂刊經史の著者大屋德城氏の如きは、靈異記といふ書は、その序文に見ゆるやうに、唐土の冥報記や般若驗記の類に倣つて、我が國の因緣譚を集錄したもので、その內容も虛實相半し、一々これを歷史上の事實としては考へ難いと述べられてゐる。(2) この說は一應尤もであるが、靈異記の撰者たる奈良藥師寺の僧景戒は、懺悔文の開版されたといふ天平勝寶二年を距ること遠からざる時代に出た人であるから、(3)或は自らこの譚を傳へ聞いて靈異記中に採錄したものかもはかり難い。且つ靈異記の本文のみならず、序文中にも「或貪寺物生犢償債」など特にこの譚のことに及んで居る程であるから、單に撰者が頭腦で作り上げた架空的な一

場の因縁譚とは思はれ難い。また靈異記中にある他の幾多の譚は、たゞ某天皇の御代のことであるなど、大體の年代を示してあるに過ぎないに、この話には年月日まで詳細にしてあるから、或は景戒自ら懺悔文を見て記述したものでないかとさへ想像される。されぱこの話を否定すべき更に有力な證左があれば兎も角、然らざれば懺悔文を楷模にして諸人に傳へたといふことは、事實と認むべきであらう。けれども予輩は「楷模《カタギ》にした」といふことを以て、直に後の印刷と同一視してよいかどうかといふことに就いて疑問がある。

一體「楷模」(單に模とも書く)といふのは、形木で、摺衣(4)を製作する時に用ひられる花鳥などの象を雕刻した木版である。摺衣を製作するには、先づ形木に糊をつけて、その上に布帛を貼り、(形木に糊をつけるのは布帛が密著して、ずり動かぬ爲めである)別に山藍の葉を揉んで布に包んだものを用意し、これを以て布帛の上を墨を摺るやうにこすれば、形木の凸所に當つてゐる部分だけに、山藍の色が着いて、彫刻された花鳥の模樣があらはれるのである。(5) 卽ち後の印刷の如く、版木に直接に墨をつけ、これに紙を當てゝ摺るのとは異つてゐる。赤麿の犯罪懺悔文といつて

も、極めて簡單な文で、これを楷模にしたといふのは、恐らく摺衣と同じ方法によつて作つたものであらうと想像される。　さればこれを以て、我が國の印刷の初めとなすには、なほ躊躇せざるを得ない。

(1) 黑川眞賴氏著「日本書籍刊考」
(2) 大屋德城氏著「寧樂刊經史」六頁
(3) 日本現報善惡靈異記卷下に、景戒自ら「延曆十四年乙亥冬十二月卅日景戒得ニ傳燈法師位一也」などと記し、延曆年間はその最も壯んな時代であつたらしい。
(4) 摺衣は記紀や萬葉集等に多く見え、染法の發達しなかつた上古に於て、美しい衣服として、男女ともに時となく廣く用ひたものであるが、奈良朝には既に廢れて、大嘗祭を始め極めて古風を尙ぶ神事などに、稀に用ひられたに過ぎなかつた。
(5) 鎊鈔下卷「雖レ非ニ衞府一至ニ于闕腋一」の條　安齋隨筆後篇六

二　無垢淨光陀羅尼の開版

奈良朝の開版で、今日にその遺品の存してゐるのは、神護景雲四年（七七〇）に開版された稱德天皇勅版の無垢淨光陀羅尼である。　これは實に我が國現存の印刷物中最古のもので、また開版年代の確實な古印刷物として、世界に冠絶せるものであ

る。續日本紀卷三十にその開版のことを記して、

神護景雲四年四月戊午、初天皇八年亂平、乃發㆓弘願㆒、令㆑造㆓三重小塔一百萬基㆒、高各四寸五分、基徑三寸五分、露盤之下、各置㆓根本、慈心、相輪、六度等陀羅尼㆒、至㆑是功畢、分㆓置諸寺㆒、賜㆓供㆑事官人已下、仕丁已上一百五十七人爵㆒各有㆑差、

また東大寺要錄卷第四諸院章には、

一東西小塔院

神護景雲元年丁未、造㆓東西小塔堂㆒、實忠和尚所㆑建也、天平寶字八年甲辰秋九月十一日、孝謙天皇造㆓一百萬小塔㆒、分㆓配十大寺㆒、各籠㆓無垢淨光陀羅尼摺本㆒、口傳云惠美亂誅之間懺悔料云々

と見えてゐる。是等の記事によつて考ふるに、天平寶字八年（七六四）惠美押勝の亂が平定さるゝや、稱德天皇は弘願を發して、三重の小塔一百萬基を造り、これに無垢淨光陀羅尼中の根本・自心印・相輪・六度の四呪を摺本として納め、凡そ六ヶ年の星霜を經て、神護景雲四年（七七〇）に成り、これを大安寺・元興寺・興福寺・藥師寺・東大寺・西大寺・法隆寺（以上大和の七大寺）・四天王寺（攝津）・崇福寺（近江）・弘福寺（大和）の所謂十大寺に分置されたこと

が知られる。そして今は概ね滅んで、たゞ法隆寺にのみその一部を存してゐる。明治四十一年平子尙氏の報告する所によるに、現存するものは四萬三千九百三十基、その他に組立塔十數基、節塔二基あるが、殆ど毀損して完全なものは僅に三百餘基に過ぎないといふ。（明治四十一年美術工藝乙種として國寶に編入されたものは小塔百基、十萬節塔一基、一萬節塔一基合せて百二基である。）

法隆寺に現存するものに就いて見るに、塔は總て轆轤を用ひて製作したもので、初めは全部に胡粉を塗り、稀には彩色を施したものがあつたが、今は剝落して纔にその痕跡を止むるに過ぎない。上部の九輪と下部の塔身の二部に分れ、九輪は水《モッ》木犀《コク》又は桂を用ひ、塔身は檜を用ひてある。塔身の中心に空虚を作り、その中に陀羅尼一卷を納め、九輪の底部を差込んでこれを覆うてある。九輪の底面や塔身の底面には「眞男」「小足」「右調益人云二六廿八」「元年十月十二弓張」など製作者の名や製作の年月日を墨書したものがある。「云二六廿八」は神護景雲二年六月廿八日の略なるべく、「元年十月十二」は天平神護か神護景雲元年の十月十二日の略であらう。

無垢淨光陀羅尼は密部の經典で、唐代に三藏彌陀山といふものが勅を奉じて翻

譯したものである。　彌陀山は開元錄九に、

沙門彌陀山唐言寂友覩貨羅國人也、譯無垢淨光陀羅尼經、

とあり、吐火羅(Tokara)人であることが知られるが、その唐に來た年代は明かでない。恐らく唐と中央亞細亞との交渉の頻繁であつた高宗から玄宗の間であつたらう。この經典は釋迦が迦毘羅城に在つた時、劫比羅戰茶といふ婆羅門が善相師の言によつて、自己の生命の七日にして終ることを知り、愁懼して釋迦に救を求めたところ、釋迦はこれに敎へて、古塔を修理して陀羅尼を安置し、神呪を念誦することによつて命根を增長し、死しては極樂に生ずべきことを說き、更に廣く造塔神呪の功德を說いたものである。

元來奈良朝の佛敎は、その當時に於て行はれてゐた經典の示す所に從ひ、これを實際に體現することによつて、福利を得ようと努力したもので、このことは奈良朝佛敎の事業の上に現はれた著しい傾向である。　例へば聖武天皇の國分寺は、金光明最勝王經や法華經の示す所に從ひ、僧寺は國家の災厄疫厲を消除する爲めに四天王の加護を祈つたものであり、また東大寺の盧舍那佛は華嚴宗の興隆に伴ひ、華

嚴經の說く所に從ひ、國利民福を祈願せんが爲めに造顯されたものである。稱德天皇の百萬塔も亦惠美押勝の亂後、無垢淨光陀羅尼經の示す所に從ひ、福德善根を增長せんが爲めに造立せられたもので、主として同經典の左の一節に據られたものであらう。

善男子、應當如法、書寫此呪九十九本、於相輪塔四周安置、又寫此呪及功能法、於塔中心密覆安置、如是作已、則爲建立九萬九千相輪塔已、亦爲安置九萬九千

百万塔

佛舍利已、亦爲已造九萬九千佛舍利塔、亦爲已造九萬九千八大寶塔、亦爲已造九萬九千菩提場塔、若造一小泥塔、於中安置此陀羅尼者、則爲已造九萬九千諸小寶塔、

この經に示す如く、塔九萬九千基を造り、第一百每に節塔一基づゝを加ふれば、節塔

のみで一千基となるから、總計十萬基となる。法隆寺に現存する七重と十三重の塔は、その節塔で前者は高さ一尺九寸八分、後者は高さ二尺三寸五分ある。そして十大寺に夫々十萬基づゝ安置したから、總てで一百萬基になつたものである。

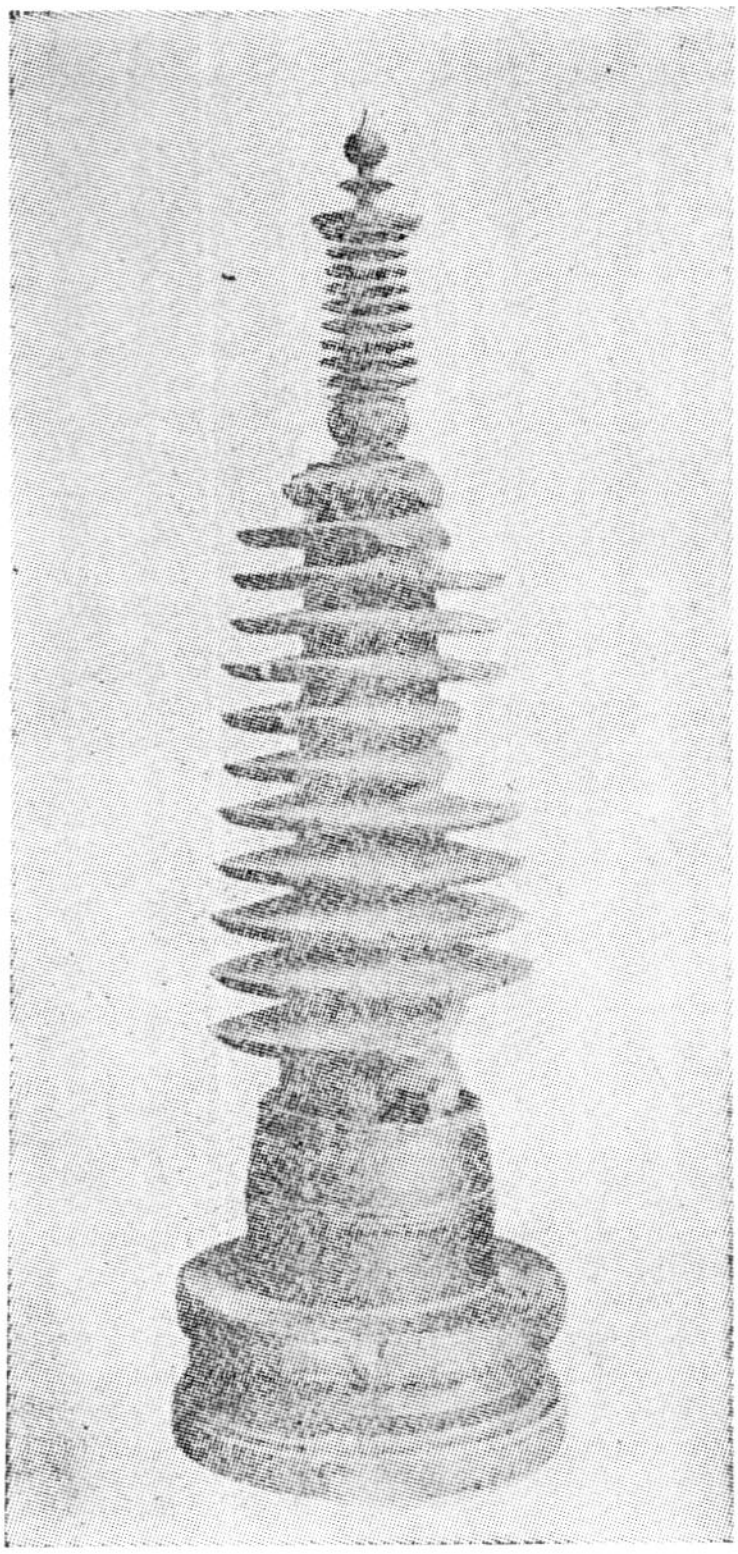

十三重節塔

この塔の大さは、曩きに引いた續紀の文に見ゆるやうに、高さ四寸五分(但しこれは九輪を除いた高さである)基徑三寸五分(實測によるに、この尺度は今日の曲尺と大差がない)の小さなものに過ぎないが、百萬基といふ夥しい數であつたことは、相當注目すべきことである。若し百萬基の塔を一列に並べたとすると、長さ凡そ六十五哩餘となり、ほゞ東京・御殿場間の距離に匹敵する。また若しこれを一箇所に並列したとすると、凡そ三千四百坪の廣大な地域を占むるわけで、東大寺の如きは、

特にこれを安置する爲めに、東西小塔院を建立した程であつた。(1) これが製作に從事したものは、官人巳下仕丁以上百五十七人で、(2)天平寶字八年(七六四)九月から、神護景雲四年(七七〇)四月に至る凡そ六ヶ年の歳月を費してゐる。塔は總て轆轤によつて製作し、その中に納めた陀羅尼は概ね印刷したものとはいへ、未だ機械工業の發達しなかつた當時にあつては、非常な大事業であつたことは勿論で、聖武天皇の國分寺建立、東大寺盧舍那佛の造顯と並べて奈良朝佛敎の三大偉業と稱すべきものであらう。

奈良朝の佛敎は、道光・道昭・定惠・智通・智達・智藏・道慈・智鳳・智鸞・智雄・玄昉など唐に留學した多くの學問僧や、道明・道榮・道璿・鑑眞・法進・思託・法載・義靜・如寶など幾多の歸化唐僧によつて、唐から次ぎ〳〵に移入せられたもので、從つて佛敎上の事業の如き、概ね唐制の模倣であつた。例へば聖武天皇の國分寺建立は、則天武后が天授元年(六九〇)大方等大雲經(3)の所說を悅び、州毎に建てた大雲寺(4)や、中宗が神龍元年(七〇五)に州毎に建てた龍興寺(5)などの制に倣つたものであり、東大寺盧舍那佛の造顯は、則天武后が久視元年(七〇〇)から六ヶ年の星霜を經、錢十七萬餘貫を費して、洛

陽北邙山白司馬坂に造顯した大銅佛に則つたものである。(6) 是等の事實から類推するに、稱德天皇の百萬塔の造立も亦唐制の模倣ではないかといふ想像が自ら浮んで來る。予はこの想像が果して妥當であるかどうかを確める爲めに、頻りに支那側の材料を檢索してゐるけれども未だ獲る所がない。

(1) 東大寺要錄卷第四諸院章
(2) 續日本紀卷三十
(3) 大方等大雲經は大方等無想經ともいひ六卷あり、北凉の曇無讖三藏の譯する所である。
(4) 舊唐書則天武后紀　佛祖歷代通載卷第十二
(5) 舊唐書中宗紀
(6) 洛陽北邙山白司馬坂の大銅佛のことは、舊唐書狄仁傳、同張廷珪傳、同李嶠傳、佛祖通載卷第十二等に見えてゐる。東大寺の盧舍那佛の造顯がこれに倣つたものであらうといふことは、拙著「日支交通史」上卷に考說して置いたから參照されたい。

三　摺本無垢淨光陀羅尼の形式

無垢淨光陀羅尼經には、書寫の功德を說いてあるが、印刷のことは何等述ぶる所

がない。然るに百萬塔中に納めた陀羅尼が印刷されたのは、百萬といふ多數のものを一々書寫する煩勞に堪へなかつたからであらう。法隆寺に於いて、その所傳のものを調査した所、書寫したもの三通を發見した。二通は自心印陀羅尼で、一通は相輪陀羅尼である。卷末には筆寫したもの〻名とおぼしく、夫々「八月卅日[illegible]足」「大湯坐千國」「七月廿五吉万」とあり、大湯坐千國は正倉院文書（寶龜四、十、廿九日奉寫一切經所解）に見えた寫經生であるといつて有名である。是等の寫本陀羅尼の體裁・紙質等は一に摺本と異らないが、紙面に細罫線がある。(1) これによつて考ふるに、極めて僅少な一部分は、法の如く書寫し、その他は便宜上印刷に附したものであらう。

塔中に納めたのは、無垢淨光陀羅尼經中の根本・相輪・自心印・六度の四種の陀羅尼だけで、他の修造佛塔・大呪王の二種の陀羅尼はない。紙は黄麻紙を用ひ、竪は二寸許、横は陀羅尼の種類によつて長短がある。總て卷子とし、更に陀羅尼の種類を示す目標として、一・二・三・四の數字を印刷した帙紙を以て包み、塔毎に一種づ〻を籠めたものである。

帙紙番號	陀羅尼名	行數	竪尺	横尺
一	根本陀羅尼	四〇	一寸八分	一尺九寸
二	相輪陀羅尼	二三	一寸九分	一尺三寸五分
三	自心印陀羅尼	三一	一寸八分	一尺五寸一分
四	六度陀羅尼	一五	二寸一分	一尺七寸

同一の陀羅尼の摺本を比較するに、字形・書風等は、必ずしも齊しくない。從つてその原版には幾種もあつたことが察せられる。そして原版に就いては、活字版説・木版説・銅版説等がある。活字版説はその文字にやゝ傾斜したものがあるからといふのであるが、これは全く採るに足らぬ説である。何となれば活字版に於ては、同一の文字は必ず字形が齊しくなくてはならぬ筈であるのに、數本を比較するに、同一文字の字形が異つてゐるからである。木版説は前に既に大伴赤麿の犯罪懺悔文が楷模卽ち木版を以て印刷せられたのであるから、この陀羅尼も亦この法によ

つたことは明かである。銅版說が陀羅尼の數が多いに拘らず、字形の殆ど漫滅したものゝないのを以て、證據としてゐるけれども、これは銅版を使用した爲めではなく、原版の數が多かつた結果であるといつてゐる。(1)けれども木版說の主張する所も頗る薄弱であるといはねばならぬ。何となれば犯罪懺悔文がよし木版であつたとしても、陀羅尼も亦必ずしもこの法によつたものと斷定することは出來ぬ。また幾種かの原版のあつたことは、事實であるが、今假りに一種の陀羅尼について二十五版、四種の陀羅尼について總計百版といふ多數の原版があつたとしても、一原版で實に一萬枚を印刷せねばならぬから、木版では漫滅なく印刷することは困難である。(法隆寺現存のものについて調査した所によるに、根本・相輪・自心印陀羅尼の原版は各々二版、六度陀羅尼は一版であるから全體としても左程多くの原版があつたらうとは考へられぬ)故に木版說にも左祖することは出來ぬ。摺本陀羅尼の實物を熟視するに、その字體には少しも木版らしい柔みがなく、印刷されたあとも極めて硬い感じを與へる。また當時既に鑄造せられた銅印が行はれてゐたのであるから、銅版說が最も妥當であらう。(3)

(1) 大屋德城氏著「寧樂刊經史」 朝倉龜三氏著「日本古刻書史」 鈴鹿三七氏著「百萬塔陀羅尼解說」

(2) 木版說を唱へた最も重なるものは、黑川眞賴氏の「日本書籍刊考」で、朝倉龜三氏の「日本古刻書史」はこの說に基いたものである。

(3) 銅版說は夙に藤井貞幹の唱へた所で(近藤正齋の右文故事餘錄卷二に見ゆ)平子鐸嶺氏の「百萬小塔肆攷」、大屋德城氏の「寧樂刊經史」等もこの說をなしてゐる。

四　律三大部開版說

僧鑑眞が律の三大部を開版したといふことは、「三國傳記中に見ゆる所である。

卽ち同書に

鑑眞和尙事明南都戒律根本也

鑑眞盲タリト云ヘドモ、律ノ三大部ヲバ手自ラ印板開《ヒラ》キ玉ヘリ。

とある。鑑眞は唐の揚州龍興寺の僧で、天平勝寶六年(七五四)弟子二十四人を率ゐ、遣唐副使大伴古麿の船に乘つて來朝し、聖武・孝謙兩天皇の御歸依を得て、東大寺の戒壇院や唐招提寺を創立して、我が國律宗の開祖と仰がるゝ名僧である。されば鑑眞が四分律の注疏たる行事鈔・羯磨疏・戒本疏の所謂律の三大部を開版すること

は、極めてあり得べきことのやうであるが、このことはたゞ後世の撰述に係る三國傳記にのみ見えて、他の文献には絶えて見ゆる所がない。若しこれが事實であるならば、唐大和上東征傳(1)延暦僧錄(2)等には必ず著錄せらるべき筈である。然るにこのことのないのは、畢竟三國傳記の謬傳である證據であるといつても敢て不可ないであらう。されば山崎美成がその著文教溫故(文政十一年刊)下に疑つて以來、學者にして律三大部の開版を信ずるものは全くないといつてもよい。

(1) 唐大和上東征傳は、寶龜十年に淡海三船の撰したものであるが、三船は鑑眞隨從の弟子思託が鑑眞の德風を顯揚せんが爲めに撰した東征傳(この書は佚して傳はらない)によつて記述したものであるから、律三大部の開版のことが事實とすれば、必ず著錄さるべき筈である。

(2) 延暦僧錄も思託の撰する所で、今日に傳はらないが、日本高僧傳要文抄・東大寺要錄・東大寺雜錄等に多く抄錄されてゐる。要文抄によるに、この書は五卷であつたらしい。

第二章　我が印刷術は獨創か

一　支那に於ける印刷術の起源

我が印刷術は獨創か、或は唐から傳來したかといふことは、極めて重要な問題であるが、これに對して未だ明確な解答を與へたものがない。黒川眞頼氏は日本書籍刊考に於て、我が國創始説を唱へ、印刷術が行はれる以前に於て、木板に華文を彫刻して布帛に摺寫した摺衣の法が行はれてゐた、印刷術はこの摺衣の法から起つたものであると説かれてゐる。けれども前述の如く、摺衣の法と印刷の法とは餘程趣を異にしたものであり、且つ摺衣は奈良朝には既に廢れて、大嘗會など極めて古風を尙ぶ特殊な場合に稀に用ひられたに過ぎないのであるから、摺衣の法から印刷法が起つたといふ説には、遽に賛同し難い。印刷術の本邦創始説は、畢竟大陸との關係を深く考慮しないからである。若し一度當時に於ける日唐の交通、文化の交涉に想到せば、唐朝傳來説に傾かざるを得ないであらう。然らば支那の印刷法は何時代から起つたものであらうか。

支那に於ては、太古既に鐘鼎・碑銘の類があつて、彫刻の術は夙に開けてゐたが、直接印刷法の淵源をなしたものは、石經であつたと想はれる。 島田翰氏が雕版淵源考(古文舊書考卷二所收)に、

漢有熹平石經、魏有三字石經、經傳之有石刻、其來已久矣、夫陰文刻石與陽文刊本、僅一轉之間耳、

と述べられたのは、確に卓見といはねばならぬ。 石經は後漢の靈帝の熹平四年(一七五)蔡邕等の學者が詔を奉じて、五經の文字を校正して石に勒し、これを大學の門外に立て、天下經を講讀するものをして、これに據らしめたに始まり、(1)次いで魏の正始中(二四〇—二四八)また古文・篆・隷の三體を以て石に刻した所謂三字石經を立てたことがある。(2) 石經は總て陰文刻石であるが、これと陽文刊本とは僅に一轉するのみである。

併し陰文刻石が一轉して陽文刊木となり、印書が始めて世に現はれたのは何時からのことであらうか。 島田翰氏は更に論を進めて、顏之推の顏氏家訓に

江南書本、穴皆誤作」六

とあり、この他の書にも書本といふ語を用ひた例は一二に止まらないが、書本は印書に對する語と見て始めて意義がある。そして顏之推は北齊の人であるから、六朝時代に於て既に印書が行はれてゐたものと見るべきであると主張されてゐる。(3) けれどもこれは刻書の法が漢魏に於ける石經から一轉したものであるから、六朝時代には恐らく印書が行はれてゐたであらうといふ推測の下に、「書本」といふ語を解釋したからであつて、必ずしもこの「書本」を「印書」に對する語であると解釋することは出來ないであらう。寧ろ單に書籍といふ意に解すべきではなからうか。

六朝起源說はたゞ島田氏が唱へたのみであるが、隋朝起源說は屢〻學者間に論究された所である。隋の翻經學士費長房の撰した歷代三寶紀卷第十二に引いてある開皇十三年(五九三)十二月八日の隋文帝の懺悔文に

廢像遺經悉令雕撰、

とある。明の陸深はこれを以て印書の始めとなし、河汾燕間錄上卷に、

隋文帝開皇十三年十二月八日、勅廢像遺經悉令雕撰、此印書之始、

と述べたのが、隋朝起源說の嚆矢で、爾來この說に贊同した學者も多く、明の胡元瑞

の經書會通、淸の王士禎の池北偶談、趙翼の陔餘叢考等皆隋朝起源說である。けれどもこれは歷代三寶紀の文を誤解したからで、淸人の書隱叢說にも

刻書始于五代、陸文裕謂始于隋文帝開皇年敕廢像遺經悉令雕撰、或謂、雕者廢像、撰者乃經也、非雕刻之始也、

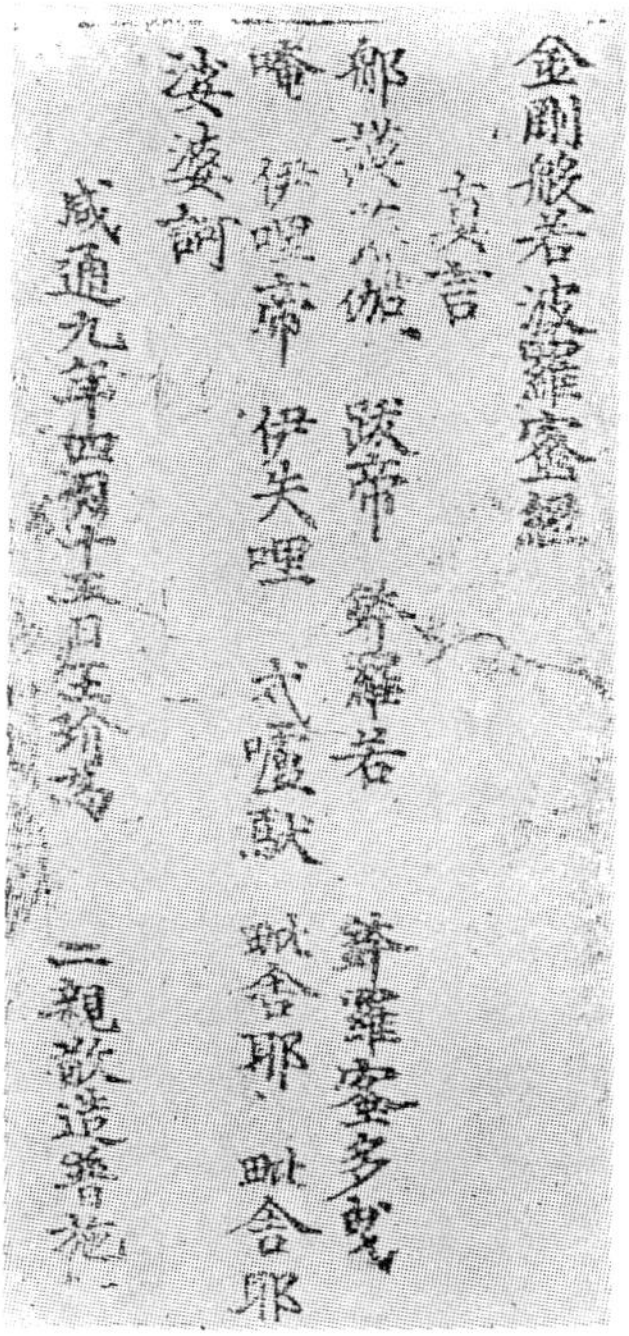
金剛般若波羅蜜經
咸通九年四月十五日王玠爲二親敬造普施
金剛経咸通九年刊

といひ、市村博士も夙にこれを論駁せられ、三寶紀の「廢像遺經、悉令雕撰」の雕は廢像に、撰は遺經にかかり「雕廢像」「撰遺經」といふ意味で、刻書の謂ではないと斷定されてゐる。(4)

かく隋朝以前に於ては、印書が行はれたかどうか明かでない。併し唐初の頃には、既に佛典などが次第に雕造し始められたであらうと想像される。これについては未だ的確な證左を擧げることは出來ないけれども、前後の情勢から推して、大なる誤はなからうと信ずる。唐代印刷物として遺品の今日に存する最古のもの

は、一九〇八年英國のスタインが敦煌から發掘し、現に大英博物館に收藏せられてゐる金剛般若波羅蜜經である。(5)その刊記によれば、唐の懿宗の咸通九年(八六八)四月十三日王价なるものが、開版普施したもので、我が無垢淨光陀羅尼の開版に後るゝこと九十八年である。けれども無垢淨光陀羅尼に比ぶれば、十數倍の長い經典で、卷頭には祇園精舍に於ける釋迦說法の圖を刻出し、文字の秀美にして印刷の鮮明なる到底同日の論ではない。かゝる優秀な技術は突如として現はるゝものではない。必ずや相當の歲月と幾多の經驗を積まねばならぬ。されば今日に發見されてゐる支那印刷物としては、この經典以前に溯ることは出來ないけれども、支那印刷法の創始は、更に更に遠く溯り得るであらうといふことは、何人にも想像し得らるゝであらう。

また唐末に於てはたゞ佛書のみならず、字書・小學なども多く雕板印行せられたといふ事實がある。北宋の末に出た翰林學士葉夢得(石林居士と號す)の石林燕語卷八に、

世言雕板印書始馮道、此不然、但監本五經板道爲之爾、柳玭訓序言其在蜀時、嘗閱書肆云、字書小學率雕板印紙則唐固有之矣、

文中に見えた柳玭訓は宋の晁公武の郡齋讀書志や明の葉盛の文淵閣書目にも著錄せられてゐる書籍である。そして柳玭は唐の僖宗時代の人で、彼が蜀に在つて目睹した所を記したのであるから、當時蜀にあつては、字書・小學などは率ね雕板印行せられてゐたことは確實な事實であるといはねばならぬ。(6)かく唐末に於ては、佛典のみならず、比較的需要の多い字書・小學の類まで、印行せられてゐたのであるから、その中葉に於ても幾分印書が行はれて居つたと推定しても、敢て不當ではないであらうし、その創始は唐初の頃までも溯り得るものとの推測も、あながち漠然たる臆說としてのみ却け去ることは出來ないであらう。

（1）後漢書靈帝紀　同儒林傳
（2）後魏書江式傳　晋書衞恒傳
（3）島田翰氏著「雕版淵源考」(古文舊書考所收)
（4）市村瓚次郎博士「寫本時代と板本時代とに於ける支那書籍の存亡聚散」(史學雜誌第十三編第一・三號)
（5）上海商務印書館刊行の中國雕版源流考によるに、近頃江陵の楊某の藏書中に、開元雜報の殘簡が七葉發見されたが、これは唐代の雕本で、一葉十三行、每行十五字、文字

の大さは錢の如く、邊線界欄があつて、中縫なく、唐代寫本の款式の如く、蝴蝶裝であるといふ。若しこれが事實であるならば、現存支那印刷物の最古のものであらうが、未だ信ずべき專門家の考說もないから遽に信ずることは出來ぬ。なほペリオ氏の蒐集品中に唐刻と稱する尊勝陀羅尼があり、大谷伯の蒐集品中にも唐刻と稱する大般若經の斷片があるが、その年代は明かでない。

(6) 市村瓚次郎博士「寫本時代と板本時代とに於ける支那書籍の存亡聚散」(史學雜誌第十三編第一・三號)

二 印刷術は唐からの傳來か

支那の印刷法は唐初の頃に創始せられ、その中葉には可なり行はれてゐたであらう。そして唐末には佛書のみならず、字書・小學の類も印行せられたことは前述の如くである。この前提の下に、日唐の交通、文化の關係を考へるに、我が奈良朝の印刷法は唐から傳來したものであらうといふ推測は、最も自然な妥當な考へ方であると思ふ。

日唐交通上最も重要なものは、遣唐使の派遣である。遣唐使は舒明天皇の二年(六三〇)犬上御田鍬を遣はされたのを始めとし、無垢淨光陀羅尼の開版された稱德

天皇の御代に至るまで、實に十回も派遣されてゐる。中に就いて天智天皇の御代に於ける兩度の遣唐使は、百濟に於ける唐との政治的關係から遣はされたものであるが、その他のものはいづれも唐朝に於ける優秀な文化を移入せんが爲めのものであつた。そして文武天皇以後奈良朝に於けるものは、その規模も大きく、儀容も整ひ、使船は必ず四隻を以て組織せられ、一行の人員は實に五六百人もの多數に上り、遣唐使の最盛期であつた。遣唐使一行の最高幹部たる執節使・押使(1)や、大使・副使・判官・錄事の四等官は、いづれも我が國の代表としてはづかしからぬ當代第一流の學者・文人・政治家から選任したもので、その他主なる職員も亦すべて一藝一能に秀でたものを以てしたのである。これ等の人々は洛陽を經て、唐代文化の中心たる長安の都に到り、數ケ月の永い間四方館に滯在してゐて、唐朝に於ける莊嚴な幾多の儀式にも參列し、この間には唐の典客署(2)とも交易を行ひ、現に舊唐書や唐書の東夷傳には、文武朝の遣唐執節使粟田眞人(但これは元正朝の遣唐押使多治比縣守の誤である)が歸朝に際して、多くの文籍を購つたことが見えてゐる。(3)されば これ等遣唐使一行のものが、唐に於ける印書のことを見聞し、或はこれを將來す

ることも、極めてあり得べきことゝいはねばならぬ。

また遣唐使は毎回多數の學問僧・留學生を伴つて唐に赴き、その歸朝に際しては、曩に留學して既に業を卒へたものを領して歸つたもので、學問僧・留學生を送迎することは、遣唐使の主なる任務の一つであつた。奈良朝に於ける學問僧としては、三論宗を傳へた道慈、法相宗を傳へた智鳳・智鸞・智雄・玄昉・唐僧鑑眞を迎へて來た普照、唯識・法華の學者として知られた行賀の如き、留學生としては、吉備眞備を始め、法律家として聞えた大和長岡、儒者として知られた藤原刷雄・膳大丘など今日に名の傳はるものは、二十餘人に過ぎないけれども、遣唐使は毎回少くも十數人、多くは二三十人を伴つて行つたもので、彼等は次回の遣唐使の來航を待たねば歸朝し難かつたから、その留學期間は比較的長期に亙り、十七八年から二十年以上にも及ぶのが普通であつた。學問僧は主として長安や洛陽の諸大寺に掛錫し、留學生は國子監に屬する六學館のいづれかに入學して、佛敎なり、儒學なり、文學なり、律令なり夫々志す所を究めたものである。されば彼等が留學中、唐に於ける印書のことに全く無關心であつたらうとは考へ難い。彼等はまた歸朝に際して、多くの典籍を將

來したことは勿論で、その知られてゐるものだけでも、玄昉は經論五千餘卷を、行賀は聖教要文五百餘卷を、吉備眞備は唐禮一百三十卷・太衍曆經一卷・太衍曆立成十二卷を齎らした。(4)たゞ平安朝に於ける最澄・空海・常曉・圓行・圓仁・惠運・圓珍・宗叡の所謂入唐八家のやうに請來目錄がないから、その內容を明かにし難いまでである。けれども玄昉の齎らした經論五千餘卷は開元大藏經の殆ど全部であつたと推定される。何となれば彼が歸朝した天平六年(七三四)より四年前である唐の開元十八年(七三〇)に西崇福寺智昇の撰した開元釋敎錄卷第十九に

合大小乘經律論及聖賢傳見入藏者、總一千七十六部、合五千四十八卷、

とあり、我が正倉院文書天平十一年(七三九)二月十三日の寫經司啓に、

合依開元目錄應寫一切經伍仟肆拾捌卷、

とあるからである。これ等多數の經籍は總て寫本のみで、印書は一も含まれて居らなかつたとは斷言し難い。それに就いて想ひ起さるゝは宗叡の書寫請來法門等目錄である。宗叡は平安朝に於ける入唐八家の一人で、貞觀四年(八六二)眞如法親王に隨從して入唐し、山西の五台山に於ける文殊菩薩の聖跡を巡禮し、浙江の天

台山に上り、大華嚴寺に於て千僧供養を行ひ、また長安・洛陽に學んだ僧で、(5)貞觀七年(八六五)歸朝に際して、經論章疏一百三十四部一百四十三卷を齎らしたが、その目錄が卽ち書寫請來法門等目錄である。この目錄中に

西川印子唐韻一部五卷

同印子玉篇一部卅卷

右雜書等雖レ非二法門一世者所レ要也、大唐咸通六年從二六月一迄二于十月一、於二長安城右街西明寺、日本留學僧圓載法師院、求二寫雜法門等一目錄具如レ右也、日本貞觀七年十一月十二日却來二左京東寺一重勘定、入唐請益僧大法師位爲レ後記レ之、

とある。これによれば仁明天皇の承和五年(八三八)圓仁・圓行・常曉等と共に、遣唐使に隨つて入唐した圓載(6)は、唐の咸通六年(八六五)長安の西明寺(7)にあつて、種々の典籍を書寫蒐集したが、その中に印本の唐韻五卷・玉篇三十卷があつたことが知られる。これによつて考ふるに、奈良朝の學問僧や留學生の齎らした典籍中にも印書が含まれてゐたといふことは、あり得べきことゝいはねばならぬ。

遣唐使の往復に伴うて、唐僧の來朝するものも多く、道明・道榮・道璿・鑑眞等を始め

鑑眞に隨從して來た弟子だけでも廿四人あつた。また歸化唐人の多かつたことも續記に散見する所で、書道に秀でた袁晉卿、音樂に優れてゐた皇甫東朝の如き最も著はれてゐる。(8) これ等の人々が唐の印刷法を傳へなかつたとも限らないであらう。殊に奈良朝に於ける殆ど總ての文化が、唐代文化の移植であり、模倣である事實から類推するに、印刷法も亦唐から傳來したものであるとの推測を下すも敢て不當ではないであらう。たゞ現在に於ては、未だ斷言し得るほどの適確な證據を擧げることが出來ないまでゝある。

(1) 大使・副使・判官・錄事は遣唐使の四等官であるが、文武朝には更にその上に執節使を、元正朝には押使を置いた。

(2) 唐の制度によるに、鴻臚寺の下に典客署といふ役所があり、令・丞・掌客などいふ役人がゐて、蕃客の朝貢・宴享・送迎等のことを掌り、また蕃客の宿泊する四方館に於ける互市のことをも掌つた。

(3) 遣唐使については、拙著「日支交通史」上卷第六章「遣唐使」を參照されたい。

(4) 遣唐學問僧・留學生に就いては、拙著「日支交通史」上卷第八章「遣唐留學生と文化の移植」を參照されたい。

(5) 三代實錄元慶八年三月廿六日の條

(6) 圓珍の上智慧輪三藏決疑表や智證大師傳によるに、圓載は承和五年に入唐し、在唐凡そ四十年にして、元慶元年に歸朝の途に就いたが、途中難船溺死した。

(7) 長安の西明寺は唐の高宗の勅によつて建立せられ、有名な道宣律師の住した寺で、我が學問僧とは、最も緣故が深かつた。　奈良朝の末に入唐した近江梵釋寺の永忠も嘗てこの寺に掛錫したことがあり、後空海が入唐するや、またこの寺を根據として、城中の名德を歷訪し、眞如法親王も入唐して、渡天の官符を得らるゝ爲めに、六ケ月ほどこの寺に御逗留あらせられた。

(8) 歸化唐人のことについては、拙著「日支交通史」上卷第九章「歸化唐人・印度人・西域人と文化の移植」を參照されたい。

第二篇　平安時代（印刷興隆期）

第一章　平安時代の開版

一　開版事業の中絶

無垢淨光陀羅尼の開版された神護景雲四年（七七〇）から平安朝の中葉に至る二百七八十年間は、雕版のことは全く中絶してゐたやうで、文献・遺品ともに何等徴すべきものがない。ところが多くの書史には、山家本或は傳敎版と稱する古版の法華經があつて、その版下は傳敎大師の書であるといふことが見えてゐる。このことを初めに唱へたのは宗淵で、法華經考異卷下、對校諸本略目錄の首に、山家本を出して、

延暦寺經藏古摺本也、嘗以傳敎大師書所刻、世稱之山家本、又呼傳敎板是也、其本不記彫刻年月、然其顏采必八九百年以上物也、但惜彫工庸手字勢失眞、而其古色猶在、可謂瞻蔔萎華也、淵之所刻行、全遵依此本、

と述べてある。（1）黑川眞賴氏の日本書籍刊考にも、

延暦寺に刊本の法華經あり世に傳敎版と稱す。此の版必傳敎大師の造れりや否やを知らず、然れども其の時代を距ること甚遠くはあるべからず。

といひ、近年伊勢の西來寺に於て、これを覆刻したが、その裏書に、

昔人嘗梓二大師眞蹟之本一、其所レ印之古卷、往々存二于古祠舊刹一、中古所レ謂山家本、或稱二傳敎板一者也、展轉翻刻、其本數種、今所二模刻一者、全依二延曆寺藏本一、但是本不レ記二彫刻歲月一、察二其顏采一、古色可レ掬、實八九百年以外之物也、憾刻手拙劣、且數經二摺寫一、畫鋒磨滅不レ少矣、而比二之近來印本一、則天地懸隔焉、瞻蔔　姿猶勝二他少花一萬々也、

とあると述べてある。勿論傳敎大師手寫の法華經があつて、これを版下としたといふことはあり得ることであるが、八九百年前のものであるとか、傳敎大師の時代を距ること遠からずなどいふことは容易に信じ難い。そしてこの傳敎版法華經は、延暦寺に所藏されてゐるとあるが、寧樂刊經史の著者大屋德城氏は、自ら天海藏以下延暦寺直轄並に子院の藏書を數回に亙つて調査したが、未だ斯樣な舊槧本を觀たこともないし、かゝる風聞を耳にしたこともないと述べられてゐる。（2）また朝倉龜三郎氏の日本古刻書史には、傳敎版の仁王經のあることを述べ、西村兼文氏

の古梓一覽には、東寺に弘仁版の仁王經があり、傳敎大師の筆蹟であるなどゝあるが、これ等も輕々に信じ難い。

次に京都東山禪林寺の所藏に、傳敎大師の高足義眞の點を加へた所謂義眞點の唯識論・大智度論があつて、ともに延曆寺の開版で、刻本の最古のものであるといふことが、鵜飼徹定氏の古經題跋卷上に著錄されてゐる。延曆寺でこの兩書を開版したといふことは、あり得ることであるが、その遺品も現存しないし、開版年代も傳はらないから、これを以て刻本の最古のものなどゝは首肯し難い。

現存する平安朝の刻本として最古のものは、天喜元年(一〇五三)八月九日の朱書のある佛說六字神呪王經一卷であらう。この經は近江石山寺の所藏で、大屋德城氏が同寺の經藏中で、新に發見されたものである。(3) これに次いでは「承曆四年(一〇八〇)六月三十日點之畢」といふ墨書のある法華經卷第二(東京內野五郎三氏藏)であらう。この二つは識語によつて開版年代は識語にある年代以前であることを推定するに過ぎないが、その年代の確實に知られてゐるものとしては寛治二年(一〇八八)版の成唯識論に過ぐるものはない。その卷末刊記に

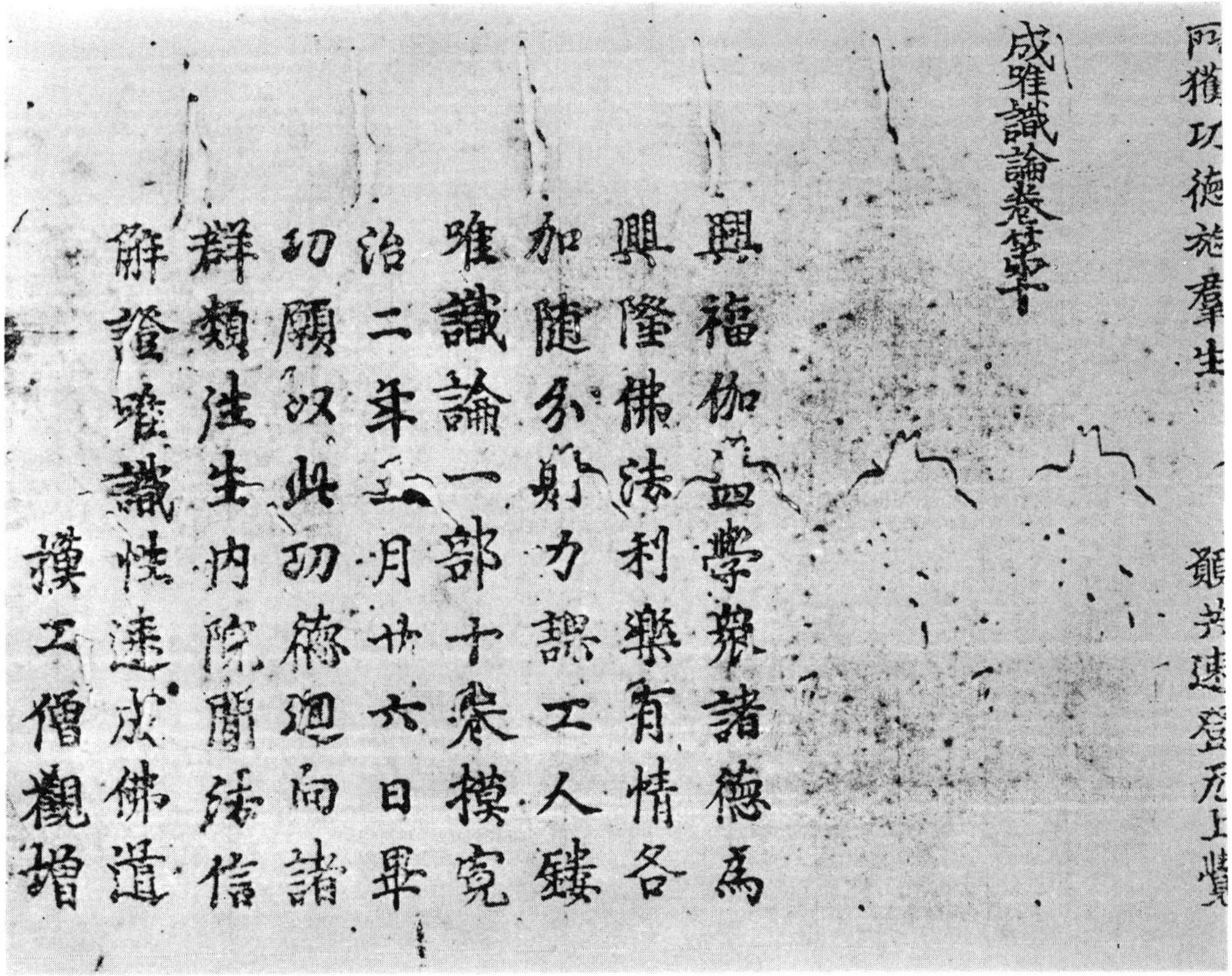

所獲功徳施群生
願共速登无上覺

成唯識論卷第十

興福伽藍學衆諸徳爲
興隆佛法利樂有情各
加随分財力課工人鏤
唯識論一部十巻模寛
治二年五月廿六日畢
功願以此功徳廻向諸
群類往生内院聞法信
解證唯識性速成佛道
摸工僧觀増

春日版成唯識論寛治二年刊

興福伽藍學衆諸德爲興隆佛法利樂有情各加隨分財力課工人鏤唯識論一部十卷
摸寛治二年正月廿六日畢功願以此功德廻向諸群類往生内院聞法信解證唯識性
速成佛道　　　　　　　　　　摸工　僧　觀增

とある。これによれば、奈良の興福寺の衆徒が應分の醵金をして開版したもので、雕工は觀增といふ僧であつたことも知られる。刊本に雕工の名の見えた初めである。その書風や刻樣は整つてゐるけれども墨色は薄い。但し後年大に盛大を極めた春日版はこの邊に胚胎してゐるであらう。この書はもと東大寺尊勝院の所藏であつたといふことであるが、今は正倉院の聖語藏に藏せられ天下たゞ一部あるのみである。

これを要するに、平安朝の初期は、天台・眞言の二宗派が大に興隆した時代であるが、開版事業は全く中絶してゐた。蓋し前代からの寫經の風習が盛んで、左程開版の必要を認めなかつたにもよるであらうし、一面また密敎が盛んであつて、聖敎祕傳といふことが行はれてゐたからであらう。

（1）大屋德城氏「叡山板に就いて」（日本佛敎史の研究第二所收）

（2）大屋德城氏著「寧樂刊經史」三四頁
（3）同上四〇頁

二　摺供養と開版事業

平安朝の初期開版事業は全く中絶したが、中期以降は摺供養と稱し、供養の爲めに經典を印刷することが起つた。佛教に於て經典書寫の功德の廣大なことは、幾多の經典に見ゆる所で、從つて奈良朝以來供養の爲めに經典を書寫することは、屢〻行はれた。けれども多くの經卷を書寫することは、多大の費用と歲月とを要することであるから、こゝに印刷を以て書寫に代へるやうになつたものであらう。當時は書寫に對して印刷を「摺寫」「摸寫」などゝいつた。摺供養の際は、當時の能文家に命じて願文を書かしめたから、それ等の願文を載せた文集や公卿の日記などに散見してゐる。今予の寓目した所によつて表示すれば次の如くである。

摺供養年代	摺寫經典並部卷數	摺供養の目的	施主	典據
寬弘六年（一〇〇九）十二月十四日	法華經　一〇〇〇部			御堂關白記

長和三年（一〇一四）十月十七日	法華經　一〇〇〇部			小右記
長久四年（一〇四三）八月十三日	法華經　六〇部 無量義經　六〇部 觀普賢經　六〇部	家督追善供養	藤原實成	本朝續文粋
承保四年（一〇七七）八月	般若心經　五五〇卷 壽命經　三〇卷 仁王經　六部	白河天皇御腦御平癒祈願		水左記
應德二年（一〇八五）十二月二十二日	法華經　六〇部 無量義經　六〇部 觀普賢經　六〇部	東宮實仁親王四十九日御供養	源季定	本朝續文粋
嘉保三年（一〇九六）二月朔日	法華經　一部 不動尊　萬體			拾遺往生傳
康和四年（一一〇二）六月二十日	法華經　六部 無量義經　一卷 觀普賢經　一卷	大江隆兼四十九日供養	大江匡房	本朝續文粋

保安元年（一一二〇）十一月廿八日	法華經 無量義經 觀普賢經 阿彌陀經 般若心經	一四部 一四卷 一四卷 一四卷 一四卷	亡息某親王（輔仁親王？）一周忌供養	前女御源某	本朝續文粹
大治二年（一一二七）十一月四日	法華經 無量義經 觀普賢經	二〇部 一卷 一卷	高野塔供養	鳥羽上皇	本朝續文粹
久安二年（一一四六）三月一日	壽命經	三六〇卷	前太政大臣藤原忠實病氣平癒祈願	藤原頼長	台記
久安六年（一一五〇）十二月十三日	藥師經	一二卷	藤原成佐病氣平癒祈願	藤原頼長	台記
仁平四年（一一五四）六月八日	藥師經	一〇〇〇卷	白河上皇御腦御平癒祈願	藤原頼長	台記
久壽二年（一一五五）十月廿三日	法華經 無量義經 觀普賢經 阿彌陀經	一〇〇部 一〇〇卷 一〇〇卷 一〇〇卷	亡夫人追福供養	藤原忠通	兵範記

永萬元年（一一六五）六月十三日	藥師本願經	一〇〇卷	廣隆寺供養		廣隆寺由來記
嘉應元年（一一六九）六・七・八月	法華經 無量義經 觀普賢經 阿彌陀經 般若心經	一〇〇〇部 三五〇卷 三五〇卷 三五〇卷 三五〇卷	白河上皇御逆修	白河上皇	兵範記

以上の他、當時の日記等を仔細に檢索すれば、なほ多くの例を發見するであらうが、これによつて大體摺供養なるものゝ性質を察することが出來る。即ち摺供養なるものは、主として朝廷や京都の貴族社會に於て、亡者の追福供養若しくは病氣平癒祈願の爲めに行はれたもので、前者の場合には、多く法華經・無量義經・觀普賢經が摺寫せられ、後者の場合には、壽命經・藥師經が摺寫せられたことが知られる。そして一時に數百卷も摺寫したこともあるが、また時には數卷若しくは十數卷に過ぎなかつたこともある。かゝる僅な卷數を印刷する爲めに、特に摸板を雕造することは、徒に多くの勞力と費用とを要するのみであるから、斯樣な場合には前からあ

つた摸板を利用したことであらう。兎に角文献には摺供養のことが屢〻見え、中にも法華經の如きは、一時に數百卷若しくは一千卷も摺寫されたことが見えてゐるに拘らず、今日までこれに相當する遺品の發見されたものはない。蓋しこれ等の經典は弘布を目的としたものでなく、供養や祈願の爲めに、數十部なり數百部なりを印刷し、これを一纒めとして、或る一箇寺に奉納したものであるから、若し不幸にしてその寺が燒失すれば、一時に皆亡んで終つたからであらう。前に述べた石山寺藏の佛說六字神呪王經一卷、東京內野五郎三氏藏法華經卷第二を始め當時京洛に於て開版されたと推定される遺品は數點(1)あり、是等のうちには摺供養の爲めに開版せられたものなどもあつたらうと想像される。

(1) 大屋德城氏の寧樂刊經史には、佛說六字神呪王經・法華經の他に、寬治五年(一〇九一)七月九日の墨書ある大孔雀明王經卷下(久原文庫藏)、久安四年(一一四八)僧良鑒なるものゝ開版した法華玄義釋籤三帖(京都禪林寺藏)を擧げ、また一枚刷摺供養の遺品をも列擧されてゐる。

三　春日版の出現

平安朝の中期以降、京洛に於ける朝廷や貴族社會に行はれた摺供養に伴うて開版された天台系統の經典に對し、同じ時代に南都の興福寺並にその配下に屬してゐた春日社で開版されたのは、法相關係の典籍で、世に春日版と稱せられてゐる。但し春日版の名稱は、明治以後好書家の間に用ひられるやうになつたもので、その範圍に就いても人によつて異同がある。或る者は主として鎌倉時代に開版せられ、書風の遒勁、墨色の佳絶、料紙の精良なもののみについていひ、その他の時代に開版された蕪雜なものは、捨てゝ顧みない。或る者は、書風・墨色・料紙等が優れてゐても、跋文に春日明神に奉納する旨を刻記してないものは春日版とはいはない。けれども前者はたゞ古書愛好の趣味から出發したものであり、後者は餘りに跋文に拘泥したもので、いづれも妥當な說ではない。若し學問的見地からいへば、いづれの時代たるを問はず、興福寺並にその配下に屬してゐた春日社に於て開版せられ、一定の版式を備ふるものは、總て春日版と稱すべきである。

春日版はいつから始まつたかは、明瞭を缺くが、前述の寛治二年版の成唯識論十

卷は、興福寺の衆徒によつて開版されたもので、實に春日版の先頭に立つべきものであらう。一體春日版に於ては、摸板の右偶に陰文を以て開版年代・寺名・施主・雕工等を印刻することはあるが、この陰文は印刷の際には紙面に摺込まないから、本文と齊しい陽文の跋語のあるものは甚だ稀である。從つてその開版年代を明かにし難いが、まゝ墨書又は朱書の識語の存するものがあり、少くとも識語に見ゆる年代より以前に開版されたものであることが知られる。寧樂刊經史並に續寧樂刊經史によるに、平安時代の識語のあるものは、左の數點である。

成唯識論了義燈卷第一　一帖粘葉本　紀伊高野山正智院藏
（墨書）永久四年八月廿七日

成唯識論了義燈卷第四　一卷卷子本　京都大谷大學圖書館藏
（朱書）保延四年八月十九日

成唯識論述記卷第十　一卷首缺卷子本　奈良興福寺藏
（朱書）康治元年五月十八日

成唯識論了義燈卷第一　一卷首缺卷子本　大和法隆寺藏

(朱書)仁平二年二月廿八日

成唯識論述記巻第九　一帖粘葉本　**紀伊高野山正智院蔵**

(墨書)保元二年二月廿日

成唯識論述記巻第十　一巻首欠巻子本　**奈良興福寺蔵**

(朱書)保元二年五月十九日

大乘法苑林章一、二、三、四、六、七　殘闕六帖粘葉本　**大和法隆寺蔵**

(朱書)久安六年六月十八日

大乘法苑林章一、二、五、七、　四帖粘葉本　**奈良薬師寺蔵**

(朱書)嘉應二年十月廿日

法華攝釋一、二、三、四、　四帖粘葉本　**奈良東大寺圖書館蔵**

(朱書)安元三年三月廿三日

成唯識論述記巻第三　一巻巻子本　**大和法隆寺蔵**

(朱書)治承三年六月二日

成唯識論述記巻第二　一帖粘葉本　**日光輪王寺天海蔵蔵**

（墨書）養和二年二月五日

この他鎌倉時代の識語のあるもので平安朝に開版されたもの、或は今日まで遺品の發見されないもの、或は全く亡んで見るべからざるものなども少くないであらう。これ等によつて考ふるに、平安朝の中期以降興福寺並に春日社に於て開版された所謂春日版は可なり多かつたであらうと察せられる。そして興福寺が法相宗の大道場であつただけに、それ等の典籍は悉く法相宗關係のもの丶みである。即ち成唯識論は法相宗の根本聖典で支那法相宗の始祖たる玄奘三藏の譯したものであり、述記・了義燈は演祕と共に唯識三箇の註疏に數へらる丶書で、前者は慈恩大師窺基、後者は淄州大師慧沼の撰述する所である。また大乘法苑林章（窺基撰）・法華攝釋（樸楊大師智周撰）も亦法相宗に於ける重要な典籍である。

當時南都の諸大寺が未だ全く開版事業に携はらない時に、興福寺が獨りこれに手を染めたのは、この寺が藤原氏の氏寺として財政が頗る豐かであつたこと丶、藤原氏の繁榮に伴うてその氏神たる春日明神に對する信仰が頗る盛んとなり、經卷を社壇に奉納するといふことが起つたからである。即ち興福寺が法相宗の大道

場である關係上、春日明神は自ら法相擁護の神として仰がれ、(1)從つて法相宗の根本聖典たる唯識論を始め法相關係の典籍を書寫してこれを奉納し、更に進んではこれ等を開版して、その數を弘通することは、神慮を慰め奉る所以であると考へられた。このことは春日版の典籍に、春日明神に奉納する旨を刊記したもの、墨記したものなどが頗る多いことによつても知られる。(2)されば春日社には、夙に一切經藏や經所があつて、書寫・摺寫の經典を納め、また摸板をも收藏する倉庫すらあつたらしい。(3)

(1) 春日明神を以て法相擁護の神とする信仰は、春日權現驗記などに多く散見してゐる。

(2) 春日明神に奉納する旨を刊記したもの、墨記したものゝ例は、寧樂刊經史に多く擧げられてゐる。建仁元年版成唯識論には「爲春日四所之神恩敬彫唯識十軸之論摸云々」、承久三年版の成唯識論には、「願繼應理宗法命、久惜春日靈威光、遠生有情類慧解、皆共必得龍華益」といふ刊記がある。日本古刻書史には春日版の名稱はこれ等の刊記に起由したものであらうといつてゐる。

(3) 大屋德城氏著「寧樂刊經史」一一七—一一九頁

第二章　支那版本の輸入

一　五代・北宋の開版

奈良朝以來佛敎の興隆につれ、寫經は頗る盛んであつたが、印刷術は一向にこの方面に利用せられず、開版事業の中絶すること二百七八十年にも及んだ。然るに平安朝の中葉から、京都には摺供養の風習につれて天台宗經典の開版があり、奈良には春日明神の信仰につれて、法相宗典籍が印刻されるやうになつた。蓋し支那にあつては、五代より北宋にかけて、開版事業が大に起り、從つて彼地の版本が次第に我が國に輸入せられ、その刺戟を受くることが多かつたからであらう。

唐代に於ける開版は、佛書若しくは、比較的需要の多い字書・小學の類に過ぎなかつたが、五代に入つてから後唐明宗の長興三年(九三二)に宰相馮道の建議により儒者田敏等に命じて、長安にあつた唐の開成石經(1)をもとゝして九經を校定せしめ、これを印板に刻んだ。その完成したのは後周太祖の廣順三年(九五三)であつたやうで、實に二十餘年を費した大事業であつた。(2)これに次いでは、當時の能書家で

あつた李鶚が版下を書いたといふ所謂李鶚本の爾雅(3)が開版せられ、また蜀の毋昭裔(4)は文選・初學記・白氏六帖を、南唐の和凝(5)は自己の文集數百卷を鏤刻したといふ。次の北宋時代に入つては、歷代の皇帝が大に文教を奬勵した結果、前代に於て培はれた開版事業は大に發達し、書籍の鏤刻せらるゝものが益〻多くなつた。北宋の末に出た葉夢得の石林燕語に、

五代時、馮道奏請、始官鏤六經板印行、國朝淳化(〇太宗の年號、九九〇―九九四)中復以史記前漢書付有司摹印、自是書籍刊鏤者益多、

とあるによつても、その一斑が察せられるであらう。一方佛典の開版も唐代から引續いて行はれたことは勿論で、近頃敦煌の石室から、後晉天福十五年(九五〇)に鏤刻された金剛般若波羅蜜經が發見された。北宋になつてからは、太祖の勅命によつて、大藏經全部が始めて鏤刻された。この大藏經は開寶勅版と稱せられ、太祖の開寶四年(九七一)から太宗の太平興國八年(九八三)に至る十二ヶ年の歲月を費し、蜀の成都に於て完成されたものである。(6)

かく五代から北宋にかけては、佛典の外に、儒書・詩文集・史書など開版せられた書

籍の種類が多くなつたのみならず、鏤刻の行はれた地方も廣くなつたことは、石林燕語に

今天下印書以杭州爲上、蜀本次之、福建最下、京師比歲印板殆不減杭州、但紙不佳、蜀與福建多以柔木刻之、取其易成而速售、故不能工、福建本幾遍天下、正以其易成故也、

とあるによつて知られる。そして仁宗の頃には既に寫本時代を脱して版本の時代に入り、大抵の書籍は版本によつて得らるゝやうになつた。蘇軾の李氏山房藏書記にも

余猶及見老儒先生、自言其少時、欲求史記漢書、而不可得、幸而得之皆手自書、日夜誦讀惟恐不及、近歲市人、轉相摹刻、諸子百家之書日傳萬紙、

とある。

（1） 唐文宗の開成二年（八三七）鄭覃等が詔を奉じて九經を石に刻んで、大學の明堂に建て、永く損益する所なからしめたものである。

（2） 馮道の九經開版のことは、五代會要・舊五代史・資治通鑑・演繁露（宋、程大昌）・孔子雜說（宋、弘平仲）・金臺紀聞（明、陸深）など多くの書に見えてゐる。

（3） 李鶚本爾雅のことは經籍訪古志や古文舊書考などに見えてゐる。　李鶚は馮道の

開版した九經の版下を書いた人で、當時能書家として知られてゐた。
（4）毋昭裔のことは十國春秋毋昭裔傳・資治通鑑二百九十一・宋史毋守素傳などに見えてゐる。後蜀に仕へて左僕射同平章事となつた人で、性藏書を好み、蜀の地が唐末以來學校の廢絶したのを歎き、私財を抛つて學舍を建て、また多くの典籍を鏤刻した。
（5）舊五代史和凝傳
（6）佛祖統紀卷第四十三

二　商船の來往と版本の輸入

翻つて當時に於ける日支の交通を考へるに、五代の世には、支那は戰亂に次ぐに戰亂を以てし、僅か半世紀の間に、五代十三君を易へたほど紛亂の甚だしかつた時代であり、北宋の世には、我が對外政策が頗る退嬰に傾き、邦人の私に海外に渡航することを禁ずるなど、半ば鎖國主義を執つて居つた時代であるから、（1）彼我の交通は殆ど杜絶して居つたであらうと想像せられるが、事實はこれに反し、我が商船こそ彼地に赴かなかつたが、支那商船の來航することは、殆ど年々歳々絶えなかつた。
（2）當時我が政府は太宰府に命じて、來航の商客を鴻臚館に安置し衣糧をも給與

する定めであつたから、(3)來航が餘りに頻繁では、その費用に堪へ難く、止むなく一條天皇の頃には、年紀を定めて來航すべき官符を給ひ、若しその期を待たずして來るものは廻却せしむることゝした。(4)けれども彼等は貿易の利を占めんが爲めに、年紀を待たず、屢〻漂流と稱して來航したもので、(5)この一事を以てしても、支那商舶の來往が如何に頻繁であつたかゞ察せられるであらう。

これ等の支那商舶は概ね兩浙地方を發し、東支那海を横斷し、肥前の値嘉島(五島列島)を經て、筑前博多に入港した。當時は官貿易の時代であつたから、商舶が來着するや、太宰府は驛を馳せて、これを京師に報じ、やがて朝廷からは特に交易唐物使なるものを派遣して交易せしめ、(6)また公卿・朝臣・富豪等も先を爭うて使者を港に遣し、珍貴な舶來品を買はうとしたものである。(7)されば商客の齎らした商品は、當時の貴族社會の好尚に應じたものであつたことは勿論で、佛敎の興隆、漢文學の隆盛につれて、經卷・儒書・詩文集なども輸入せられ、それ等の中には、支那に於て開版せられた版本も含まれてゐたであらうといふことは、想像するに難くない。それに就いて思ひ出さるゝは、永延二年(九八八)三月僧延尋の記した伊豆走湯山緣起で

ある。同縁起第五に、

永觀元年癸未（中略）唐國本朝乃摺本寫本經論、人師述作、合束八千餘帙納之、

とある。永觀元年（九八三）は宋太宗の太平興國八年に當つてゐる。これによつて當時渡來の支那版本の稀でなかつたことが想像せられる。右大臣中御門宗忠の日記中右記元永元年（一一一八）二月一日の條には、

近日從唐所將來之醫書從院借給、誠有興書也、摺本卅帖、

とあり、宋版の醫書も渡來してゐた。やゝ時代は降るけれども、金澤文庫本の春秋左氏傳には

（第十六本奥云）

保延六年正月十九日辰刻重合摺本畢

（第十七本奥云）

保延六年正月廿日重校摺本了　　頼―

（第三十本奥云）

保延六年二月七日亥刻向殘燈合摺本了（下略）

東市正清原頼業

などいふ識語があつて、保延六年(一一四〇)清原頼業が宋版の左傳を用ひたことが知られる。また宇治の左大臣藤原頼長が、宋版の周易正義や禮記正義を藏してゐたことは、台記に散見する所で、彼が周易正義を得た時は「余心悦甚㆓於千金㆒」といひ、禮記正義を得た時は、「勝㆑得㆓萬戸侯㆒」といひ、無雙の愛書家であつた彼の喜悦の限りなき有様が窺はれる。この他宇塊記には藤原通憲(入道信西)が宋版の尚書釋文を所藏してゐたことが見え、百練抄には平清盛が新渡の宋版太平御覽を高倉天皇に上つたことが見えてゐる。平安朝の中期以後上流社會には宋槧本を所藏するものが稀でなかつたことが知られるであらう。

(1) 永承二年(一〇四七)筑前の人清原守武が私に渡宋したことが露はれ、その貨物を官に沒して佐渡に流し、その與黨五人を徒刑に處したことがあり、寛治五年(一〇九一)太宰權帥藤原伊房が僧明範を契丹に遣して貨物を交易せしめたことが顯はれ、諸卿が屢〻その罪科について議したことは、百練抄・中右記等に散見してゐる。

(2) 支那商舶が殆ど年々來航したことは、日本紀略・扶桑略記・本朝世紀・百練抄・本朝文粹・朝野群載・小右記・權記などに散見する所である。 なほ拙著「日支交通史」上卷第十章

「五代に於ける日支交通」、第十一章「北宋との交通」を參照されたい。

（3）三代實錄などには、支那商舶の來航を記した所に、「勅ニ太宰府一安ニ置鴻臚館一隨レ例供給」といふ文句が多く見えてゐる。

（4）小右記寛弘二年八月廿一日の條

（5）百練抄長曆元年五月、同寛德元年七月廿七日、同永承六年九月十七日、同康平三年八月七日の條

（6）扶桑略記延喜十九年七月十六日の條

（7）三代實錄仁和元年十月廿日辛未の條　延喜三年八月一日太政官符「應レ禁三遏諸使越レ關私買ニ唐物一事」

三　渡海僧と支那版本の將來

支那版本が博多に來航した支那商舶によつて輸入せられたであらうといふことは、前述の如くであるが、またその頃支那に渡つた僧侶によつて將來せられた版本も少くなかつた。五代から北宋にかけて渡海した僧侶は、その數に於て到底入唐僧に及ばないが、それでも史上に名あるものの二十餘人を數へることが出來る。

卽ち五代には、寛建・寛輔・澄覺・長安・超會・寛延・日延等があり、北宋時代には、奝然・成算・祚

壹・嘉因・寂昭・元燈・念救・覺因・明蓮・紹良・慶盛・成尋・賴緣・快宗・聖秀・惟觀・心賢・善久・長明・仲回等がある。(1)これ等の人々は、概ね明州(後の寧波)に上陸して、或は東京(汴京)・洛陽・長安の都に遊び、或は五台山・天台山・龍門等の佛蹟を巡拜し、到る處に大德を歷訪し、新譯經等を求得して、これを日本に送り、或は自ら將來したものである。中にも注意すべきは、奝然・寂昭・成尋の三僧である。奝然は圓融天皇の永觀元年(九八三)その徒成算・祚壹・嘉因等五六人を從へ、宋商陳仁爽・徐仁滿等の舶に乘つて入宋し、(2)先づ天台山に詣でた後、東京に入つて宋の太宗に謁し、太宗から我が風土・文物を問はれたに對し、筆札を以てこれに對へ、紫衣を賜ひ、法濟大師の號を授けられ、また印本大藏經をも給せられた。次いで五台山の聖蹟に詣でゝ再び東京に歸り、洛陽・龍門等の佛蹟をも巡歷し、(3)在宋凡そ三年にして花山天皇の寬和二年(九八六)七月宋商鄭仁德の舶によつて歸朝した。(4)奝然が太宗から賜はつた印本大藏經は、實に太祖の勅命によつて開版された所謂開寶勅版大藏經(本章第一節參照)の初印本であつたわけである。この大藏經は、奝然が同じく太宗から賜はつた新譯經二百八十六卷と共に京都法成寺(治安二年御堂關白道長の創建)の經藏に納めたといふことであるが、(5)この寺はその後屢〻火

災にかゝつたから、この大藏經は全く烏有に歸して終つたことであらう。鵜養徹定氏の古經題跋附錄を見るに、京都紫野大德寺に開寶勅版の華嚴經卷第一が藏せられてゐたことが著錄されてゐる。卽ち

○城州紫野大德寺藏

華嚴經卷第一

大宋開寶九年丙子奉敕雕造　太平興國八年奉敕印

○按、稽古略曰、宋太祖開寶四年敕雕佛經印一藏計一十三萬板、是爲大藏印造之權輿也、東大寺奝然乞賜印本大藏經見佛祖統紀及扶桑略紀、蓋此本卽其一也、

これによれば、奝然が入宋して太宗に謁した太平興國八年(我が永觀元年、九八三)に印造せられたもので、恐らく奝然の將來したものゝ一であらうかとも想像されるが、(古經題跋にいふやうに「蓋此本卽其一也」と明に斷定することは出來ぬ)惜しいことは、今その所在が判らぬ。

寂昭は俗名を大江定基といひ、源信僧都の弟子である。一條天皇の長保五年(一〇〇三)八月、その徒元燈・念救・覺因・明蓮等數人を從へ、肥前を發して宋に向ひ、翌九月

明州に着した。(6) そして翌寛弘元年(一〇〇四)には東京(汴京)に入つて眞宗に謁し、圓通大師の號を賜ひ、(7)次いで天台山に遊び、四明の傳教沙門知禮を訪ひ、師の源信僧都から託された天台の疑問二十七ヶ條を請問した。(8) この頃蘇州の人、三司使丁謂なるものが、寂昭を見て大に悅び、說くに蘇州の山水を以てしたので、その勸むるまゝに丁謂の營んだ呉門寺に掛錫した。(9) その後の有樣は明瞭でないが、長元七年(一〇三四)に至り、杭州淸涼山の麓で遷化した。(10) かく寂昭は宋で歿したから、自ら將來した典籍はないけれども、寛弘五年(一〇〇八)治部卿源從英が在宋の寂昭に贈つた書にも、

所レ諮唐曆以後史籍、及他內外經書、未レ來二本國一者、因レ寄二便風一爲レ望、商人重レ利、惟載二輕貨一而來、上國之風絕而無レ聞、學者之恨在二此一事一、

とあり、(11)またその弟子念救が長和四年(一〇一五)一旦歸國した時も、藤原道長はこれに託して、一切經論諸宗章疏等を購ふ料として、金百兩を寂昭の許に贈つてゐる。(12) そして寂昭が蘇州の呉門寺に掛錫する時、留住を好まざる弟子數人を歸國せしめたり、或は商船に託して、道長や從英と書狀を往復することが數回にも及んで

ゐるから、(13)道長や從英の希望に應じて、彼地の典籍を送つて來たこともあつたであらうし、それ等の中には宋槧本も含まれてゐたことゝ想はれる。それについて注意されるのは、日本紀略寛弘七年十一月廿八日癸卯の條に、

天皇從「枇杷第」遷「御新造一條院、左大臣(道長)獻「御馬十匹、書籍等、唐摺本文選文集」

とある記事である。文選と白氏文集とは、淸少納言の枕草紙に、「文は文集、文選、博士の申文」とあるやうに、當時の漢文學の權威として、學者・文人の最も愛誦した書である。そして道長と在宋の寂昭との間に屢〻交涉のあつたことから考へるに、道長は寂昭からこの二書を贈られ、これを珍籍として、一條天皇に上つたのではあるまいか。

成尋は後三條天皇の延久四年(一〇七二)三月弟子頼緣・快宗・聖秀・惟觀・心賢・善久・長明の七人を從へ、宋商孫忠の舶によつて入宋し、先づ天台山に上り、次いで五台山の聖蹟を巡拜して洛陽に入つたが、神宗はこれを延和殿に召見して、紫袈裟衫衣裙を賜ひ、善慧大師の號を授け、勅して太平興國寺傳法院に館せしめた。成尋在宋凡そ九年にして、永保元年(一〇八一)宋で寂したが、延久五年(一〇七三)その隨從の弟子頼

縁・快宗・惟觀・心賢・善久の五人を歸國せしむる時に、これに託して多くの印本新譯經等を送つて來た。即ち成尋が宋の煕寧六年(一〇七三)三月太平興國寺傳法院に在つた時、曩に太宗が膂然に賜はつた以後の新譯經を賜はらんことを奏請して聽され、顯聖寺印經院の印本新譯經計二百七十八卷、蓮華心輪廻文偈頌一部二十五卷、祕藏詮一部三十卷、逍遙詠一部一十一卷、緣識一部五卷、景德傳燈錄一部三十三卷、胎藏敎三册、天竺字源七册、天聖廣德錄三十卷、合せて四百十三卷册を得て送つた。この他日本に送る爲めに、弟子聖秀等を遣し、或は自ら顯聖寺印經院に到つて買求めたものには、天台敎九十餘卷、十鉢文珠經一部十卷、寶要義論一部十卷、菩提離相論一卷、廣釋菩提心論一部四卷、圓集要義論四卷、祥府法寶錄廿一卷、正元錄二卷、大經王經卅卷、除盖障所問經廿卷等があつた。以上は總て顯聖寺の印本であるが、また別に市に就いて買求めた内外の典籍も多く、これ等も概ね賴緣等の歸國に託して、日本の知人などに贈つたもので、百官圖二帖、百姓名帖、楊文公談苑三帖八卷、天州府京地理圖一帖、傳燈語要三帖を宇治經藏に、法花音義一卷を大雲寺經藏に、唐曆一帖、老君枕中經一帖、注千字文一帖を左大臣藤原師實に、曆一卷を民部卿藤原俊家に、寒山詩一

帖、暦一巻を治部卿源隆俊に、永嘉集一巻、證道歌注一帖、淄州大師傳二巻、廣清涼傳三帖、古清京山傳三巻を石山經藏に送つてゐる。(14) けれどもこれ等の多數の内外の經典は、今は全く散佚してその所在を知らぬ。

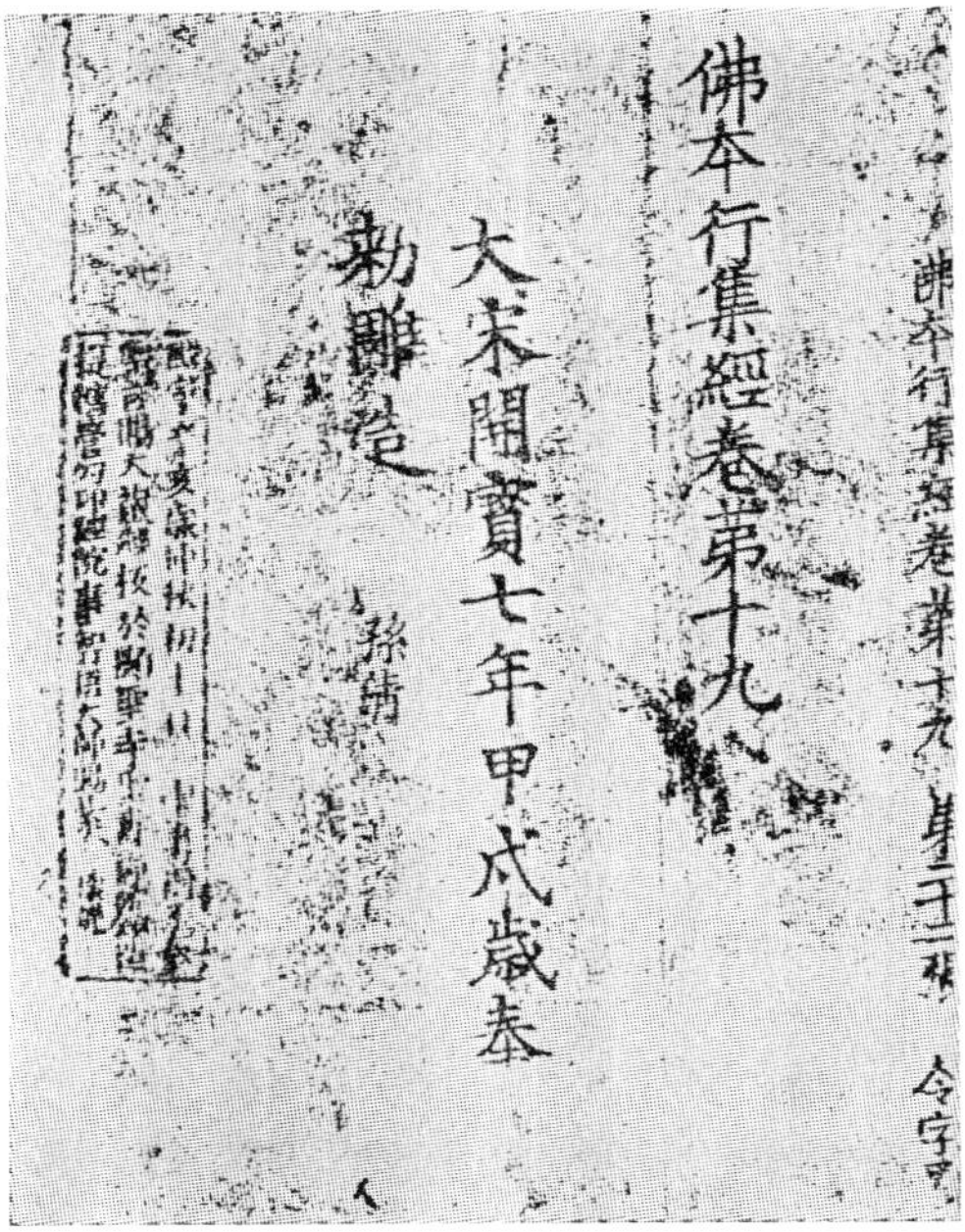

宋版大蔵経仏本行集経巻第十九
宋開宝七年刊　熙寧四年印摺

大正五年京都に於て第二回の大藏會が開催せられる時、妻木直良氏は京都南禪寺の經藏を探り、宋版の佛本行集經巻第十九を得られたが、その巻末刊記に、

大宋開寶七年甲戌歳奉勅雕造

孫清

熙寧辛亥仲秋初十日　中書劄子奉
聖旨賜大藏經板於顯聖寺聖壽禪院印造
提轄管勾印經院事智悟大師賜紫　懷謹

とある。即ちこの經は顯聖寺に於て印造せられたもので、然かも提轄管勾印經院事智悟大師賜紫懷謹は、成尋が熙寧六年(一〇七三)顯聖寺の印本を受ける時に關係

した僧である。されば此の經は成尋が送つて來たものゝ一ではないかといふ考が自ら起るであらうが、遽にかく斷定することは出來ぬ。何となれば南禪寺の藏經は、もと兵庫の禪昌寺にあつたもので、元版たる大普寧寺版と高麗版とを主體とし、これに北宋の開寶勅版・東禪寺版・開元寺版、南宋の思溪版その他寫本をも合して一藏とした混合藏で、南北朝時代から室町時代にかけて何回かに輸入されたものらしく、右の佛本行集經卷第十九も遙か後世になつて輸入されたものかも知れないからである。

因にいふ近年中村不折氏は某支那人から開寶勅版中の十誦尼律卷第四十六を獲られたが、その卷末刊記には

大宋開寶七年甲戌歲奉勅雕造　陸永

蓋聞施經妙善獲三乘之惠因讃誦奥詮超五趣之業果然願普窮法界廣
及無邊水陸群生同登覺岸時皇宋大觀二年歲次戊子十月　日畢
庄主僧　福滋　管居養院僧　福海　庫頭僧　福深
供養主僧　福住　都化緣報願住持沙門　鑒巒

とある。宋徽宗の大觀二年（一一〇八）開寶勅版によつて印造せられたものである。その寫影は同氏の「禹域出土墨寶書法源流考」や、大正一切經刊行會の「法寶留影」、「日本及日本人」第百九十三號にも載せてある。

兎に角奝然や成尋によつて輸入された開寶勅版大藏經は、平安朝末期に於ける寫經の藍本とせらるゝことが多かつたものゝ如く、石山寺・法隆寺・高山寺・興福寺等に藏せらるゝ古寫經中には、往々開寶勅版の刊記をも、そのまゝ寫したものが少くない。（15）

以上述べたやうに平安朝の中頃以後、支那商船や支那に往つた僧侶によつて輸入せられた版本は、夥しい數に上つたことであらう。殊に成尋に隨從して入宋した賴緣・快宗・惟觀・心賢・善久等は親しく顯聖寺印經院の有樣を視察して歸つたことは、參天台五台山記の記事によつて想像せられる。これ等のことは、奈良朝以來二百七八十年間も中絕してゐた我が開版事業に幾多の刺戟を與へ、京都にあつては、摺供養に伴ふ天台經典の開版となり、奈良にあつては、春日明神の信仰につれて、法相典籍の印刻となつて現はれたものと考へざるを得ない。

(1) 五代から北宋にかけて支那に渡つた僧侶に就いては、拙著「日支交通史」上卷第十章「五代に於ける日支交通」、第十一章「北宋との交通」を參照されたい。
(2) 成算法師記
(3) 宋史日本傳　西岡虎之助氏「奝然の入宋に就いて」(歴史地理第四十五卷第二・三・五號)
(4) 宋史日本傳　扶桑略記寛和二年七月九日の條
(5) 參天台五台山記第七
(6) 扶桑略記長保五年八月廿五日　歴代皇紀一條天皇長保五年日本紀略・百練抄長和四年五月七日の條
(7) 宋史日本傳
(8) 敎行錄卷第四
(9) 皇朝類苑第四十三
(10) 續本朝往生傳大江定基
(11) 皇朝類苑第四十三
(12) 御堂關白記長和四年七月十五日の條
(13) 在宋の寂昭が藤原道長・源從英等と屢〻書狀の往復したことは、法成寺攝政記・皇朝類苑・日本紀略・百練抄等に散見してゐる。
(14) 參天台五台山記
(15) 大屋德藏氏「宋板一切經の請來と奝然及び重源」(日本佛敎史の研究第二卷所載)

第三篇　鎌倉時代（和様版隆盛期）

第一章　奈良版

一　奈良版の隆盛

平安朝の中葉以降、南都の興福寺並にその配下に屬する春日社に於て開版せられた所謂春日版は、鎌倉時代に入つて、大に隆盛を極め、質量ともに遙に前代を凌ぐやうになつた。卽ち開版の範圍は、たゞ法相關係の典籍のみならず、金光明・仁王・法華等の所謂護國經典より般若部經典・陀羅尼等に及び、瑜伽論一百巻・大般若經六百巻の如き浩瀚なものまで、相次いで開版せられた。然かも料紙は益〻精美を加へ、版式は整然として、書風の豐麗、墨色の佳絶なる到底前代の比ではない。實に春日版の黃金時代といふべく、現今好古者流が春日版として、特に珍藏するものは、この時代に成つたものである。

春日版の隆昌は、やがて南都の諸大寺を刺戟して、東大寺・西大寺・唐招提寺・法隆寺等をして、夫々開版事業に手を染めしむることゝなつた。東大寺は開創以來恒說

華嚴の大伽藍であり、華嚴の專門道場たる尊勝院がある關係上、華嚴の經典が開版せられ、また三論弘通の道場たる東南院があつたから、三論の典籍も開版された。唐招提寺と西大寺とは當代の中葉、覺盛・叡尊の二大碩德があつて、夫々律宗の再興に力を盡したから、律部の開版が行はれ、法隆寺は聖德太子御建立の名刹であるから、太子に關係深き典籍、太子の御遺著が開版せられるなど、各寺各樣の特色を發揮してゐる。そして東大寺版の中には、尨然たる大册をなし、宋槧本の雄偉なる風韻を傳へ、西大寺版の書風が唐樣の風格を帶べるなど、幾分宋文化の影響が認められないこともないが、大體からいへば、平安朝の中葉以降次第次第に發達してこゝに至つたものといふべきで、宋元文化の影響を受けて起つた五山版・兪良甫版・大內版・薩摩版などゝは大に趣を異にしてゐる。若し五山版以下の諸版を以て、唐樣版と稱すべくば、南都に於ける春日版以下の諸版は和樣版の名を以て總括すべきものであらう。

南都諸大寺の開版事業に就いては、大屋德城氏がその著寧樂刊經史・續寧樂刊經史及び續々寧樂刊經史に詳說せらるゝ所で、同氏はこの著述の爲めに、幾多の歲月

を費し、諸大寺の經藏、諸家の文庫を探り、また現存の摸板に就いても綿密なる調査を遂げられただけあつて、現在に於ては、奈良版に關する唯一無二の貴重なる文献であるといつても、敢て溢美の言ではなからう。予が本章に於て記述する所も、概ね同書の記載に據り、まゝ卑見を加へたものに過ぎぬ。

二 興福寺・春日社の開版

當代春日版の中心をなすものは、前代と同じく法相宗の典籍であつた。唯識論として開版年代の確實なものは、僧要弘が建仁元年(一二〇一)八月から翌二年六月に至る十一ヶ月を費して雕造したもの、(1)並に僧弘睿が承久三年(一二二一)に印刻したもの、(2)の二種に過ぎないけれども、この他にも開刻年代の不明な零本の世に遺存するものが少くないから、その開版はなほ數回あつたことが想像せられる。

承久版唯識論の開版者たる弘睿は、春日版の興隆に最も功績のあつた人で、貞應元年(一二二二)には、因明正理門論本(3)と辨中邊論(4)とを、翌二年(一二二三)には大乘莊嚴經論(5)を、嘉祿元年(一二二五)には、法華經(6)を開版したのみならず、これより先き建曆三年(一二一三)には專心上人なるものゝ命によつて、瑜伽師地論一百卷(7)を

開版した。瑜伽師地論は法相宗に於て最も重要な聖典の一であるから、これが開版されることは、當然であるが、兎に角一百卷に亙る浩瀚な書であるから、我が開版事業に於ける空前の盛擧といはねばならぬ。されば弘睿はこれを完成せんが爲めに、廣く都鄙の貴賤を勸進して資金を集めたもので、その卷末刊記に、

沙門弘睿依專心上人命、勸都鄙貴賤類、奉雕瑜伽論一部摸、

とあり、我が開版事業に於て、廣く勸進結緣したものゝ初めであらう。後建長元年(一二四九)に至り、大法師堯心なるものがその摸板を用ひて再摺したことがある。

唯識論の開版につれて、その三箇の註疏たる述記・了義燈・演祕の三書の開版せられたことも一再に止まらず、また學者の需めに應じて、同じ摸板を用ひて、再摺・三摺することも行はれたものゝ如く、その印本の遺存するもの、その摸板の興福寺に現藏せられるものなど少くないが、概ね開版の年時を詳にし難い。たゞ摸板の一に、

述記九本一卷摸板十六枚御講本
承士之功所雕進也
建久六年乙卯八月廿九日　僧堯盛

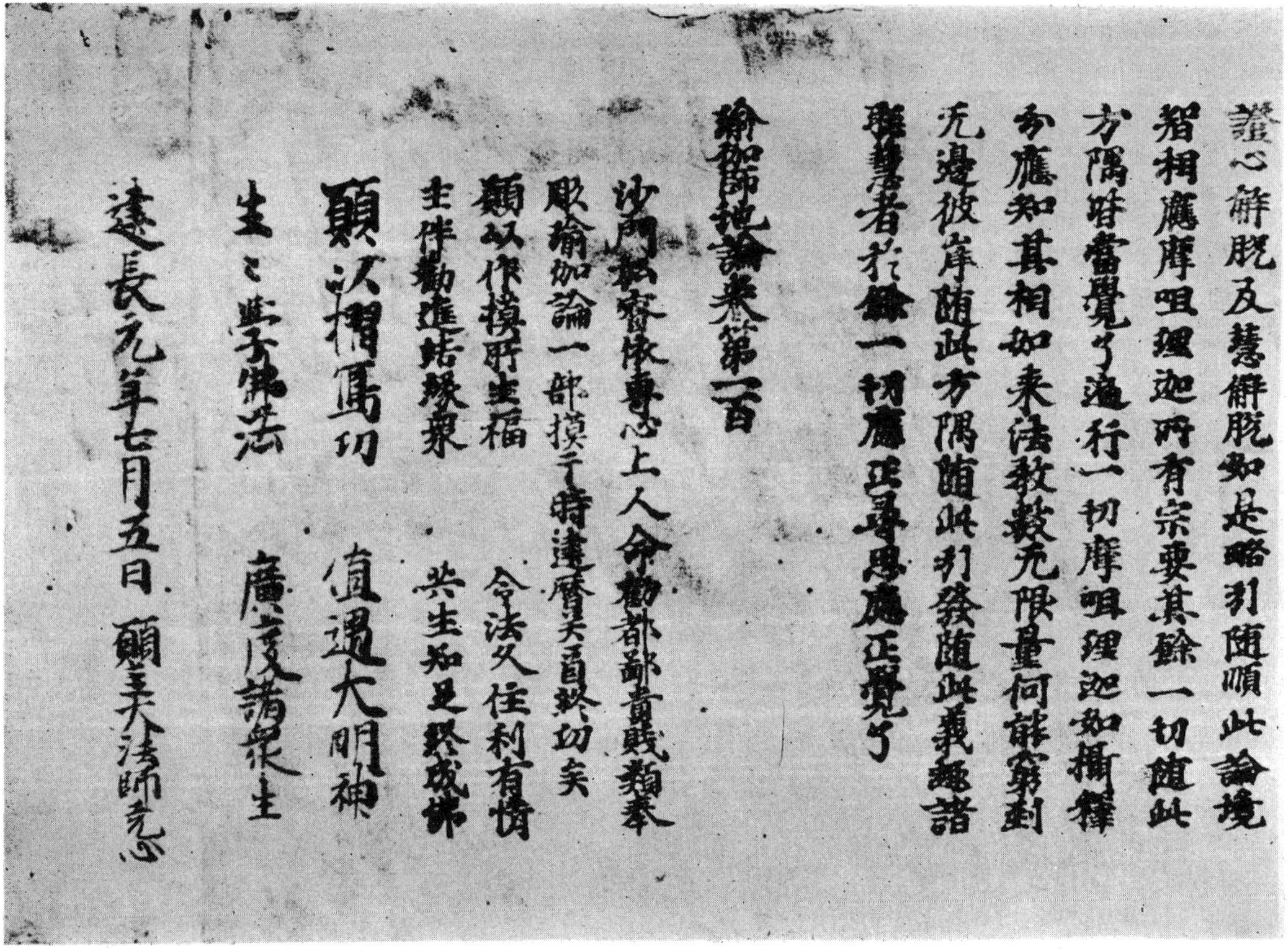
證心解脱及慧解脱如是略引随順此論境
智相應摩呾理迦所有宗要其餘一切随此
方隅皆當覺了通行一切摩呾理迦如摘釋
分應知其相如来法教教无限量何能窮尽
无邊彼岸随此方隅随此引發随此義趣諸
聰慧者於餘一切應正尋思應正覺了

瑜伽師地論巻第一百

沙門敬睿依尊心上人命勸都鄙貴賤類奉
彫瑜伽論一部摸于時建暦三季終功矣
願以作摸所生福　令法久住利有情
主伴勸進結縁衆　共生知足終成佛
願以摺寫功　値遇大明神
生々學佛法　廣度諸衆生
建長元年七月五日　願主大法師克心

春日版瑜伽師地論建暦三年刊

と陰刻したものがあり、建久六年（一一九五）堯盛なるものによつて、述記が開版せられたことが知られる。この他明確な開版年代こそ詳でないが、この時代に開版せられたとおぼしき法相關係の典籍並に法相列祖の撰述は頗る多かつたものゝやうである。（8）

當代春日版の中心をなすものは、法相關係の典籍であるが、これと相並んで、護國經典や般若部經典の陀羅尼の開版も少くなかつた。金光明經（若しくは金光明最勝王經）（9）・仁王經・法華經は、飛鳥奈良朝に於て、國家の安寧を祈願し、災厄疫癘を消除する爲めに、盛んに宮中に於て講説せられ、或は諸國に頒つて屢〻讀誦せしめられたもので、かの聖武天皇の國分兩寺が金光明經並に法華經を讀誦せしめて、國家の安寧、萬民の幸福を祈らせられたものであつたことは、人のよく知る所である。されば これ等の護國經典が奈良佛教に於て、傳統的に重んぜられてゐたことは勿論で、從つて春日版の興隆に伴ひ、これ等の經典が相次いで開版せられるといふことも、自然の成行といはねばならぬ。卽ち承元三年（一二〇九）には、早くも僧瞻空が聞阿なるものゝ發願によつて、雕師寛慶をして法華經普門品の摸板を刻ましめ、三千三

百三十三卷を摺寫したといふことで、(10)その摸板は今もなほ興福寺に藏せられてゐる。これに次いでは僧弘睿が嘉祿元年(一二二五)に法華經を開版したことは前述の通りで、僧心性も弘長三年(一二六三)にこれを開版してゐる。(11)その卷末刊記に云く、

發護持正法　利樂有情願　窮盡未來際　彫置法華摸
庶衆人摺寫　廣流布諸國　互興法利生　自他共成佛
弘長三年癸亥十一月日　第四度彫之願主心性

「彫置法華摸、庶衆人摺寫、廣流布諸國」とあり「第四度彫之」とあるから、心性は廣く諸國に法華經を流布せしむる爲めに、幾度かその摸板を開版したが、その時がその第四度目であるといふ意味であらう。續寧樂刊經史によるに、第五度の彫造(文永八年刊、版本法隆寺村に現存)第六度の彫造(零本藥師寺に現存)第七度、第九度、第十二度の彫造(宋淵の法華經考異に見ゆ)もあつたといふことである。(12)のみならず、建長六年(一二五四)には法華經論(13)をも開版した。その刊記は法華經とほゞ同じく「窮盡未來際、彫置法華摸」の二句が「勸貴賤男女、彫法華論摸」と變つて居るだけである。

金光明最勝王經は正安元年(一二九九)興福寺の僧覺性の開版する所で、その卷末刊記に「而摸杇損文字消、如失眼目無所見、若無能詮最勝文、依何知經所詮義、爲國爲法勵微力、更開摸傳未來際」といふ句があるから、これ以前に既にこの經の開版されたことは明かで、その摸板が漫滅した爲めに、更にこゝに新雕したものである。近頃東大寺で勸學院の庫にあつた函中から古版の同經十卷を發見したが、それには寛元四年(一二四六)五月に法華寺の尼眞妙が西大寺に施入した由の墨書があるといふから、正安以前の舊摸の版本である。(14) また興福寺に「最勝疏第五末四枚」と陰刻した摸板が殘存する所から見るに、この時代に最勝王經疏も開版されたらしい。次に仁王經の印本は現存しないが、興福寺には「元亨三年六月廿二日」と陰刻した仁王經の摸板が殘つてゐるから、またこの時代の末に開刻されたことは明かである。(15) なほ最勝王經の開版者たる覺性は、嘉元四年(一三〇六)に地藏本願經(16)をも開版してゐる。蓋し春日の祭神たる天兒屋根命の本地は地藏菩薩であるといふ信仰に基いたものであらう。

この時代に大般若經一部六百卷といふ浩瀚なものが開版されたといふことは、

春日版全盛期に於ける一大記念物として特筆せねばならぬ。一體大般若經は奈良朝から悔過增益の一大聖典として重んぜられた所であるが、平安朝の末葉からこの經典を書寫し神社に奉納して法樂に供へる風習を生じ、この風は鎌倉時代に入つて益〻盛んとなり、春日版の興隆につれて、遂にこれが開版を見るに至つたものである。そしてこの經典が法相宗祖たる玄弉三藏の翻譯にかゝはることも、この大事業を斷行せしめた一因であつたであらう。春日版大般若經の開版は嘉祿年間に完成せられたから、世に嘉祿版大般若經といはれ、現に法隆寺に收藏せられてゐる。また京都加茂の神宮寺にも藏せられてゐたが、後ち知恩院の所藏に歸したことが古經題跋に見えてゐる。この大般若經中、卷第三十四・三十五・四十六・五十三・一百の五卷には年號を有する刊記がある。卽ち左の如くである。

（卷第三十四）

爲先師成遍出離解脫門弟合力敬奉彫當卷摸畢

于時嘉祿三年丁亥二月九日　　釋永全記之

（卷第三十五）

爲先考寺僧晴範十三年報恩　奉彫之
嘉祿二年丙戌二月三日
榮豪等
（卷第四十六）
相當沙彌政阿彌陀佛十三年周忌奉彫供養親父安陪時資
嘉祿元年乙酉九月一日
（卷第五十三）
奉爲慶圓上人滅罪生善彫刻當春資彼菩提矣
貞應二年三月二十九日
佛子貞榮
（卷第一百）
願以此善普及自他生々世々開發智慧修學佛法展轉敎授爲世燈明五十七億六萬歲間見佛聞法因緣純熟大聖慈尊成道之時親近奉仕發菩提心塵剎之中修習般若四恩法界同證佛道
嘉祿三年丁亥三月廿六日當慈父一週忌辰奉彫當卷畢
釋範眞敬白

以上の刊記によれば、その開版は貞應二年(一二二三)から嘉祿三年(一二二七)に至る少くとも五ヶ年を費したことは明かである。そして空前の大事業であつただけに、廣く僧俗を勸進し、喜捨を得るに從つて、寄附者の希望により、便宜の卷から開版し、その願意をも刻記したことが知られる。大般若經の開版と相前後して、般若部經典及び陀羅尼の開版も少くなかつた。寧樂刊經史によつて列擧すれば次の如くである。

般若心經幽賛　二帖(17)　願主　性如
貞應三年(一二二四)刊

妙法蓮華經心八名普密陀羅尼
般若心經
合刻一卷(18)　願主　慈阿
嘉祿元年(一二二五)刊

心經幽賛添改科　一卷(19)　願主　藤原氏女
寛喜三年(一二三一)刊

寶篋院陀羅尼經　一卷(20)　願主　尼蓮性

建長三年（一二五一）刊

大般若理趣分　一卷(21)　願主　印玄

建長七年（一二五五）刊

以上の他にこの時代の末葉に、華嚴經・大品經等の開版せられたことは、元亨・正中・元德等の年代を刻記したこれ等の經典の摸板が興福寺に殘存してゐることによつて明かである。但しこれ等の經典は單獨に開版されたものでなく、この頃流行した華嚴・大集・大品・法華・涅槃の所謂五部大乘經の一として開版されたものであらうといふ。(22)　至德三年（一三八六）備後三谷郡元亨禪寺の住持悅堂麗言なるものが、その養母本慧尼の冥福を祈らんが爲めに、五部大乘經合せて二百卷を印造して同寺に備へたことがあるが、(23)至德以前に五部大乘經の開版は、興福寺以外にないやうであるから、悅堂は恐らく同寺に依囑して印造したものであらう。

（1）　附錄古刻書題跋集第一九參照

（2）　同　第三二參照

（3）　同　第三四參照

（4）　同　第三五參照

(5) 同第三六參照

(6) 同第四一參照

(7) 同第二六參照

(8) 大屋德城氏は廣く遺册・摸板を探つて、その著寧樂刊經史に唯識二十論・唯識三十頌・大乘百法明門論・唯識義章・一乘義私記(以上印本、法隆寺藏)・世親攝論・瑜伽師地論略纂・無垢稱疏(以上摸板興福寺藏)等を擧げられてゐる。

(9) 金光明經と金光明最勝王經とは同本異譯である。前者が古く北凉の曇無讖三藏の譯した所であるに對し、後者は新に唐の義淨三藏の譯した所である。

(10) 附錄古刻書題跋集第二二參照

(11) 同第八四參照

(12) 寧樂刊經史一二九・一四五頁　續寧樂刊經史(日本佛敎史の研究第二卷)

(13) 附錄古刻書題跋集第七三參照

(14) 續寧樂刊經史(日本佛敎史の研究第二卷)

(15) 附錄古刻書題跋集第一八六參照

(16) 同第一六六參照

(17) 同第三七參照

(18) 同第四〇參照

(19) 同第四三參照

（20）同第六三參照
（21）同第七四參照
（22）寧樂刊經史一六四・一九九頁
（23）悅堂は東福寺の東漸健易を介して、義堂周信に依囑して五部大乘經の首に序を書かしめたが、その文は空華集に見えてゐる。

三　東大寺の開版

東大寺は八宗兼學の大道場であるが、またその開創以來恒說華嚴の大伽藍であり、殊に天暦の初め、光智が同寺の境内に別に尊勝院を創立して、華嚴の專門道場となし、鎌倉時代の中葉には、その流を汲んだ凝然が出て、大に宗風を顯揚したから、同寺の開版は華嚴に關する典籍を中心としたものであつた。東大寺版として最も古いのは、寛元元年（一二四三）に開版せられた大乘起信論（1）であらう。これに次いでは、弘安六年（一二八三）に、僧禪爾によつて、華嚴の宗祖たる賢首大師法藏の著はした華嚴五敎章（2）が開版された。禪爾は字は圓戒といひ、湛睿・道玄等と共に、凝然門下の神足で、戒律・密敎にも通じ、また紀州由良の興國寺の心地覺心（法燈國師）に就いて禪をも學び、後和泉久米多寺に住した僧である。これに次いでは、永仁五年（一二

九七)智照なるものによつて、賢首大師の大乘起信論義記(3)が雕造された。またこの時代の末葉に當つて、理覺によつて、同じく賢首大師の華嚴經探玄記(4)と華嚴經隨疏演義鈔(5)とが開版された。前者は嘉暦三年(一三二八)から元德三年(一三三一)に至る凡そ四ヶ年を費し、後者は正慶元年(一三三二)に成つたもので、開版者たる理覺は、自ら「庸醫法橋理覺」と署名してゐるから、醫を業としたものであることが知られる。そして探玄記は宋版の覆刻であり、演義鈔は高麗の義天(大覺國師)の開版した大安壽昌版の摸刻であらうといはれてゐる。(6)以上の外に東大寺圖書館に藏する二種の圓覺經・圓覺經略疏之鈔十二帖の如きも、開版年代は明確でないが、恐らくこの時代に東大寺に於て開版せられたものであらうといふ。(7)蓋し支那にあつては、唐代以來禪宗の興隆に伴ひ、華禪一致の思想が大に起り、我が華嚴宗も、鎌倉時代に入つて、禪宗の傳來と共に、著しくこれが影響を蒙り、華嚴の學僧にして、禪を修し、圓覺を究むるものが少くなかつたのであるから、このことあるは極めて自然であるといはねばならぬ。けれども二種の圓覺經の中、一は卷首に佛畫を刻出した珍らしいもので、(我が國に於ける版畫として、最も古いものゝ一であらう)宋版の

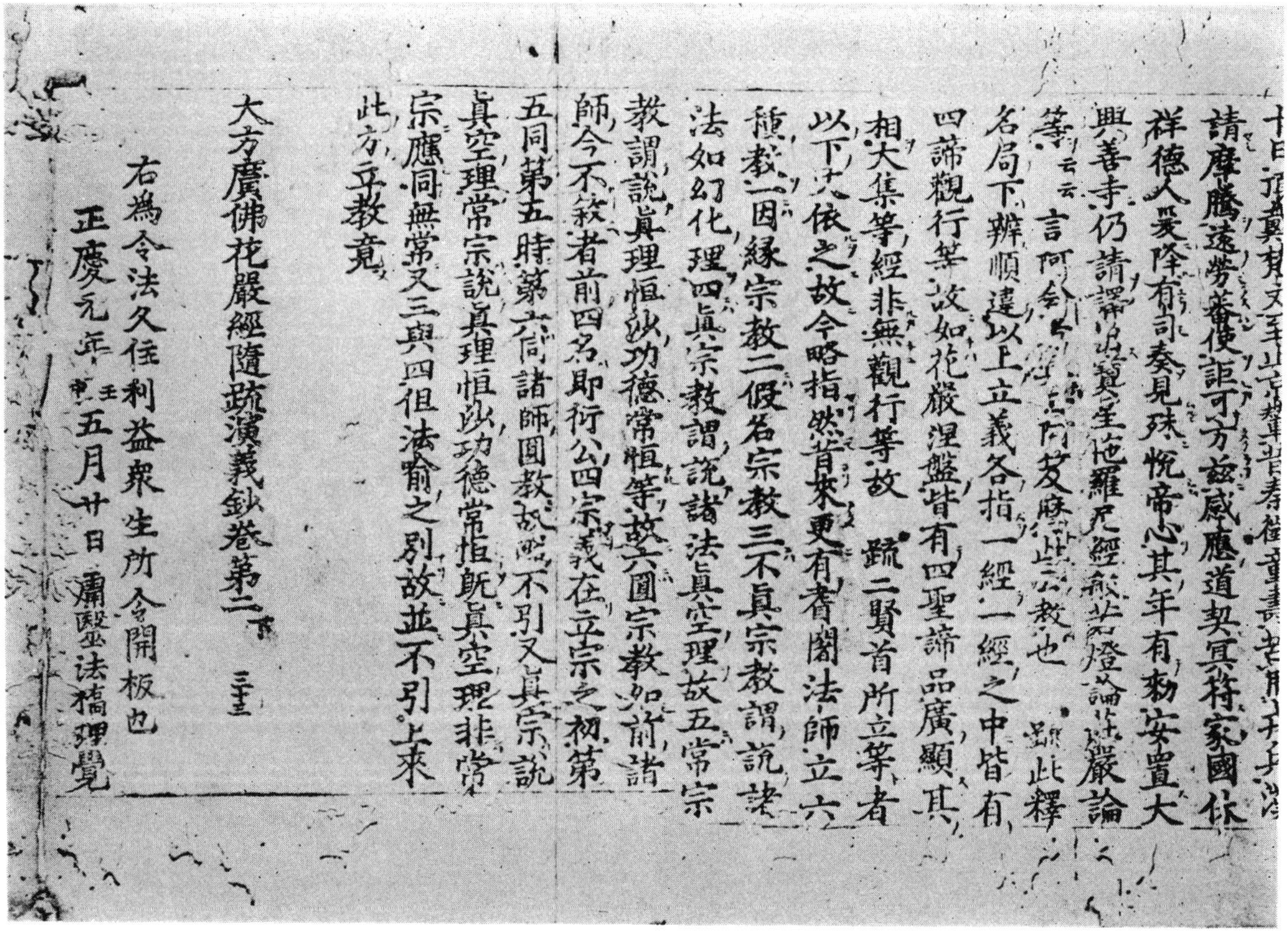
請摩騰遠勞蕃使詎可方茲感應道契冥符家國休
祥德人吴降有司奏見殊悦帝心其年有勅安置大
興善寺仍請譯…陀羅尼經…燈論…嚴論
等云云 言阿含…教也 疏此釋
名局下辨順違以上立義各指一經一經之中皆有
四諦觀行等故如花嚴涅槃皆有四聖諦品廣顯其
相大集等經非無觀行等故 疏二賢首所立等者
以下六依之故今略指然昔來更有耆闍法師立六
種教一因緣宗教二假名宗教三不眞宗教謂説諸
法如幻化理四眞宗教謂説諸法眞空理故五常宗
教謂説眞理恒以功德常恒等故六圓宗教如前諸
師今不敍者前四名即衍公四宗義在立宗之初第
五同第五時第六同諸師圓教故略不引又眞宗説
眞空理常宗説眞理恒以功德常恒既眞空理非常
宗應同無常又三與四但法喩之別故並不引上來
此方五教竟
大方廣佛花嚴經隨疏演義鈔卷第二下
右爲令法久住利益衆生所令開板也
正慶元年壬申五月廿日 [illegible]法橋理覺

東大寺版華厳経随疏演義鈔 正慶元年刊

覆刻であることから推すと、この頃支那に往復した禪僧によつて、輸入せられた宋版圓覺經が鎌倉あたりの禪寺に於て覆刻せられ、それが偶〻東大寺に傳へられたものかも測り難い。兎に角この頃鎌倉に於て圓覺經の開版されたことは、鎌倉圓覺寺の開山宋僧無學祖元(佛光國師)の語錄卷六に、

太守今晨爲二開山大覺和尚遠忌之辰一、雕二造如來聖像一、雕二刊圓覺了義經一命二山野一普說云々

とあるによつても知られる。即ち執權北條時宗は、鎌倉建長寺開山大覺禪師蘭溪道隆の遠忌に際し、圓覺經を開版し、祖元に命じて普說せしめたもので、祖元の來朝は弘安二年(一二七九)であり、時宗の卒したのは、同七年(一二八四)であるから、弘安中に鎌倉に於て、圓覺經の開版されたことは明かである。

東大寺にあつては、華嚴の註疏と共に、一方三論宗の典籍の開版されたものが少くなかつた。蓋し三論宗の名匠聖寶が醍醐天皇の延喜五年(九〇五)に東大寺境內に東南院を創立し、永く三論の專門道場たらしめたからである。そしてこれが開版に最も功勞のあつたのは、聖守と素慶の二人である。聖守は號を中道といひ、戒

律・顯密の學に精通し、大和の白毫寺に住し、東大寺眞言院を中興した僧である。彼は建長三年(一二五一)に卽身成佛義一帖(8)並に盂蘭盆經一卷(9)を開版したが、東南院の樹慶に就いて三論を學んだ關係からであらう、建長四年(一二五二)には、三論宗の開祖嘉祥大師吉藏の法華遊意一卷(10)を開版し、續いて同八年(一二五六)には、三論玄義一帖(11)を開版してゐる。聖守はこの他に文永四年(一二六七)に維摩詰經三卷(12)を開雕して法隆寺に寄せ、その摸板は今も同寺に所藏せられてゐる。そして建治二年(一二七六)には理趣經一卷(13)をも開版した。

聖守よりはやゝ後れて、素慶は正應五年(一二九二)に中論偈頌一帖(14)を開版した。その卷末刊記に「於大安寺刊定流傳」とあるから、初め大安寺に於て開雕されたものであらうが、その摸板は永く東大寺に傳へられ、永祿十年(一五六七)松永久秀の亂に大佛殿が炎上した際、烏有に歸したといふことである。素慶はこれに次いで嘉祥大師の法華義疏十二帖(15)を開版した。その刊記によるに、素慶はこれを開版する爲めに、京都太秦廣隆寺桂宮院住持澄禪門下の衆徒、東大寺三論宗の學徒を始め、廣く僧俗の助緣を求め、永仁元年(一二九三)から同三年(一二九五)に至る三ヶ年の星霜

を費したといふことである。そしてその書は再入宋桑門慧海の手に成り、雕工は勝弘・明春・久信・盛祐・快賢・巖順等である。巻末に雕工の名を列記することは、從來その例のない所で、恐らく宋版の影響を受けたものであらう。慧海は入宋二度にも及んだといふが、その傳は詳かでない。想ふに鎌倉時代の初めに泉涌寺の不可棄俊芿が入宋してから、安秀・長賀・淨業(法忍)・思齊・幸命・湛海(聞陽)・智鏡(明觀)・道玄(月性)など律僧にして渡海するものの多く、中にも淨業・湛海の如きは、入宋再度に及んでゐるほどで、慧海も恐らくこの種の入宋僧であつたであらう。本朝高僧傳第六十一に、河内教興寺の如縁阿一の神足に慧海といふ律僧があり、字は直明、解行兼全、寶泉寺を開くとある。「再入宋桑門慧海」とこの直明慧海とが同一人であるかどうかは、容易に斷定し難いが、時代からいへば別段差支へはない。即ち正平十四年(一三五九)直明慧海の第三回忌に際し、弟子の叡空が菩薩戒本宗要(16)を開版してゐるから、直明慧海の示寂したのは、正平十二年(一三五七)であることは明かで、法華義疏を開版した永仁三年(一二九五)を距ること六十二年後であるから、彼が若し二十歳の頃に入宋し、歸朝後間もなく法華義疏の版下を書き、八十歳以上の長壽を保つたとすれば、

年代としては合はぬことはない。また直明慧海は文和元年(一三五二)その師阿一の三十三回忌に際し、敎誡新學比丘行護律義(17)を開版し、開版事業に關係してゐることなども參考とすべきであらう。

開版者たる素慶の傳も詳かでないが、桂宮院の澄禪(18)の講延に侍して三論を學んだ人で、法華義疏の開版もその關係から企圖されたものであらう。元亨二年(一三二二)に古文尙書孔氏傳十三卷(19)を刊行したものに「學三論宗業沙門素慶」といふものがあつた。同じ三論宗の僧であり、年代も餘り距つてゐないから、同一人であつたに相違ない。法華義疏の摸板は室町時代の末葉まで永く存在し、再摺三摺されたことは、永正十五年(一五一八)摺寫の東大寺藏本、大永二年(一五二二)摺寫の日光輪王寺天海藏々本、永祿頃摺寫の醍醐三寶院藏本などによつて知られるし、その摸板は恐らく永祿十年(一五六八)松永久秀の亂に燒失したものであらうといふ。(20)この他續寧樂刊經史によるに、素慶は夾註肇論三卷をも開版したといふことで、この書は宋版の覆刻であらうとのことである。

(1)　附錄古刻書題跋集第五四參照

(2) 同第一二一參照
(3) 同第一四九參照
(4) 同第二〇〇參照
(5) 同第二〇四參照
(6) 寧樂刊經史一九四―一九六頁
(7) 同一九八頁　續寧樂刊經史(日本佛教史の研究第二卷)
(8) 附錄古刻書題跋集第六六參照
(9) 同第六四參照
(10) 同第六九參照
(11) 同第七八參照
(12) 同第八九參照
(13) 同第一〇二參照
(14) 同第一四〇參照
(15) 同第一四三參照
(16) 同第二三九參照
(17) 同第二二九參照
(18) 澄禪は號を中觀といひ、具足戒を西大寺の叡尊に受け、三論を東南院の智舜に學び、密敎を覺洞院の親戒に學び、桂宮院にあつて三論戒律を說き、三論玄義檢幽抄等の

著述がある。

(19) 附録古刻書題跋集第一八四参照

(20) 寧楽刊經史二〇九―二一二頁

四　唐招提寺・西大寺の開版

我が國の律宗は奈良朝の孝謙天皇の天平勝寶六年(七五四)唐僧鑑眞が法進・曇靜・思託・義靜・法載等二十四人の弟子を率ゐて來り、東大寺に戒壇院を創め、また唐招提寺を建立してから大に起り、平安朝の初期には、なほ豊安等があつて、盛觀を維持したが、その寂後は次第に衰運に傾き、その中葉には殆ど斷滅するやうになつた。然るに鎌倉時代に入つて、俊芿・淨業の二人が入宋して、南山宗の律法を傳へ、京都に泉涌・戒光の兩寺を開いて、大に北京律の興隆を圖つたから、南都にあつてもこれが刺戟を受け、覺盛・叡尊等は嘉禎二年(一二三六)蹶然立つて、自誓自受の法によつて、所謂南京律を興し、覺盛は唐招提寺に據り、叡尊は西大寺に住して、これが興隆に力を盡したから、南都の律宗は再び盛況を呈した。されば唐招提寺並に西大寺に於て、南京律の興隆に伴ひ、律宗の典籍の開版されることは當然といはねばならぬ。

然るにこゝに奇異に感ずることは、西大寺の開版にして、今日その遺品の存するものは、甚だ多いが、一方唐招提寺の開版は、寂として殆ど聞ゆる所のないことである。唐招提寺の開版としては、正應五年(一二九二)同寺の中興第二世證玄(覺盛の弟子)の忌辰に當り、表無表章(1)を開雕して、廣く律學諸寺に流通せしめたことがあるに過ぎない。想ふに西大寺の叡尊は九十歳の長壽を保ち、正應三年(一二九〇)に至つて示寂したのに、唐招提寺の覺盛は五十六歳を一期として、早く建長元年(一二四九)に寂したからであらう。

西大寺版と思はるゝ版本若しくは摸板の現存するものは、十餘種にも上るべく、寧樂刊經史・續寧樂刊經史・續々寧樂刊經史等によつて、その書目を列擧すれば、次の如くである。

佛說轉女身經　一卷(2)

康元元年(一二五六)刊

幹緣比丘　總持

助緣者　法華寺尼衆、有緣の女衆

梵網古迹記　二帖(3)

正嘉三年(一二五九)刊

開版者　實重

大乘入道次第科分　一帖(4)
文永七年(一二七〇)頃刊　開版者　西大寺叡尊

大乘入道次第　一卷(5)
文永八年(一二七一)刊　開版者　西大寺叡尊
助縁者　一乘院家

菩薩戒本宗要　一帖(6)
建治元年(一二七五)刊　開版者　繼尊

仁王護國陀羅尼(7)
建治元年(一二七五)刊?

梵網古迹記科文　一帖(8)
建治元年(一二七五)刊　幹縁比丘　嚴秀
助縁者　法華寺比丘尼眞慧

梵網古迹記補行文集　十帖(9)
弘安元年(一二七八)刊　幹縁比丘　西大寺鏡慧
助縁者　一乘院家外僧俗十餘人

金光明最勝王經科文(10)
正應元年(一二八八)刊　幹縁比丘　西大寺快實

金光明最勝王經大科文(11)　　幹縁比丘　西大寺快實
正應元年(一二八八)刊

勸發菩提心集　上卷　　助縁者　清淨院家
正應三年(一二九〇)以前刊

勸發菩提心集　中・下卷(12)　　幹縁比丘　照慧
正應三年(一二九〇)刊　　助縁者　鎌倉光明寺靜照

以上は叡尊の存命中、西大寺に於て開版されたもので、直接開版のことに當つた所謂幹縁比丘は、いづれも叡尊の弟子――少くともかく推定さるゝ人々で、從つてその開版は、叡尊指導の下に行はれたことは、推測するに難くない。そしてこれ等の經籍が概ね叡尊自ら撰述したものであることは、最も注目すべきである。從來春日版といひ、東大寺版といひ、總て南都に於ける開版は、夫々その宗祖・列祖の撰述・翻譯に係る經論章疏に限られ、存命中の碩德の述作を開版したことはない。然るに西大寺版のみこのことのあるのは、叡尊が南都の律宗を再興する爲めに多くの著述をなしたといふことにもよるであらうが、また一面には、宋版やその系統を引い

た五山版に於て、存命中の碩徳の語錄・詩文集を開版したことゝ共通してゐる。このことは西大寺版の書風が奈良版中にあつて獨り唐樣を帶びてゐることゝ共に、甚だ興味あることゝいはねばならぬ。

これ等の經籍が概ね律部に屬するものであることは當然であるが、中に就いて女人解脫の指南たる轉女身經の開版されたことは、叡尊が常にその周圍に集つた多くの女人を接化し、救濟せんが爲めであつたらう。また仁王護國陀羅尼や金光明最勝王經の科文・大科等の護國經典の開版されたことは、實に元寇の一記念と見るべきで、弘安四年(一二八一)正月、日元の國際關係が頗る險惡な秋に當り、叡尊が國家の爲めに、金光明最勝王經を書寫し、龜山上皇も親しくその護國品を書寫し給ひ、尋いで西大寺に臨幸せられて、仁王曼陀羅を賜はつたことや、同年六月元軍が博多灣に迫るや、叡尊は勅を奉じて、南北兩京の僧侶五百六十餘員を率ゐ、石淸水の社前に於て、仁王會を開き、愛染法を行つたことゝ(13)併せ考ふべきであらう。

正應三年(一二九〇)叡尊が示寂した後も、西大寺の開版は衰へず、なほ五六種にも及んでゐる。卽ち

梵網菩薩戒經　一卷(14)
正應三年(一二九〇)刊
幹緣比丘　證賢・誘賢

敎誡新學比丘行護律儀(15)
永仁七年(一二九九)刊
開版者　信重

梵網經古迹記　二帖(16)
正安四年(一三〇二)刊
開版者　信重

菩薩戒本宗要　一帖(17)
德治二年(一三〇七)刊
開版者　範覺

律宗作持羯磨　一帖(18)
正和五年(一三一六)刊
開版者　宗英

敎誡新學比丘行護律儀　一帖(19)
正和五年(一三一六)刊
開版者　宗英

菩薩戒本宗要　一帖(20)
文保二年(一三一八)刊
開版者　法眼永實

右の中、正和五年(一三一六)に開版した律宗作持羯磨・教誡新學比丘行護律儀の二書は、西大寺の信空(叡尊の弟子)の一百日忌辰追薦の爲めに、諸寺の僧尼、一門の緇素が、淨財を拋つて印板を開き、各〻一千卷を摺寫して群集の雲侶に施し、流通せしめたものである。

(1) 附錄古刻書題跋集第一四一參照
(2) 同第八〇參照
(3) 同第八二參照
(4) 同第九三參照
(5) 同第九四參照
(6) 同第一〇〇參照
(7) 同第一〇一參照
(8) 同第九八參照
(9) 同第一〇五參照
(10) 同第一三〇參照
(11) 同第一三二參照
(12) 同第一三六參照
(13) 興正菩薩傳　元亨釋書第十三　本朝高僧傳第五十九　律苑僧寶傳第十二

(14) 附錄古刻書題跋集第一三八參照
(15) 同第一五二參照
(16) 同第一五六參照
(17) 同第一六八參照
(18) 同第一七六參照
(19) 同第一七五參照
(20) 同第一七八參照

五　法隆寺の開版

聖德太子が憲法十七個條を制定して、その第二條に篤く三寶を敬ふべきことを述べられ、或は法隆寺・四天王寺以下多くの寺塔を建立せられ、或は自ら僧儀をなして、法華・勝鬘・維摩等の諸經の講席を開かれ、皇族以下公民に至るまで悉く拜聽を許され、或は遣隋使を派遣して學問僧を隨はしめ、佛敎を學び經論を求めしめらるゝなど、佛敎興隆に盡された御功績は、實に偉大なものであつた。されば鎌倉時代に入つて南都の佛敎が復興の氣運に向ふに及んで、太子に對する追慕尊崇の念は欝然として起つた。そして南都諸大寺に於ける開版事業の興隆は、法隆寺をして太

子に關係ある典籍を相次いで開版せしむることゝなつた。

法隆寺の開版中最も古いものは、早く承久二年(一二二〇)乘願によつて開版せられた梵網經(1)である。その刊記に「校合太子御本彫此經了」とあり、今帝室御物たる太子御本の梵網經によつて校合したものである。次いで寶治元年(一二四八)には太子の御遺著たる法華・勝鬘・維摩の三經義疏が開版せられた。(尤も三經義疏中刊記のあるのは、法華義疏(2)のみで、その他の二疏は刊記を缺くから、その開版年代は明かでないが、その版式が法華義疏と同じであるから、殆ど同時に開版されたものと見るべきであらう。) 法華義疏の刊記に「上宮太子御草本在法隆寺校彼本彫此摸畢」とあり、法隆寺に藏せられてゐた太子の御草本と校合して、雕造せられたことが知られる。やゝ降つて弘安八年(一二八五)には、十七條憲法(3)と四節文とが開版された。

また勝鬘・維摩の本經はこれより先きに既に開版されてゐる。卽ち文永四年(一二六七)には、東大寺眞言院の聖守が、維摩經の摸板を開いて法隆寺に寄せたことは、前に述べた通りで、その前年たる文永三年(一二六六)には、太子御創建の菩提寺(もと橘尼

寺といふ）の比丘證圓が、勝鬘經(4)の摸板を開いた。これ等の摸板は今日もなほ法隆寺に藏せられてゐる。(5)

(1) 附錄古刻書題跋集三〇參照

(2) 同第五九參照

(3) 同第一二三參照

(4) 同第八八參照

(5) 寧樂刊經史一七一―一七四頁

第二章　高野版

一　高野版の隆盛

高野山は弘法大師の開創以來、密敎の大道場であつたに拘らず、未だ容易に開版のことが起らなかつた。蓋し密敎にあつては、聖敎を以て神聖視し、これを祕藏して衆りに他に示すことを好まず、從つてこれを公刊するが如きことは、思ひもよらぬことであつたからであらう。けれども鎌倉の初期以來南都諸大寺に於ける開版事業の興隆は、必ずや高野山をも刺戟して止まなかつたに相違ない。また當時

同山に於ては、明任門下から野山の八傑と稱せられる法性・道範・尙祚・眞辨等の學者が輩出して、野山密敎の復興時代であつたことも、確に舊來の因習を打破し、開版事業に手を染めしむる一動機となつたことであらう。

斯の如くにして鎌倉時代の中葉以後、高野版の出現を見るに至つたが、もとより奈良版の影響を受けて發達し、少くともその最初は、奈良から招かれた雕工の手に成つたものらしく、版式等は大體奈良版の系統に屬するものである。紙は概ね相原紙、俗に高野紙・傘紙などゝ稱する厚紙を用ひ、裝潢は粘葉本・卷子本・折本などがあり、粘葉本の場合には、紙の表裏に印刷してある。

高野山に於ける開版の最も古いものは何かといふことは詳かでない。東寺觀智院金剛藏に藏する佛母大孔雀明王經は、貞應三年(一二二四)の開版で、密敎經典の開版として最も古いものであるが、その開版者たる權僧正覺敎は當時東寺の長者であつた人で、同經の卷末刊記にも

貞應三年甲申初秋之比爲果宿盧之蓄懷旣盡彫刻之微力而已

願主　權僧正法印大和尙位　覺敎

經生阿闍梨　大法師　禪海
彫手　大法師　實永

とあるのみであるから、高野山の開版でなく、東寺の開版であるらしい。されば高野山の開版として、最も古いのは、建長三年(一二五一)開版の卽身成佛義であるらしい。その實物は現存するかどうか、よく調査しなくては斷言し難いが、兎に角寛保三年(一七四三)四月に、大岡越前守から密敎典籍中我が國で最も古く印刻されたものは何かといふ照會に對し、江戸高野在番から答申した書狀に、

一、卽身義

右は建長三年に印刻する所の板本なり。寛保三年まで四百九十三年なり。(1)

とあるによつて知られる。これによつて考ふるに、高野版なるものは、大體建長頃から起つたものと見て差支なく、爾來南北朝・室町時代を經て、江戸時代の初期木活字版の使用せらるゝまで、斷續的に開版事業が行はれてゐるが、その最も盛んであつたのは、鎌倉時代で、高野版の大半はこの時代に開版されたものである。それ等の遺品は今日に傳はり、高野山の寶壽院・正智院・親王院・釋迦文院・金剛三昧院、京都の

東寺・仁和寺等を始め東西の文庫等に收藏せられてゐるものが少くない。今それ等の遺品や書史に著錄せられてゐる所により、鎌倉時代に開版せられた高野版を列擧すれば次の如くである。

即身成佛義
建長三年(一二五一)刊

三敎指歸　三帖(2)　開版者　金剛峯寺阿闍梨快賢
建長五年(一二五三)刊

祕藏寶鑰　三帖(3)　開版者　金剛峯寺阿闍梨快賢
建長六年(一二五四)刊

十住心論　十帖(4)　開版者　快賢・實眞・賢定・興實・覺能
建長六年(一二五四)乃至正嘉三年(一二五九)刊　理後・法辨・憲深・直辨

金剛頂發菩提心論　一帖(5)
建長七年(一二五五)以前刊

釋摩訶衍論　十帖(6)　開版者　高野山金剛佛子快賢

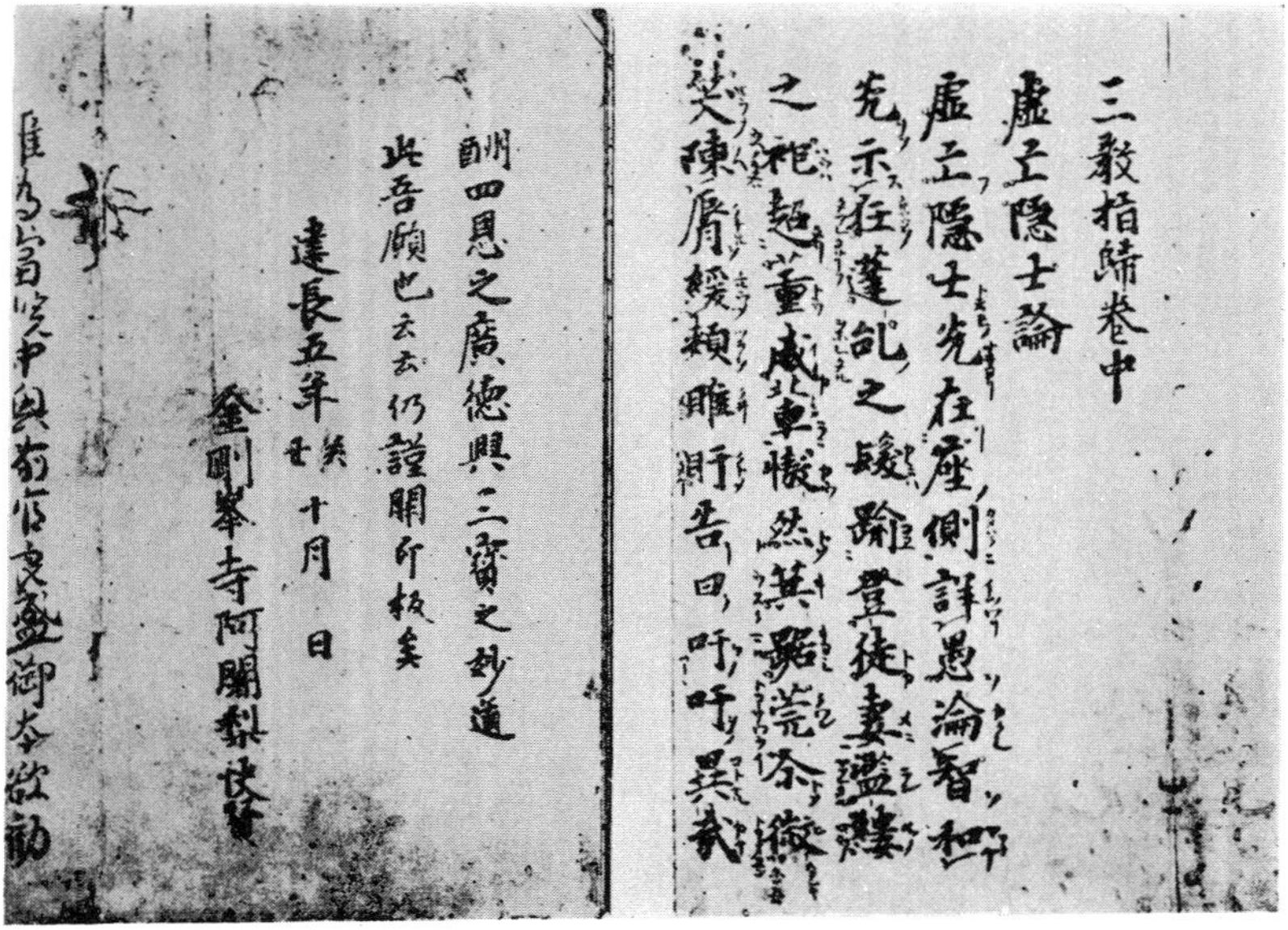

三教指歸巻中

虚亡隠士論

虚亡隠士先在座側詳愚論智和光示狂蓬乱之髪蹣跚衰徒裹襤褸之袍翹董威車懒然冥黙莞尓微笑入陳肩綏頬睢肝告曰吁吁異哉

酬四恩之廣徳興三寶之妙道

此吾願也云云仍謹開印板矣

建長五年癸丑十月 日

金剛峯寺阿闍梨快賢

高野版三教指帰 建長五年刊

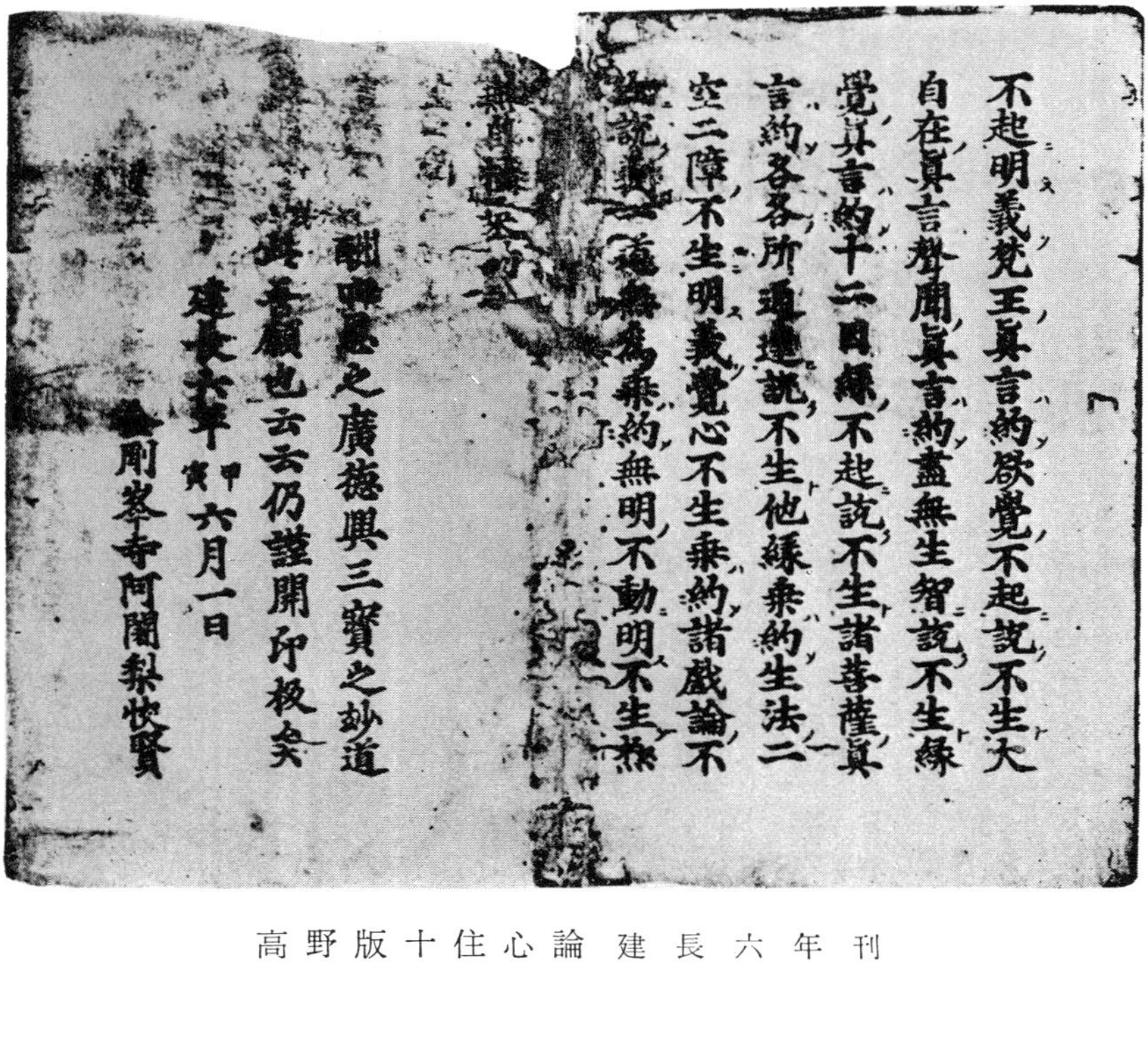

不起明義梵王眞言納欲覺不起説不生大自在眞言摩閉眞言納盡無生智説不生緣覺眞言納十二因緣不起説不生諸菩薩眞言納各各所通邊説不生他緣乘納生法二空二障不生明義覺心不生乘納諸戲論不生説[illegible]無為乘納無明不動明不生無

酬四恩之廣徳興三寶之妙道

此吾願也云云仍謹開印板矣

建長六年甲寅六月一日

金剛峯寺阿闍梨快賢

高野版十住心論 建長六年刊

建長八年(一二五六)刊

遍照發揮性靈集　七帖(7)　開版者　高野山佛子快賢

正嘉二年(一二五八)刊

續遍照發揮性靈集　三帖(8)　開版者　佛子慶賢

建治三年(一二七七)刊

御請來目錄　一帖(9)　開版者　秋田城介泰盛

建治三年(一二七七)帖

大日經疏　二十帖(10)　開版者　秋田城介泰盛

建治三年(一二七七)乃至弘安二年(一二七九)刊　筆者　金剛峯寺信藝

大毘盧遮那成佛神變加持經　七帖(11)　筆者　權少僧都能海

弘安二年(一二七九)刊

祕密曼荼羅敎付法傳　一卷(12)　開版者　權少僧都能海

弘安二年(一二七九)刊

金剛頂瑜伽經　三帖(13)　開版者　秋田城介泰盛

弘安二年(一二七九)刊　筆者　權少僧都能海

不思議疏　二帖(14)

弘安三年(一二八〇)刊　開版者　秋田城介泰盛　筆者　金剛峯寺信藝

大毘盧遮那經供養次第法疏　二帖(15)

弘安三年(一二八〇)刊　開版者　秋田城介泰盛　筆者　金剛峯寺信藝

蘇悉地羯羅經　三帖(16)

弘安三年(一二八〇)刊　開版者　秋田城介泰盛　筆者　權少僧都能海

悉曇字記　一帖(17)

弘安三年(一二八〇)刊　開版者　秋田城介泰盛　筆者　金剛峯寺信藝

釋摩訶衍論抄　四帖(18)

弘安五年(一二八二)刊　筆者　金剛三昧院良俊

釋摩訶衍論記　六帖(19)

弘安十年(一二八七、乃至正應元年(一二八八)刊　開版者　佛子慶賢

三敎指歸　三帖(20)

開版者　沙門慶賢

正應二年(一二八九)刊

祕密寶鑰　三帖(21)　開版者　沙門慶賢

正應三年(一二九〇)刊　筆者　金剛佛子性海

金剛頂經儀決　一卷(22)　開版者　沙門慶賢

正應四年(一二九一)刊

弘法大師請來錄　一卷(23)　開版者　沙門慶賢

正安四年(一三〇二)刊

隨求卽得眞言儀軌　一卷(24)　開版者　沙門承秀

嘉曆二年(一三二七)刊

右表は固より完全なものでなく、これ以外にも刊行せられた典籍の少くなかつたことはいふまでもない。水原堯榮氏の「高野版の研究」には、近時發見された高野山開版書の古目錄が收錄されてゐるが、その文應元年目錄(25)には、

釋論　大日經疏　起信論　寶鑰　三敎指歸　二敎論　性靈集　卽身義　聲字義　交字義　祕鍵　菩提心論　四種曼荼羅義　十住心論

等を記し、正安二年目錄(26)には

大日經疏　同不思議疏　同住心品　釋摩訶衍論　同疏　同鈔　同記　起信論
聖法記　十住心論　祕藏寶鑰　祕鍵　菩提心論　卽身義　壽命經　聲字義
吽字義　二教論　四種曼荼羅義　付法傳梵網經開題　眞實經文句　大日經開
題　釋論科文　仁王經　御請來錄　住心論　御請來錄(前掲のものとは別版？)　佛名經
眞言所學錄　悉曇字記　金剛般若經開題　金剛頂經開題　十八會指歸　眞言
二字義　阿字義　金剛頂經義釋　陀羅尼義　理趣釋　理趣經　禮懺經　三教
指歸　性靈集　金剛頂經　大日經　蘇悉地經

等を擧げ、元慶二年目錄(27)には

大日經疏　不思議疏　釋論　十住心論　普觀　鈔(釋摩訶衍論鈔)　疏(釋摩訶衍
論疏)　起信論　理趣釋　寶鑰　二教論　付法傳　金剛頂經儀決　御請來錄
所學目錄　二字義　阿字義　陀羅尼義　金剛般若開題　金剛頂經開題　祕鍵
菩提心論　卽身義　聲字義　吽字義　四種曼荼羅義　聖法記　十八會指歸
三部經(金剛頂經・大日經・蘇悉地經)　性靈集　三教指歸　悉曇字記　科文　仁王

經　理趣經　禮懺　住心品疏

等を擧げてゐる。彼此對比して重複したものを除けば、鎌倉時代に於ける野山開版事業の大勢を察することが出來るであらう。

(1) 水原堯榮氏著「高野版の研究」所載
(2) 附錄古刻書題跋集第七一參照
(3) 同第七二參照
(4) 同第八三參照
(5) 同第七六參照
(6) 同第七七參照
(7) 同第八一參照
(8) 同第一〇三參照
(9) 同第一〇四參照
(10) 同第一一一參照
(11) 同第一〇八參照
(12) 同第一〇九參照
(13) 同第一一〇參照
(14) 同第一一五參照

(15) 同第一一四參照
(16) 同第一一六參照
(17) 同第一一七參照
(18) 同第一一九參照
(19) 同第一二九參照
(20) 同第一三五參照
(21) 同第一三七參照
(22) 同第一三九參照
(23) 同第一五九參照
(24) 同第一九四參照
(25) 文應元年目錄は高野山中性院の開基賴瑜法印の撰述した眞俗雜記鈔第廿卷にある。
(26) 正安二年目錄は、會行事入寺祐勝なるものが、正安二年七月に記したものである。
(27) 元應二年目錄は金剛子了性なるもの丶記したもので、もと如意輪寺の所藏であつたが、轉々して今は高野山の親王院に藏せられてゐるといふ。

二　高野版の開版者

建長以來高野山に於ける開版事業の頗る盛んであつたことは、前節に述べた通

りであるが、これが第一の功勞者は阿闍梨快賢であつた。建長・正嘉の間に開版せられた三敎指歸・祕藏寶鑰・十住心論・釋摩訶衍論・遍照發揮性靈集等皆その手に成つたもので、彼は實に高野版の創始者であらうと想像される。併し惜しい哉、彼の事蹟は一向に詳かでない。蓋し彼は高野版開版の第一の功勞者であつたが、當時野山に於ける彼の地位勢力は左程大したものでなかつたからであらう。十住心論の跋文に、

（第一卷）

與三寶之妙道酬四恩之廣德此吾願也云云高祖遺誡謹開印板矣

建長七年乙卯臘月日　高野山檢校執行法橋上人位實眞

（第二卷）

爲證彼三身萬德之妙果正開此十住第二之印版　阿闍梨賢定

（第三卷）

爲證彼三身五智之妙果正開此十住第三之印版　阿闍梨與實

（第四卷）

爲證彼三身四德之妙果正開此十住第四之印版　入寺覺能

（第五卷）

爲證彼三點四德之妙果正開十住第五之印版　檢校執行理俊

（第六卷）

酬四恩之廣德與三寶之妙道吾願也云云仍勸與力於十方開模範於萬代而已

正嘉三年三月之日　高野山快賢

（第七卷）

爲證彼三身萬德之妙果正開此十住第七之印板矣

建長七年乙卯正月日　金剛峯寺法辨

（第八卷）

爲證彼三身萬德之妙果正開此十住第八之印板　檢校執行惠深

（第九卷）

爲證彼三身萬德妙果正開此十住第九之印板　檢校執行眞辨

（第十卷）

酬四恩之廣德與三寶之妙道此吾願也云云仍謹開印板矣
建長六年六月一日　金剛峯寺阿闍梨快賢
とある。これ等の跋文を對比して考ふるに、この書の開版は當時高野山の檢校であつた實眞を始め、實眞に次いで檢校となつた理俊・眞辨・惠深・興實・賢定等の有力者の後援によつて成つたもので、快賢は第六卷跋に「仍勸與力於十方開模範於萬代而已」とあるやうに、開版に關する幹緣比丘であり、單なる當事者であつたといふに過ぎず、彼の野山に於ける地位は、前述の諸師の如く高くなかつたであらう。これ彼の事蹟が詳かに傳へられてゐない所以であらう。
快賢は恐らく高野版の創始者であらうが、その後を繼承して益、盛大ならしめたのは、當時鎌倉執權北條氏の姻戚として勢威のあつた秋田城介安達泰盛と、金剛三昧院の僧慶賢(1)とであつた。泰盛の祖父景盛は曩きに入道して大蓮房覺智と稱し、高野山に入つて禪定院(後の金剛三昧院)内に覺智院を創建してこゝに住し、また景盛の甥玄智空教が禪定院に住するなど、安達家と高野山殊に金剛三昧院とは密接な關係があつた。斯樣な關係から泰盛は大に野山に於ける開版事業の外護者

となつたもので、彼の名によつて開版されたものに、御請來目錄・大日經疏・金剛頂瑜伽經・不思議疏・大毘盧遮那經供養次第法疏・蘇悉地羯羅經・悉曇字記等があり、中にも大日經疏二十帖は建治三年(一二七七)から弘安二年(一二七九)に至る三ヶ年の星霜を費して成つた大出版であつた。當時泰盛が頻りに開版事業に盡した際、實際に事に從つたのは金剛三昧院の僧慶賢であつたらうと想像せられる。前節に掲げた表によつて知らるゝ如く、慶賢は建治三年(一二七七)に續遍照發揮性靈集を開版してから、弘安八年(一二八五)泰盛が事によつて、執權北條貞時に殺さるゝまで九ヶ年間、慶賢の名によつて開版せられたものは全くなく、殆ど全部が泰盛の名によつて開版せられ、その後再び慶賢の名によつて、釋摩訶衍論記・三教指歸・祕密寶鑰・金剛頂經儀決・弘法大師請來錄等が相次いで開版せられてゐる。このことは慶賢が高野版の創始者たる快賢の後を承け、建治三年先づ續遍照發揮性靈集を刊行した後、偶、金剛三昧院と關係の深かつた泰盛が、その外護者となつて業を援けたから、これから、數年間の開版は悉く泰盛の名を以てし、泰盛の死後に至つて、再び慶賢自らの名を以て開版するやうになつたものであらう。

泰盛・慶賢によつて幾多の典籍が開版せられるに當り、その版下を書いたのは、權少僧都能海・信藝・良俊等であつた。良俊は金剛三昧院第十代の長老であるが、(2)能海と信藝との事蹟は詳かでない。けれども當時野山に於ける能筆であつたことはいふまでもなく、殊に能海は獨力を以て弘安二年(一二七九)に祕密曼荼羅敎付法傳一卷(3)を開版してゐる。

(1) 慶賢は信州鹽田の人、玄琳房法眼の弟子となり、金剛三昧院第十一代の長老となつた人で、淨意房阿闍梨ともいつた。

(2) 良俊は金剛三昧院第十代の長老で、空法房と稱し、また鎌倉山内式部律師とも呼ばれたといふ。

(3) 附錄古刻書題跋集第一〇九參照

第三章 京洛版

一 叡山版

鎌倉時代南都の六宗に於ては、興福寺を始め七大寺に於ては、夫々奈良版の開版があり、眞言宗に於ては、高野版を始め、近畿の眞言宗寺院に於て密敎經典の開版が

あつた。されば當時我が佛敎界の覇者であつた叡山を始め、京洛に於ける天台宗の寺院に於ても、この種の事業が企てられない筈はない。殊に平安朝の中期以後、京都の貴族社會に行はれた摺供養に摺寫されたものは、法華經・無量義經・觀普賢經など多く天台宗の經典であつたことから考へても、當然といはねばならぬ。ところが今日遺存する古版本に就いて調査するに、正しく叡山版と名づくべきものは甚だ乏しい。久安四年(一一四八)僧良鑒によつて開版せられた法華玄義釋籤(1)の如き、天台宗特殊の典籍であるから、恐らく叡山若しくは京洛に於ける天台宗寺院に於て開版されたものであらうと想像されるが、もとより詳かでない。

現存するもので、正しく叡山版と稱し得べきものは、弘安・正應の間に開版せられた法華三大部及びその註疏である。法華三大部は玄義・文句・止觀各二十卷、註疏は玄義釋籤二十卷、文句記三十卷、止觀補行弘決四十卷併せて百五十卷に及ぶ浩瀚なもので、興福寺に於ける建曆三年(一二一三)版の瑜伽師地論一百卷の開版にも匹敵すべき大出版であつた。かく卷數が多かつたため、完本として今日に殘存するものは殆どないやうであるが、その零本殘篇は、京都の東寺、播磨の大山寺、伊勢の西來

寺、甲斐の身延山等に收藏せられ、多くの書史學者の注目する所となり、日本古刻書史・訪書餘錄、大屋德城氏の日本佛教史の研究第二卷、佛典研究第一卷第一號等に著錄せられ、中にも大屋氏の日本佛教史の研究には最も詳かである。

法華三大部及び註疏百五十卷に就いて、悉く詳細に調査しなくては斷定し難い所であるが、東寺並に大山寺藏本の內、最も古い刊記は、弘決第一上の

弘安二年七月八日於關東書寫畢　奉爲山王法樂拭老眼所染筆也　嚴成生七十年

最も新らしい刊記は、疏記第三末の

永仁四年丙申五月十八日書寫畢　執筆權少僧都賴慶

であるから、少くとも弘安二年(一二七九)から永仁四年(一二九六)に至る十八ヶ年の歲月を費して成つたものである。願主は東佛眼院法印權大僧都承詮といふもので、往々左の發願文が刻記されてゐる。

天台敎觀典　適畢摸寫功　使後賢鑽仰　令來者弘通　三聖垂迹砌
神德倍尊崇　百王鎭護嶺　人法彌紹隆　過現恩所類　緇素結緣衆
悉離煩惱域　倶遊眞如宮　願主權大僧都　承詮

この發願文によれば、天台擁護の神たる山王權現の法樂に奉爲し、且つ天台敎の弘通の爲めに開版されたもので、春日版の開版の春日明神に對する關係と同樣である。これこの版本が明かに叡山版と稱し得る所以で、また春日版に對し山王版と稱するも敢て不可ないであらう。

この版本が和樣版系統に屬するものであることはいふまでもないが、他の奈良版、高野版等と比較して、特に異樣に感ずることは、版下の文字が樣々の人によつて書かれてゐることである。即ち僧侶としては、

前僧正　承澄　　性救
阿闍梨　頼慶　阿闍梨　了覺
權大僧都　忠源　權僧都　親守
權都維那　任宗　金剛佛子權少僧都　宰圓
金剛佛子　源全　東寺金剛佛子　源舜
權僧正　了遍　前大僧正　増忠
嚴成　阿闍梨　嚴尋

叡岳沙門　承覺　阿闍梨大法師　藥圓
權律師　隆敎　大法師　覺濟
權律師　淸譽　權大僧都　憲實
權律師　行從　大法師　親瑜

公卿としては、

從四位上　藤原忠雄　從五位上行修理亮　安倍雅遠
從三位　平　範賢　正五位下行前越前守　藤原親成
前權中納言　平　時繼　從一位　藤原良敎

等で、この他に宋了一・宋人盧四郎といふ名があるが、これは宋人に相違ない。かく緇流としては天台宗のもののみでなく、眞言宗のもののもあり、公卿や宋人に至るまでこれに參加してゐるのは、一面信仰からでもあらうが、また未曾有の大出版であつたから、廣く當時の能筆に託して書かしめたからであらう。右の內在俗のものは暫く措き、緇流のものにして、經歷の詳かなものは甚だ少い。たゞ承澄は阿娑縛抄二百二十八卷の編者として著はれてゐる小川の承澄僧正に違ひない。承覺は

後宇多院の皇子で、範胤に師事して顯密二教を學び、正中二年(一三二五)に天台座主となつた人であらう。(2)また了遍は藤原實有といふものゝ子で、行遍・法助等に師事し、後仁和寺の菩提院に住し、建長元年(一二四九)には權僧正に任じ、次いで東寺の長者となり、弘安九年(一二八六)大僧正となつた人であらう。(3)宋人了一・盧四郎の二人が關係してゐることは、一見甚だ奇異に感ずるけれども、當時日宋の交通は意外に頻繁で、我が僧侶にして宋に遊ぶもの、宋人にして來化するものが甚だ多く、これ等の僧侶に隨從して京洛地方に居住してゐた宋人も稀でなかつたやうである。(4)現に京都の普門院に於ては、恰も正應年間に徐汝舟・洪學等が開版事業に携はつてゐた程で、(5)了一・盧四郎も恐らくこの類の人物であらう。

(1) 附錄古刻書題跋集第八參照
(2) 天台座主記　三國名匠略記
(3) 本朝高僧傳
(4) 日宋の交通に就いては、拙著日支交通史下卷第一章「南宋との貿易」、第二章「入宋僧・歸化宋僧と文化の移植」を參照されたい。
(5) 第三篇第五章第四節參照

二　往生要集の開版

往生要集は、叡山の惠心僧都源信が往生極樂界を刻念する所から、寛和元年（九八五）に撰集したもので、そして宗敎に國境なしといふ考から、これを宋國に遣し、共々に往生極樂の縁を結ばうとし、永延の初め西海に下つた時、宋商朱仁聰並に同船の宋僧齊隱に託して、これを彼國に流布せしめた。正暦元年（九九〇）に來朝した宋商周文德が源信に送つた書狀によれば、この書は天台山國淸寺に納入せられ、これに對する緇素の隨喜、貴賤の歸依は甚だ熾んであつたといふ。（1）

されば我が國に於ても淨土敎の發達につれ、この書は廣く行はれたものゝ如く、鎌倉時代に入つて三四回も開版されてゐる。その第一は承元四年（一二一〇）實眼といふものが開版したもので、（2）その版本は今日に傳はらないが、室町時代の覆刻版の刊記に、

永（承）元四年四月八日刻彫畢願主大法師實眼

とあることによつて知られる。この刊記にある永元といふ年號はないから、無智の彫工が覆刻の際承元を誤つたものに相違ない。また同刊記に

但此摸者先年之比有聖人勸進十方刻彫之於此所不慮之外逢失火燒失畢

とあるから、承元四年を距ること遠からざる時代に、既に一度開版せられたことが推知せられる。第二は蓮契なるものが發願し、その寂後遺弟最寂といふものが、その志を繼いで、建保四年(一二一六)に開版したもので、(3)その版本は現に京都の日下無倫氏が所藏し、現存する本集最古の版本である。第三は建長五年(一二五三)に道妙なるものが開版したもので、他の諸版がみな留和本であるに對し、これは所謂遺唐本である。(4)

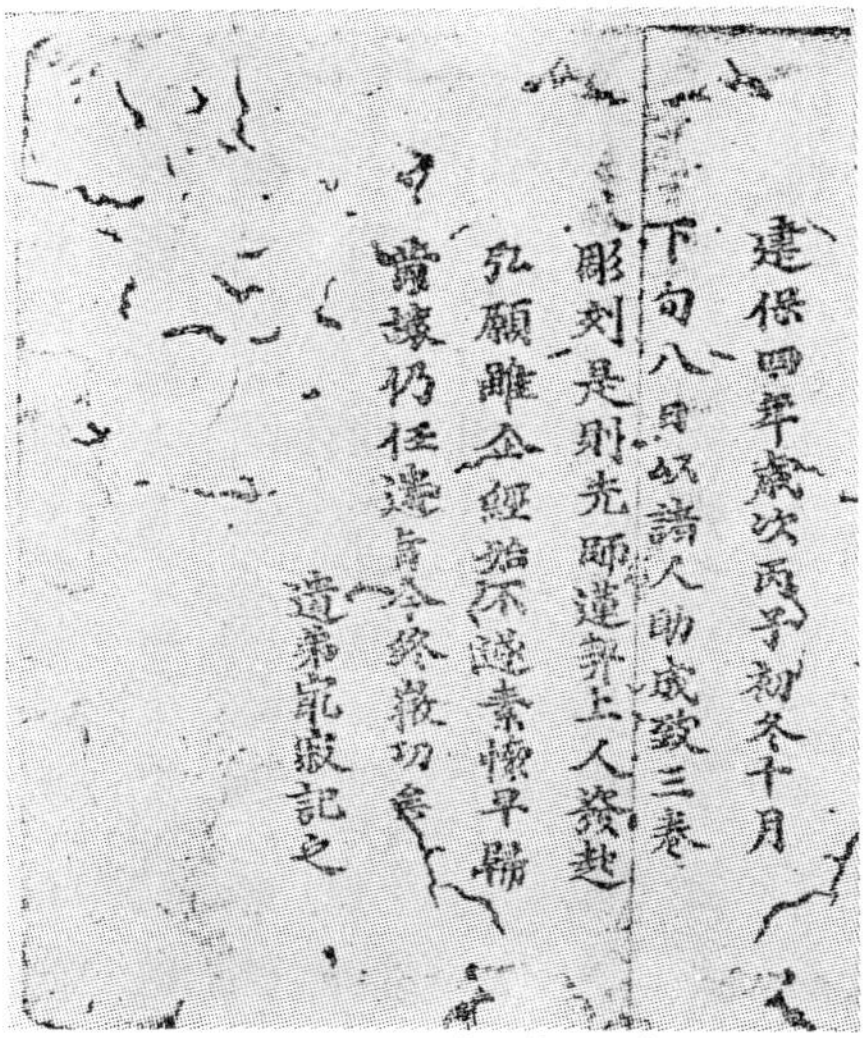

京洛版往生要集　建保四年刊

かく往生要集は鎌倉時代に三四回開版せられたが、開版者たる實眼・蓮契・最寂・道妙等は普通の僧傳などには見えてゐない人で、その事蹟は全く不明で、また開版の場所も詳かでない。この書が叡山の惠心僧都の作である點から考へれば、叡山若しくは京洛に於ける天台宗寺院に於て開

版せられたものとも思はれるし、またこの書が廣く念佛往生の要文を撰集し、我が淨土敎發達史上重要な典籍である點から考へれば、法然上人一派の念佛宗徒の手によつて開版せられたものとも思はれる。そのいづれに屬すべきかは、將來の研究を俟たなくては論斷し難い。

(1) 惠心僧都が往生要集を撰集し、これを宋國に送つた顚末は、拙著日支交通史上卷第十一章第七節「源信と日宋文化の交渉」を參照されたい。
(2) 附錄古刻書題跋集第二三參照
(3) 同第二九參照
(4) 藤堂祐範氏著「淨土敎版の研究」四二頁

三 京洛版の名稱

近時藤堂祐範氏は「淨土敎版の研究」と題する一書を公にし、鎌倉時代以後淨土敎の勃興につれて、京洛地方を始め、各地に於て開版せられた淨土敎經典や諸祖の論釋凡そ九十三點を著錄し、鮮明な圖版を附し、詳細な解說を施されてゐる。この書が和田氏の訪書餘錄、大屋氏の寧樂刊經史などと並んで、我が印刷文化史に關する

貴重な文献であることはいふまでもないが、淨土敎版の名は、奈良版・高野版・五山版など開版せられた場所によつて命名する從來の慣例に從へば、適切なものとはいへぬ。前節に述べた往生要集の如き、果して念佛宗徒の手に成つたかどうか詳かでなく、叡山若しくは京洛に於ける天台宗の寺院で開版されたものかも測り難い。さればといつて、華頂版若しくは知恩院版の名を以て呼ぶことも出來ぬ。何となれば華頂山開版の明確なる證左のあるものは、永享十一年(一四三九)版の選擇本願念佛集以下數點あるに過ぎぬ。その他の大多數は果して華頂山の開版なるや否や全く不明であるからである。

併し淨土敎の典籍の大部分が京洛の地に於て開版せられたことは明かであるから、寧ろ平安朝中期以後、貴族社會に於て、摺供養の目的を以て摺寫された經典を始め、京洛の地方に於て開版せられた天台・淨土に關する和樣版を悉く一括して、汎く京洛版といふ名を以て呼ぶに如かないであらう。かくすれば同じ和樣版に屬する奈良版・高野版とも判然區別し得べく、また同じ京洛の地に興つた泉涌寺版・五山版・俞良甫版の如き唐樣版とも對立せしむることが出來るからである。

四　淨土教典籍の開版

鎌倉時代南都七大寺に於ける開版事業の隆盛であつたことは既にこれを述べた。當時新興の法然上人一派の念佛宗徒が、これに刺戟せられて、新宗派の興隆と宣傳との爲めに、開版事業といふ利器を利用すべきことは當然である。當時開版せられた淨土教典は、その版式・裝幀等に於て全く奈良版・高野版と同じ和樣版系統に屬すべきもので、和樣版中、奈良版に次いで古く、高野版の出現に先んじてゐる。現存するその最も古いものは、建仁四年(一二〇四)版の無量壽經(1)であらう。その刊記によれば、法上人(支那風に諱の上の一字を略してあるから、本名は明かでない)なるものが勸進して開版したもので、版下の筆者は藤原伊經であつた。伊經はその頃の能書家で、その歌は千載集や新勅撰集にも載せられ、歌人としても相當名の聞えた人である。爾來淨土教の典籍にして刊行せられたものは甚だ多く、鎌倉時代を通じて四十餘點にも及ぶべく、それ等に就いては、藤堂氏の淨土教版の研究に詳細な解說があるから、こゝにはたゞ同書に據つて、開版年代の明確に知らるゝもののみに就いて列擧して見よう。

注十疑論　一帖(2)　開版者　昌慶
建暦元年(一二一一)刊

選擇本願念佛集(3)
建暦元年(一二一一)刊

淨土三部經(4)　開版者　明信
建保二年(一二一四)刊

般舟讃　一帖(5)　開版者　入眞
貞永元年(一二三二)刊

往生西方淨土瑞應刪傳　一帖(6)　開版者　入眞
貞永元年(一二三二)刊

阿彌陀經　一卷(7)　開版者　安那定親
嘉禎二年(一二三六)刊

選擇本願念佛集　二帖(8)
延應元年(一二三九)刊

淨土三部經（9）
仁治二年（一二四一）刊　開版者　仙才

安樂集下　一帖（10）
寛元三年（一二四五）刊　開版者　往成

往生十因　一帖（11）
寶治二年（一二四八）　開版者　往成

釋淨土群疑論　六帖（12）
建長二年（一二五〇）刊　開版者　往成

選擇本願念佛集卷下　一帖（13）
建長三年（一二五一）刊　開版者　入阿彌陀佛

安樂集　二卷（14）
弘安三年（一二八〇）刊　開版者　悟阿

稱讃淨土經（15）
弘安三年（一二八〇）刊　開版者　昌觀

般舟讃(16)
正安四年(一三〇二)刊　開版者　知眞

觀無量壽經(17)
正安四年(一三〇二)刊　開版者　知眞

往生十因(18)
嘉元三年(一三〇五)刊　開版者　如圓

法然上人像　一枚(19)
正和四年(一三一五)刊

黑谷上人語燈錄　七帖(20)
元亨元年(一三二一)刊　開版者　圓智　筆者　了惠

淨土三部經　四帖(21)
元亨二年(一三二二)刊　開版者　知眞

阿彌陀經　一卷(22)
正中二年(一三二五)刊　開版者　了延

選擇本願念佛集下　一帖(23)
正中二年(一三二五)刊　開版者　了延

安樂集(24)
正中二年(一三二五)刊　開版者　了延

以上はたゞ開版年代の明確なもののみを列擧したのであるが、この他に淨土敎版の研究には、この時代の開版であると推定し得らるゝもの十餘點を擧げてある。これによれば、その數に於て奈良版に及ばないが、高野版に過ぎてゐる。新興淨土敎徒の潑剌たる意氣は、開版事業の上にも現はれてゐて興味深い。

この時代には、開版と同時に多くの部數を摺寫して流布するといふことは稀で、先づ摸板を鏤刻して或る寺院に備へ置いて、世の需要に應じて二部なり三部なり、その都度摺寫する方法であつたから、奈良版でも高野版でも五山版でも、概ね開版所の寺院を刊記し、若しくは摸板を某の寺院に置く旨を刊記したものであるのに、獨り淨土敎の典籍に限つては、全くこのことのないのは、如何なる理由に基くのであるか詳かでない。嘉祿三年(一二二七)版の選擇本願念佛集の摸板の如きは、悉く

叡山に沒收せられて燒き棄てられたといふやうな例もあるから、或は南都北嶺の壓迫を免れる爲めに、殊更に明記しなかつたといふやうな場合もあつたであらうし、また新興の宗教であつただけに、未だ舊佛教に見るやうな寺らしき寺もなく、その宗徒はほんの假の草庵を根據として居つたといふことにもよるであらうか。

以上は淨土敎系統に屬するもののみであるが、この他にも京洛に於ける天台・眞言等の諸寺に於て開版事業を興すこともあつた。寶永六年(一七〇九)覆刻の大乘玄論の刊記によれば、弘安三年(一二八〇)醍醐寺に於て大乘玄論を開版して淸瀧宮に納めたが、間もなく火災の爲めに燒盡したから、寂性なるものが幹緣し、醍醐寺の學侶が施財して再刻したが如きその一例である。(25)

(1) 附錄古刻書題跋集第二〇參照
(2) 同第二五參照
(3) 同第二四參照
(4) 同第二七參照
(5) 同第四四參照
(6) 同第四五參照

(7) 同第四七参照
(8) 同第五一参照
(9) 同第五三参照
(10) 同第五七参照
(11) 同第六〇参照
(12) 同第六二参照
(13) 同第六五参照
(14) 同第一一二参照
(15) 同第一一三参照
(16) 同第一五八参照
(17) 同第一五七参照
(18) 同第一六五参照
(19) 同第一七三参照
(20) 同第一八一参照
(21) 同第一八三参照
(22) 同第一九〇参照
(23) 同第一九一参照
(24) 同第一九二参照

（25）　同第一一八參照

五　黑谷上人和語燈錄の開版

前節に列擧した典籍は、淨土三部經と稱せられる無量壽經・觀無量壽經・阿彌陀經、淨土七經の一に數へられる稱讚淨土經などいづれも淨土敎所依の經典であり、注十疑論（隋智者大師智顗の十疑論を宋の澄彧の注したもの）・般舟讃（唐善導大師著）・往生西方淨土瑞應刪傳（唐道詵著）・安樂集（唐道綽著）・往生要集（叡山惠心僧都著）・往生十因（禪林寺永觀著）・選擇本願念佛集（法然房源空著）などいづれも支那・日本の淨土敎祖の述作であるから、淨土敎の興隆につれて當然開版さるべき主要な典籍である。たゞ我が開版史上特に注目すべきは、元亨元年（一三二一）版の黑谷上人和語燈錄であらう。

黑谷上人といふのは、いふまでもなく、法然上人源空のことで、上人が示寂してから、凡そ六十年を經て、了惠なるものが上人の語錄の編纂を企て、文永十一年（一二七四）に先づ漢語燈錄十卷並に拾遺一卷を編し、翌十二年に和語燈錄五卷並に拾遺二卷を輯めた。編纂者了惠は名を道光（その居所を望西樓と號した）といひ、法然上人の法孫良忠の弟子である。京都三條に悟眞寺を創建して、三條流の祖となり、幾多の著述を遺し

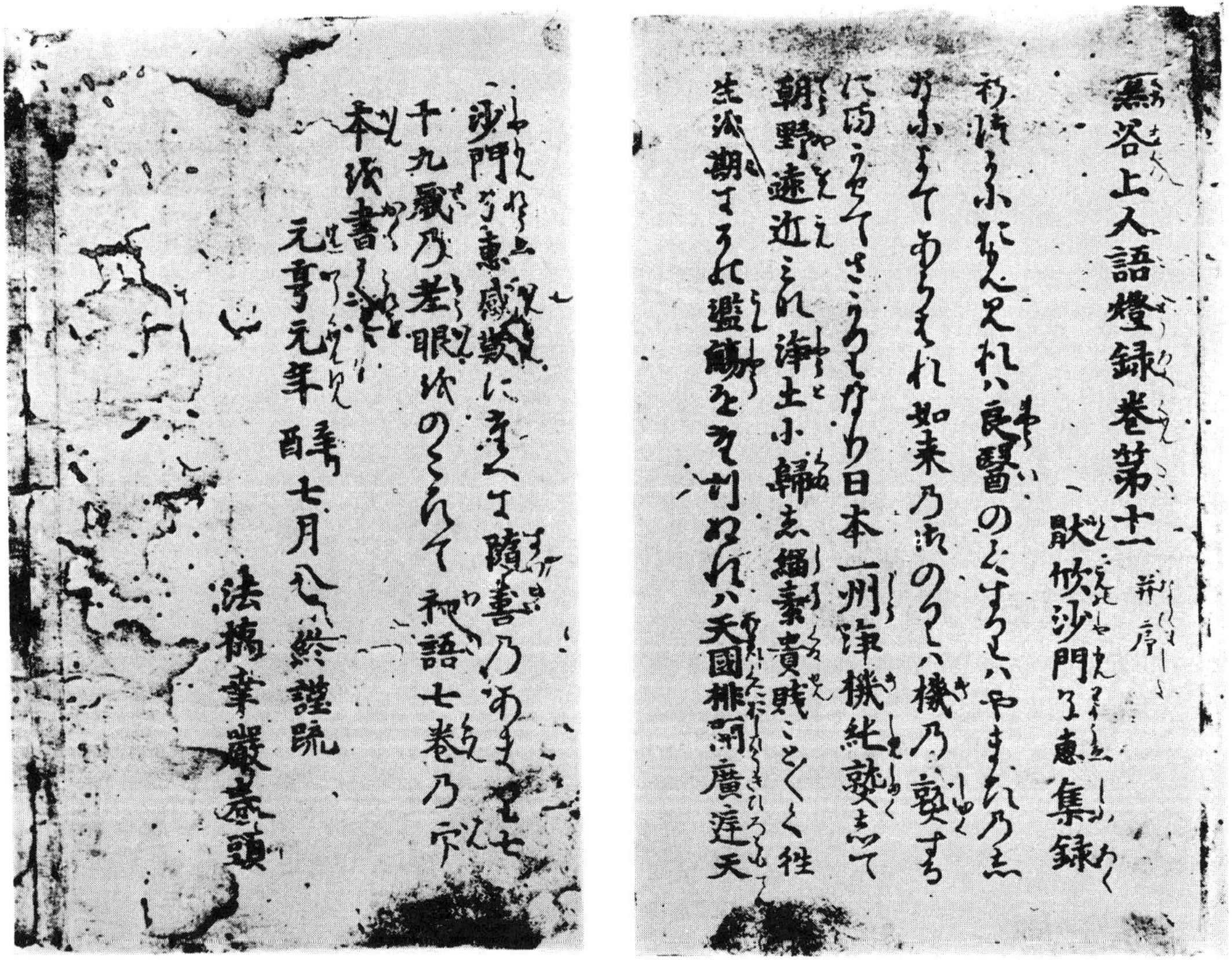
黒谷上人語燈録巻第十一 并序
厭欣沙門了恵集録

沙門了恵感歎にたへす随喜のあまり七十九歳乃老眼をのこして和語七巻乃
元亨元年辛酉七月八日終謹跋

京洛版黒谷上人和語燈録　元亨元年刊

た名僧である。當時禪家にあつては、高僧が示寂した後は、その門弟等が生前の法語・偈頌等より消息の類に至るまで悉く編纂して、某禪師の語錄と稱して、世に流布する風があつたから、了惠もこれに倣つて、黑谷上人語燈錄を編したものであらう。そして元亨元年版は右の語燈錄中、和語の部分七卷を刊行したもので、現に京都の龍谷大學に收藏されてゐる。本書は平假名交り文版本として、我が國最古のものであることは、我が開版史上特記すべき記念物たるのみならず、我が文化の普及から見ても重大な意義を有するものといはねばならぬ。元弘二年(一三三二)版と推定される古曆(1)も平假名交りであるが、本書よりは十餘年後のものである。また片假名交り文の版本としては、康永中大高伊豫守重成によつて刊行された夢窓國師の夢中問答三卷(大字本)や、下野足利の行道山淨因菴で開版されたとおぼしき夢中問答(小字本)があり、(2)これに次いでは甲斐の向嶽寺の開山拔隊得勝(勅諡慧光大圓禪師)の鹽山和泥合水集二卷等が刊行されてゐるが、いづれも南北朝以後のものである。黑谷上人語燈錄には平假名交りの次の如き刊記がある。

元亨元年辛酉のとしひとへに上人の恩徳を報したてまつらんかため又もろも

ろの衆生を往生の正路におもむかしめんかためにこの和語の印板をひらく
一向専修沙門南無阿彌陀佛圓智　謹疏
沙門了惠感歎にたへす隨喜のあまり七十九歳の老眼をのこひて和語七卷の印
本を書之
元亨元年辛酉七月八日終謹疏
法橋幸嚴卷頭

これによれば、本書の版下は編纂者たる了惠自らが、七十九歳の老眼をぬぐつて書いたものである。開版者は圓智といふものであるが、その經歷は詳かでない。鎭流祖傳等によるに、この時代に淨土宗の僧にして圓智といふものが二人ある。一は西阿上人の法を嗣ぎ、知恩院の第十一世となつた人で、後ち鳥羽の法傳寺に幽棲し、正平十二年(一三五七)に示寂した。他は山城光明寺の述道に就いて剃髮し、園城・法隆・建仁等の諸大寺を歷遊して諸宗を學び、また鎌倉に到つて寂惠・定惠の二師に謁して淨土の宗義を學び、後京都に歸つて光明寺の第四世となつた人である。本書の開版者たる圓智がそのいづれであるかは遽に斷定し難い。

（1）訪書餘錄によるに、京都の舊家鈴鹿氏に傳來した古曆で、年號を附刻してないが、狩野亨吉博士が內容から推して元弘二年のものであると攷定されたもので、現存する版曆の最古のものであるといふ。

（2）第四篇第五章第二節參照

六　淨土敎典籍の開版者

前々節に列擧した淨土敎典籍の開版者の殆ど全部が、法然上人一派の念佛宗徒であることは想像し得らるゝ所であるが、その經歷に就いては概ね詳かでないのは甚だ遺憾である。それ等の開版者中特記すべきは、明信・入眞・仙才・往成・知眞・了延等である。

明信は淨土傳燈總系譜等によるに、法然上人の弟子一念義幸西門下の人で、建保二年版の淨土三部經の開版者である。この人の事蹟の一端は、貞永元年版の般舟讃の刊記によつて窺ふことが出來る。同刊記によるに般舟讃は、唐の善導大師の著述で、我が入唐八家の一人なる圓行が、承和六年(八三九)歸朝の際請來した經論章疏六十九部一百廿三卷中のものであつたが、空しく御室の寶藏中に藏せらるゝこ

と三百七十八年、建保五年(一二一七)になつて始めて世に流布したものである。ところが流布本には錯誤が多かつたから、明信はこれを歎き、到る處に證本を索めて校合したが、なほこれを以て足れりとせず、遂に入宋して親しく善導大師の遺跡を訪ね、或は簡を街衢に樹てゝその志を告げ、頻りに證本を索めたが得られず、纔に大師の著作なる八門玄なる書の斷簡を得て歸朝した。彼の入宋は建保五年を距ること遠からざる時代であつたやうであるが、その頃の入宋は比較的困難で、入宋僧として知られてゐるのは、泉涌寺不可棄俊芿(正治元年入宋)・法忍淨業(建保二年入宋)・勝月房慶政(建保五年在宋)など極めて稀であつた時代に拘らず、一證本を索める爲めに、萬里の波濤を冒して入宋したが如き、その求法の志の厚き、景仰すべきことである。彼は入宋以前建暦三年(一二一三)から開版事業に着手してゐたが、歸朝後もこれに從事して、八部十三卷(觀經疏五部九卷 三經三部四卷)を開版したといふことで、建保二年版の淨土三部經はその内のものに當るわけである。

明信が淨土敎典籍の校合並に開版に頗る熱心であつたことは、前述の如くであるが、これと並んで特筆すべきは、明信と同じく一念義幸西門下の僧であつた入眞

である。初め明信は般舟讃の證本を索めて入宋したが遂に得られず、貞應元年(一二二二)には、御室に藏せられてゐた圓行の請來本と校合したが、なほ不審が晴れず、空しく歲月を過ごすのみであつたから、遂に意を決し、同志兩三人と勘定することゝなり、寬喜二年(一二三〇)三月廿七日から始めて、四月三日に功を終へた。併し明信は未だこの書を刊行するに至らずして寂したから、彼と同門であつた入眞がその遺言により貞永元年(一二三二)自らこの書の版下を書いて刊行した。(2) 入眞はまた同じ年往生西方淨土瑞應删傳を校合し、自らその版下を書寫して開版した。この書は夙く五代に支那に渡り呉越王弘俶の寶篋印塔を齎らして名高い延暦寺の日延が請來した書であるが、未だ刊行せらるゝに至らなかつたものである。(3) 三仁治二年(一二四一)に至り、入眞の法孫に當る仙才(4)が淨土三部經を開版した。三部經中無量壽經のみは、仙才自ら版下を書寫したが、觀無量壽經と阿彌經とは曩に入眞によつて開版せられた般舟讃・往生西方淨土瑞應删傳の文字を切取つて版下としたといふ。(5) 明信・入眞・仙才等幸西門下の人々が淨土教典籍の開版に盡した功績は偉大であるといはねばならぬ。

明信・入眞・仙才等に次いで開版事業に盡したものに、往成・知眞・了延の三人がある。往成は寛元三年(一二四五)に安樂集を、寶治二年(一二四八)に往生十因を、建長二年(一二五〇)に釋淨土群疑論を開版した人であるが、その經歷は全く明かでない。知眞は正安四年(一三〇二)版の般舟讃の刊記によるに、弘安中敕願を奉じて大藏經の開版に着手して名高い行圓上人の第三回忌に當り、その恩德に報謝する爲めに、淨土三部經と五部九卷とを開版したといふことである。(6) 正安四年版の般舟讃並に觀無量壽經はその一部に當るものである。その後元亨二年(一三二二)になつて、知眞は再び淨土三部經を鏤刻した。蓋し正安四年版は漫滅することが甚だしかつたから、沙彌慈阿といふものゝ遺言により、その遺財を投じて新板を開いたものである。(7) 次に了延は正中二年(一三二五)に阿彌陀經・選擇本願念佛集・安樂集等を開版してゐるが、その事蹟は一向に詳かでない。

(1) 附錄古刻書題跋集第四四參照

(2) 同上。なほ正平四年版般舟讃の刊記には「釋子人眞」とあるが、これは入眞の誤刻に相違ない。

（3）附錄古刻書題跋集第四五參照
（4）仙才は法水分源記によるに、入眞の弟子善性の弟子とあるから、入眞の法孫に當るわけである。但し淨土傳燈總系譜によれば、明信や入眞と同門の善性の弟子となつてゐる。
（5）附錄古刻書題跋集第五三參照
（6）同第一五八參照
（7）同第一八三參照

第四章　入宋僧と典籍の將來

一　商舶の來往と入宋僧

鎌倉時代の開版の先頭に立つものは、興福寺並に春日社に於ける春日版で、これに次いでは、東大寺・西大寺・法隆寺など南都諸大寺の開版があり、更に高野山に於ても開版事業の興つたことは、前述の如くである。中に就いて東大寺版の裝潢が宋版の雄偉なる風韻を傳へ、西大寺版の書風が幾分唐樣を帶べるなど、宋文化の影響と認むべきものがないでもないが、これ等の諸版は、要するに平安朝の中葉に起つ

た春日版に源を發し、次第々々に發達し、分化してこゝに至つたものと見るべきで、大體からいつて、和様版といふ名稱を以て總括すべきものであらう。然るに同じ鎌倉時代に於て、京都の泉涌寺並に京都・鎌倉の禪寺に於て開版せられたものは、全く宋版の覆刻若しくは摸刻で、直接宋文化の影響を受けて起つたものであるから、和様版に對し唐様版とも稱すべきものであつた。蓋し當時日宋間を來往する商舶が頻繁となるにつれ、我が僧侶の彼地に渡るもの多く、彼等は歸朝に際して多くの版本を齎らし、これを覆刻摸刻するに至つたからである。

平安朝の中葉以降、日宋間を來往した商舶は、殆ど宋舶に限られてゐたが、鎌倉時代に入つてから、我が商舶の彼地に到るものは漸く多きを加へて來た。開慶四明續志卷八に、

倭人冒鯨波之險、舳艫相銜、以其物來售、

とあるによつても、その一斑が察せられるであらうし、宋史日本傳には、我が商舶が屢〻彼地の沿岸に飄至したことを記載し、吾妻鏡には、建長六年(一二五四)四月に渡宋船を五艘に制限したことが見えてゐる。かく我が商舶の宋に赴くもの多くな

つたのは、當時我が國人が武門の興隆につれて、頗る進取的となつたことにもよるであらうし、また宋に於ては貿易の利を占めんが爲めに、蕃舶の來航を歡び、その入津した時は、提擧市舶司は、酒食を支送し、燕犒を行ふなど、大に優遇を施したことなどにもよるであらう。これ等の商舶は概ね三四月の頃筑前博多を發し、東北恒信風を利用して、一路宋の明州(浙江省寧波)に到り、五六月の頃、初夏の西南恒信風によつて歸航したものである。(1)

商舶の來往につれ、我が僧侶のこれに身を託して入宋するものが甚だ多く、史上にその名の遺存するものだけでも百餘人を數へることが出來る。これ等の入宋僧に就いて仔細に檢討するに、時代によつて、夫々入宋の目的を異にし、自ら三類に區分することが出來る。

第一類に屬するものは、比較的早く入宋したもので、その目的とする所は、前代に於ける奝然・寂昭・成尋等の如く、求法といふよりは、自己の罪障消滅後生菩提の爲めに、佛蹟を巡拜するにあつた。俊乘坊重源の如き、初めは山西省五台山の文殊菩薩の聖蹟を巡拜せんが爲めに、仁安三年(一一六八)に入宋したものであるが、その地が

既に北方金國の領する所となつてゐたから、止むなく浙江省の天台山や育王山を巡拜して歸つた。榮西の如きも仁安三年(一一六八)始めて入宋した時には、天台山並に育王山を巡拜し、文治三年(一一八七)再度の入宋には、更に進んで印度の佛蹟を瞻禮しようとしたが、官許を得られなかつたから、轉じて黃龍八世の法孫虛菴懷敞に參請して、臨濟禪を傳ふるに至つたものである。また一切經一筆書行人として名を知られた安覺良祐や山城松尾の勝月房慶政を始め、行一・戒覺・志遠・元要など、その事蹟は詳かでないが、この種の入宋僧であつたらしい。

第二類に屬するものは、律宗を傳へる爲めに入宋したものである。そしてその先驅をなしたものは不可棄俊芿であつた。俊芿は正治元年(一一九九)弟子安秀・長賀の二僧を隨へて入宋し、明州景福寺の如庵に就いて律部を學ぶこと三年、或は明州雪竇(禪院十刹第五資聖禪寺)・臨安府徑山(禪院五山第一興聖萬壽禪寺)に登つて禪を學び、或は嘉興府華亭縣超果教院に於て、北峯宗印に就いて天台を學び、或は臨安に到つて、禪教律の諸名德と道を論ずるなど、在宋十二年にして、建曆元年(一二一一)に歸朝し、高倉・後鳥羽・順德諸帝の御歸向を得て、京都に泉涌寺を開き、大に法筵を張つた。次いで法忍淨業は

建保二年(一二一四)入宋して、戒律を鐵翁に學び、在宋十四年にして、安貞二年(一二二八)歸朝して、京都に戒光寺を建て、後天福元年(一二三三)に再び入宋し、在宋八年にして仁治二年(一二四一)に歸つた。是に於て泉涌・戒光の二寺は、相對して學律者の淵叢となり、平安朝以來萎靡して振はなかつた律宗は、再び大に興つた。これから俊芿の弟子聞陽湛海、同法孫明觀智鏡・自性道玄など相次いで入宋して戒律を傳へた。

第三類に屬すべきものは、禪を學ぶ爲めに入宋したもので、この時代の入宋僧の大部分を占めてゐる。禪宗は支那にあつては、唐代から盛んに行はれてゐたから、我が國にも幾度か傳へられたが、併したゞ他の宗派に附隨してのみ傳へられただけで、從つて未だ世人の注目を惹くに至らなかつた。然るに支那に於ける禪宗は、五代・北宋を經て益〻盛大に赴き、南宋には既に爛熟期に達し、支那の佛敎といへば殆ど禪宗に限られるやうになつた。されば日宋の交通が漸く盛んとなり、僧侶の來往が頻繁となれば、我が國と雖もこれが影響を蒙らねばならなかつた。卽ち叡山の覺阿は、承安元年(一一七一)法弟金慶と共に入宋して、臨安靈隱(禪院五山第二景德靈隱禪寺)の佛海慧遠の法を嗣いで歸朝し、攝津三寶寺の大日能忍も自ら工夫して得る所あり、文

治五年（一一八九）その徒練中・勝辨の二僧を宋に遣して、明州育王山の拙菴德光に書幣を贈り、且つ所悟を呈して證明を得るなど、禪宗は漸く世の注目を惹いた。この時に當つて榮西は、文治三年（一一八七）再度の入宋には、天台山萬年寺の虛菴懷敞に就いて禪を學び、懷敞が天童山に移るや、またこれに從つて遂に臨濟禪の正脈を嗣ぎ、建久二年（一一九一）歸朝して、博多に聖福寺を構へ、鎌倉に壽福寺を開き、京都に建仁寺を建てゝ、大に禪風を鼓吹したから、これから南宋の禪風に憧憬して、入宋するものが陸續として起つて來た。榮西の弟子明全は、貞應二年（一二二三）その徒道元等を從へて入宋し、明全は彼地に歿したが、道元は天童山の長翁如淨に參じて、曹洞禪の正脈を傳へて歸り、越前永平寺を開き、その徒寒岩義尹・徹通義介等も相次いで入宋した。また榮西の法孫圓爾辨圓は、嘉禎元年（一二三五）同門の神子榮尊と同船して宋に渡り、徑山の無準師範の法を嗣ぎ、歸朝して京都に東福寺を開いた。そして寬元四年（一二四六）には、宋僧蘭溪道隆が來化し、執權北條時賴に迎へられて、鎌倉に建長寺を開き、辨圓と東西相呼應して、大に禪風を擧揚したから、この二僧の徒にして宋に學ぶもの多く、辨圓門下の悟空敬念・心地覺心・無關普門・山叟惠雲・無外爾然・

白雲恵曉・無傳聖禪、道隆門下の約翁德儉・無隱圓範・南浦紹明・禪忍・藏山順空・不退德溫・宗英・直翁智侃・林叟德瓊・桃溪德悟・無及德詮など相次いで入宋し、宋末凡そ五十年間は、これ等の禪僧の來往の最も頻繁な時代であつた。(2)

（1） 南宋との交通に就いては、詳しくは拙著「日支交通史」下卷第一章「南宋との貿易」を參照されたい。

（2） 「南宋時代に於ける入宋僧に就いて、詳しくは拙著「日支交通史」下卷第二章「入宋僧・歸化宋僧と文化の移植」を參照されたい。

二　宋版大藏經の將來

この頃宋朝に於ける開版事業は頗る盛んで、中にも大藏經の如きは、數回開雕せられてゐる。太祖の開寶勅版に就いては、前にこれを述べたが、これに次いでは福州版がある。福州版には東禪寺版と開元寺版との二種がある。我が國に現存する福州版大藏經は、宮內省圖書寮本を始め、京都の醍醐寺・知恩院・東寺・東福寺本等總て兩者の混合藏である所から、古經題跋の著者たる鵜養徹定氏さへ、兩寺力を協せて一藏を成したものと見做してゐた。(1) 然るに近時高楠博士の大正新修大藏經

の刊行せらるゝに當り、これに關係した人々の努力によつて、諸大寺の藏經が次第に調査せられ、その結果、兩寺別々に一藏を開雕したことが明瞭となつた。東禪寺版は北宋神宗の元豐三年(一〇八〇)に始まり、徽宗の政和二年(一一一二)に成り、開元寺版は政和五年(一一一五)に始まり、南宋高宗の紹興十八年(一一四八)の頃に終つてゐる。(2) 兩者ともに私版ではあるが、東禪寺はその雕造がほゞ終つた崇寧二年(一一〇三)に勅命によつて、崇寧萬壽大藏と名づけられ、官版に准せられたから、單なる私版ではない。(3) 東禪寺版・開元寺版に次いでは、思溪版と磧沙版とがある。

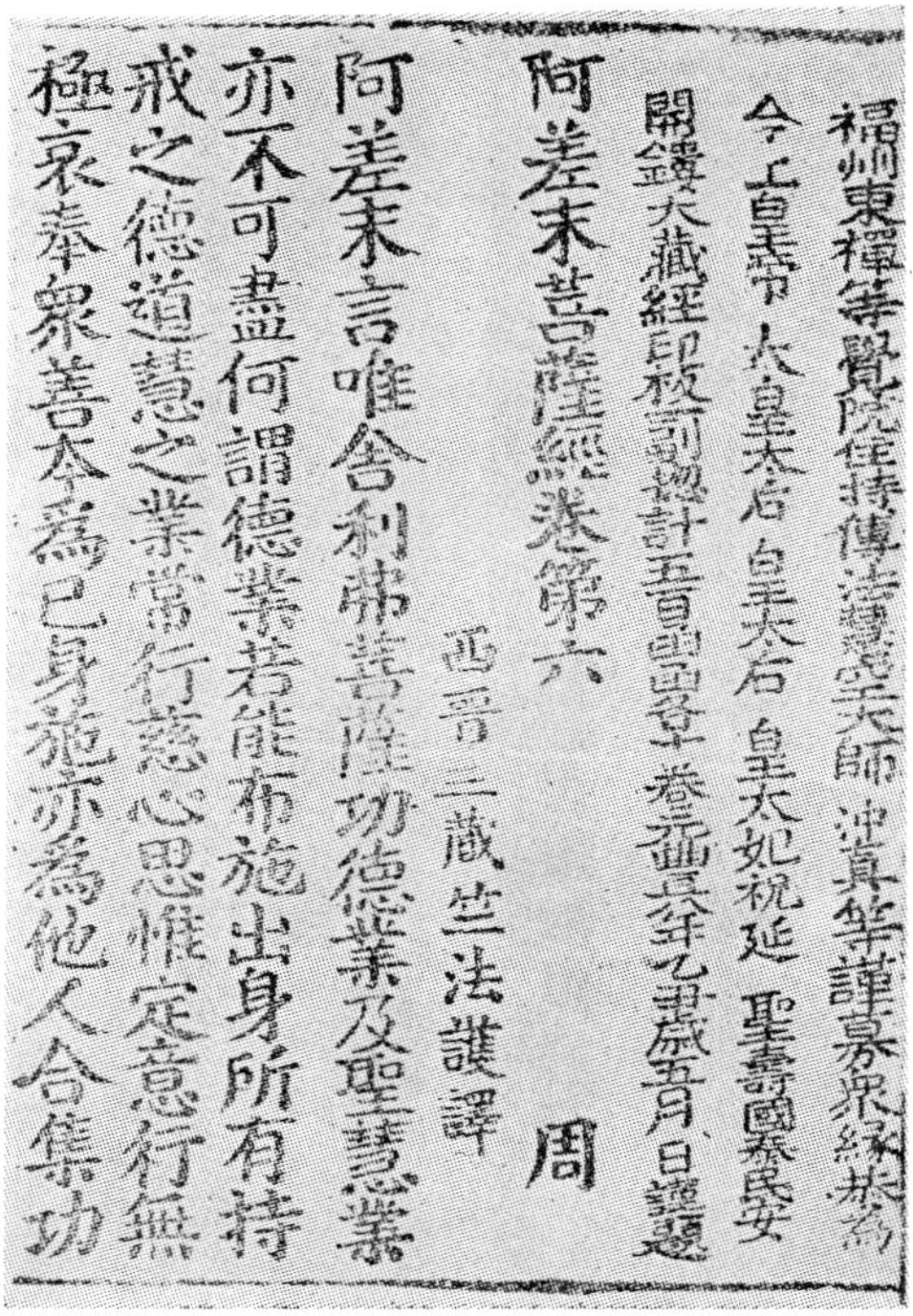
福州東禪等覺院住持傳法慧空大師 沖真等謹募衆緣恭為
今上皇帝 太皇太后 皇太后 皇太妃祝延 聖壽國泰民安
開鏤大藏經印板副總計五百餘函 時元豐八年乙丑歲五月 日謹題
阿差末菩薩經卷第六　周
西晋三藏竺法護譯
阿差末言唯舍利弗菩薩功德業及聖慧業
亦不可盡何謂德業若能布施出身所有持
戒之德道慧之業常行慈心思惟定意行無
極哀奉衆善本為已身施亦為他人合集功

宋版大蔵経東禅寺版　(宋元豊八年刊)

思溪版は湖州(浙江省)の思溪で開雕された私版で、從來は思溪の法寶資福禪寺所刊の一藏のみであると考へられてゐ

たが、近年水原堯榮氏が高野山の法藏中から、思溪圓覺禪院大藏目錄を發見せられ、こゝに始めて思溪版に二藏あることが判明した。

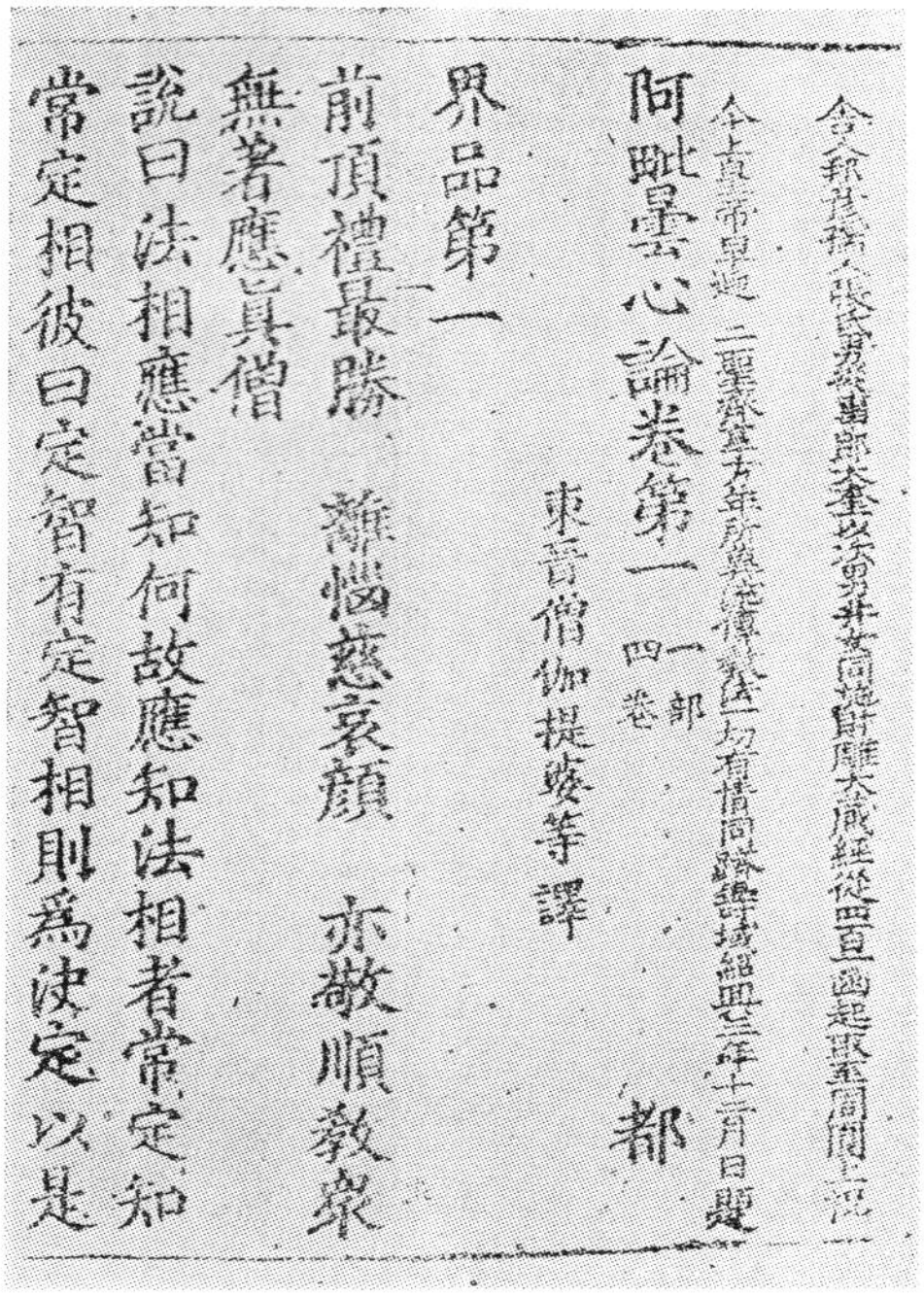
阿毗曇心論卷第一　一部四卷

東晉僧伽提婆等譯　都

界品第一

前頂禮最勝　離惱慈哀顏　亦敬順教衆

無著應眞僧

說曰法相應當知何故應知法相者常定知

常定相彼曰定智有定智相則爲決定以是

宋版大藏経開元寺版　（宋紹興三年刊）

卽ち一は圓覺禪院の所刊、密州觀察使致仕王永從夫妻兄弟等が發心捐財して鏤板したもので、五百五十函五千四百八十卷より成り、紹興二年(一一三二)の題記がある。他は資福禪寺の所刊で、凡そ五千七百四十卷あり、嘉熙淳祐の間に成ったものである。(但し內藤湖南博士は、後の資福禪寺本は前の圓覺禪院本を增補追加したもので、別に一藏あつたわけではあるまいとの說をなして居られる)。(4)磧沙版は平江(湖南省)磧沙の延聖寺で開版されたもので、從來は元版であると傳へられてゐたが、それはたゞ補刻の幾分かが元の成宗の大德年間に追雕さ

れてゐる所から誤つたもので、本藏は南宋の理宗の端平元年(一二三四)に完成してゐる。(5)

これ等の宋版大藏經は入宋僧によつて次ぎ〳〵に將來せられた。俊乘坊重源は入宋三度にも及んだほどであるから、(6)宋版經典を齎らしたことも頗る多かつたやうで、文献と遺品とによつて考ふるに、宋版大藏經は一藏若しくは二藏、宋版大般若經は一部、その他若干の宋版經典を齎らしたらしい。上醍醐寺類集中の建保六年三月の文書には、重源が唐本一切經を齎らしたことを述べて、

爰造東大寺上人大和尚重源聊依㆓宿願㆒、從㆓大唐㆒凌㆓蒼海萬里之波浪㆒、渡㆓七千餘軸之經論㆒、

といつてゐる。この一切經は建久六年(一一九五)十一月七日醍醐寺に施入したものので、(7)この時建立された天竺樣建築の經藏と共に今に現存してゐる。經は北宋の東禪寺版を主とし、開元寺版を以て補つたものである。また建久八年(一一九七)の重源讓狀及び南無阿彌陀佛作善集によるに、重源は東大寺の淨土堂に唐本並に日本の一切經を安置したといふ。唐本一切經といふのは、宋版であつたことはい

ふまでもない。宋版大般若經については、重源が笠置の般若臺寺に安置したことが、南無阿彌陀佛作善集に見えてゐる。淨土堂の唐本一切經や、般若臺寺の宋版大般若經は、重源が安置したといふだけで、將來したといふ證據はないが、前後の狀況から推して多分彼の將來したものと想はれる。この他東寺金剛藏には「奉渡日本國重源」と墨書した宋版般若心經並に般若心經詒謀抄各一帖があるといふ。(8)

宮內省圖書寮所藏の大藏經は、開元寺版を主とし、東禪寺版を以てその不足を補つたものであるが、大般涅槃經卷第三十三の版心には「日本國僧慶政捨」「同卷第三十六の版心には、「日本國僧行一捨板十片」といふ刊記があり、妙法蓮華經卷第七の版心には、「日本國比丘明仁捨刊換」といふ刊記がある。また橋本進吉氏の慶政上人傳考によるに、福州版大方廣佛華嚴經卷第二十三には「日本國僧慶政捨周正刀」といふ刊記のあるものがあるといふ。行一・明仁の事蹟は明かでないが、慶政は山城松尾の勝月房慶政であつたに相違ない。慶政が入宋して宋寧宗の嘉定十年(一二一七)に泉州に居つたことは、高山寺舊藏波斯文文書(山田永年氏藏)の端書に、

此是南番文字也、南無釋迦如來、南無阿彌陀佛也、兩三人到₂來船上₁望₂書₁之、

爾時大宋嘉定十年丁丑於泉州記之、

爲送遣本朝辨和尚（○高辨明惠上人）禪庵令書之、彼和尚殊芳印度之風故也、沙門慶政記之、

（9）

とあるによつて明かである。慶政は泉州まで行つたのであるから、その道筋に當る福州を訪ねるといふことは、極めて有り得べきことで、彼は大藏經を印造して將來したものではなからうか。行一・明仁の二僧は慶政に隨從して入宋したものか、或は別々に入宋したものか明かでないが、大藏經の將來に關係した僧であらうと想像される。圖書寮本に「日本國僧慶政捨」「日本國僧行一捨板十片」「日本國比丘明仁捨刊換」などの刊記のあるのは、元來福州版は、東禪寺版でも開元寺版でも永い年月を經て完成されたものであり、そして慶政等が入宋したのは、本藏が完成してから百年ほども後のことであるから、中には所々摸板の缺佚したものもあり、また磨滅したものもあつたので、彼等が印摺將來するに際し、喜捨重雕して、これを補つたものと解すべきであらう。この他京都戒光寺の開山法忍淨業は安貞二年（一二二八）に、近江菅山寺の傳曉上人は建治元年（一二七五）に夫々宋版大藏經を舶載して來た。

(10)

されば當時大藏經の輸入は三四に止まらなかつたやうで、建暦元年(一二一一)十月十九日には、將軍實朝が鎌倉永福寺に於て、宋本一切經の供養を營んだことが吾妻鏡に見え、また建長七年(一二五五)十一月九日には、前長門守從五位上行藤原時朝が常陸の鹿島神宮に於て、宋本一切經を供養したことが遺帙の跋語に見えてゐる。前述の慶政も歸朝して後、弘長三年(一二六三)式乾門院利子內親王の十三年忌に、彼の創建した京都西山法華山寺(峯堂)に於て、唐本一切經の供養を行つたことがある。(11) この他奈良市外の白毫寺にも宋版大藏經があり、弘長二年(一二六二)入宋者に託して輸入したもので、每年三月八日一切經會を修し頗る盛大であつた。般若寺や海龍王寺にも宋版大藏經があつた。般若寺の一切經會は古記錄にも散見し、また海龍王寺の藏經は、慶長中德川家康が江戶小石川傳通院に移したが、明暦の大火に灰燼となり、或は散佚して今は同院に有するものは、大智度論卷第五と大法藏の扁額のみであるといふ。(12)

現在京都奈良その他の諸大寺に藏せられてゐる宋版大藏經は少くとも十藏以

上を數へることが出來るであらう。勿論多少の遺帙は免れ難いであらうし、また是等の藏經が東禪寺・開元寺の版であるか、思溪・磧沙の版であるか、或は是等の混合藏であるかなどいふことは、一々精細な調査を遂げなくては、輕々に斷言し難い所であり、そしてこれが調査には多くの歳月と費用とを要するから、一二の藏經を除いては、未だ十分に調査されてゐない。さればこゝには正確なことを記述することは出來ないけれども、先進學者の調査した所や予の見聞した所によつて、左にその目錄を掲げることゝした。

一、宮内省圖書寮藏

開元寺本を主とし、その闕本は東禪寺本を以て補つたものである。もと石清水八幡宮の所藏であつたのが轉々として、宮内省圖書寮に藏せられるやうになつたのであるといふ。そしてその一部は大阪市西區靱上通森本佐兵衛氏が珍藏してゐたが、大正十五年六月宮内省に献納した。(「歴史と地理」第十八卷第二號藤堂祐範氏「宋版大藏經の零本追記」「佛典研究」第一號小野玄妙氏「東寺經藏の北宋一切經に就いて」)

二、京都東寺藏

東禪寺本を主とし、開元寺本を以て補つたものである。もと後白河法皇の皇女宣陽門

院観子内親王の御所藏であつたのを、仁治三年の頃東寺に御寄進になつたものである。

（東寶記第六　「佛典研究」第一號小野玄妙氏「東寺經藏の北宋一切經に就いて」）

三、京都知恩院藏

開元寺本を主とし、東禪寺本を以て補つたものである。もと周防山口の乘福寺の所藏であつたのを、毛利家から徳川家康に献じ、慶長中家康から更に知恩院に寄進したものである。（古經題跋　「佛典研究」第一號小野玄妙氏「東寺經藏の北宋本一切經に就いて」）

四、京都醍醐寺藏

東禪寺本を主とし、開元寺本を以て補つたものである。俊乘坊重源が宋から將來して建久六年十一月七日に醍醐寺に施入したものである。（醍醐寺座主次第　南無阿彌陀佛作善集）

五、京都東福寺藏

開元寺本を主としたもので毎卷に三聖寺の印が捺してある。東福寺の第五十四世剛中玄柔が十人の弟子を支那に遣して二藏を得、永和三年（一三七七）その一藏を東福寺に納めた。そして他の一藏は日向諸縣郡志布志の大慈寺に納めた。（古經題跋　本朝高僧傳卷第三十五玄柔傳）

六、京都南禪寺藏

南禪寺の藏經は、元版・麗版を主體とし、各種の版の混合してゐる點に於て有名で、開寶勅、版・東禪寺版・開元寺版・思溪圓覺禪院版等も多く含まれてゐる（第四篇第一章第二節參照）

七、奈良唐招提寺藏

思溪版でほゞ完具してゐるといふ。毎卷に唐招提寺の印がある。鹿谷法然院に藏する宋版仁王般若經二卷にも、卷首に唐招提寺の印があり、もと唐招提寺にあつたものであることが知られる。（古經題跋　寧樂刊經史）

八、奈良興福寺藏

興福寺に古く宋版大藏經のあつたことは、治承三年九月十八日に、同寺の金堂に於て唐本一切經供養の行はれたことが、興福寺別當次第に記載されてゐることによつて明かである。この宋藏は治承四年の兵火に燒失したであらうから、現存の宋藏はその後に傳來したものであらう。但しその傳來に關する口碑も文獻もない。（寧樂刊經史　續寧樂刊經史）

九、安藝嚴島神社藏

嚴島には、輪藏が二つあつて、一を龍宮海藏といひ、他を轉法輪藏といひ、天文中同社大願寺の道本上人の創建する所で、宋版大藏經と高麗版大藏經とを收めてあると古經題跋に記してあるから、同社の宮司小川小平治氏に尋れたが、現存してゐないとのことである。

一〇、尾張眞福寺藏

もと京都南禪寺の塔頭大授庵の藏する所であつたが、應永三十年（一四二三）藤原氏女比丘尼玄璋が購得して、眞福寺に施入したものである。今は散佚してたゞ涅槃經・大集經・日藏經・月藏經・仁王經・華嚴經等を存するのみである。東禪寺版・開元寺版の混成であつたらしい。

一一、東京增上寺藏

增上寺には、宋版・元版・麗版の三藏がある。宋版は思溪資福禪寺版で、建治元年（一二七五）近江菅山寺の傳曉上人が舶齎したもので、每經背に菅山寺の印が捺してある。慶長十八年德川家康の命によつて、增上寺に移したものである。（古經題跋　緣山三大藏目錄　三緣山志）

一二、武藏喜多院藏

思溪版大藏經であるといふ。

一三、日光輪王寺藏

もと筑前宗像神社にあつたのを、寛永中黑田長政が寄進したものであるといふ。（古經題跋）

一四、陸中中尊寺藏

藤原秀衡の施入する所である。吾妻鏡には文治五年九月十七日の條に中尊寺の一切經藏のことが見えてゐる。

この他今は散佚して終つたが、栂尾高山寺には東禪寺版、金澤稱名寺には開元寺版があつたといふことで、古經題跋によれば、稱名寺にはなほ宋版大般若經を藏してゐる。これ等の大藏經は例へば東福寺のそれの如く、次の時代になつてから舶載されたものもあり、必ずしも鎌倉時代の輸入とは限らないが、宋版大藏經の傳來が少くなかつたことが知られるであらう。そして輸入の大藏經が我が開版事業に直接間接刺戟を與へ、その發達を促進したことはいふまでもない。さればその企圖は遂に成らなかつたとはいへ、僧行圓の如きは、弘安中勅を奉じて藏經の開版に着手した程であつた。正安四年(一三〇二)版般舟讃の刊記に、

去弘安年中行圓上人承敕願之旨被開一切經之印板而正安第二之曆林鐘下旬之天不終大功遂歸空寂

とある。

(1)　知恩院一切經目錄

(2)小野玄妙氏「東寺經藏の北宋一切經に就いて」(佛典研究第一卷) 東禪寺版・開元寺版の開雕年代は諸書の傳ふる所が一致しないが、小野玄妙氏等は東寺・南禪寺等の經藏を精細に調査し、刊記によつてその年代を斷定したのであるから、確なものといはればならぬ。尤もこれは本藏の開雕年代であつて、例へば佛祖統紀卷第四十七に見えてゐる淳熙三年(一一七六)東禪開元兩寺に勅して、天台一宗の敎部を鏤刻して藏に入らしめたといふやうな追雕をも加ふれば、東禪寺版は凡そ百年、開元寺版は凡そ六十年を費したわけである。

(3)東禪寺版大藏經天帙第一大般若經の卷首にその時の官符が載せてある。

(4)小野玄妙氏「南宋思溪版圓覺禪院大藏と資福禪寺大藏」(佛典研究第二卷第十八號)

(5)小野玄妙氏「元代松江府僧錄管主八大師の刻藏事蹟」(佛典研究第二卷第十三號)

(6)玉葉壽永二年正月廿四日　東大寺造立供養記

(7)醍醐寺座主次第　南無阿彌陀佛作善集

(8)大屋德城氏「寧樂刊經史」二一四頁

(9)橋本進吉氏「慶政上人傳考」所引(日本佛敎全書遊方傳叢書所收)

(10)本朝高僧傳卷第五十八淨業傳　古經題跋

(11)風雅和歌集卷十八釋敎歌

(12)大屋德城氏「寧樂刊經史」二一六—二二一頁　古經題跋

三　禪籍・儒書・詩文集・醫書等の將來

入宋僧の宋版大藏經を將來したことは少くなかつたが、この他に佛敎の經論章疏はいふまでもなく、禪籍・儒書・詩文集・醫書等を將來したことも少くなかつた。榮西は仁安三年(一一六八)第一次の入宋には、天台の新章疏三十餘部六十卷を齎らし、これを天台座主明雲に呈した。(1)泉涌寺の不可棄俊芿は建曆元年(一二一一)歸朝するに當り、齎した典籍は、

律宗大小部文三百二十七卷　天台敎觀文字七百一十六卷
華嚴章疏百七十五卷　儒道書籍二百五十六卷
雜書四百六十三卷　法帖御書堂帖等碑文七十六卷

等で、總てゞ二千十三卷であつた。(2)俊芿の弟子聞陽湛海も第一次の入宋(嘉禎末入宋、寬元二年歸朝)に經論數千卷を齎らした。(3)また京都東福寺の開山圓爾辨圓(聖一國師)も仁治二年(一二四一)に宋から齎らした典籍は數千卷に及び、これを普門院(この寺は藤原道家が辨圓の爲めに東福寺の大伽藍を創立する以前に、辨圓をして一時の腰掛場として造營したものである)の書庫に置き、自ら三敎典籍目錄をも作つたとい

ふことで、(4)その法孫たる虎關師錬は、その傳に書して、

蓋爾師(〇圓爾辨圓)歸時將來經籍數千卷、見今普門之書庫內外之書充棟焉、(5)

といつてゐる。俊芿將來の典籍に就いて、特に注意を惹くことは、儒書・雜書の多かつたことである。これは彼が入宋して宋都臨安に在つた時、當時の俊穎博學の儒士と交はりが深かつた爲めで、(6)このことは我が宋學發達史上看過し難いことである。不可棄法師傳には、儒道書籍二百五十六卷とのみ記して、その書名を詳にすることが出來ぬけれども、當時宋にあつては、朱熹によつて宋學が大成せられ、その著はした大學中庸章句や論孟集註が刊行されたのは、恰も俊芿が歸朝した嘉定四年(我が建暦元年、一二一一)のことであるから、彼の齎らした儒書中には、四書を始め宋學に關するものも少くなかつたであらう。また辨圓の齎したもののうちには、佛敎の經論章疏を始め、僧傳・禪籍・儒書・詩文集・醫書・字書などが多く含まれてゐたらしい。辨圓の作つた三敎典籍目錄は今日に傳へられてゐないが、幸に東福寺の第二十八世大道一以(辨圓の法孫)が普門院の藏書を調査して書き殘した「普門院經論章疏語錄儒書等目錄」は、東福寺の塔頭常樂菴に藏せられてゐる。この目錄は未だ廣く世に知られ

てゐないやうであるが、我が精神文化の發展上看過し難い貴重な資料である。さればやゝ煩に亙る嫌ひはあるけれども、同目錄中僧傳・禪籍・儒書・詩文集・醫書・字書などに關する部分を抄錄しよう。

普門院經論章疏語錄儒書等目錄

天地玄黃宇宙洪荒日月

（省略）經論章疏百七十部三百七十餘卷册の書目を錄す

盈昃辰宿

傳燈錄　一部　三十冊

續燈錄　一部　三十冊

字音　三冊

列

普燈錄　一部　十冊

張

傳燈錄　一部　五冊

宗派圖　二冊　大小

寒

五燈會元　一部　十冊

來

廣燈錄　一部　三十冊

傳心法要　一冊

聯燈錄　一部　十冊

普燈錄　一部

暑

宗鏡録　一部　廿冊

宗鏡録　一部　百卷

往

□林傳　一部　十卷　　付法藏傳　一部　四冊

正宗記　一部　四冊　　祖庭事苑　四冊

秋

宗門統要　一部　五冊　　宗門類要　一部　八冊

收

僧寶傳　三冊　　大光明藏　三冊

雪竇明覺語　一部　二冊　　明覺語　一部　三冊

黄龍四家語　二冊　　宏智録　二部　各六冊

瞎堂佛海録　三冊　　石谿語　三冊

塗毒語　一冊　　滓穢太清之瑕　一冊

晦堂語　一冊　　痴絶録　一冊

佛眼語　二冊　　卽菴録　一冊

石田語　一册

冬

圓悟録　二部　各五册　　心要　二部　各二册
碧巖集　二部　各八册書本　　聯珠集　二部　各三册
無準和尚語　二部　一部書本各三册　　無準行狀　二卷

藏

大慧語　十册　　又一部　十册　但年譜別本也
大慧普説　四册　　同語録　一册
又普説　一册　　御書法語　一册
禪門寶訓　二部　　善慧大士録　一册
人天寶鑑　一册又一册　　人天眼目　一册
寒山詩　一册　　古禪師語　二册
靈源筆語　一册　　血脈論　一册
大明録　三册　　如々居士録　三册
又　一册　　永嘉集　一册
禪源序　二册　　黄檗心要　一册
禪苑清規　一册　　豪老同風集　一册

餘

鐔津文集　十卷　　　　又　一部　五冊

成

北礀文集　一部　六冊　　又　一部　四冊
同語錄　一冊　　　　　同外集　一冊
橘洲文　一部　二冊　　無文印　三冊
同錄　一冊

歳

宋高僧傳　廿卷　　　　大藏一覽　十卷

律

楚帖　十二卷　　　　　佛道論衡　四冊
玄奘傳　一冊　不具　　靈源僧史　二冊
南山行業記　一冊　　　僧史略　一卷
佛法繫年錄　一卷　　　釋門正統　四冊

呂

法藏碎金　七冊　　　　戒殺生文　一冊

勸孝文　二冊
五杉備用　一冊
道場水懺　上中下
寶塔傳　一冊
樂善錄　三冊
延光集　一冊
淨土自信　一冊
□菴或對　二冊
注心賦　六卷

調

周易　二卷
易總說　二冊
同音義　一卷
易集解　八冊

陽

纂圖互註周易　一冊
毛詩　二冊
春秋　五冊
孟子　二冊
論語精義　三冊
尙書　一冊
禮記　三冊
周禮　二冊
呂氏詩記　五冊
孟子精義　三冊

雲

無垢先生中庸說　二冊
晦菴集注孟子　三冊

論語直解　一冊
毛詩句解　三冊
毛　詩　三冊
五先生語　二冊
黄石公素書　一冊
百家性　一卷
晦菴中庸或問　七冊
三　注　三冊蒙求、胡曾、周曇

直解道德經　三冊
尙書正文　一冊
胡文定春秋解　四冊
晦菴大學　一冊
小字孝經　一卷
九經直音　一冊
同大學或問　三冊
連相註千字文　一冊

騰

莊子疏　十卷

致

六臣注文選　二十一冊
文中子　三冊

揚　子　三冊
韓　子　一冊　不具

雨

事物叢林　十冊
漢　携　二冊
紹運圖　一冊

方輿勝覽　九冊
帝王年運　三冊

露

注坡詞　二冊　　東坡長短句　一冊
詩律捷徑　二冊　　筆書訣　一冊　小字
誠齋先生四六　四冊　　啓劄矜式　八冊
萬金啓寶　三冊　　聖賢事實　二冊
帝王事實　二冊　　三曆會同　三冊
京本三曆會同　一冊　　連珠集　一冊
搜神秘覽　三冊　　賓客接談　一冊
合璧詩學　二冊　　四言雜字　二冊
小文字　四冊

結

說文　十二冊　　又　一部　十二冊缺第六七
爾雅兼義　三冊

爲

大字玉篇　五冊　　大字廣韻　五冊
玉篇　三冊　　廣韻　五冊
校正韻略　二冊　　韻關　二冊

韻略　二册

霜

白氏六帖　八册　　歷代職源　一部　十册

金

白氏文集　十一册

生

韓文　十一册　不具　　柳文　九册

麗

老子經　一部　二册　　莊子　一部　缺自一至五

水

菩薩戒抄　二册　不具　　機前語　一册

覆口集　一册　　眞心要訣　上中下三卷

同風蒙和尙錄　二册　　諸式文諸方疏等也上下

歷代法帖　五卷　一卷十一枚、二卷十五枚、三卷十五枚、四卷十枚、五卷十六枚

十王經　　六祖壇經　上下

黃檗心要　一册　　釋摩訶衍論記　一帖

心宗記　一卷　不具
西游録　蒙古問湛然居士西天游行記也　一册
初心始學抄　上中下　三帖
同進官録　一册

玉

王氏本章單方　十册
又　一部　不具
活人書　二册
王叔和脈訣　一册

出

和劑方　五册
本草節要　一册
明堂圖經　二册
易簡　一册

崑

魏氏家藏方　六册
本事方　四册

五臺山記　八帖
經籍傳授記
智證大師傳　一册
□佛門學抄　上中下　三帖
十便方　八册
局方　一册
易簡方　一册
通眞子脈訣　一册
圖注本草　九册
素問經　十册　多脫略
本草節文　三册
指迷方　二册

崗

五臟秘旨　一冊
枕中方　八冊
藥抄　一冊
指迷方　五冊
家藏秘方　散々
外鏡治方　二冊
十便方　八冊
要穴抄　一冊
明堂圖　一卷
消渴飲水方　一冊
雜々方　破了

劔

太平御覽　一部

號

太平御覽　一部之內　二冊

闕

徑山書額字等
歷代地理指掌圖　一卷
歷代法帖　一合

珠

古人墨跡等

稱　古經等　　口部

夜　聖敎目錄
　　借書簿

大道一以が普門院に住してゐたのは、文和二年(一三五三)であるから、この目錄も恐らくその年に作られたものなるべく、辨圓の寂後七十六年後である。さればこの目錄中には、辨圓の法嗣・法孫等の將來した典籍や、我が國で刊行されたものも、幾分混じて居るであらうが、その大部分は辨圓が將來したものと想像される。これ等の典籍が五山に於ける儒學・詩文學等の興隆に與つて力のあつたことは勿論で、辨圓の法孫たる虎關師錬が元僧一山一寧に就いて宋學の疑義を質し、我が國宋學研究の先驅者の名を得たのは、(7)彼が少壯時代に京都の三聖寺や東福寺にあつて、普門院の藏書を閱覽したからであらう。

因にいふ。右の普門院經論章疏語錄儒書目錄中にある台宗十類因革論四冊・四

明十義書科一册・四明十義書二册・山家義苑一册・圓悟語錄二册・佛祖宗派總圖一帖の六書は今も東福寺に藏せられ、大正七年十一月第四回大藏會に陳列されたことがある。寺傳にも辨圓の將來といはれ、いづれも宋版で、普門院の藏書印があり、表紙等に圓爾と墨書したものもある。また同目錄中に見ゆる魏氏家藏方は、現に宮內省圖書寮に藏せられ、昭和三年九月同寮新築記念展覽會の際、予もこれを一覽する光榮を得た。同書は宋寶慶三年(一二二七)の槧本で、普門院といふ藏書印が捺してある。また卷一末には「此秋はむそちあまりに露をく老や夕のあはれとはなる。正三位知家」といふ新古今集中の和歌一首を記してある。屋代弘賢はこれを考證して、次のやうに述べてゐる。

按昔光明峯殿下將剏建東福以居國師(○圓爾辨圓)而未落成、別造普門院令權住之、事見山城名勝志、名蹟志、元亨釋書等書、國師求法於趙宋也、此書刊行已九年、此蓋自彼土齎來之物、而住普門之時印記其後、至弘長文永之間師年實六十餘矣、當時慨然有感是歌而自書耶、後輸池西上日到東福寺覽普門院寶什書畫、中有國師眞蹟數通、書法與此書所題正同云、

俊芿・辨圓等の將來した數千卷の典籍は、大部分版本であつたらうと想像される。なぜならば當時宋にあつては、既に寫本時代を脱して版本時代に入り、大概の書籍は印刻されてゐたからである。（殊に前揭の普門院經論章疏語錄儒書等目錄には、寫本は特に書本と註してあるから、その他は概ね版本と見て間違なからう）これ等の宋槧本は、我が國に於ける開版事業の發達を促し、やがて京都・鎌倉に於ける唐樣版の興隆となつてあらはれるやうになつた。

（1）洛陽東山建仁禪寺開山始祖明菴西公禪師塔銘
（2）泉涌寺不可棄法師傳
（3）本朝高僧傳卷第五十八湛海傳
（4）聖一國師年譜
（5）元亨釋書第七圓爾傳
（6）泉涌寺不可棄法師傳
（7）海藏和尙紀年錄

第五章　京都に於ける唐様版

一　泉涌寺の開版

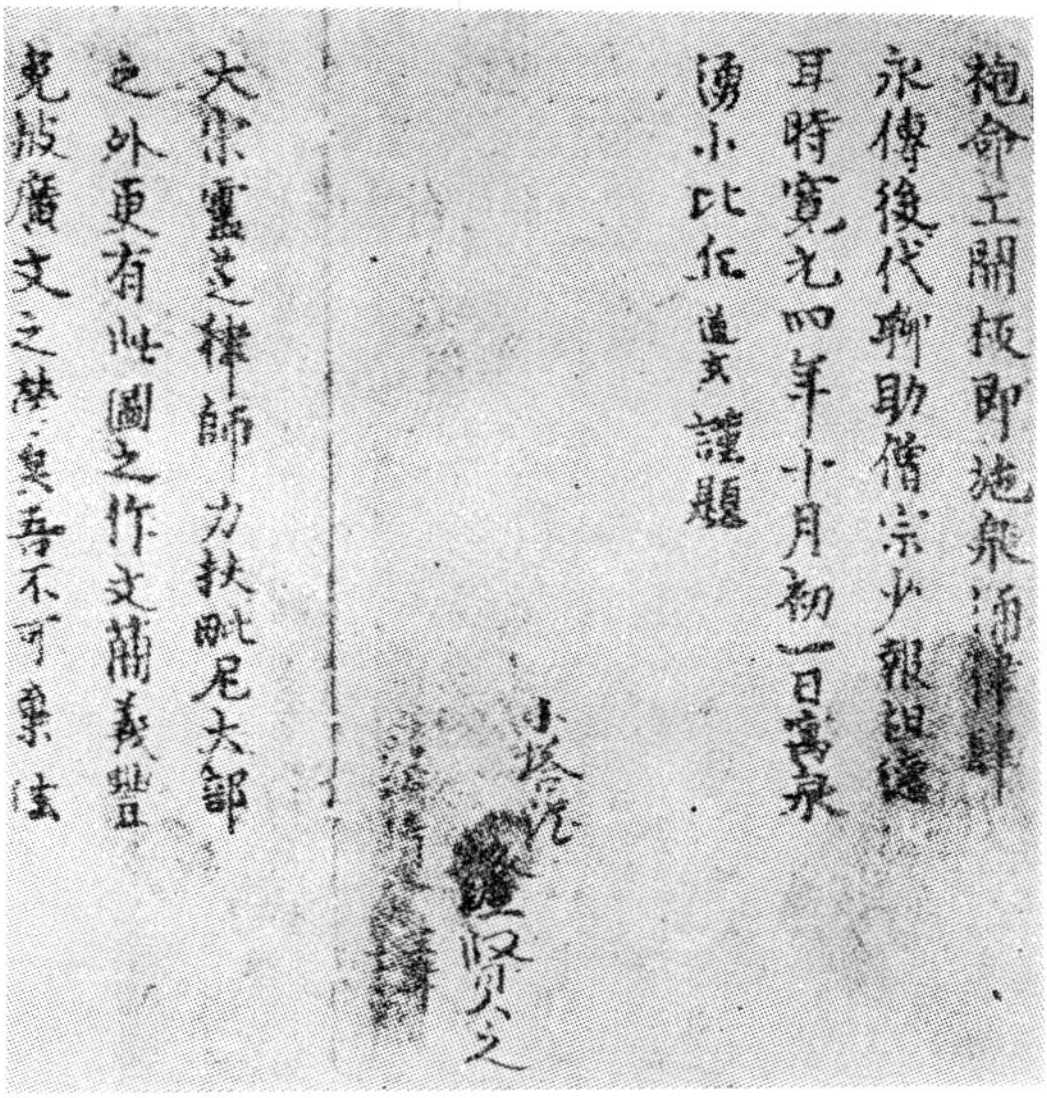

泉涌寺版仏制比丘六物図　（寛元四年刊）

鎌倉時代我が僧侶の入宋するものが甚だ多く、彼等は歸朝に際して多くの宋槧本を齎したが、このことは我が國に於ける開版事業の發達を促し、京都・鎌倉に於ける唐様版の興隆を見るに至つた。

　我が國唐様版の先頭に立つものは、京都に於ける泉涌寺版である。正治元年（一一九九）泉涌寺の不可棄俊芿が入宋して南山律を傳へてから、その弟子聞陽湛海、その法孫明觀智鏡・自性道玄など相次いで入宋して律宗を學んだ。そして彼等は「天下印書以杭州爲上」（1）といはれたほ

ど、宋代印書の本場であつた杭州(臨安)の地方に久しく在留してゐたのであるから、彼等が歸朝して泉涌寺を本據とし、大いに律宗を宣揚するに當り、同寺に於て律部の經籍を開版したといふことも、自然の成行といはねばならぬ。今日泉涌寺版として知られてゐるものは、六七點を數へることが出來る。

佛制比丘六物圖　一卷(2)　開版者　泉涌寺自性道玄
寛元四年(一二四六)刊

梵網經盧舍那佛説心地法門品菩薩戒本　一卷(3)　開版者　聞陽湛海
寶治二年(一二四八)刊　開版者　泉涌寺願行憲靜

資持記及行事鈔(4)　助緣者　我圓思允
建長四年(一二五二)刊

四分律刪繁補闕行事鈔　一帖(5)　開版者　泉涌寺願行憲靜
建長四年(一二五二)刊　助緣者　法華山寺慶政

敎誡律義　一卷(6)　開版者　泉涌寺我圓思允
文永十年(一二七三)刊

盂蘭盆經疏新記　一帖(7)　開版者　泉涌寺叡禪
永仁六年(一二九八)刊

四分律含注戒本疏行宗記　一帖(8)　開版者　泉涌寺覺一覺阿
正安元年(一二九九)刊

新刪定四分僧戒本　一帖(9)　開版者　泉涌寺會源
元亨二年(一三二二)刊

泉涌寺版の開版に關係した人々は、概ね入宋僧若しくはその弟子であつた。比丘六物圖を開版した自性道玄、心地法門品菩薩戒本を刊行した聞陽湛海が、入宋僧であることは前述の通りで、資持記・行事鈔の開版者願行憲靜(勅謚宗燈律師)は俊芿の弟子である。そしてその助縁者我圓思允は俊芿門下の人であり、法華山寺の慶政は、建保の頃、久しく宋に遊び、福州版大藏經を齎した僧である。(10)されば彼等によつて開版せられたものは、概ね宋から將來せられた宋版律典を覆刻したものである。泉涌寺版は、その數に於て決して多いとはいへぬが、五山版等に先立つて、唐様版の先頭に立つべきものであることは、我が印刷史上相當注目すべきことであら

う。

（1）石林燕語卷八
（2）附錄古刻書題跋集第五八參照
（3）同第六一參照
（4）同第六七參照
（5）同第六八參照
（6）大屋德城氏「續寧樂刊經史」（日本佛教史の研究）一七七頁
（7）附錄古刻書題跋集第一五〇參照
（8）同第一五四參照
（9）同第一八二參照
（10）本篇第四章第二節參照

二　唐樣版の名稱

從來我が舊槧本の一種を呼ぶに、五山版の名を以てすることがある。この名目の始めて現はれたのは、文化十年（一八一三）書儈田口明良の著はした典籍秦鏡であるが、爾來その使用の範圍は人によつて多少の相違あるを免れない。朝倉龜三氏

の日本古刻書史には「五山版とは五山の禪寺を始め、其系統を引ける諸寺に於て、開版せられし書籍を指すもの」となし、和田維四郎氏の訪書餘錄には「鎌倉の末より室町の末に至る間に於て、主として京都五山の僧徒によつて出版せられし各種の書籍を指すもの」と限定してゐる。前者に從へば五山若しくはその系統を引ける諸寺以外に於て刊行された典籍は全く含まざるが如く、後者に從へばこれをも含むが如くであるが、その限界が明瞭でない。翻つて事實に就いて考ふるに卷末刊記を缺く爲め、果して五山若しくはその系統を引ける諸寺の開版なるや否や明瞭でないものゝや、或は應安の末頃に開版された新撰貞和分類古今尊宿偈頌集(1)の如く、坊間俗士の利を鬻ぐ者の刊行したものも、その版式が同系統である所から、五山版として取扱ふのが普通であり、また元の雕工兪良甫等の手に成り、世に博多版とも稱せらるゝものゝ如き、五山版の一部なるが如く、或は然らざるが如く、その範圍は頗る明瞭を缺いてゐる。されば予は鎌倉時代より室町時代の末に至るまで、京都・鎌倉の五山並にその系統を引ける禪寺に於て、開刻したものに限つて五山版と稱することにしたい。そして予の所謂五山版を始め、たとへ開版者並にその場所が

五山と全く關係なく、或は詳かでないものも、宋・元・明版を覆刻したもの若しくはその版式に倣つて開版したものは、汎く唐樣版といふ名によつて總括することにしたい。予が新に唐樣版といふ名稱を提唱する所以は、唐樣の名目が我が建築・繪畫・書道等に於て、夙に存するのみならず、五山版の名を以てしては、包括し難い博多版・大內版・薩摩版・駿河版等をも含み、我が中世に於ける開版事業といふ一事象の上に、反映した支那文化の影響の跡を檢討し考察するに、最も適切なる名稱であると思考するからである。

併し一口に唐樣版といつても、その版式・書風・紙質等は、書物の內容により、開版の時代・場所によつて、夫々異つてゐるから、一樣に律することは困難である。中にも佛經の如きは、在來の我が版式・裝潢の加味されたものなどがあつて、容易に辨別し難いけれども、禪籍・詩文集・儒書其他の雜書には、ほゞ共通した特色がある。

支那撰述の書ならば、概ね僧侶などによつて將來せられ、若しくは商舶によつて輸入せられた宋・元等の槧本を、そのまゝ直に刊板用として覆刻したのであるから、自らその版式・書風の唐樣であることはいふまでもなく、たゞ紙質を異にする爲め

に、彼此の鑑別をなし得るに過ぎない場合がある。日本撰述の書は勿論、支那撰述の書と雖も、我が國に於て始めて新らしく開版せられたものも少くないが、斯樣な場合でも、その版式は大體宋・元版に摸した所謂仿刻本である。されば宋・元版に見る如く、必ず輪郭を有し、且つ界線のあることが普通である。輪郭には四周單邊のもの、四周雙邊のもの、上下單邊にして左右雙邊のものなどがある。界線は時には全くこれを缺くことがあり、或は一書の中に界線ある部分と無き部分との相交はつてゐるものもある。近世の書籍に輪郭界線を使用することが多くなつたのは、唐樣版の影響を受けたものである。その書風が總て雄渾遒勁の唐樣であつたことはいふまでもなく、やゝ右肩上りの書體が多い。和樣版に於ては、奈良版でも、高野版でも、京洛版でも、總て佛敎の經論章疏に限られてゐたが、唐樣版に於ては、經論章疏は寧ろ稀で、禪僧の語錄・僧史・僧傳・系譜・詩文集・詩話・文話・韻書・儒書・醫書等多種多樣であることは、我が文化の發展上最も留意せねばならぬことである。そして斯樣な內容の相違からであらう。和樣版の裝幀が卷子本・粘葉本・折本に限られてゐたのに、唐樣版に於ては、經典の中に宋版大藏經に見るが如き折本があるのみで、そ

の他は總て袋綴本である。袋綴本は紙の表面にのみ印刷して、これを半折し、表紙をつけて、絲を以て綴ぢたもので、近世の書籍がみなこの裝幀である點から見ても、その影響が如何に大であつたかを察すべきである。袋綴本であつたから、版心には標題・丁數等を印刷するのが普通であつた。中には宋・元版に見るが如く、雕工の名を附刻し、或は助緣者の名並に金額を附刻したものもある。また元版に倣つたものには、版心等にの如き形を刻したものがある。書籍の大さは美濃判二ッ折、半紙判二ッ折のものが最も多い。また縱七寸五分横四寸五分ほどの細長い書物も少くない。當時は一時に數十部若しくは數百部を印摺することは稀で、需要に應じて一二部若しくは五六部を摺るといふ有樣であつたから、墨色は時によつて異り、中にはにじみ出るほどの薄墨を以てしたものもある。

(1) 第四篇第四章第三節參照

三　禪僧と開版事業

我が中世に於ける唐樣版は、その遺品により文献によつて考ふるに、凡そ三百種以上にも上るであらうが、その半ば以上は禪僧の手により、京都・鎌倉の五山並にそ

の系統を引ける禪寺に於て開版せられたもので、これ夙に五山版なる名目の存する所以である。併し元來敎外別傳不立文字を以て宗旨とする禪僧が、かく盛んに開版事業に携はつたといふことは、頗る不似合な奇怪な現象のやうに思はれるが、それにはまた十分な理由がある。

勿論禪宗には所依とする經典もなく、たゞ參禪究道を旨とし、經典の研鑽や諷誦は、必ずしも要旨としなかつたから、南都の諸大寺等に見るが如く經論章疏を開版することは甚だ稀で、主として禪籍を開版した。中にもその開版の先頭に立つものは、禪僧の語錄であつた。語錄とは禪僧の平生の語を錄したもので、上堂・小參・普說・拈古・法語を始め偈頌・佛祖贊・自贊・題跋・書簡等に至るまで廣く集錄した全集である。そして宋・元の叢林に於ては、一代の碩德巨匠の語錄は、必ずこれを壽梓して流布せしめたもので、遠く海外に於ける嗣法の弟子にすら好便に託して贈つたものである。仁治三年(一二四二)宋明州(浙江省寧波府)天童山から如淨禪師語錄を我が越前永平寺の道元の許に贈り來つたが如き、(1)或は嘉元の頃宋臨安府(浙江省杭州府)徑山から虛舟普度禪師語錄を、我が洛東草河勝林寺の桂堂瓊林の許に贈り來つたが如き、(2)斯

様な例は少くなかつたらしい。　宋・元叢林に於て斯の如くであつたから、我が叢林に於てもこれに倣ひ、宋・元碩徳の語錄を覆刻し、或は我が禪僧の語錄を開版して、盛んに流布せしめたものである。　然らば何故に高僧の語錄を壽梓流布せしめたかといふに、古人の語句は後生晩學の參究領會の手引となり、悟入の機緣となるからである。　夢窓疎石の西山夜話にも、このことを述べて、

師每謂レ徒曰、余二十受二業建仁一、(○京都建仁寺)不レ出二堂裏一孜孜參二究此事一、明年冬下二關東一掛二錫巨山一、(○鎌倉建長寺)有二耆宿一諭レ余云、古人機緣語句刊二之於板一以流通者無レ他、只欲レ令三後生晩學一因レ此悟入二、而今承レ虛接レ響以爲二名韁利鎖之資一者多矣、或有下自稱二道人一、不レ參二知識一、不レ看二語錄一、只管濛濛閑坐者上、並是失二于禪錄流通之所由一者也、世迨二澆季一罕レ有二眞知識一苟勵二向道志一以看二禪錄一、則古人機緣卽是今人機緣也、安有二古今之異一哉、

といつてゐる。　從來和様版に於て摺供養と稱し、摺寫そのものを以て功德と信じ、或は神明に奉納して法樂に具ふることを主とし、必ずしも傳播流布を期待しなかつたものとは、大いにその趣を異にしてゐる。

語錄の開版につれて、僧史・僧傳・系譜等の開版せられることが少くなかつた。　蓋

し禪宗にあつては、以心傳心といひ、教外別傳といつて、的々その法門を相承し、最も法系を重んずる風があるからである。これ等の禪籍の開版は、有力なる檀越一人の施財によることもあるが、概ね幹緣比丘なるものがあつて、當時の一流の文章家に託して、勸緣疏を製せしめ、これによつて廣く僧俗の助緣を求め、工に命じて雕刻せしめた摸板を、緣故ある寺院に施したものである。そして後世の如く開版と同時に數百部といふやうな多くの部數を一時に印摺することは極めて稀であつたやうで、四方の學徒の需めに應じて、その都度一部なり二部なりを摺つたものゝやうである。このことは往々卷末に板賃・摺賃等を印刻してあることによつて想像せられる。永德二年（一三八二）版の佛祖正傳宗派圖（南禪寺龍興菴藏版）に「板賃五十錢」とあり、應永二十四年（一四一七）版の東福開山聖一國師年譜（東福寺常樂菴藏版）に「板賃二十文摺賃十五文」とあり、開版年代不詳の註菩薩戒經に「無板料摺賃八十」とある。板賃・摺賃は印摺の際、依賴者から藏版所たる寺院に納めたものに相違ない。斯樣なことは宋の禪林に於て普通に行はれてゐたもので、板賃のことを板頭錢といつた。福州東禪寺等覺院の宋版大藏經中、同寺の住持普明・達杲の時に成つたものの如きは皆板頭

錢を收めて開雕したもので、一例を擧ぐれば宗鏡錄卷第八十一の卷末刊記に

福州等覺禪院住持傳法沙門普明收印經板頭錢恭爲今上皇帝祝延聖壽闔郡官僚同資祿位雕造宗鏡錄一部計一十函　時大觀二年四月　日　謹題

とある。また宋版佛果圜悟眞覺禪師心要の卷末刊記に

天台比丘　文侃謹用衣資、重刊此板于徑山化城接待院、永遠流通、量收板頭錢、專充本院行堂、同利不請移易、　嘉熙戊戌清明節題

とある。我が禪寺に於ける板賃はこれに倣つたものであらう。

禪籍に次いで多く開版せられたものは、詩文集・詩話・韻書等であつた。元來禪宗は不立文字の敎へであるが、禪宗そのものが全然支那化した佛敎で、その思想を現はすにも漢文を以てし、その見解を寄託するにも、漢語の偈を以てせねば、しつくり合はなかつた。されば禪僧は平常意を諷詠に寓し、性情を淘冶することが多く、その結果は不立文字の敎が却つて文字に拘泥し、遂には禪そのものを修むるよりは、漢字・漢文を學ぶことに努力し、所謂五山文學の興隆を見るに至つたものである。鎌倉から足利時代の末に至るまで、宋・元・明に遊んだ禪僧にして、その名の傳へられ

てゐるものだけでも、四百人以上に及んでゐる。彼等の中には眞に參禪辨道を目的として渡海したものも少くないが、また中には禪そのものを參究するよりは、彼地の山川に接してその風趣を味ひ、詩文を潤色しようとしたものも少くなかつた。翰林葫蘆集の「送龍山文成鷟公藏主遊大明國詩幷序」に、

中華山川風物美、寓之於目、玩之於心、而欲潤色其文也、

とあるは、よくその風潮を現はしてゐる。さればこそ五山僧徒の詩文がよく和臭を脱し宋・元詩文學の一分派と見らるゝほど生粋なる所以である。嘉興府天寧寺の楚石が我が義堂周信の詩を見て、

不意日本有此郎耶、疑是中華人寓其國者之作也(3)

と歎稱し、杭州天竺寺の如蘭が我が絶海中津の詩文を見て、

雖吾中州之士老於文學、不是過也、且無日東語言氣習而深得全室(〇宗泐季潭)之所傳也、(4)

と賞揚せるが如き、五山僧徒の傳記等に屢見る所である。從つて彼等の間には支那の詩文集・詩話・文話・韻書等が歡迎せられ、愛讀せられたから、宋・元の槧本によつて

覆刻し、或は禪僧本分の提唱たる語錄以外の詩文を集めて、外集などと名づけて刊行することが頗る盛んであつた。

詩文集などの外に、儒書の開版せられたことも少くなかつた。蓋し禪宗にあつては、宋の明敎大師契高が輔敎編を著はして、夙に儒釋不二を論じてゐるほどで、禪宗と宋學とは最も密接な關係にあつたからである。禪は見性成佛を主とし、宋學は窮理盡性を宗とし、禪は自己の本源に復らんが爲めに、參禪工夫をなし、宋學は自己の本心を求むる爲めに、靜坐省察をなすなど、頗る相似た所がある。されば宋學は禪から出たとさへいはるゝほどで、宋代儒者にして、好んで禪に參じ、禪者にして進んで宋學に親んだものも少くない。我が國に於ても、鎌倉時代禪宗の傳來した當初に於てこそ、禪僧は禪宗の弘布を主とし、表面から宋學の說を大聲疾呼しなかつたけれども、彼等の語錄中には、到る處にその思想が發露してゐる。(5) そして次の南北朝時代から室町時代にかけては、虎關師錬・中巖圓月・義堂周信・岐陽方秀・惟肖得巖・桂菴玄樹など儒佛の學に精通し、寧ろ釋服儒心ともいふべき僧徒が多く輩出した。されぱこれに伴ひ彼等の住してゐた五山や、その系統を引ける禪寺に於て、

多く儒書の開版を見るに至つたものである。

斯の如く五山並にその系統を引ける禪寺の開版は、語錄を始め僧史・僧傳・系譜・詩文集・詩話・文話・韻書・儒書などその種類が頗る多い。これ從來經論章疏の開版を事としてゐた南都諸大寺や、高野山に於ける開版事業とは大いに趣を異にしてゐる所で、我が鎌倉以後に於ける漢文學・儒學の興隆に與つて力のあつたものである。

（1）建撕記坤卷
（2）虛舟和尙語錄序
（3）空華日工集應安八年三月十八日の條
（4）蕉堅稿跋
（5）鎌倉時代宋から歸化した蘭溪道隆・兀菴普寧・大休正念・無學祖元等の語錄中に、宋學の思想の現はれてゐることは、故西村天囚博士の「日本宋學史」に詳かである。

四　普門院の開版

建久二年（一一九一）榮西が宋から歸朝して禪宗を傳へる以前に、既に攝津三寶寺の大日能忍は、自ら工夫して得る所があり、文治五年（一一八九）その徒練中・勝辨の二僧を宋明州育王山の拙菴德光の許に遣して書幣を贈り、その所悟を呈して證明を

得た。(1)能忍はこの時徳光から贈られた僞山大圓禪師警策(2)を開版したが、これ我が國に於ける禪籍開版の嚆矢であらう。その後禪宗が漸く我が國に傳播するや、禪籍の開版は先づ京都・鎌倉の禪寺に於て始められた。

京都東福寺の開山圓爾辨圓(聖一國師)が仁治二年(一二四一)宋から歸朝するに當つて、數千卷の典籍を齎らして、これを普門院の書庫に置き、自ら三敎典籍目錄をも作つたといふことは、前にこれを述べたが、辨圓及びその弟子等は、當時既に普門院に於て開版事業を起したらしい。それに就いて注意すべきは、普門院に現存する古文書中に「普門院造作幷院領等事」と題する一通あり、同院の建造物に就いて、次の如く記してあることである。

一本堂　三間四面檜皮葺々者圓爾葺之

奉安置三尺十一面觀音像一體、等身毘沙門天幷二童子各一體、此外地藏菩薩一體此者丹波竪者阿観譲之、

中門一宇　檜皮葺同前

三面廻廊　三十三間有、又庇等但覺縁上人纔柱立之後圓爾造畢、本智房爲院主致上葺之

功矣

四足一宇　木瓦葺

假僧堂一宇　七間　圓爾造營之

東司一宇　同前、但大破處本智房爲院主修理之

方丈二宇　圓爾造之、大破處々上葺等本智房加修理

雜舍二宇　作續方丈、本智房造之

行者堂一宇　五間　假

中門一宇　木瓦葺、圓爾造之

車宿一宇　本智房造之

經藏一宇　圓爾造之、納内外典書籍等

印版屋一宇　本智房造之

雜庫二宇　圓爾造之

經藏一宇とあるのは、圓爾辨圓が齎らした數千卷の典籍を收藏した所謂普門院の書庫であつたことは、その細註によつても察せられる。印版屋一宇とあるのは、摸

板を收藏した倉庫か、若しくは印刷所であつたと想はれる。そしてこれを造つた本智房は、普通の僧傳などには見えてゐないが、諱を俊顯といひ、辨圓に隨從してゐた弟子で、辨圓の臨終の際、東福寺の常樂菴（辨圓の塔所）並に普門院の事を託せられた僧であつたことは、聖一國師年譜弘安三年五月の條に、

二日召二俊顯一（本智房）付二常樂菴事一云、佛鑑頂相、佛鑑親書宗派及法語法衣直綴券書等、一一領受勿レ敢遺墜、但宜レ勃二興叢林一、能令二宗風永永不斷一、〇二十一日復付二俊顯一以二普門院一、

とあるによつて明かである。當時普門院に印版屋なる建造物があつた以上は、辨圓若しくは俊顯等によつて開版事業の行はれたことは、殆ど疑のない所であらう。正應元年（一二八八）に僧師元なるものによつて、應菴和尚語錄(3)密菴和尚語錄(4)虎丘和尚語錄(5)破菴和尚語錄(6)等が開版せられ、續いて翌二年（一二八九）には雪竇明覺大師語錄(7)が開版せられた。これ等はみな宋版の覆刻であり、辨圓の弟子なる東山湛照（勅諡寶覺禪師、三聖寺及び萬壽寺の開山）が跋文を書いてゐる所から見るに、恐らく辨圓の將來本により、普門院に於て開雕されたものではなからうか。殊に興味あることは、雪竇明覺大師語錄の第一册には「四明徐汝舟刊」、第二册には「四明洪擧刊」といふ刊記

があり、當時既に宋の雕工が來朝して我が開版事業に携はつてゐたらしく想はれることである。當時日宋の交通は意外に頻繁で、辨圓はその在宋中掛錫してゐた臨安府（浙江省杭州府）徑山の興聖萬壽禪寺（支那禪院五山第一）が火災に罹つたと聞き、仁治三年（一二四二）多くの木材を輸送してその工を助けたが如き、或は前關白藤原實經に勸めて、先妣准三后太夫人の德に報ひんが爲めに、その一族兒女昆弟をして、法華經四部三十二卷を書寫せしめ、これを鏤金螺鈿の層匣に藏めて、徑山の正續院（辨圓の師無準師範の塔院）に捨てしめたが如き、(8)歸朝後も屢、宋と交渉があつたのであるから、辨圓並にその徒が普門院に於て新に開版事業を起すに當り、宋の四明卽ち浙江省寧波府の邊から雕工を招いたのではなからうか。このことは後南北朝時代に、兪良甫・陳孟榮など數十人の支那雕工が來朝して、我が開版事業に從ひ、唐様版の黄金時代を作つたことゝ、(9)併せ考ふべきであらう。

(1) 訂補建撕記
(2) 附錄古刻書題跋集第一八參照
(3) 同第一三一參照
(4) 同第一三三ノ一參照

(5) 同第一三三ノ二參照
(6) 同第一三三ノ三參照
(7) 同第一三四參照
(8) 聖一國師年譜
(9) 第四篇第四章參照

五 諸禪院の開版

京都に於ける禪籍の開版は、辨圓・俊顯・湛照等により、先づ普門院に於て始められたやうであるが、これに次いでは見山菴の桂堂瓊林が力を盡してゐる。瓊林は文永中に入宋し、臨安府徑山の虛舟普度に參じ、その法を嗣いで歸朝し、天祐思順(入宋して北礀居簡の法を嗣ぎ、歸朝後洛東草河に勝林寺を剏建した僧である)の高風を慕うて、草河の勝林寺に住し、後見山菴を構へ、韜晦して世に出でなかつたから、(1)多く世に知られてゐないけれども、乾元二年(嘉元元年一三〇三)人天眼目と虛舟和尙語錄とを開版してゐる。

人天眼目は宋の晦菴智昭が、臨濟・雲門・曹洞・僞仰・法眼等禪宗諸家の要義を集めた書であるから、從來我が入宋僧が數、傳寫して齎らしたが、誤謬が頗る多かつたから、了部なるものがこれを歎いて銳意校正し、淨智道人なるものが、募緣して刊行した

ものであるが、瓊林がその跋文を書いてゐる所から見るに、これが開版の指導者であつたことは明かである。　その跋文の末に、

淨智道人希願慕藺命工鏤板以壽其傳其用心亦可謂勤矣學者儻思所以扁曰人天眼目則功不浪施耳　　乾元癸卯正月人日桂堂叟瓊林記

虚舟和尚語録は、宋臨安府徑山の虚舟普度の語録である。　前述の人天眼目の校正者たる了郜が幹縁比丘となり(2)瓊林が開版流布せしめた。　蓋し瓊林は普度の法嗣であつたからで、同書の序文に次の如く記してある。

瓊林昔年絶海遊宋、往來呉越、多侍先師於武林湖山間、每聽火爐頭話、間學平昔提唱、以其末許學者流通、紙襖所錄、才竺峯冷泉兩會語耳、別德三十年、不見大篇全章、爲恨痛切、不意忽獲八會全錄、喜不自勝卷不釋手、觀其語句、詞氣簡古、機鋒脫略、如侍座隅親聞激勵、眞末法光明幢也、然深恐此書湮沒、則非爲人後者職、故命工鋟梓、垂之無窮、儻閲此而知有松源太師祖的傳之旨、則孰謂無補於宗門哉、如曰不然、子雲未生、寥寥千載、世界無太玄法言乎、　嘉元改元冬至日、　見山菴嗣法小師瓊林謹言

この頃から京都諸禪院の開版事業は次第に起り、虛堂和尚語錄・鎭州臨濟慧照禪師

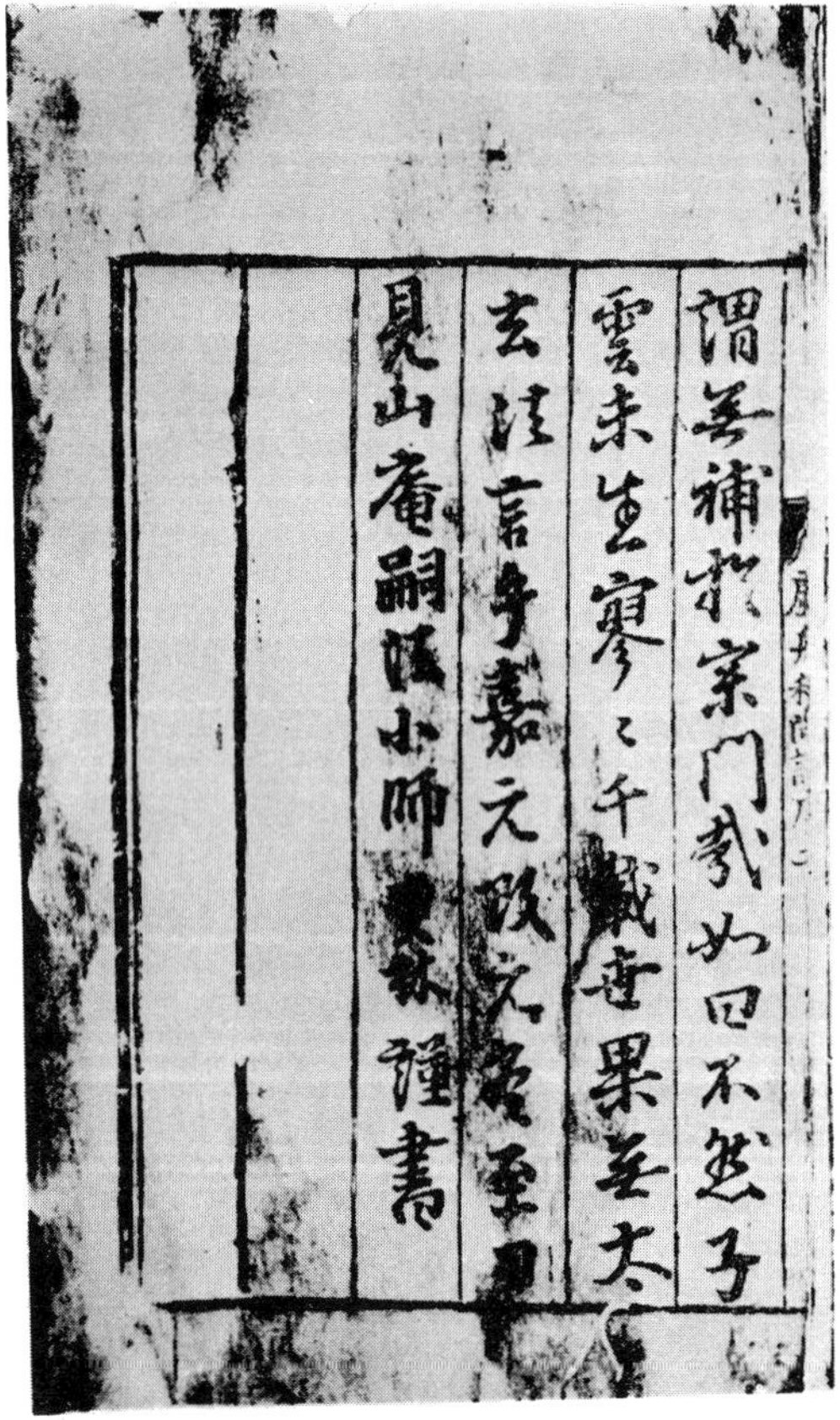

謂無補於宗門載如田不然予
雲來生寥々千載孰果無太
玄註言乎嘉元改元[illegible]至日
見山庵嗣法小師[illegible]謹書

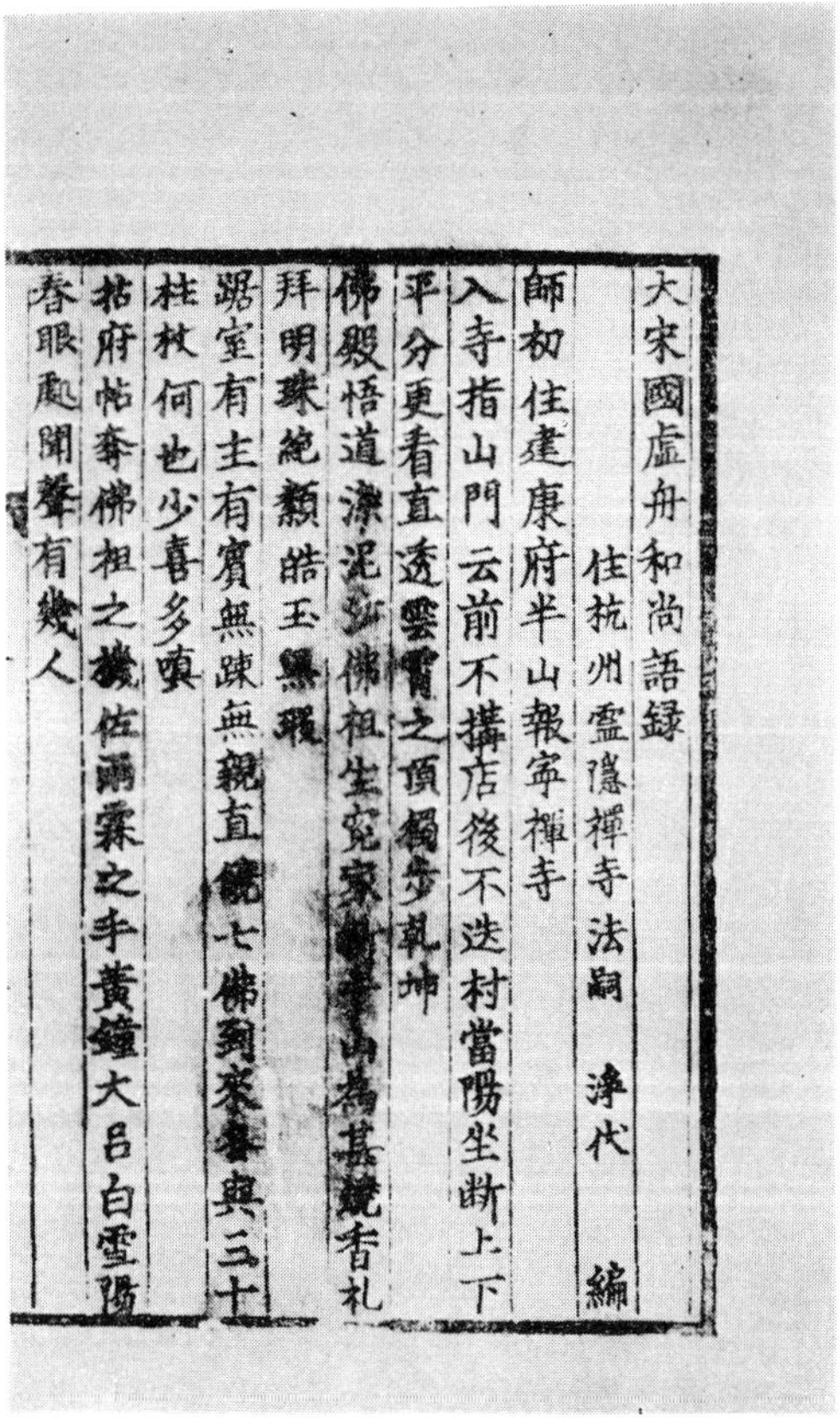

大宋國虛舟和尚語録
住杭州靈隱禪寺法嗣　淨伏　編
師初住建康府半山報寧禪寺
入寺指山門云前不搆店後不迭村當陽坐斷上下
平分更看直透雲霄之頂闊步乾坤
佛殿悟道滯泥[illegible]佛祖生冤家[illegible]山為甚燒香礼
拜明珠絶纇皓玉無瑕
踞室有主有賓無踪無親直饒七佛到來未與三十
拄杖何也少喜多嗔
拈府帖奪佛祖之機佐爾霖之手黄鐘大吕白雪陽
春眼飽聞聲有幾人

五山版虚舟和尚語録　嘉元元年刊

語錄・佛果圓悟眞覺禪師心要など、相次いで刊行された。

虛堂和尙語錄は宋臨安府の淨慈や徑山に住した虛堂智愚の語錄である。我が大應國師南浦紹明は、正元中入宋してその法を嗣いだから、歸朝後先師の語錄を開版しようとして、未だこれを果さずして示寂した。そこで弟子の紹崖宗卓(廣智禪師)等がその志を繼いで、正和二年(一三一三)紹明の剏建した山城龍翔寺に於て鋟梓したものである。(3)

鎭州臨濟慧照禪師語錄は、この頃二回も開版せられてゐる。一は元應二年(一三二〇)妙秀なるものが、宋版によつて覆刻し、その鏤板を京都建仁寺塔頭祥雲菴に施入したものである。(4) 他は尼道證なるものが嘉曆四年(一三二九)に開版したものである。(5) 道證の事蹟は詳でないが、熱心な修禪者であつたやうで、且つ禪籍の開版に大に力を盡し、嘉曆三年(一三二八)には、佛果圓悟眞覺禪師心要(6)をも開版した。

以上は開版年代が明確で、遺品の今日に傳はつてゐるものに就いて述べたのであるが、この頃開版された禪籍は、なほ二三に止まらなかつたやうである。南禪寺の南院國師語錄の乾元元年(一三〇二)の記事と推定される條に、

因刊巨山語錄上堂、劃水刀痕收不得、敲空槌跡絶追尋、松源正派今猶在、無限平人被陸沈、

とあるから、この頃南禪寺に於て巨山和尚語錄の開版されたことが知られる。巨山は諱を志源といひ、入宋して徑山の虛堂智愚の法を嗣いで歸朝し、宗乘詩偈を以て叢林の間に聞えた僧である。南院國師が「松源正派今猶在」といつたのは、巨山が松源崇岳の法曾孫に當るからであらう。また南院國師語錄の嘉元二年(一三〇四)の記事と推定される條に、

中秋因施主捨普燈錄板上堂云々

とあり、この頃嘉泰普燈錄を開版して、その鏤板を南禪寺に喜捨したものがあつたことが知られる。遺存する五山版嘉泰普燈錄に二種あり、共に卷末刊記を缺き、開版年代を詳にし難いが、そのいづれかゞ嘉元二年に開版されたものと想はれる。

鎌倉時代は禪宗が傳來して間もない時代であつたから、未だ全く舊佛教の殼からぬけ出ることが出來なかつた。例へば榮西の唱へた所は、純然たる禪ではなく、最澄の理想としてゐた圓頓禪戒を復興し、令法久住鎭護國家の祖意を全うしよう

としたもので、最澄が禪を第三位に置いたのに對し、榮西は「戒を以て初とし、禪を以て究とした」(7)相違があるのみである。されば建仁寺の如きも、その草創當時は、眞言・止觀の二院を構へて、菩薩の大戒を行ひ、亦台密の事業をも修し、固より純然たる禪寺ではなかつた。(8)このことは開版事業の上にも反映し、同寺に於ては、文永四年(一二六七)に律典たる梵網經菩薩戒本(9)を開版してゐる。

(1) 盧舟和尙語錄序　天下南禪寺記　本朝高僧第二十三　延寶傳燈錄第三
(2) 附錄古刻書題跋集第一六二參照
(3) 同第一七二參照
(4) 同第一八〇參照
(5) 同第一九七參照
(6) 同第一九五參照
(7) 興禪護國論第三世人決疑門
(8) 歷代編年集成廿三　興禪護國論序　元亨釋書二　空華日工集三
(9) 附錄古刻書題跋集第九〇參照

六　儒書·詩文集の開版

從來我が國に於ける開版事業は、總て佛教の經論章疏に限られ、その他の典籍の開版された例は絶無であつたのに、この時代の末葉に至り、京都に於ける禪籍の開版につれ、新に儒書·詩文集等の開版されたことは、宋代文化の影響と我が文化の進展から見て、最も注目すべきことである。

我が國儒書開版の濫觴は、寶治元年(一二四七)陋巷子なるものゝ開版した論語集注十卷であるといふ説が可なり廣く行はれてゐる。この説は島田翰氏がその著古文舊書考に

予所覩儒書墨版、盖以寶治元年論語集注爲首唱、而其翻雕時跋云、頃得婺刻宋大儒紫陽先生論語集注十卷、驚動刻以餉好古君子、寶治元年丁未五月陋巷子謹跋、

と著録されたに始まり、朝倉氏の日本古刻書史、田中氏の圖書學概論など皆この説をうけ繼いでゐる。けれどもかゝる版本を目睹したものはなく、全く島田氏の一時の惡戲から捏造されたものであることは、林泰輔博士が論語年譜に

此の年(寶治元年)陋巷子なるものありて、論語集注十卷を刊行せりとの説あれども、そ

は謬傳にして信ずるに足らず。

と指摘して居らるゝ通りである。(1)

然らば我が國開版の儒書として最も古いものは何であるかといふに、恐らく元亨二年(一三二二)版の古文尚書孔氏傳十三卷であらう。島田氏の古文舊書考によるに、この書は三論宗の僧素慶といふものによつて開版せられ、毎半板八行、行十四字、注双行十四字の本で、卷末に左の跋文があるといふ

學古神德筆法日下逸人貫書

右史記言之策者、先王號令之書也、廣擧宏綱、密撮機要、寔是啓道之淵府、設敎之門樞、立爲國經、垂爲民紀、六籍之冠、萬古不刊者也、今將弘其傳、命工鋟梓、莫謂尸祝治樽爼、豈非見義而爲耶、普勸學徒、庶察吾志、儒以知道、釋以助才、豈曰之小補哉

元亨壬戌南至日三論宗業沙門素慶謹誌

そして永正三年(一五〇六)版の古文尚書孔氏傳は、この元亨版によつて覆刻したもので、右の素慶の跋文の次に

永正三丙寅年陽月吉旦刊行　健齋刀

といふ刊記があるといふ。併し著者は未だ元亨版古文尙書孔氏傳を目睹したことなく、訪書餘錄の著者たる和田維四郎氏ですら、この書の所在を極力搜索したが、遂に發見することが出來なかつた(2)といつて居らるゝ程であるから、なほよく調査する必要はあるが、その記載する所から推して、前述の論語集注のやうな揑造の假本とは思はれない。この書の開版者たる素慶は、永仁三年(一二九五)法華義疏を開版した素慶と同一人であらう。(3)そして素慶は入宋僧慧海などとも關係が深かつたことは、前に述べた通りで、この跋文に「儒以知道、釋以助才」とある所から推すに、當時宋に於て流行した儒佛一致の思想にかられて、この書を刊行したものと思はれる。またこの書の版下を書いた日下逸人貫は、有名な正平版論語の版下を書いた人で「學古神德筆法」とあるから、正倉院文書等に散見する天平時代の寫經生古神德なるものゝ筆法を學んだ人であらう。

これに次いでは、正中二年(一三二五)に春秋經傳集解三十卷が北宋版によつて覆刻せられ、その跋文に、

右一部三十卷、普勸學徒、拮据經營、重命工刊行、以弘其傳焉、

正中二年己丑仲春　釋圓澄謹志

とある由古文舊書考に著錄されてゐるが、著者は未だこの書を見てゐない。なほ古文舊書考には、この書に就いて次の如く記述してゐる。

是書、墨色不甚黑、字樣精明而豐腴、刻法靈妙絕倫、比諸其原本、更無遜色、不止如唐摹晉帖亞眞蹟一等、誠海內第一部也、四周單邊、半版六行、々十五字、注双行、十五十六字不等、界長七寸八分、幅五寸八分五釐、版心無刻工氏名、題簽篆書、是藤原惺窩筆、每卷尾有北肉山人圖章、

詩論・詩集としては、この時代に、詩人玉屑と寒山子詩集の二書が刊行された。詩人玉屑の卷末刊記には、

玆書一部批點句讀畢、胸臆之決錯謬多焉、後學之君子、望正之耳、

正中改元蕤月下澣　洗心子　玄惠誌

とある。これによつて多くの書史には玄惠の開版する所としてゐるが、右の刊記にはたゞ玄惠が批點句讀したとあるだけであるから、これを以て直に玄惠の開版したものとするのは早計で、或は五山などで開版したものかも知れぬ。玄惠は獨

清軒、健叟などと號し、初め天台宗を學んだ僧であるが、程朱の學を尊信し、宮中に於て始めて宋學を講じたことは、一條兼良の尺素往來に、

近代獨淸軒健叟法印、以宋朝濂洛之義爲正、開講席於朝廷以來、程朱二公之新釋、可爲肝心候也、

と記され、また足利尊氏の建武式目の議にも與つた有名な僧である。彼が公卿・武士・僧侶などの間に出入して、屢〻書を講じたことは、太平記・園太曆等に散見する所で、(4)花園院御記に「玄惠僧都義誠達道歟」(5)とあれば、如何にその講義に卓越して居つたかゞ知られる。虎關師錬の法嗣たる龍泉令淬の松雲集に「貽獨醒老書」といふ一篇がある。獨醒は獨淸と同じく玄惠のことであるが、その書中に

伏念叟、爲京學之保障、而士大夫之有文者、莫不從而受敎也

とある。玄惠が當時京師の學界に、如何に重きをなしてゐたかゞ察せられるであらう。彼の施した詩人玉屑の和點は、倭版書籍考に

玄惠に儒名あれ共、實は佛者なり。倭訓に誤多し。

と評せられ、康永二年北朝内裏五十四番詩歌合に見ゆる彼の詩は、未だ和臭を脫せ

ず、後の五山僧徒の詩に比ぶれば、遙に劣つてゐるが、兎も角相當詞藻のあつたことは勿論である。そして後には禪にも參じたといふことであるから、(6)當時宋に來往した禪僧とも交はり深く、その手を經て新に宋から傳へられた詩人玉屑に和點を施すやうになつたものであらう。蓋しこの書は南宋度宗の時に、魏慶之(字は醇甫、菊莊と號した)の撰した詩話で、詩評あり、詩式あり、詩家最要の書であつたからであらう。なほ正中版詩人玉屑は、夙く朝鮮にも傳へられ、我が永享九年(一四三七)に彼地で覆刻せられたことは、經籍訪古志卷第六に見えてゐる。(7)

寒山子詩集には、卷末刊記に

正中歳次旃蒙赤奮若冬十月下澣　禪尼宗澤捨心聊以刊之

とあり、正中二年(一三二五)禪尼宗澤なるものによつて開版せられたものである。宗澤の事蹟は詳かでないが、この書は唐天台山國淸寺の寒山子の詩集で、山林幽隱の興あり、或は時態を譏誚し、流俗を警勵し、禪家の偈頌の濫觴といはれてゐる程であるから、我が禪林に於ても最も愛誦せられ、從つて詩集として最初に刊行されるやうになつたものと想はれる。

（1）予は嘗て寶治版論語集注の假本たることを知らず、我が國儒書開版の濫觴として拙著日支交通史に記述したことがあるが、後に臺北帝國大學助教授神田喜一郎氏の注意により、その誤なることを知つた。今こゝに訂正する。

（2）和田維四郎氏著「訪書餘錄」

（3）本篇第一章第三節參照

（4）太平記卷第一に後醍醐天皇が北條氏御討伐の議を凝す爲め、詩文の會に託して、有志の公卿・武士・僧侶を招き、無禮講を催されたことを記した所に「才學無雙の聞えある玄慧法印と云文者を請じて、昌黎文集の談義をぞ行せける」とある。また園太曆貞和五年七月十二日の條に、玄慧が持明院殿の禮記の談義に參候したことが見えてゐる。

（5）花園院御記元應元年閏七月廿二日の條

（6）大燈國師行狀によるに、玄慧は禪宗を排擊しようとして、大德寺の宗峰妙超と論難して大敗し、これから妙超に歸嚮して入室參禪したといふ。

（7）經籍訪古志卷第六詩人玉屑の條に「卷末記本云、玆書一部批點句讀畢、胸臆之決錯謬多焉、後學之君子望正之耳、正中改元臈月下澣洗心子玄慧誌、又有正統己未韓臣尹炯等跋、稱、主上殿下念詩學之委靡欲廣布此書、歲在丙辰、出經筵所藏一本命繡之梓、始刊于淸州牧臣炯觀其舊本、頗有誤字、卽命集賢殿讐正以下云云、未列署監校校正刻手等名銜、以跋文攷之、此本韓臣奉國主命、依玄惠校本刊行者、凡皇國所傳典籍、近日流傳于

海外者僅數部耳、正中隔今殆五百三十餘年、而是書在正統初、韓人早已刊行、不亦奇哉」

第六章　鎌倉に於ける唐樣版

一　宋僧の來化

我が國の禪宗が興隆して、禪僧の入宋するものが多くなるにつれ、宋僧の來化するものも亦漸く多くなつた。寛元四年(一二四六)宋陽山の無明慧性の法嗣蘭溪道隆(大覺禪師)は、その弟子義翁紹仁(普覺禪師)・宣龍江等數人を從へて來朝した。これ支那禪僧の日本に來化した始めである。道隆は寶治二年(一二四八)執權北條時賴に請ぜられて、粟船の常樂寺に住し、翌建長元年(一二四九)には、こゝに僧堂を建立したが、これ實に鎌倉に於ける禪の道場の始めである。時賴は豫てから鎌倉に一大伽藍を建立しようとして、未だその機を得なかつたが、茲に道隆を得るに及んで、年來の素志を果さんとし、建長元年巨福呂地獄谷の地をトして工を起し、同五年(一二五三)に竣り、道隆を以て開山第一祖とした。これ實に巨福山建長寺である。(1)同七年(一二五五)時賴發願して淋長等一千人の助緣を勸募して、巨鐘を鑄造した時、道

隆自らその銘を作り、署名して「建長禪寺住持宋沙門道隆」といつた。(2)これ我が國に於て禪寺と稱した始めである。

道隆に次いでは、文應元年(一二六〇)に、宋の南禪福聖寺の僧兀菴普寧が來朝した。彼は東福寺の開山圓爾辨圓と同じく、徑山の無準師範の法嗣で、また道隆とも蔣山(支那十刹第三、江蘇省江寧府太平興國禪寺)や徑山に於て深交あり、その來朝は、道隆などが書信を通じて、勸誘したによるらしい。彼は博多から京都に上り、東福寺に法弟辨圓を訪ひ、次いで、時賴の請に應じて鎌倉に下り、弘長元年(一二六一)道隆の後を承けて、建長寺に住した。(3)時賴はその氣宇快偉にして、言行の洒脱なるを悅び、屢〻之に參じ、弘長二年十月十六日に至り、遂に大事を領得し、その印可を受けた。されば普寧の名聲は大に擧り、雲衲の掛錫を請ふものが絕えなかつたが、文永二年(一二六五)に至つて、突如、

無心遊此國　有心復宋國　有心無心中　通天路頭活

の一偈を殘して宋に歸つた。蓋し大檀那たる時賴が、弘長三年十一月に卒したことゝ、台密の徒が彼の勢望を妬んで誹謗したのが、その主なる原因であつたらしい。

(4)普寧は我が國にあること僅に五年、その法嗣も、東巖惠安・南洲宏海など二三人

に過ぎなかつたが、時頼を接化して大悟徹底の域に達せしめたことは、鎌倉武士と禪とを結びつけるに多大の力があつた。

曩に道隆は建長寺の席を普寧に讓つて京都に上り、建仁寺に住したが、普寧が歸國するや、また鎌倉に歸つて禪興寺に住した。この寺はもと時頼の住した建長寺山内の最明寺を再興したものである。(5) 文永六年(一二六九)に至り、徑山の石谿心月の法嗣たる大休正念(佛源禪師)が來朝し、道隆の讓を承けて禪興寺に住し、爾來建長・壽福・圓覺等鎌倉の諸寺に歷住して、石谿の宗風を鼓吹し、多くの鎌倉武士を接化した。(6) 正念よりやゝ後れて、文永八年(一二七一)には宋の天童山の石帆惟衍の法嗣西澗士曇(大通禪師)が來朝した。彼は時に年二十三の年弱であつたから一刹を董するに至らず、京都・鎌倉の間を遊歷すること凡そ七年にして、弘安元年(一二七八)に宋に歸つた。(後ち正安元年元僧一山一寧と共に再び來朝し、圓覺・建長等に住した)。(7)

弘安元年七月、道隆が建長寺に於て寂するや、執權時宗はこれに代るべき宋の碩德を迎へる爲めに、自ら請帖を作り、是歲の十二月德詮・宗英の二僧を宋に遣した。

その結果翌二年五月に、無學祖元(佛光國師)が來朝した。祖元は辨圓・普寧と同じく、徑山の無準師範門下の俊傑で、嘗て大傅賈似道に請せられて、台州眞如寺に住してゐたが、その地が蒙古の侵略を蒙つて、靜に宗風を擧揚することが出來ず、止むなく去つて、明州の天童山に到り、法兄環溪惟一に寄つて、その第一座となつてゐた。適、時宗の請帖を見るに及んで、遊心坐ろに動き、遂に法姪鏡堂覺圓、弟子梵光一鏡等を隨へて來朝した。彼は鎌倉に到つて建長寺に住し、壽福寺にあつた正念と相對峙して大に禪風を擧揚した。當時執權時宗・武藏守宗政を始め、鎌倉武士のこれに參ずるもの多く、弘安四年(一二八一)夏元軍が大擧して、我が國に迫るや、時宗を激勵して大勇猛心を發せしめたことは、その語錄によつて知らるゝ所である。弘安五年十一月鎌倉に圓覺寺が建立せらるゝや、請ぜられて開山第一祖となつた。(8)また祖元と共に來朝した鏡堂覺圓(大圓禪師)は天童山の環溪惟一の法嗣で、來朝して禪興・淨智・圓覺・建長・建仁等の諸寺に歷住した。(9)この他佛光國師語錄には、弘長の頃來朝してゐた古澗泉のことが載せてある。祖元が咸淳(一二六五―一二七四)の初め、宋の開壽寺にあつた時、日本から歸來した古澗に遭ひ、談適、我が國のことに及ぶや、古澗は頻

りに我が國の上下が深く禪法に歸依し、殊に執權時賴が自ら參禪究道して大事を悟了し、その臨終の儼然たりし有樣を物語つたが、祖元はこれを聞いて大に感嘆し、爾再び日本に赴かば、我も亦行かんと約したといふ。古澗の如く我が國に來朝した宋僧にして、その事蹟の後世に傳へられなかつたものも一二に止まらなかつたであらう。

かくの如く鎌倉時代に來化した宋僧は十餘人にも上り、彼等は總て鎌倉の諸大寺にあつて、禪風を鼓吹した。そして禪宗なるものは、支那六朝時代に於ける老莊主義と同じ根柢から發達し來つたもので、全く支那人の思想と風習とによつて組立てられ、最も支那化した佛敎で、これを擧揚するに、宋僧自ら當つたのであるから、宋の文化は彼等によつて續々移入せられ、我が文化の各方面に亙つて甚大な影響を及ぼすこととなつた。中にも從來南北兩京並に野山の外にその例を見なかつた開版事業が、彼等によつて新に鎌倉にも興つたことは特筆すべきことである。

（1）大覺禪師語錄　本朝高僧傳第十九道隆傳
（2）集古十種　本國寺年譜　鎌倉五山記　五山記考異

(3) 兀菴禪師語錄
(4) 兀菴禪師語錄　東巖安禪師行實
(5) 新編相模風土記稿
(6) 佛源禪師語錄
(7) 大通禪師行實　聖一國師年譜　元亨釋書八　鎌倉五山記　五山記考異
(8) 圓覺寺文書　佛光國師語錄　無學禪師行狀　佛光禪師塔銘
(9) 鏡堂禪師語錄　大圓禪師傳

二　歸化宋僧と禪籍の開版

鎌倉に於て最も夙く開版せられたものは、宋僧兀菴普寧の語錄であつたらしい。彼の法嗣たる東巖惠安の行實によるに、普寧が建長寺に住してゐた時、己の語錄を開版したといふことで、文永二年(一二六五)歸國するに際して、この國に我が語錄を見るべきものがないといつて、盡く破毀して火に投じたとある。現行の兀菴禪師語錄の卷末刊記には、

小師景用命工鋟刻

とある。景用は普寧に隨從してゐた弟子であつたことは、同語錄中に「示小師景用」

と題する法語一篇並に「小師景用請賛」と題する自賛があるによつて知られるし、また入宋して希叟紹曇(1)に參じたことは、希叟紹曇禪師語錄に「示日本景用禪人」と題する一偈があるによつて察せられる。想ふに普寧が建長寺に於て開版したといふのは、景用の開版したものをいふのであらう。そして現行のものは、これを次ぎ次ぎに覆刻して今日に至つたものであらう。

これに次いでは宋僧大休正念(佛源禪師)が壽福寺に於て開版した斷際禪師傳心法要と佛源禪師語錄とがある。傳心法要には正念自ら後序を書して、

(上略)唐好事者、刊行此集、流入日本、有檀那越州刺史、篤志內典、公事之暇、喜閱此書、嘗以心要問予、予但勉其制心一處則無事不辨、因施財命工、以磨本摸刊廣傳、欲使本國未信直指之旨者、知有人人此心、中本具一段大光明藏(下略)

旹弘安癸未仲春住金剛壽福禪寺宋沙門大休正念書于藏六菴

とあれば、弘安六年(一二八三)北條顯時の施財によつて開版せられたものである。

そして卷末刊記に

端平丙申□□□命工鏤版流通

とあり、端平三年(一二三六)の宋槧本によつて覆刻したものであるが、當時鎌倉には優れた雕工がなかつたからであらう、頗る稚拙の趣がある。

佛源禪師語錄は弘安七年(一二八四)に開版し、正念が歸寂するのを待つて印行せしめたもので、その自序に次の如く述べてゐる。

余己巳首夏、離唐土天童山、是歲孟秋抵日本國關東、遭逢檀度、開法禪興、次遷建長巨福山、再補壽福龜谷山、凡三處住持、陞座、小參、普說、法語、讃頌、雜記、侍者輩集而成編、顧予、縱心之年、老病侵尋、如太白之對殘月、光景倏忽爾、暇日親手删繁、命工開刊、以待歸寂、方可印行、(下略)

弘安甲申結制日　住壽福禪寺大休正念序

弘安十年(一二八七)に至り、相模靈山寺の宴海の發願により、その徒寶積・寂惠の二人が開版した傳法正宗記(2)と古倫慧文なるものが、建長寺正續菴に於て開版した禪門寶訓集(3)とがあり、永仁三年(一二九五)には義心なるものゝ開版した禪林僧寶傳がある。右の禪門寶訓集には、大休正念が

諸大老咳唾珠玉珍之曰寶、爲世典型遵之曰訓、具眼者輯而成編、垂于後世、照映今昔、

爲物作則依而行之、可以造聖賢之閫域、箴而佩之可以去流俗之近習、其於禪林豈小補哉、此書東流、本國識者祕而藏之、禪人慧文命工重刊、以廣其傳、觀其志趣誠可尚也、

固説偈以相之、鎮海明珠光照夜、連城白璧本無瑕、叢林千古爲龜鑑、言行相應見克家、

禪林僧寶傳巻一

撫州曹山本寂禪師

明白庵居沙門　惠洪　撰

五山版禪林僧宝伝　（永仁三年刊）

という序偈があり、禪林僧寶傳には、鏡堂覺圓の

義心禪者募緣將唐本僧寶傳抄寫、重新鋟梓、以廣其傳、貴後之覽者、如獲司南之車、可以追配古人之萬一、庶眞風不墜也、　峕永仁乙未孟穐蜀苾芻鏡堂叟覺圓書

という跋文がある所から考へても、是等の禪籍の開版には、宋僧の指導に負ふ所が

多かつたことゝ思はれる。

この他今日その遺品こそ殘つてゐないが、執權北條時宗は弘安中建長寺開山蘭溪道隆(大覺禪師)の遠忌に際し、圓覺了義經を開版し、無學祖元に命じて普說せしめたことは、佛光國師(無學祖元)語錄卷六に

太守今晨爲開山大覺和尚遠忌之辰、雕造如來聖像、雕刊圓覺了義經、命山野普說云々

とあるによつても知るべく、次の足利時代に於て大いに起つた武人開版の先驅をなしたものである。 また佛光國師語錄も祖元が示寂した弘安九年(一二八六)を距ること遠からざる時代に於て開版されたものらしい。 應安三年(一三七〇)春屋妙葩(普明國師)が嵯峨の龜山金剛禪院に於て開版した佛光國師語錄の卷末刊記に「此錄舊板已漫滅茲者命工重刊」とあるから、既に應安三年以前に於て開版されたことは明かで、佛光禪師塔銘の註に、元の金陵鳳臺の古林淸茂が佛光國師語錄に題して、

四明無學元禪師(中略)臨終日晏然、說伽陀曰、來亦不前、去亦不後、百億毛頭師子現、百億毛頭師子吼、此豈事空言、而能顯發光明、如是之盛大者歟、三會語錄門人鏤板印行、攜至中國、學者爭相傳誦(下略)

とあることなど參照すべきであらう。

(1) 希叟紹曇は宋慶元府雪竇資聖禪寺や瑞巖開善崇慶禪寺に住した有名な僧侶で、日本僧にしてこれに參じたものも多かつたやうで、その語錄には、景用の他に慈源・玄志・光禪人・覺上人など多く日本僧の名が見えてゐる。

(2) 附錄古刻書題跋集第一二六參照

(3) 同第一二五參照

三　宋に於ける我が禪籍の開版

鎌倉時代の中葉以後、歸化宋僧等により新に鎌倉に於て開版事業の起つたことは、前述の如くであるが、當時鎌倉には未だ優れた雕工に乏しかつたことは、現存する弘安版斷際禪師傳心法要の印刷が頗る拙劣不鮮明なことによつても窺はれる。されば中には入宋の序を以て、我が禪籍を彼地に於て開版し、その鏤板を携へ歸つて印行したこともあつた。建長寺の開山蘭溪道隆(大覺禪師)の語錄の如き、實にその徒禪忍・智侃等が宋に於て開版した所である。禪忍の傳は詳かでないが、大覺禪師語錄卷下に「示禪忍上人」と題する法語があり、その文に、

老拙(〇蘭溪道隆)自主巨福(〇建長寺)以來、朞十三載、荷兄道聚、亦已年深、毎愛其朴實無僞、屢於談話間引喩相擊、兄但微笑、而不能盡領、一日炷香出紙云、其欲渡宋瞻覩名山參拜智識、乞一語而爲往來受用、

とあれば、久しく道隆に隨從して後、入宋した僧であることが知られる。そして彼は入宋に際し、大覺禪師語錄を携へ、宋の景定三年(弘長二年一二六二)宋臨安府上天竺の佛光法師法照に就いて序文を需め、且つ淨慈の虛堂智愚に依賴して校勘せしめ、景定五年(文永元年一二六四)宋の紹興府に於て開版した。その序文に云く

蘭溪隆老出蜀南遊、至蘇臺雙塔、遇無明性禪師室中、擧東山牛過窻櫺話、遂有省、於是知松源提破沙盆得所得矣、後十數年、航海之日本、殆若宿契、迺大振宗風、其門人禪忍粹三會語錄、請序於余、余觀其略曰、寒巖幽谷面面廻春、此土他邦頭頭合轍、故因而序云、時大宋景定三年二月望日、特轉左右街都僧錄主管敎門公事住持、上天竺廣大靈感觀音敎寺、兼住持顯慈集慶敎寺、傳天台敎觀特賜紫金襴衣、特賜佛光法師法照

その跋文に云く

宋有名衲、自號蘭谿、一笻高出於岷峩、萬里南詢於吳越、陽嶺旨到頭不識無明、擡脚千

鈎肯踐松源家法、乘桴于海、大行日本國中、淵默雷聲、三董半千雄席、積之歲月、遂成簡編、禪忍久侍雪庭、遠訪四明、鋟梓言不及處、務要正脈流通、用無盡時、切忌望林止渴、景定甲子春二月虛堂智愚書于淨慈宗鏡堂

またその卷末刊記に云く、

幹當開板比丘　智侃　祖傳
北京山城州東山建寧禪寺監寺比丘　禪忍　施財刊行
天台山萬年報恩光孝禪寺首座比丘　惟俊　點對入板
大宋天台山萬年報恩光孝禪寺住持嗣祖比丘　妙弘　點正施梓
　大宋國紹興府南明孫源同刻川石嵇刊

この卷末刊記によれば、禪忍は入宋前に京都建仁寺（建寧寺とあるのは後深草天皇の御諱久仁を避けたもの）の監寺であつたことも知られるし、これが刊行に當つて施財したことも知られる。

　またこの時幹當開板比丘であつた智侃は、禪忍と同じく道隆の弟子で、歸朝の後、東福寺の圓爾辨圓の法を嗣ぎ、豐後に萬壽寺を開き、東福寺の第十世となつた直翁

智侃(佛印禪師)のことである。南禪寺の椿庭海壽の撰した東福第十世勅謚佛印禪師直翁和尚塔銘には、

俄有㆓南詢之志㆒乃禮辭而入㆓宋國㆒焉、徧參㆓諸老㆒乃知㆖法无㆓異味㆒歸來再侍㆓蘭溪於建長寺㆒、凡有㆓上堂入室普說小參等語㆒編成㆑錄矣、師再(1)欲㆑入㆓宋國㆒焉、建長(〇蘭溪道隆)因付以㆓所㆑編錄㆒、且欲㆘呈㆓平生參見諸老㆒而求㆗印證㆖焉、然而師初謁㆓於大川濟禪師㆒求㆓校正㆒矣、逮㆓乎歸來㆒、以㆓校正錄㆒呈㆓示蘭溪㆒、々見不㆑喜矣、師拂㆑袖便出矣、雖㆑然於㆑後刊㆓行於世㆒者、卽玆本也、

とあり、彼が入宋して大川濟に謁して、道隆の語錄の校正を求め、歸朝して後開版したやうに記してあるが、これは在宋中禪忍と共に虛堂智愚の校正を得て、彼地に於て開版したのを誤り傳へたものと思はれる。兎に角語錄校正のことから、道隆と快からざることがあつて、轉じて東福寺の圓爾辨圓に謁して、遂にその法を嗣ぐに至つたもので、臥雲日件錄文安五年四月一日の條にも

東福光藏院直宗、(2)本大覺弟子也、將㆑入㆓大唐㆒時、大覺以㆓語錄㆒就㆓痴絕㆒求㆑序、直宗入唐、痴絕已遷化、時虛堂旺化、因請㆓其序㆒、虛堂一見、就㆓語錄中㆒竄㆓滅偈頌㆒、然序而述㆑之、直宗持歸呈㆓大覺㆒、覺大怒、便付㆓一炬㆒、由㆑是直宗嗣㆓東福聖一㆒、

とある。

宮内省圖書寮に藏する「建武元年八月十日云々」といふ墨書のある大覺禪師語錄三卷(京都久原文庫には同書の下卷のみを藏してゐる)を見るに、その書風といひ刻風といひ、如何にも南宋槧本らしい優れたものであるが、その紙質は全く五山版などに見るものと同じい日本紙である。これによつて考ふるに、禪忍・直侃等は宋に於て開版した後、その鏤板を携へ歸つて、これを日本に於て印摺したものであらう。

(1) 直翁智侃はその塔銘によるに、二回入宋したことになつてゐるが、彼が在宋中禪忍等と大覺禪師語錄の開版に力を盡したのは、文永元年のことで、二十歲の時であるから、それ以前になほ一度入宋したといふことは、頗る疑はしい。流石に師蠻はその著本朝高僧傳や延寶傳燈錄には一回入宋したことにしてゐる。

(2) 臥雲日件錄には直宗とあるが、これは直翁のもとの字か、或は直翁を誤り傳へたものに違ひない。東福寺光藏院は直翁智侃の塔所である。

第四篇　南北朝時代（唐様版隆盛期）

第一章　入元僧と典籍の將來

一　商舶の來往と入元僧

日元の貿易に就いては、かの天龍寺船を除いては、從來殆ど研究されてゐなかつたといつてもよい。蓋し文永・弘安の役を中心とし、前後三十餘年の久しきに亙れる日元の險惡なる國際關係を回想するものは、何人と雖もこの間に平和的貿易が行はれようとは、容易に想到し得ざる所であり、且つこれに關する纒つた完全な史料に乏しく、從つてこれを闡明することが頗る困難な狀態にあつたからである。けれども一度入元僧や歸化元僧等の語錄・詩文集・傳記等を檢討すれば、隨所にこれに關する史料を發見すべく、これ等を綜合すれば、我が商舶の元に赴くもの〻頗る多かつたことが知られる。當時我が幕府は、邦人の海外に赴くものに對して何等制限を加へなかつたし、敵國たる元も、文永・弘安の兩役により、海洋を隔てた日本を征服することの困難なことを覺り、平和的手段によつて歸服せしめようといふ考

から、我が商舶に對し意外に寛大であつたからである。想ふに元末凡そ六十年間は、各時代を通じ、我が商舶の最も盛んに支那に赴いた時であつた。元德元年（天曆二年一三二九）元僧明極楚俊を迎へる爲めに、入元した文侍者が、徑山に於て元僧竺仙梵僊の東渡をも慫慂したことがあつた。この時梵僊は再び元に歸還し難きことを思ひ、逡巡決せなかつたが、文侍者は更に勸めて、

此船一去、明年卽便又來、但隨意耳、昔兀菴（普寧）亦回、西澗（士曇）回復往、(1)

といつてゐる。これによつても、我が商舶の年々歲々元に赴くもの〻絕えなかつたことが察せられるであらう。これ等の商舶は總て恒信風を利用して航海したもので、我が筑前の博多を發し、東支那海を橫斷して元の慶元（宋代の明州後の寧波）に赴き、時には福州邊まで行つて、盛んに貿易を營んだ。(2)

當時我が國に於ては、禪宗が最も榮え、公武の厚き信仰を得てゐたが、商舶の來往が盛んとなるにつれ、その僧侶にして元に遊ぶものが頗る多くなつた。一體禪宗なるものは、支那に於て發達した純支那式の佛敎であつたから、その僧侶の渡海して、支那叢林を歷訪し參禪辨道することは、前代から盛んに行はれた所であるが、當

代に至つてその風潮は益〻盛んとなり、一面支那趣味や漫遊的氣分に驅られて、渡海するものが陸續として絶えず、時には數十人の僧侶が大擧して入元したといふ例も尠くない。臥雲日件錄(3)には南禪寺の淸拙正澄の寂後、その徒友石淸交等二十五人が同時に入元したことを記し、竺仙梵僊の語錄には、興國三年(一三四二)南遊する僧二十五人に送行の偈を與へたことを記し、大拙和尙年譜には、興國五年(一三四四)大拙祖能と同時に入元したものが數十人であつたと記してある。されば彼等の遊歷した江南の諸禪林には、日本僧の掛錫してない所はないといふ有樣であつた。竺仙梵僊語錄にも、梵僊が嘗て建康(江寧)の保寧寺に在つて、古林淸茂の侍者をして居つた時、その會下に居つた日本僧は三十二人であつたとある。これによつて考ふるに、入元僧の數は幾百幾千人であつたか測り知れない程で、現に文獻によつて、その名の知られるもののみでも、百七十餘人を數へることが出來る。(4)

(1)　竺仙梵僊語錄
(2)　拙著「日支交通史」下卷第四章「元との貿易」參照
(3)　臥雲日件錄長祿四年十一月十九日の條
(4)　拙著「日支交通史」下卷第六章「入元僧と文化の移植」參照

二　元版大藏經の將來

入元僧はその總てが敎外別傳不立文字を宗旨とする禪宗の僧侶であつただけに、經論を將來することは稀であつた。併し禪寺と雖も各〻輪藏を設け、こゝに大藏經を安置して、諸人の披閲に便ならしめたものであるから、鎌倉や京都に相次いで禪寺の大伽藍が建立せらるゝに及び、入元僧によつて大藏經の將來せらるゝことも自然の勢であつた。

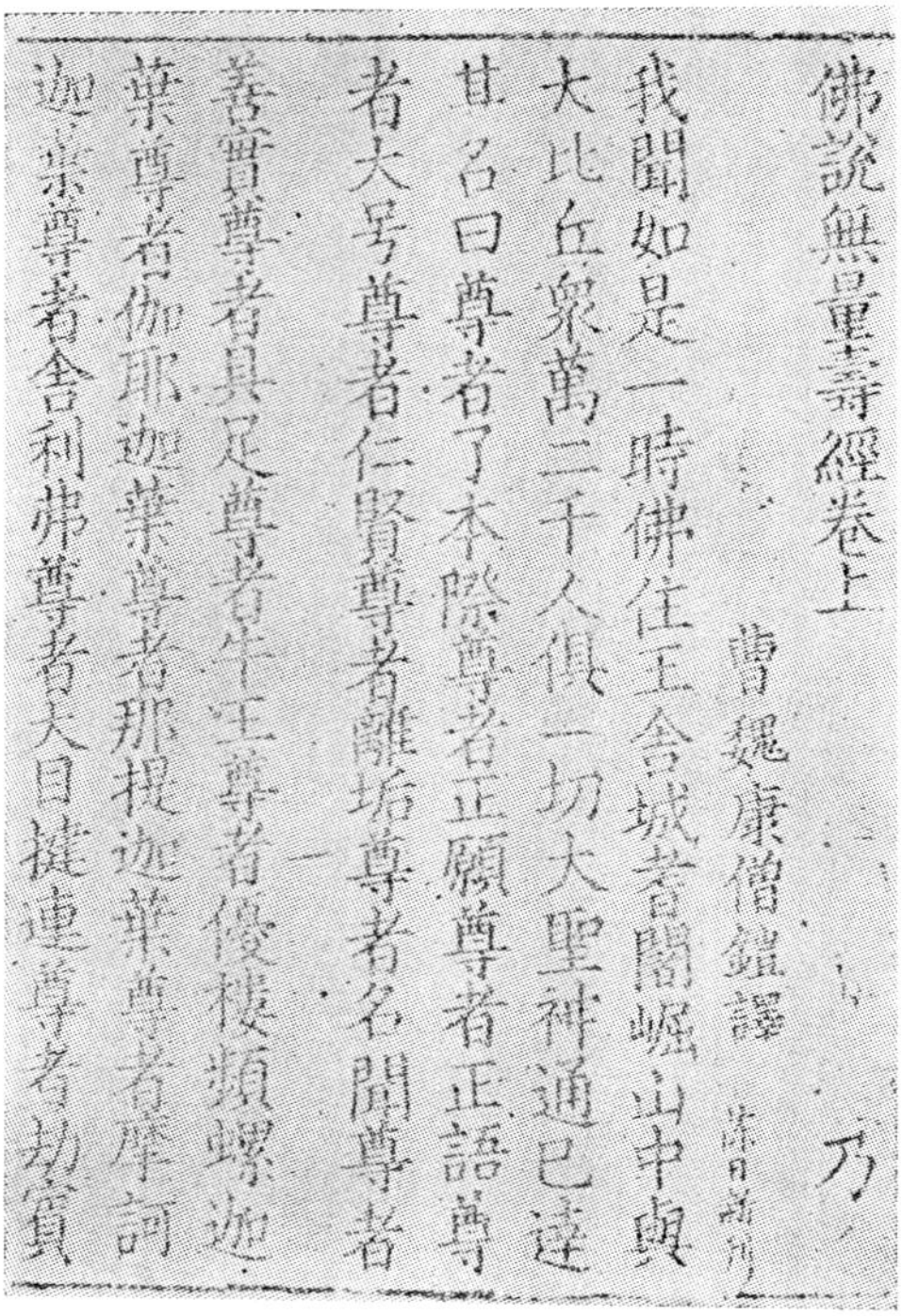
佛說無量壽經卷上　　乃
曹魏康僧鎧譯
我聞如是一時佛住王舍城耆闍崛山中與
大比丘衆萬二千人俱一切大聖神通已達
其名曰尊者了本際尊者正願尊者正語尊
者大號尊者仁賢尊者離垢尊者名聞尊者
善實尊者具足尊者牛王尊者優樓頻螺迦
葉尊者伽耶迦葉尊者那提迦葉尊者摩訶
迦葉尊者舍利弗尊者大目揵連尊者劫賓

元版大蔵経大普寧寺版

支那に於ける大藏經の雕造は、北宋に於て開寶勅版・福州版(東禪寺本・開元寺本)、南宋に於て思溪版(圓覺禪院本・資福禪寺本)・磧沙版のあつたことは、前にこれを述べたが、元代に入つても、その開雕は數〻行はれた。普通元版大藏經として汎く世に知ら

れてゐるのは、たゞ杭州南山の大普寧寺版(元の世祖の至元十四年から同二十七年に至る間に、杭州路餘杭縣南山大普寧寺で開雕されたもの)のみであるが、これは當時我が入元僧の遊歴した地方が殆ど江南に限られ、(1)從つて彼等によつて將來されたのは、大普寧寺版のみであつたからであらう。近時小野玄妙氏は遺品と文献とによつて、この他に松江府僧錄廣福大師管主八の私版大藏經、世祖(大都弘法寺本)・英宗(銅印本)・順宗が各〻開版した官版大藏經など少くとも三四種あつたことを主張されてゐる。(2)

入宋僧によつて將來された宋版並に元版の大藏經は、決して一二に止まらなかつたらしい。鎌倉淨妙寺の太平妙準(高峰顯日の法嗣)が嘉曆元年(一三二六)その徒安公を元に遣して大藏經を求め、これを同寺に置いたが如きその一例である。また東福寺の剛中玄柔は十禪客を支那に遣して大藏經を求めしめたが、彼等は三霜を經て二藏を獲て還り、一藏は日向諸縣郡志布志の大慈寺(剛中玄柔はこの寺の第二世)に收め、一藏は東福寺に寄せた。(3)大慈寺の藏經は現存するかどうか知らないが、東福寺のそれは現存し、福州開元寺版である。元版たる大普寧寺版として世に知られてゐるもの

は、増上寺に藏せられるものである。この藏經は伊豆修禪寺の舊藏であつたのを、慶長十五年(一六一〇)德川家康の命によつて増上寺に移し、修禪寺にはその代償として四十石の寺領を與へられたといふことで、(4)現に修禪寺にはなほ元版大藏經の斷簡と思はるゝものが幾分遺存してゐる。修禪寺は宋僧蘭溪道隆の中興した寺で、後元僧一山一寧も住したことがあるから、その法嗣・法孫等の入宋に託して輸入したものと思はれる。また鶴岡八幡宮にも大普寧寺版大藏經のあつたことは、古經題跋卷上に

○鶴岡八幡宮藏

大藏經全部　元本

杭州路餘杭縣白雲宗南山大普寧寺大藏

奉口峨嵋山崇聖寺傳天台宗敎比丘師正校勘

とあるによつて知られる。この他京都南禪寺の大藏經は、前にも述べたやうに、北宋・南宋・元・高麗・日本の諸版や寫本を合して一藏としたものであるが、その主體をなしてゐるのは、元版たる大普寧寺版である。この大藏經はもと兵庫の禪昌寺とい

ふ南禪寺の末寺にあつたものを、慶長の末年に移したといふことで「攝津兵庫下庄帝釋神撫山禪昌寺常住」といふ朱印が捺してある。攝津群談卷十五によるに、同寺の開山月菴宗光の弟子が、支那に到つて藏經を求めて同寺に納めたものであるといふ。月菴は元僧竺仙梵僊や入元僧復菴宗己・古先印元・孤峯覺明等に謁した僧であるから、その弟子が支那に到つて藏經を求めて來ることもあり得べきことである。但し混合藏である所から考へても、一時に完具したものを獲たのではなく、何回かに輸入せられ、次ぎ〳〵に不足を補つたものであらう。同藏經中に、

鎭西筑前州博多津居奉三寶弟子慶安永充攝津帝釋之禪昌寺之内

應永元年童集甲戌孟夏日沙彌慶安敬白

といふ墨書のあるものが少からず含まれてゐるのは、應永元年(一三九四)以前に於て、既に將來されてゐたが、なほ足らない部帙があつたから、慶安(月菴の弟子かどうかは明かでない)によつて、その一部が補足されたものと解すべきであらう。また月菴の弟子茂林興樹が師の示寂した後、その行實一篇を撰し、これを渡海僧に託して、支那の大德碩儒に就いて、塔銘を得ようとしたことが、三四回にも及んだといふ

ことで(5)月菴の弟子の中には、支那との交渉が度々あつたことなども、こゝに參考とすべきであらう。

斯の如く多くの大藏經が相次いで輸入されたことは、我が印板事業を刺戟し、その發達を促したに相違ない。我が國の藏經開版は、既に鎌倉時代に僧行圓によつて、着手されたことは前に述べたが、この時代になつても再びその企てがあつたらしい。鎌倉淨妙寺文書には、正平六年(一三五一)五月廿四日に、足利直義が僧解一なるものをして、一切經印板及び經藏のことを管せしめたことが見えてゐる。

(1) 拙著「日支交通史」下卷第六章第二節「入元僧の遊歷地」參照
(2) 小野玄妙氏「元代松江府僧錄管主八大師の刻藏事蹟」(佛典研究第二卷第十三號)
(3) 本朝高僧傳卷第三十二、同三十五　延寶傳燈錄卷第二十五
(4) 三緣山志二　緣山三大藏目錄上
(5) 月菴禪師語錄跋文

三　典籍の將來と開版事業の興隆

入元僧は總てが禪僧であつたから、彼等は歸朝に際して、在元中師事してゐた師

僧の語錄を將來し、これを我が國に於て覆刻流布せしめたものである。蓋し碩德巨匠の語錄は、禪僧が常にこれを提唱し、後學の參究悟入の手引となるからである。我が入元僧俊侍者なるものが、歸朝後天童山の別山和尚の四會語錄を印行する爲めに、特に台州瑞巖淨土禪寺の希叟紹曇禪師に謁して、これが序引を需めたことがあるが、(1)これに類することは、支那僧の語錄には數〻散見してゐる。語錄以外の禪籍も概ね入元僧によつて將來せられ、そしてそれを直に版下として覆刻することが多かつた。これ宋元の槧本と五山の覆刻本との版式・書風等の一致してゐる所以である。例へば、觀應二年(一三五一)春屋妙葩(普明國師)が天龍寺の雲居菴に於て刊行した明教大師輔敎編の如き、南禪寺の無隱元晦(法雲普濟禪師)が將來した杭州天目山幻住菴の流通本を、刊板用として覆刻したもので、同書の卷末刊記に、

前住南禪禪寺無隱晦和尙、施所藏夾註輔敎編、以充刊板用、是則唐天目山幻住菴流通本也、

とあり、入元僧によつて宋元の槧本が將來せられ、次第に我が國に於て覆刻せられた有樣が窺はれて興味深い。

この他宋元の詩文集も將來せられ、覆刻せられたものが少くない。蓋し禪の思想、禪の見解を表現するには、漢語の偈や漢文の法語を以てする風があつたから、禪僧等は平常意を詩文にとゞめ、性情を陶冶する必要があつたからである。また禪宗は以心傳心的々相承を宗旨とし最も法系を重んじたから、傳燈錄の如き僧傳も將來せられ、覆刻せられた。斯の如くにして南北朝時代は、戰亂が絕えなかつたに拘らず、宋元槧本の輸入覆刻は次ぎ次ぎに行はれ、延いては日本撰述書の開版も大に與り、所謂五山版の黃金時代をなすに至つた。

當時の禪僧は支那の叢林に於ける開版事業の盛大なる有樣を見聞し、これに模倣しようとしたばかりでなく、入元僧の中には、彼地にあつて、親しく開版事業に携はり、幾多の經驗を嘗めたものゝ少くなかつたことも、我が禪院の開版事業を盛んならしめた一因である。元代名僧の語錄・行實等を見るに、日本僧が在元中開版事業に關係した例は一二に止まらない。東福寺の白雲惠曉(佛照禪師)は在元中その師希叟紹曇禪師の語錄を刊行したことは、同語錄の卷末刊記に

日本國參學比丘惠曉布施刊行

とあるによつて知るべく、(2)また日本僧正見といふものが、金拾兩を施して、斷橋妙倫禪師の語錄を刊行したことは、妙倫の行狀中に見えてゐる。(3)この他南禪寺の椿庭海壽は頗る書に秀でゝゐたから、在元中その師了菴淸欲禪師(南堂禪師)の語錄を上梓するに當つて、その版下を書し、次いで自ら了菴淸欲禪師語錄の續集を刊行した。(4)

(1) 希叟紹禪師廣錄
(2) 希叟紹禪師語錄卷末刊記並に附錄
(3) 斷橋妙倫禪師語錄所載行狀
(4) 了菴淸欲禪師語錄卷末刊記　了菴淸欲禪師語錄續集序文

第二章　京都禪院の開版

一　天龍寺・相國寺の開版

我が中世に出版せられた唐樣版の典籍は、三百種以上にも上るであらうが、その最も盛んであつたのは、南北朝時代五十餘年間であつた。この間に開版せられた

ものとして、年代の明確に知らるゝものだけでも實に六十餘種を數へ、唐樣版中の大出版たる景德傳燈錄・禪林類聚・五燈會元・宗鏡錄・李善注文選・集千家注分類杜工部詩・元亨釋書・新刊五百家註音辨柳先生文集・春秋經傳集解・佛祖統紀など皆この間に完成されたものである。この他開版年代は詳かでないものも、その多くはこの時代に成つたことは、その版式等から推考せられる所で、實に唐樣版の黃金時代といふことが出來る。そしてこの黃金時代を生むに與つて力のあつたのは、春屋妙葩(智覺普明國師)であつた。

春屋妙葩は京都天龍寺の開山夢窓國師の俗甥として生れ、幼にして國師の門に投じ、剃髮受具して遂にその法を嗣ぎ、天龍・南禪・相國等の諸名山に歷住し、將軍足利義滿の歸依を受け、我が國最初の僧錄司として禪法興隆に力のあつたことは、周ねく人の知る所であるが、一面我が開版事業に盡した功績も亦特記すべきものがある。妙葩が始めて開版事業に關與したのは、康永元年(一三四二)彼が三十二歲の時、元僧古林淸茂の語錄の開版に與つた時のことである。古林淸茂は元の平江府白雲寺、同開元寺、饒州永福寺等に歷住し、晚年金陵の保寧寺に在つて四方の學者を接

得した碩徳である。 元徳元年(一三二九)に來朝した元僧竺仙梵僊は實にその法嗣で、彼が清茂の侍者をしてゐた時、その會下にあつた日本僧は實に三十二人の多數に上り、我が叢林と最も緣故の深い宗匠であつた。(1) されば梵僊が曆應四年(一三四一)京都南禪寺に住してゐた時、その座下にあつた森禪人なるものが、古林清茂の語錄の刊行を企て、等持寺の古先印元(文保二年入元、古林清茂の法を嗣ぎ、嘉曆元年歸朝す)も清茂の法嗣である所から、その業を扶けたが、翌康永元年秋森禪人が入元することゝなつたので、堂中の第二座春屋妙葩がこれに代つて幹緣して開版した。(2) 後年妙葩が大に開版事業に盡したのは、この時に得た尊い經驗に基いたものであらう。

妙葩の手によつて開版せられた典籍として、明徵の存するものは、前述の古林清茂語錄の外に左の十二種がある。

雪峯和尚語錄(東山和尚語錄)一冊 貞和五年(一三四九)刊(3)

五家正宗贊一冊 貞和五年(一三四九)刊(4)

明敎大師輔敎編五册 觀應二年(一三五一)刊(5)

蒲室集一册 延文四年(一三五九)刊(6)

夢窓國師語錄並年譜三册　貞治四年（一三六五）刊(7)
虎丘和尚語錄一册　貞治七年（一三六八）刊(8)
破菴和尚語錄一册　應安三年（一三七〇）刊(9)
應庵和尚語錄二册　應安三年（一三七〇）刊(10)
無準和尚語錄五册　應安三年（一三七〇）刊(11)
佛光國師語錄一册　應安三年（一三七〇）刊(12)
宗鏡錄二十五册　應安四年（一三七一）刊(13)
佛德禪師語錄一册　至德元年（一三八四）刊(14)

妙葩の開版事業は大體二期に區分することが出來る。前期は天龍寺の雲居菴に住してゐた時代で、貞和五年（一三四九）から延文四年（一三五九）に亙り、雪峯和尚語錄五家正宗賛・明教大版輔教編・蒲室集を刊行した。後期は光嚴院の壽塔たる金剛院を天龍寺の東に建てゝ居住してゐた時代で、貞治四年（一三六五）から應安四年（一三七一）に亙り、夢窓國師語錄並年譜・虎丘和尚語錄・破菴和尚語錄・無準和尚語錄・佛光國師語錄・宗鏡錄を壽梓した。そして晩年相國寺に住してゐた時、佛德禪師語錄を開

版した。

妙葩の開版した所は、その法祖たる無準師範(佛鑑禪師)、無學祖元(佛光國師)、その師たる夢窓疎石(夢窓國師)、その法叔たる元翁本元(佛德禪師)を始め、宋元碩德の語錄であつた。この內夢窓國師語錄の如く、日本撰述のものは、新に開版したものであるが、その他は概ね宋・元版を覆刻したもので、中には既に我が國で覆刻されたことがあつたが、舊版が漫滅した爲めに、重ねて刊梓せられたものもあつた。虎丘和尙語錄・破菴和尙語錄・無準和尙語錄等の卷末刊記に、「此錄舊板已漫滅茲者命工重刊」とあるによつても知られる。應菴和尙語錄の如きは、既に正應元年(一二八八)三聖寺の開祖東山湛照(寶覺禪師)並にその徒師元によつて、開版せられたことのあつたことは前に述べた通りである。語錄以外の書籍も皆當時禪門に於て重んぜられてゐた書で、中にも輔敎編は、宋の元祐年間に、明敎大師契高が儒釋不二を論じた書であり、宗鏡錄は五代に永明智覺禪師延壽の撰する所で、實に百卷二十五冊といふ浩瀚な書である。そして兩書ともに、明峯廣錄や傳法正宗記と共に元の順宗の元統二年(一三三四)勅によつて、大藏に入れられた名著である。春屋妙葩は宗鏡錄の開版

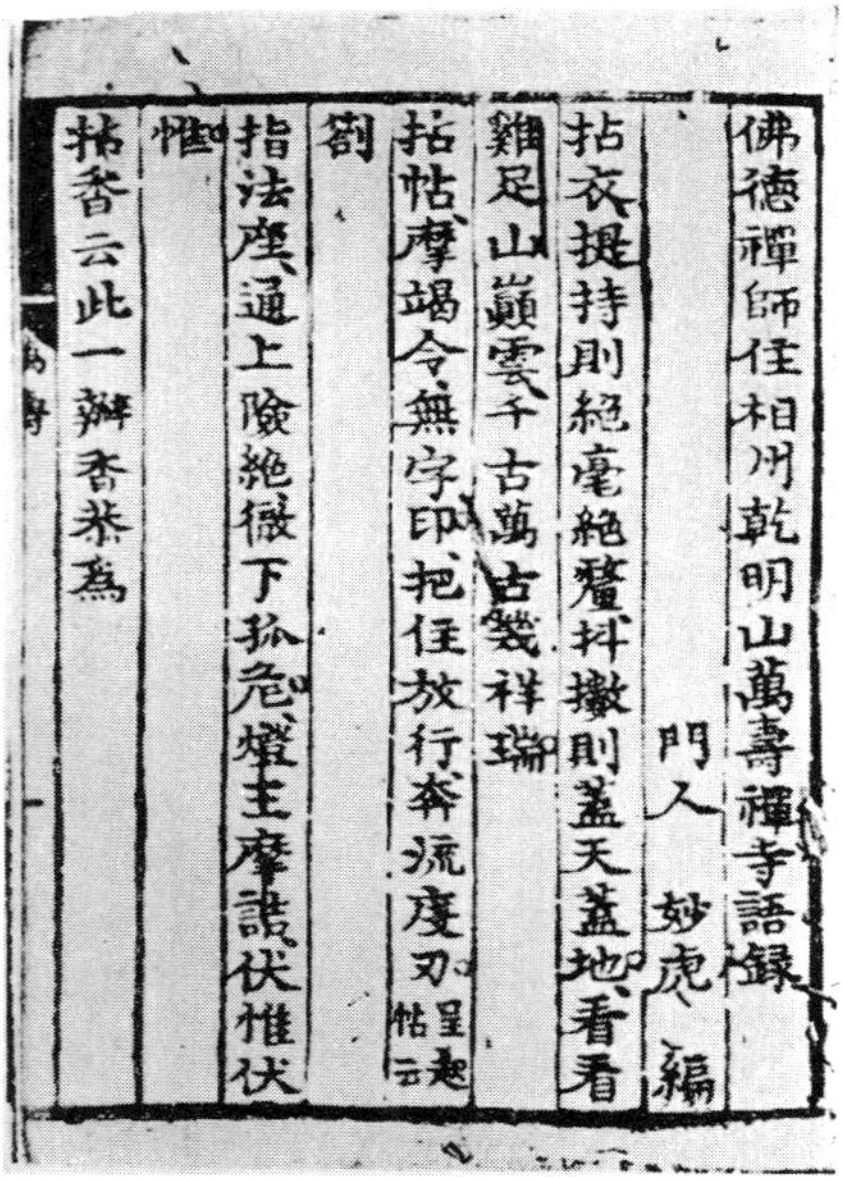

佛德禪師住相州乾明山萬壽禪寺語録
門人　妙虎　編
拈衣提持則絶毫絶釐抖擻則蓋天蓋地看看
雞足山巓雲千古萬古發祥瑞
拈帖摩竭令無字印把住放行奔流度刃呈起帖云
劄
指法座通上險絶微下孤危登主摩訶伏惟伏
惟
拈香云此一瓣香恭為

五山版仏徳禅師語録　至徳元年刊

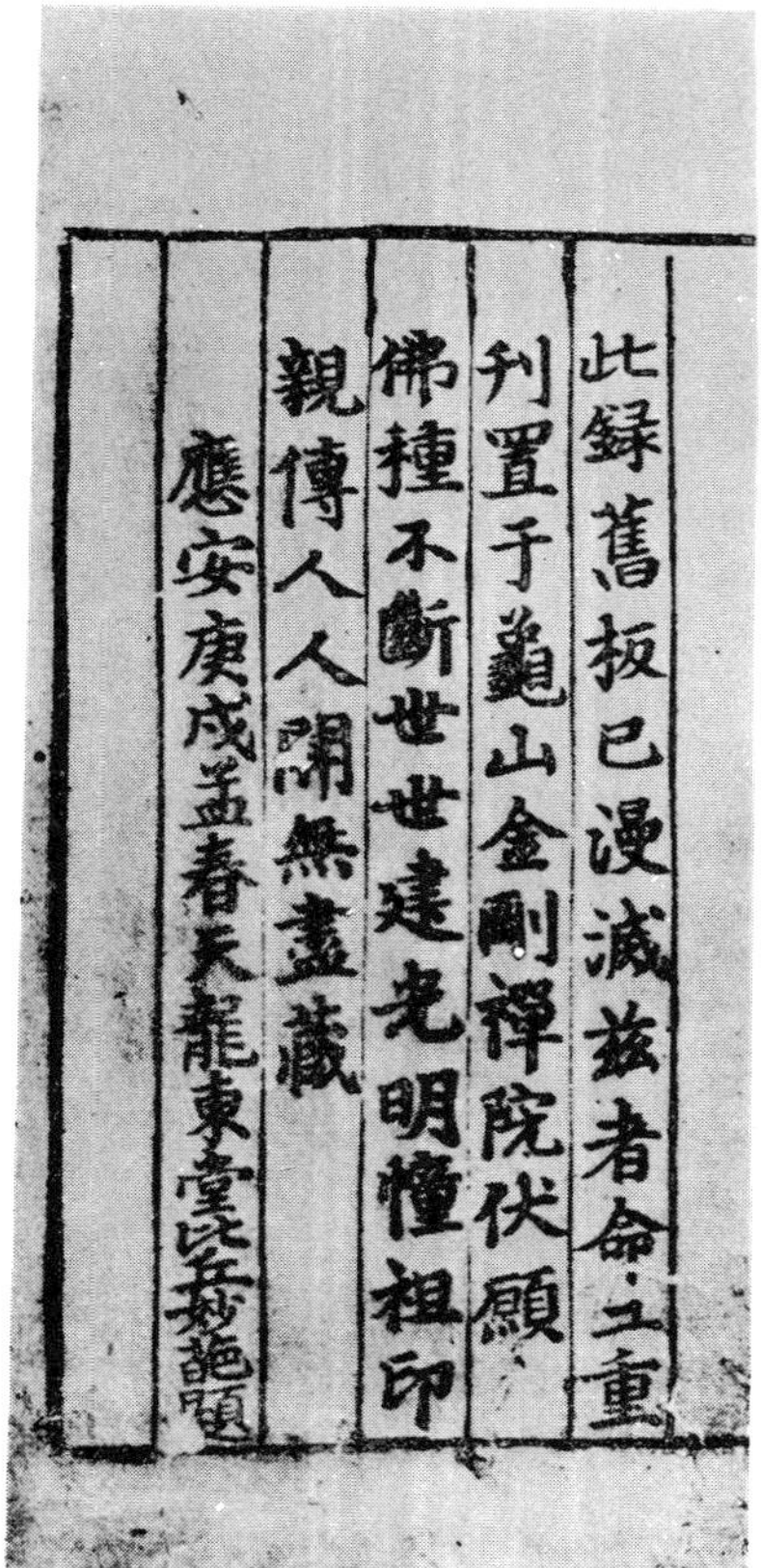

此録舊板已漫滅茲者命工重
刊置于龜山金剛禪院伏願
佛種不斷世世建光明幢祖印
親傳人人開無盡藏
應安庚戌孟春天龍東堂比丘妙葩題

五山版破菴和尚語録跋　応安三年刊

に當つて、圓爾辨圓の將來した普門院の藏本によつて校讐したと見えて、東福寺には、左の古文書が一通現存してゐる。

宗鏡錄壹部二十冊送給候千萬不勝感悅至候、開板以後三本攸調進候、爲當來般若緣發大願可終功之由存候、子細申入御使者了、夏中禁足之間不能參謝候、此趣追可申入候恐惶謹言

六月二十六日　　妙葩（花押）

右の他に南禪寺の大藏中に、應安五年（一三七二）に天龍寺で開版した大方廣佛華嚴經合論卷第十五が混つてゐる。その刊記に、

大日本國山城州天龍資聖禪寺雕造

華嚴合論

今上皇帝祝延　聖壽文武官僚　祿位□□時應安壬子歲月日

とあり、春屋妙葩が直接關係したかどうか不明であるが、天龍寺の開版として注意すべきものである。

（1）　竺仙梵僊語錄

(2)附録古刻書題跋集第二〇八參照
(3)同第二一九參照
(4)同第二一八參照
(5)同第二二一參照
(6)同第二四〇參照
(7)同第二四八參照
(8)同第二五四參照
(9)同第二六一參照
(10)同第二六二參照
(11)同第二六四參照
(12)同第二六五參照
(13)同第二六六參照
(14)同第三〇四參照

二　建仁寺の開版

春屋妙葩が天龍寺の雲居菴・金剛院に於て刊行したものや、臨川寺版は、五山版中の主要なものであるが、これに次いでは建仁・南禪・東福寺等の開版がある。鎌倉時

代の末、元應二年(一三二〇)建仁寺の祥雲菴に於て、鎭州臨濟慧照禪師語錄が刊行されたことは、前に述べたが、この時代になつて、同寺の天潤菴に於て景德傳燈錄を、靈洞菴に於て五燈會元を開版したことは、東福寺海藏院で元亨釋書を刊行したことや、南禪寺で佛祖統紀を上梓したことゝ共に、佛敎史の研究に寄與する所が多かつた。

景德傳燈錄は東吳僧道原が、宋の眞宗の景德年間に、上は七佛より下は法眼の法嗣に至る五十二世一千七百一人の禪門諸家の法系を明かにしたもので、實に三十卷に亙る大著述である。景德年間に一度刊行せられてから三百十餘年を經て、元の延祐三年(一三一六)に湖州道場山禪幽菴に於て重刊された。(1) そして我が國に於て、この書が覆刻されたのは、貞和四年(一三四八)のことで、この時勢州太守若江玉峯正琳居士なるものが、家財を捨て工に命じて刻梓し、その鏤板を可翁宗然(普濟大聖禪師)の塔所なる建仁寺の天潤菴に置いたもので、このことは同書第三十卷の末にある南禪寺の乾峯士曇の跋文や、左に揭ぐる卷末刊記によつて知られる。

貞和四年歲在戊子洛陽寄住正琳命工刻梓捨置于普濟大聖禪師塔所建仁天潤菴

廣開法眼永祝堯年上報四恩下資三有法界有情同圓種智者　玉峯敬書

かく鏤板を可翁宗然の塔所なる天潤菴に置いたのは、如何なる理由によつたのであるか明かでない。可翁は元應二年(一三二〇)寂室元光・鈍菴俊等と共に入元し、在留凡そ十年にして、杭州府天目山の中峯明本の法を嗣いで歸り、殊に淸雅枯淡なる牧溪の畫風を傳へた人として有名である。(2) そして彼の入元した時代は恰も延祐版景德傳燈錄の刊行せられてから間もないことであるから、歸朝に際してその新版書を將來し、天潤菴に傳へてゐたのを、版下として覆刻したによるのではなからうか。その後この鏤板は文和四年(一三五五)變亂の爲めに大半を失つたから、建仁寺の大用宗任なるものが、これを憂ひ、自ら幹緣して廣く僧俗の助緣を募り、延文三年(一三五八)に補刻した。この時建仁寺の此山妙在が疏を書いてゐる。卽ち第十八卷の末に、

重刊景德傳燈錄疏　東山沙門妙在撰

傳燈錄者七佛心肝、諸祖骨髓、遞代承々、各弘敎外別傳之道、貞和戊子間、前勢州玉峯大居士痛念本朝無有此板、喜捨家財、命工刊行、永置于建仁禪寺普濟大聖禪師塔所

天潤菴、廣流通以報佛祖不盡之恩、湖海禪流無不欣慕也、適罹文和乙未十二月丙丁之變、其板大半失之、山中大用任首座重欲補缺傳、傳諸無窮、其志垂千萬世難磨滅、輒持小疏、徧叩大力宰官居士同道大善知識、或一力成就、或隨量樂施、所獲福報豈易量哉、

景德編成佛祖言、一千七百一人全、迦文自接然燈後、達磨親傳般若前、續焔聯芳來的々、回珠轉玉正綿々、須知此話重行世、白璧黃金信手捐、

延文三年丙申十一月吉日　謹疏

幹緣比丘　宗任

とある。(3) そしてこれが助緣をなした僧には、建仁寺の此山妙在を始め、同善育・同無涯仁浩、萬壽寺の古鏡明千、南禪寺の約翁德見・同平田慈均・同蒙山智明、雲居菴の春屋妙葩など知名の僧多く、武家としては楠正儀並にその一族の助緣してゐるのは珍とすべく、第十三卷の末に、

延文戊戌重開 正儀一卷刊行

延文戊戌重開 正右一卷刊行

等の刊記がある。また雪江崇永即ち近江國守佐々木氏賴が、これが開版に多大の力を致したことは、第十九・二十・二十一卷の末に

延文戊戌重刊
雪江崇永刊行

の刊記があるによつて知られる。

景德傳燈錄が重刊されてから、恰も十年を經過した貞治七年(一三六八)になつて、同じく建仁寺の靈洞院に於て、五燈會元二十册が刊行された。一體支那の叢林に於ては、禪僧の傳記として、景德傳燈錄を始め、廣燈錄・聯燈錄・續燈錄・普燈錄の所謂五燈が行はれてゐたが、いづれも浩瀚で、通覽に不便であつたから、慧明なるものが、これ等を萃めて一集となし、五燈會元と名づけて、觀覽に便ならしめたものである。貞治版の五燈會元は、宋の寶祐元年(一二五三)湖州武康沈淨明が刊行したものを覆刻したもので、卷末には建仁寺の塔頭妙喜庵主中巖圓月が貞治五年(一三六六)に記した募緣の文が載せてある。

偈勸正仲貞首座募緣重刊五燈會元版

妙喜庵主　圓月

佛祖惠命、久弗斷、照昏衢、如大明燈、燈燈相承有五集、曰傳曰普廣續聯、五燈浩博難兼閱、撫成一書・曰會元、禪學之徒喜便覽、湖州武康沈淨明刻梓、置之靈鷲山、年遠乃版雖壞損、願力堅固不可窮、本朝見大長者、號曰雪江功德主、命僧正仲重刊行、正仲奉命自謂曰、如此功德莫獨專、當以普及一切人、同結般若大勝緣、以此勝緣功德力、世世生生作善種、同發無上菩提芽、　貞治馬兒正月望書

また巻末刊記に云く、

此錄禪徒至寶也、禪行我朝莫盛如今未刊行焉、誠爲缺典、廣化衆緣終成美事、戊申重陽日　泉南小比丘　彥貞謹識

版留建仁靈洞

法印宗應刊行

これによれば、雪江宗應（これは延文三年景德傳燈錄の重刊に力を盡した雪江崇永卽ち近江國守佐々木氏賴の一族であらうと想像せられるが明かでない）なるものが貞治五年泉南の僧正仲彥貞に命じて廣く募緣せしめ、同七年に至つて刊行し、鏤

板を建仁寺の塔頭靈洞院に置いたことが知られる。正仲彦貞は應安六年(一三七三)に至り、兀菴和尙語錄をも刊行したが、(4)その卷末刊記に「七世孫比丘彦貞」とあるから、兀菴普寧の七世の法孫であつたことが知られる。

またこの時代の末明德二年(一三九一)には、元僧淸拙正澄の塔所なる建仁寺の禪居庵に於て、淸拙和尙語錄一卷が刊行された。その卷末刊記に、

明德辛未初夏東山禪居守塔淸牧命工刊行

とあり、開版者たる淸牧は字は東溪といひ、後ち建仁寺に出世して第七十六世となた人である。

この他久原文庫に藏する物初大觀語錄の卷末刊記には、

法孫比丘圓月施財命工鏤板以垂後學功德報恩三有

とのみあつて、その刊行年代も場所も詳かでないが、中巖圓月が開版したものであるから、彼が住してゐた建仁寺の妙喜庵で開版したものと見て差支へなからう。

(1)　景僧傳燈錄序文
(2)　寂室和尙語錄　圓應禪師行狀　五山傳　延寶傳燈錄　本朝高僧傳

(3) 此山妙在の書いた「重刊景德傳燈錄疏」は、その詩文集若木集にも載せてある。
(4) 附錄古刻書題跋集第二七二參照

三　南禪寺・東福寺の開版

南禪寺の開版として最も古いのは、古林(清茂)和尚語錄で、これは康永元年(一三四二)竺仙梵僊が同寺に住してゐた時、その座下にあつた森禪人・春屋妙葩の努力によつて成つたことは、前に述べた。(1) これに次いでは古林和尚拾遺偈頌が開版せられた。これは僧如聞なるものが入元しようとして、暴風の爲めに耽羅(濟州島)に漂着し、高麗に逗留してゐた際、同國人から得た古林清茂の偈頌をもとゝし、これに入元僧圓曙の藏する三十九首並に月林道皎(勅諡普光大幢國師、元亨二年入元して金陵保寧に於て古林清茂に謁し、元德二年に歸朝した)の藏する題跋五首を加へて編次したもので、康永四年(一三四五)編纂者椿庭海壽が刊行した。當時南禪寺に住してゐた竺仙梵僊はこれが刊行の由緒を書いてゐる。(2) 編纂者たる椿庭海壽は、後正平五年(一三五〇)に入元し、應天府(金陵)の天界寺に掛錫して居つた時、明太祖に召されて日本の國情について言上し、また鄞縣の福昌寺に出世したこともあり、文中二年(一三七三)明使仲猷祖闡・無逸克勤等の來朝に

際し、通譯として隨歸した有名な僧で、(3)在元中了菴淸欲(南堂禪師)語錄並にその續集の刊行に力を盡したことがある。(4) また文和の頃南禪寺塔頭少林院に於て、行源禪人といふものによつて三陀羅尼が開版されたことは、佛德大通禪師愚中和尙語錄にある三陀羅尼跋によつて知られるし、(5)永德二年(一三八二)には塔頭龍興菴で、佛祖正傳宗派圖が印行せられたことは、その卷末刊記に、

斯圖之作、特以五家同系於馬祖下者、蓋據虎關和尙五家辨以爲證焉、仍附其文于后、以備藻鑑云、　時永德二年壬戌菊節日新刊于洛之南禪龍興庵　板賃五十錢

とあるによつて知られる。この刊記に「板賃五十錢」とあるのは、宋元版等にその例の多い板頭錢のことで、印摺の際寺家に納付すべき料金を示したものである。

南禪寺の開版中最も浩澣なものは、嘉慶の頃に開雕せられた佛祖統紀五十五卷である。この書は宋の景定年間に四明の天台沙門安石志磐の撰する所で、支那佛敎史を窺ふに重要な典籍であるが、何しろ五十五卷に亙る浩澣なものであるから、我が國では未だ曾てこれを刊行したものがなかつた。京都東山の普門寺の前住持則川三なるものが深くこれを歎き、その梓行を企てたが、未だ遂げずして示寂し

た。そこでその徒の生㝘が志を繼ぎ、南禪寺の義堂周信に依囑して募緣の疏偈を作らしめ、弘く僧俗の助緣を募つて上梓した。義堂周信の空華集に、

新開佛祖統紀板募緣疏偈

昔趙宋南渡景定間、四明東湖沙門天台講師安石磐公撰佛祖統紀、蓋擬諸兩司馬史記通鑑而作也、其書五十五卷、凡曰佛應奕葉之本支、衡台諸師之旁正、儒釋道之所以興替、禪敎律之所以並行、法運世界之所以通塞建立之者、一開卷則粲粲羅列目前、若星斗縣于秋旻、莫不昭然、故三學稽古之徒、咸有取焉、而吾國未有板行者、初前普門住持則川三公、禪學之餘、欲梓玆書、不遂而寂、及是其上足比丘南禪雲莊書記生㝘、一日慨然欲成録事以畢先志、厥費頗夥、非資衆力則難集、乃俾余製疏巡化、余嘉雲莊克繼厥志、辭弗獲、遂一偈以代四六、仰于十方英檀、僧俗男女、隨意樂施成就、則異時佛祖、彼何人哉、偈曰、

佛祖初無一法傳、東湖筆底浪滔天、欲知的的無傳意、刊版流通了大緣、

とある。その刊行せられた年代は詳かでないが、生㝘は右の疏にも「南禪雲莊書記生㝘」とあり、南禪寺の僧で、その關係から同寺の住持たる義堂周信に疏偈を依囑し

たものであらう。そして周信が南禪寺に住してゐたのは、至德三年(一三八六)から嘉慶二年(一三八八)まで、凡そ三ヶ年であつたから、この書の刊行もその頃かと思はれる。

この他義堂周信の編纂した重刊貞和類聚祖苑聯芳集、その詩集たる空華集並に語錄は、開版した寺院の名は明記されてゐないが、義堂の寂後間もなく開版されたものであるから、その塔所たる南禪寺の慈氏院に於て刊行されたものと思はれる。義堂は貞和年間天龍寺に居つた時、童蒙の爲めに、宋元二代の尊宿の偈頌集を編纂したが、延文三年(一三五八)天龍寺火災の際、その稿本を燒失した。ところが何人か利を鬻ぐものがこれを傳寫し、新撰貞和分類古尊宿偈頌集(6)と名づけて刊行した。けれどもこの刊本には、脫漏誤謬頗る多く、義堂はこれを見て大に驚き、更めて重編して刊行しようと企てた。このことは彼の日記たる空華日工集永和元年四月十六日の條に、

今此印本乃未删以前稿本也、不知何處俗士鬻利者、妄寫且刊、烏焉成馬、不特成馬、或脫一字、或漏一行、或全編失次、其錯誤不可勝言、余適欲重加校讎改刊未暇也、

とあるによつて知られる。けれどもその後眞俗の用務に忙殺せられ、容易に重訂の功を成すに至らなかつたが、嘉慶二年(一三八八)二月適〻病に罹つたので、湯治に託して攝津の溫泉に赴き、こゝに始めて多年の志を遂げた。空華日工集嘉慶二年二月十一日の條に、

二日以下在溫泉、而校定貞和集、昔貞和年中余年二十三、在天龍据摭古尊宿偈頌、因編號貞和集、延文年間其稾既燬矣、今欲重編而未暇、故號湯治、乞暇於官府、本意非湯、端爲是集也、

かくて三月十日京都に歸り、翌十四日後序を作り、且つ書を絶海中津に送つて開版のことを委囑した。空華日工集嘉慶二年三月十四日の條に、

作貞和集後序、序末曰、余是時老病相凌、命在呼吸云々、以僭送與等持絶海曰、老僧去世在近、適於溫泉、力疾校定是集、辱煩尊兄、鐫板以流通尤所希也、

後序はこの書の編成刊行を知るに足るものである。その文に云く、

吾宗無語句、亦無法與人、此集從何而來哉、余貞和年間在龜山、爲童蒙求、選取宋元二代耆宿五七絶句者、幾乎數千首、其稿燬于延文戊戌、近見妄庸傳寫別本、烏焉爲馬者

十八九矣、余不忍視此、遂重編焉、舊稿止於五七絶句、不及八句、學者恨之、余讀傳燈德敷僧潤等、皆有詩焉、今代禪八句、莫妙於眞淨文、余故取眞淨以下尊宿五七言八句、補入作三千首、名曰重編貞和類聚祖苑聯芳集、余是時老病相凌、命在呼吸、乃假筆書一語其後、以紀始末、

嘉慶戊辰三月十四日　　釋周信自題

次に空華集・義堂和尚語錄の刊行年代は詳かでないが、兩者ともに書風・版式・紙質等が同じであるから、同時に刊行されたものなるべく、恐らく義堂の示寂した嘉慶二年（一三八八）前後に成つたものと想はれる。　そして前者の卷頭には中巖圓月の延文四年（一三五九）の序文、卷末には同じ中巖の貞治七年（一三六八）の跋文があり、後者にも中巖の延文四年（一三五九）の序文、並に明僧宗泐季潭の洪武九年（一三七六）の序文がある。

東福寺はその開山たる圓爾辨圓が、宋から多くの典籍を齎らした關係上、既に鎌倉時代に同寺に屬する普門院に於て、幾多の典籍が開雕せられたが、この時代になつて、同寺の海藏院に於て、元亨釋書三十卷が開版せられた。　元亨釋書は虎關師錬の撰する所で、本邦僧傳の權輿である。　延元五年（一三六〇）師錬の徒龍泉令淬が上

表して、大藏函に入れられんことを請うて許されたから、同じ師錬の徒なる無比單況が、永く後世に流傳せんが爲めに、廣く募緣して開版したものである。同書の目錄・第十六・十七・廿二・廿八卷等には夫々題記(7)があるが、それによるに單況が貞治三年(一三六四)海藏院に居つた時に着手し、永和三年(一三七七)攝津報國寺に住するまで、前後十三ヶ年を費して成つたものである。この鏤板は海藏院に置いて流傳せしめたが、僅に數年を經た永德二年(一三八二)に火災の爲めに灰燼に歸した。そこで師錬の徒性海靈見が更にこの書の重刊を企て、至德元年(一三八四)義堂周信に依賴して化緣の疏を作らしめ、廣く募緣して明德二年(一三九一)に至つて完成した。その募緣の疏に云く、

東福海藏禪院重刊元亨釋書化疏

大日本國平安城濟北大沙門虎關禪師撰元亨釋書者、寔本朝僧傳之權輿也、其書凡三十卷、始於傳智、終乎序說、上自推古下至元亨、七百餘年間事、若僧尼士庶之傳、若寺宇佛像之志、若國家君臣資治之表、有一關乎、吾釋氏者、靡不登載而收錄焉、至延文庚子六月、有旨入藏頒行、蓋從其徒圓通住持龍泉淬公請也、是書既鏤版行於世、會永德

壬戌二月十六日司烜失職、本院遺火延及書庫、凡歴代三教之書、與編祕帙一夕而燼、則版亦成烏有矣、聞者咸惜焉、茲者師之上足前南禪性海禪師、以其徒請、由東菴遷涖院事、未幾百廢倶擧、仍圖重刊茲書、費用不貲、遂命在城等持比丘周信、儷詞製疏、巡叩十方諸大檀那、貴官長者、緇白男女、若見聞者、慨然樂施、以濟版事、其獲福可量也哉、疏曰、維元亨釋氏之編、寔本朝僧史之筆、曰梁曰唐曰宋、三傳雖同、若皎若宣若寧十科或異、慨茲海藏龍宮之失護、俄驚琅函玉軸之歸空、天道好還、行看印板打就、斯文復作、正好點筆疾書、增濟北之陰涼、壯海東之福地、天子萬歲、宰臣千秋、

至德元季甲子六月日疏

同書の卷末刊記に云く、

明德二年辛未十一月日　　重刊置於海藏院

元亨釋書の他には、嘉慶元年(一三八七)三河實相寺の僧是一、尼妙明・如雲等の施財により、東福寺の常樂庵で開版せられた宴樞會要三冊(8)がある。この書は智覺禪師延壽の撰した宗鏡錄中敎禪諸祖の入道徑捷の語を採摭したもので、元の大德六年(一三〇二)蘇州承天能仁寺の時中の刊本によつて覆刻したものである。

この他東福寺の正統菴に於ては、應安年中永清なるものが募緣して大般若經を開版してゐる。同經第三百七卷の卷末刊記に、

洛之慧峯正統菴置大般若印板四百內焉比丘永清發誠心而化有力命工績造矣宜哉印文打就衆人摸寫以茲功勳普利恩有者也旹應安甲寅仲秋日　幹錄比丘永清造之

とあるによつて知られる。從來大般若經の開版といへば、殆ど春日版に限られてゐたのに、禪院に於て開版せられたのは珍とすべきであらう。

(1) 本章第一節參照
(2) 附錄古刻書題跋集第二一一參照
(3) 竺仙梵僊語錄　空華集　舊堅稿　善隣國寶記　本朝高僧傳
(4) 本篇第一章第三節參照
(5) 附錄古刻書題跋集第二三五參照
(6) 本篇第四章第三節參照
(7) 附錄古刻書題跋集第二八四參照
(8) 同第三一一參照

四　臨川寺の開版

天龍・相國・建仁・南禪・東福等の他に、十刹の一たる臨川寺の開版は最も多く、世に臨川寺版なる名稱の汎く行はれてゐる所以である。けれども世人が信じてゐるやうに、臨川寺版は決して春屋妙葩やその師夢窓國師の手になつたものではない。朝倉氏の日本古刻書史に

當代(〇室町時代)初期に於て盛に書籍を開版せしは、僧疎石及其徒妙葩にして、世に之を臨川寺版と稱す。臨川寺は疎石の開基なるを以てなり。

とあるのは、頗る粗笨な説といはねばならぬ。成程臨川寺は夢窓疎石がこれを創め、自らこゝに居住した寺ではあるが、夢窓自ら開版事業に關係したといふ明徵は少しもない。妙葩も康安元年(一三六一)同寺が燒失した後、同門の耆宿に推されて復興の寺務を領したことはあるが、この間は僅に數ヶ月に過ぎず、固より同寺に於て開版のことに携はる餘裕もなく、その證左もない。妙葩が開版事業に盡したのは、前に述べたやうに、天龍寺の雲居庵・金剛院及び相國寺に住してゐた時のことである。

臨川寺版として今日知られてゐるのは、暦應四年(一三四一)僧興乘・尼昌一が助縁して、佛果圜悟眞覺禪師心要を刊行したのを最初とし、應永十一年(一四〇四)圜悟錄を壽梓したのを最後とし、凡そ九種である。

佛果圜悟眞覺禪師心要　二册(1)
暦應四年(一三四一)刊　助縁僧　興乘
助縁尼　昌一

靈源和尚筆語　一册(2)
暦應五年(一三四二)刊

禪林類聚　二十册(3)
貞治六年(一三六七)刊　幹縁僧　希杲

佛光國師語錄　二册(4)
貞治六年(一三六七)刊

集洪州黄龍山南禪師書尺　一册(5)
貞治六年(一三六七)刊

了菴淸欲語錄(南堂禪師語錄)　三册(6)

應安元年(一三六八)刊

石門洪覺範林間錄及後錄　三册(7)　幹緣僧　曾練

康曆二年(一三八〇)刊

金剛般若波羅蜜經註解
般若波羅蜜多心經註解　合一册(8)

康曆二年(一三八〇)刊

圜悟錄　三册(9)

應永十一年(一四〇四)刊

臨川寺版として明徵のあるものは、以上の九種である。(日本古刻書史・訪書餘錄に了菴清欲語錄と南堂禪師語錄とを別書の如く列擧してあるのは誤である。了菴清欲のことを南堂禪師といふのである)右の內禪林類聚は元の大德十一年(一三〇七)揚州天寧萬壽禪寺に於て開版せられた元版の覆刻で、二十卷一千百餘枚に亙り、臨川寺版中最も浩澣な書であるばかりでなく、唐様版中大出版の一に數ふべきもので、版心には助緣した僧俗百二十餘人の名と金額とを刻んである。また卷頭目

次の次に「孟榮刊施」の刻記がある。この刻記は卷末にない爲めに從來人の注意しなかつた所であるが、これによれば有名な元の雕工陳孟榮の刊本である。(10) この時の幹緣僧は希杲といふもので、日本古刻書史によるに希杲は應安五年(一三七二)に法華經八卷(11)をも開版した。これも亦臨川寺版かと察せられる。そしてこの法華經には和點を施してあるといふことで、若し果して然りとせば、我が國の和點本として最も古いものゝ一で、この點に於て特に注意すべきものであるが、著者は未だこの刻本を見たことがない。なほ佛德大通禪師愚中和尙語錄の「印捨法華經薦親記」に、丹後金山天寧寺の功德主信善女なるものが、希杲が法華經を開版した同じ年に、亡父の追善供養の爲めに、同經を印捨したことが見えてゐる。これは希杲開版の鏤板によつて印搨したかどうか定め難いが、こゝに參考とすべきであらう。

また了菴淸欲語錄は、前章に述べたやうに、南禪寺の椿庭海壽が入元中その版下を書いて、元の至正十九年(一三五九)に刊行したものを、臨川寺に於て覆刻したもので、同書の卷末刊記には、

嘉興路萬壽山南堂四禪菴師(了菴淸欲)姪比丘祖瀞募緣入梓、日東比丘海壽書、天台周東

山刊、時至正己亥春起手、明年庚子春畢之、
　應安戊申重刊京臨川禪寺

とある。また金剛經並に心經の註解は、明の洪武十一年(一三七八)の明版によつて覆刻したものである。

(1) 附錄古刻書題跋集第二〇六參照
(2) 同第二〇七參照
(3) 同第二五三參照
(4) 同第二五一參照
(5) 同第二五二參照
(6) 同第二六〇參照
(7) 同第二九〇參照
(8) 同第二九一參照
(9) 同第三四〇參照
(10) 本篇第四章第一節參照
(11) 附錄古刻書題跋集第二六七參照

五　諸禪院の開版

五山や臨川寺の開版の他に、眞如寺に於ては勅修百丈淸規を、龍翔寺に於ては大應國師語錄を刊行してゐる。百丈淸規は唐の憲宗の時に、江西省南昌府百丈山の懷海禪師の定めた禪林の規矩であるが、時代の推移と共に後人が臆見を以て損益し、宋代には既に適從する所を知らないやうになつたから、元の文宗は金陵に龍翔集慶寺を創建するや、開山笑隱大訢をしてこれを行はしめんが爲めに、至元二年（一三三六）百丈山の住持東陽德輝をして重編せしめた。これ卽ち勅修百丈淸規である。（1）この書は文和五年（一三五六）眞如寺の前住たる古鏡明千が法橋永尊と共に印刻流布せしめたもので、卷末に黑地に白字を以て左の刊記がある。

龍翔笑隱、百丈東陽、迺天下名師也、同時奉勅以重編校正百丈古淸規本、寔元朝叢林之盛典也、厥禮數顚末、便于觀覽者、智者東林兩本之所不及矣、予故募緣、繡梓于板、以廣其流通云了、

　　前眞如明千謹識

文和丙申王春初吉

　　法橋　永尊彫開

この刊記には、眞如寺刊行のことは明記してないが、古鏡明千が關係してゐるから、同寺の刊行と見て差支へなからう。古鏡明千は我が禪林に百丈淸規を行はしむるに力のあつた元僧淸拙正澄の弟子で、二十年間も元に留學した僧であるから、歸朝の際新に重編せられた勅修百丈淸規を齎らして、これを覆刻したものと想はれる。兎に角百丈淸規の刊行によつて、我が禪林の規矩は大に整つたのみならず、延いては武家の禮法にまで著しい影響を與へた。

龍翔寺は大應國師南浦紹明の創建した寺であつたから、旣に前代に於て、國師の師である虛堂智愚の語錄が刊行されたことがあつたが、この時代になつて、大應國師の語錄も亦鏤刻された。この書は國師の法孫たる滅宗宗興(圓光大照禪師)等の努力によつて、應安五年(一三七二)に開版せられたものである。(2)この他三會院では、首楞嚴經會解を開版した。この書は宋版の覆刻で、嘉慶二年(一三八八)に着手し、三年を經て康應二年(一三九〇)に成つたものである。(3)

以上述べた所はいづれも、開版した寺院の明かに知られてゐるもののみであるが、この他に開版した寺院の所在を詳にし難いものが尠くない。今序跋・內容等か

ら推して、京都の禪院に於て開版されたものと思考さるゝものを擧ぐれば、次の如くである。

感山雲臥紀談二册(4)　貞和二年(一三四六)刊

豐城曲江の感山雲臥菴主曉瑩の禪話を集めたものである。この刊本には界線なく、訓點送假名を施し、五山版としては珍らしい版式である。卷末刊記には、禪尼源性並に僧明起が財を捨てゝ鏤梓し、板を平岳自快菴に置いたとあるが、自快菴は何處にあつた寺か詳かでない。山城佛心寺(禪院諸山の一)の山號を平安山といふから、或は佛心寺の塔頭であらうか。この刊本が我が文化の普及から見て特記すべきことは、和點を施した刊本として、最も古いものゝ一であることである。

圓覺經二卷　觀應文和頃刊？

中巖圓月の東海一漚集に「刊圓覺經疏並序」に

此經上下二卷上卷竺仙和尙所書、既得鏤板、惟下卷未畢其功、仙既入滅、天章侍者欲纘斷緖、然刀筆之費、亦爲不少、玆製短疏、廣募緇林之篤志斯道者、終成美事、

この文によれば、元德元年(一三二九)に來朝した元僧竺仙梵僊が上卷を書して、既に鏤刻したが、下卷は未だその功を畢へなかつたから、貞和四年(一三四八)梵僊の寂後、天章侍者なるものが、廣く募緣してこれを開版したことが知られる。されば その鏤板の完成したのは、觀應・文和の頃かと想はれる。天章の事蹟は詳かでない。日本名僧傳に、天章號

た呆庵といふものが相國寺にあつて詩名あり、梅城錄の著作のあつたことが見えてゐるが、この天章と同一人であつたか明かでない。

鈍鐵集一册　延文頃刊?

鐵菴道生の詩文集である。鐵庵は大休正念の法を嗣ぎ、羽州の資福、博多の聖福、京都の建仁、鎌倉の壽福等に歷住し、文雅を以て著はれた僧である。本書には卷末刊記なく、その開版年代を詳にしないが、鐵菴の弟子禮智が入元して、元の至順四年(一三三三)雪峰(支那禪院十刹第七)の樵隱から得た跋文、至元二年(一三三六)育王(支那禪院五山第五)の正印から得た序文を載せ、また鐵菴の弟子石鱗が延文五年(一三六〇)建長寺の東陵永璵に請うて得た序文も載せてある。想ふに禮智がこれを印行しようとして、未だ果さなかつたので、石鱗がその志を繼いで、延文の頃刊行したものであらう。

范德機詩集七卷　延文六年(一三六一)刊

元の翰林院編修官であつた范椁字は德機の詩集で、延文六年の開版である。卷末刊記には「延文辛丑仲春命工刊行」とあるのみで、開版所・開版者等は詳かでない。

北磵詩集二册(5)　應安七年(一三七四)刊

宋都臨安の淨慈報恩光孝禪寺(支那禪院五山第四)の北磵居簡の詩集である。東福寺の夢巖祖應(勅諡大智圓應禪師)の跋文によれば、古巖峨並にその弟子周楨の努力によつて刊行されたものである。

歴代帝王編年互見之圖一册　永和二年(一三七六)刊

巻末刊記に、

永和第二丙辰季冬初絃重刊洛之大用庵

とあるが、大用庵は京都の何處にあつたか明かでない。

佛源禪師語錄一册　永和四年(一三七八)刊

巻末刊記に、

永和第四戊午半夏日釋仁到募緣重刊東山同源塔下

とあるが、仁到の事蹟も同源塔の所在も詳かでない。

全室和尙語錄三册　康曆永德頃刊？

巻之二の末に、比丘絶海助刊記がある。全室和尙といふのは、絶海中津が入明中師事してゐた杭州中天竺の季潭宗泐のことである。この書の刊行年代は明かでないが、絶海が永和四年(一三七八)歸朝の際將來して、間もなく開版したものなるべく、恐らく康曆・永德頃の開版であらう。

(1)　勅修百丈淸規序

(2)　附錄古刻書題跋集第二七〇參照

(3)　同第二一八參照

(4)　同第二一三參照

（5）同第二七三參照

第三章　地方禪院の開版

一　鎌倉禪院の開版

南北朝時代は、禪宗の興隆につれて、地方にも十刹・諸山などゝ呼ばれた禪宗の大伽藍が相次いで建立せられた。そして禪僧の住院は二三年を以て交代するを普通とし、中央から退隱して地方禪院に住するものあり、地方から出世して京都五山等の大刹を董するものあり、中央と地方との關係は頗る密接であつた。從つて京都に於ける開版事業の興隆は、地方禪院にまで影響を及ぼし、僻陬の地にあつても、なほ幾多の典籍が刊行せられた。

就中鎌倉は禪宗の一中心地であり、また前代から開版事業の盛んであつた餘勢を受け、來々禪子集・東山和尚外集・佛光國師語錄・金剛般若波羅蜜經・佛光國師眞如寺語錄など開版せられたものが尠くない。

來々禪子集は、元德元年（一三二九）に來朝した元僧竺仙梵僊の詩文集である。こ

の書は元弘元年(一三三一)梵僊が鎌倉建長寺にゐた頃開版したもので、梵僊自らその跋文を書いてゐる。(1)

東山和尚外集は、雪峯慧空禪師の外集である。 初め契充書記が刊行しようとして完成しなかつたのを、元圭首座がその後を承け、貞和三年(一三四七)に至つて刊行したものである。 當時鎌倉建長寺に住してゐた元僧竺仙梵僊が跋文を書き、刊行の由來を述べてゐる。(2) 刊行者たる契充は字を大虛といひ、元僧東明恵日の法を嗣いで、鎌倉圓覺寺に住し、元圭は字を方涯といひ、約翁德儉(佛燈國師)の法を嗣いで建長寺に住し、いづれも鎌倉にゐた僧であるから、この書も鎌倉に於て刊行されたものと思ふ。 なほ中巖圓月の東海一漚集には「開東山外集疏」といふ一文がある。この書を刊行した時のものであらう。 また同書には「化開大慧語疏」といふ一文もあるから、同じ頃宋僧大慧宗杲の語錄も開版せられたことであらう。

佛光國師語錄の卷末刊記には

此板留萬年山正續院　幹緣妙霖

とあり、僧妙霖が幹緣して開版し、鏤板を佛光國師(無學祖元)の塔所なる鎌倉圓覺寺

寺の正續院に留めて、流通せしめたものである。妙霖は字を雷峯といひ、鎌倉建長寺の樞翁妙環に參じてその法を嗣ぎ、鎌倉淨智寺に住した僧である。本書の刊行年代は明かでないが、妙霖は貞和・觀應頃の人であるから、この書もその頃の刊行であることは勿論である。

金剛般若波羅蜜經の開版に就いては、義堂周信の空華集に

重開金剛經板化緣偈頌幷敘

瑞鹿續燈禪庵所藏、金剛經舊板、乃本庵第一祖佛滿禪師書也、當甲寅冬版爲火所奪、而後於灰燼中、獲舍利如菽者無數、此蓋般若熏力、不可思議者也、三年歲直丁巳、師之徒惠從道人、發心化緣欲重繡梓以行於世、故命報恩比丘某甲、說偈代疏、遍于諸賢檀越、以集乃事、此去逢著知音、開顏一笑、則般若惠燈、增輝燦爛、續續無盡矣、偈曰、

般若薰陶弗可量　燼餘設利燦晶光　要識金剛元不壞　還須鏤版再宣揚

とあり、これによれば、鎌倉圓覺寺の塔頭續燈庵に於ては、第一祖の佛滿禪師大喜法忻の書いた金剛經が一旦開版されたが、應安七年(一三七四)の火災の爲めに、その鏤版を燒失したので、更に法忻の弟子惠從が永和三年(一三七七)に至つて開版したこ

とが知られる。

佛光國師眞如寺語錄は、佛光國師が宋の眞如寺に住してゐた時の語錄で、この書は佛光國寺語錄の一部として出版されたものか、或は眞如寺語錄のみを單獨に鏤版したものか明かでない。兎に角佛光國師には法孫に夢窓疎石の如き俊傑が出て、その法系は南北朝時代に最も榮えてゐたから、從つて語錄も數〻印行せられたが、この書はその一つである。卷末刊記には

嘉慶戊辰正脉守塔比丘周勛命工刊行

とあり、佛光國師の塔所なる正續庵の周勛なるものが、嘉慶二年(一三八八)に刊行したものである。

以上の他、至德二年(一三八五)版の八方珠玉集も亦恐らく圓覺寺の開版であらう。同書の卷末刊記に、

八方珠玉集、壇沒六十年、戮力以彫鐫、永置天池院、令法源流傳、至德乙丑歲仲秋良月天謹記之、

とあり、天池院といふ寺は、京都鎌倉五山の塔頭には見えてゐないが、圓覺寺の塔頭

に天池菴といふものがある。院と菴とは混用することが多いから、恐らくこの天池菴のことであらうと思ふ。

(1) 附錄古刻書題跋集第二〇一參照
(2) 同第二一六參照

二 各地禪院の開版

當時筑前の博多は日支交通の門戸をなし、年々歲々彼我來往の船舶の出入することが多かつた。そして同地方には聖福・承天・崇福・顯孝・妙樂寺など、十刹諸山など ゝ呼ばれた禪宗の大伽藍があり、入元僧は必ずこれ等の寺々に滯留して便船を覓め、歸朝したものも一旦こゝに足を留めるのを例とした。されば同地方は宋元文化の影響を受くることが最も多く、開版事業も相當に行はれたやうであるが、證徵すべき遺品に乏しく、十分これを明かにし難いのは遺憾である。

中巖圓月の東海一漚集に、

顯孝寺刊圓覺經、其功未畢重化檀那疏

至理無言、非言孰了深奧祕密微妙之義、大巧若拙、守拙豈審曲直方面形勢之宜、未忘

筌罤、敢廢刀筆、考工既得過半矣、策勳如未成全何、要參多寶如來、先見維摩居士、一印印定、印泥印水印空、萬行行圓、行靜行幻行寂、

といふ一文がある。これは博多地方に於て開版の行はれたこれを物語る唯一の資料である。この文によるに、豐後の大友貞宗(直菴)が再建した筑前多々良の顯孝寺に於て、圓覺經を開版しようとして未だ功を畢へなかつたから、圓月に依囑して疏を作らしめ、弘く募緣して開版したことが知られる。その刊行年代は明かでないが、圓月の自歷譜によるに、彼が元から歸朝して、顯孝寺に寓してゐたのは、元弘二年(一三三二)のことで、同寺には無隱元晦(入元して天目山の中峰明本の法を嗣ぐ)の住してゐた時であるから、(1)この開版もその頃のことゝ推定される。

博多と相並んで重要な貿易港であつた兵庫に於ても、開版事業が行はれた。即ち江戶時代に覆刻された佛燈國師(約翁德儉)語錄の卷末刊記によるに、この書は文和元年(一三五二)兵庫の福嚴寺に於て、元壽といふものによつて開版されたといふことである。福嚴寺は佛燈國師の法嗣柏岩可禪が創建し、國師を以て開山とした寺である。また開版者たる元壽は字を太虛といひ、佛燈國師の弟子で、入元して靈

石芝・月江印・竺田心等に謁し、佛燈國師の語錄を出して、これ等の諸師の題跋を請ひ、また杭州上天竺の悟庵講主に請うて佛燈國師の塔銘を需めて歸り、福嚴寺の第四世となつた僧である。(2)

また開版事業は、越前の寶慶寺、近江の大禪寺、武藏立川の普濟寺など、地方禪院に於ても行はれた。寶慶寺に於ては、同寺の曇希等の努力により、延文二年(一三五七)永平寺の中興義雲和尚語錄(3)が刊行された。一體唐樣版は京都・鎌倉の五山を始め臨濟系統の寺院で刊行されたものが最も多く、この書の如く曹洞系統の寺院で開版されたことは極めて稀である。近江の大禪寺では勝源といふものが願主となつて、永德三年(一三八三華嚴・大集・大品・法華・涅槃の所謂五部の大乘經二百卷といふ浩澣なものが開版されてゐる。(4)至德三年(一三八六)悅堂といふものが、その養母の三周忌供養の爲めに、五部の大乘經を印造して、備後の三谷郡元亨禪寺に安置したことが、義堂周信の空華集に見えてゐるが、或はこの大禪寺の摸板によつて摺寫したものかも知れぬ。(5)次に普濟寺に於ては、至德三年(一三八六)光信といふものが化主となつて、大方等大集經三十卷を開雕した。(6)

右の他永和三年(一三七七)版の寂室和尚(圓應禪師)語錄の卷末刊記には、

寂室和尚南遊之後、晦跡岩谷、與世邈如、謝遣人事、絕筆久之、晩年因衲子懇請、迫不獲已、往々一言半句、流落江湖、或爭暗誦、或私傳寫、烏焉之誤、蓋不亦少、恐其遺失、據本印行、不敢加損、望無差誤、

時永和丁巳冬節之前三日　　釋沙門性均謹白

とあり、康曆三年(一三八一)版の佛祖正法直傳の卷末刊記には、

康曆歲次辛酉仲春上澣　比丘宗光命工刊行

とあり、明德二年(一三九一)版の月菴和尙語錄の卷末刊記には、

明德二禩辛未七月二十五日　幹緣比丘　正鏡

とあり、いづれも刊行した寺院は明かでないが、寂室和尚語錄は寂室元光の剏建した近江の永源寺で刊行したものなるべく、佛祖正法直傳並に月菴和尚語錄は宗光(月菴)の開いた但馬の大明寺で開版したものであらう。

(1) 中巖圓月の東海一漚集には、多々良の顯孝寺で、無隱元晦に會した詩を收めてある。
(2) 文和元年版の佛燈國師語錄に就いては、新村出博士が嘗て「歷史と地理」第十三卷第

五巻に「兵庫の古版本に就いて」と題して述べられたことがあり、その文は同博士の「典籍叢談」中にも收められてゐる。
(3) 附錄古刻書題跋集第二三七參照
(4) 同第三〇〇參照
(5) 同第三一〇參照
(6) 同第三〇九參照

第四章　元の雕工と開版

一　元の雕工等の歸化

當時開版事業が頗る困難であつたに拘らず、京都・鎌倉の五山を始め各地の禪院に於て、幾多の典籍が相次いで開版せられたのは、禪宗が公武の厚き歸依を得て、比較的財政の豊かであつたことによることは勿論であるが、また一面元の優秀なる雕工が相次いで、我が國に渡來し、我が開版事業に盡したことも與つて力があつた。

正應二年(一二八九)三聖寺の開山東山湛照並にその徒師元が開版した雪竇明覺大師語錄第一冊の末に「四明徐汝舟刊」、第二冊の末に「四明洪擧刊」といふ刊記があり、

鎌倉時代の末期既に支那の雕工が渡來して我が開版事業に從事したことが想像される。その最も盛んであつたのは、南北朝時代のことで、唐様版の黄金時代は實に彼等の努力によつて、現出されたものといつても過言ではあるまい。前に述べた春屋妙葩の刊行した宗鏡錄は、實に百卷二十五冊に亙る大冊であるが、殆ど毎版心に雕工の名を刻んである。今卷を逐うて列擧すれば次の如くである。

第一卷	陳堯、堯、	第二卷	陳堯、堯、
第三卷	陳堯、堯、	第四卷	陳堯、堯、
第五卷	甸、陳堯、堯、	第六卷	從、付、陳、賁、
第七卷	甸、	第八卷	陳堯、李、康、成、
第九卷	堯、林、成、王榮、大、康、	第十卷	用、付、朱、李、太、成、堯
第十一卷	文、從、戎、	第十二卷	戎、從、
第十三卷	才、才從、從、	第十四卷	從、鄭才、丁、
第十五卷	從、丁、	第十六卷	從、堯、
第十七卷	堯、陳、付、生、仍、	第十八卷	從、生、仍、盛、和、生、
第十九卷	從、李、俊、陳、付、	第二十卷	從、林、俊、
卷二十一卷	立甸、甸、褒、李褒、	第二十二卷	用、才、
第二十三卷	曹安、安、昭才、才、褒、	第二十四卷	李褒、褒、昭才、

第二十五卷　甸、才、
第二十七卷　甸、從、
第二十九卷　甸、才、仲、陳仲、
第三十一卷　陳堯、堯、仲、
第三十三卷　祥、仲、
第三十五卷　從、褒、壽、
第三十七卷　祥、明、溢、
第三十九卷　祥、褒、明、
第四十一卷　祥、明、堯、才、溢、
第四十三卷　才、
第四十五卷　明、才、榮、
第四十七卷　壽、祥、明、
第四十九卷　祥、
第七十四卷　甫、
第七十七卷　甫、福、
第八十卷　甫、
第八十二卷　榮、
第八十九卷　甫、

第二十六卷　從、
第二十八卷　用、褒、
第三十卷　用、從、陳仲、
第三十二卷　從、才、
第三十四卷　從、才、祥、
第三十六卷　從、明、祥、
第三十八卷　仲、褒、祥、
第四十卷　從、祥、仲、榮、
第四十二卷　從、祥、明、溢、
第四十四卷　從、仲、邵 文、祥、文、明、
第四十六卷　祥、明、才、壽、
第四十八卷　祥、
第五十卷　明、
第七十五卷　甫、
第七十八卷　甫、
第八十一卷　甫、
第八十八卷　甫、
第九十一卷　甫、

第九十二卷　甫、良甫、榮、
第九十三卷　榮、良甫、
第九十四卷　榮、甫、良甫、
第九十五卷　榮、
第九十六卷　榮、
第九十七卷　良甫、
第九十八卷　孟榮、
第九十九卷　孟榮、良甫、榮、
第　百　卷　榮、

これ等の文字は、宋・元版に多くその例を見るやうに、雕工が各〻分擔して鏤刻したことを示すもので、符牒的に姓名の一二字を刻んだために、完名を詳にし難いものもあるが、以上の內重複したものを整理すれば、陳堯、立甸、才從、付、貲、李褒、康、成、林、王榮、夫、用、朱、邵文、尭、鄭才、丁、仍、盛、和、俊、曹安、昭才、陳仲、祥、壽、明、溢、孟、榮、良甫、福等凡そ三十餘人の名となる。　この他久原文庫藏本の禪林類聚の版心には「秀」「於」「朱」「肖」「木」「陳」「趙」「上」、宗門統要には「信」「希」「慶」と刻したものがあり、宮內省圖書寮藏本の密菴語錄の版心には、「天台周浩刊」「天台周浩」「浩」、王狀元集百家註分類東坡先生詩の紙端には「宋」「永」「良」、「中」「伯壽」など刻してあり、かういふ例はこの他にも少くない。　これ等の內には、原本たる宋・元槧本にあつたものを、そのまゝ刻んだといふ場合もあるであらうが、概ね當時我が國にあつて開版事業に與つた支那雕工の名なるべく、空華日工集應安三

年九月廿三日の條に、

唐人刮字工陳孟千、陳伯壽二人來、福州南臺橋人也、丁未年（〇貞治六年）七月到岸、大元失」國、今皇帝改」國爲」大明、孟千有」詩、起句云吟毛玉兎月中毛、

とある陳孟千・陳伯壽の徒であらう。宗鏡錄に見ゆる「壽」や、王狀元集百家註分類東坡先生詩に見ゆる「伯壽」は陳伯壽のことなるべく、また久原文庫に藏する大藏經綱目指要錄の卷末刊記には、

□□寺刊之大唐陳伯壽

とあるから、これも陳伯壽の手に成つたものに相違ない。また宗鏡錄に見ゆる良甫は、次に述べる兪良甫のことであり、孟榮は同書第百卷の卷末刊記に、

應安辛亥結制日　天龍東堂比丘春屋妙葩命工彫之　江南陳孟榮刊刀

とある陳孟榮に違ひない。彼等は元宋擾亂の爲めに、その職を失ひ、我が入宋僧などから、日本の開版事業が大に與らうとするのを聞いて、來朝したものらしく、その數も決して尠くなかつたものと思はれる。

支那雕工中、最も世に知られてゐるのは兪良甫である。今日彼の手に成つたも

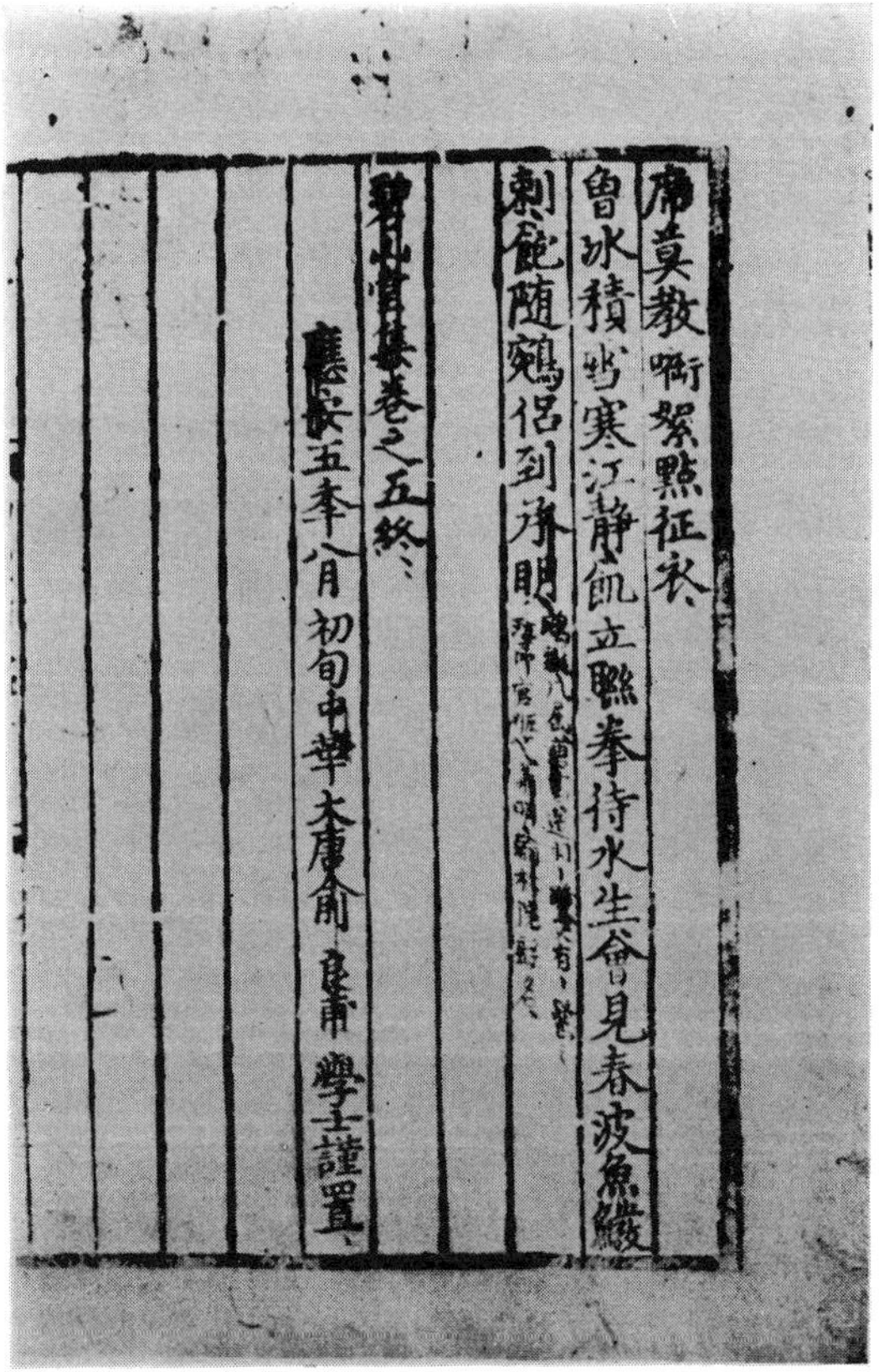
碧山堂集巻之五終
應安五年八月初旬中華大唐俞良甫學士謹置

俞良甫版碧山堂集　応安五年刊

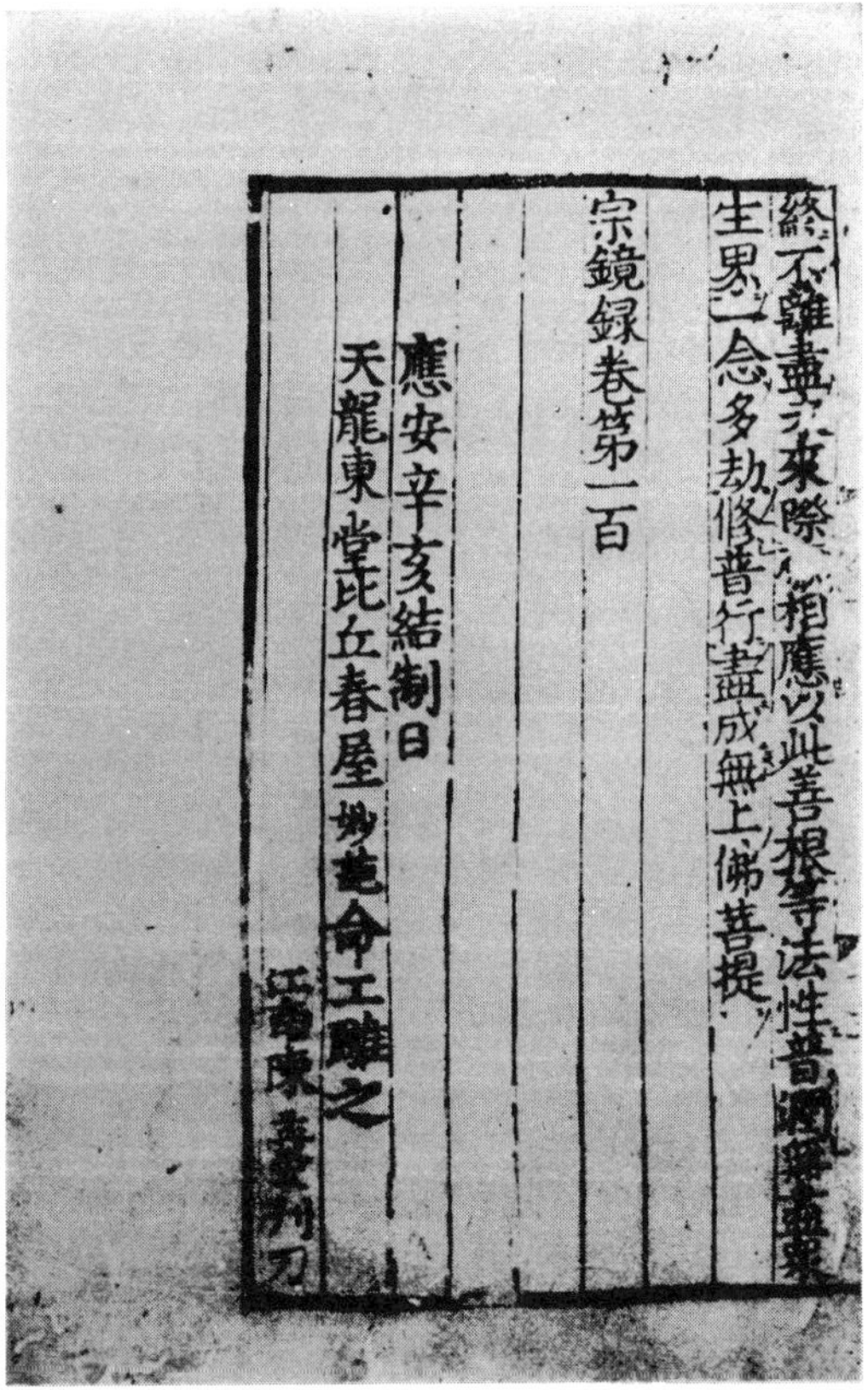
宗鏡録巻第一百
應安辛亥結制日
天龍東堂比丘春屋妙葩命工雕之

五山版宗鏡録　応安四年刊

のとして明徴あるものは、

月江和尚語録下集　二冊(1)　應安三年(一三七〇)刊

宗鏡錄　二十五冊　應安四年(一三七一)刊

碧山堂集　一冊(2)　應安五年(一三七二)刊

李善注文選　六十卷(3)　應安七年(一三七四)刊

傳法正宗記　六冊(4)　至德元年(一三八四)刊

新刊五百家註音辯唐柳先生文集(柳文)　二十冊(5)　嘉慶元年(一三八七)刊

般若心經疏　一冊(6)　應永二年(一三九五)刊

無量壽禪師日用清規　一卷　刊行年代不詳

の八部で、右の內宗鏡錄は前に述べた如く、春屋妙葩がこれを開版するに際し、他の三十餘人の雕工と共にそれに與つたものである。また無量壽禪師日用清規は、從來兪良甫の雕刊として、何人も注意しかつた所であるが、予が久原文庫本を調査せる際、同書の版心に黑字又は白字を以て「甫」「良甫」と刻したもの數枚あることを發見し、これによつて兪良甫の手になつたことを明かにしたものである。以上は卷末

刊記や版心の刻記によつて、明かに兪良甫の刊本として知らるゝものであるが、この他にも五百家註音辯昌黎先生文集(韓文)四十卷と春秋經傳集解三十卷とは、何等卷末に附刻はないけれども、その版式・書風・紙質等が新刊五百家註音辯唐柳先生文集(柳文)と相似てゐる所から、彼の手に成つたものと認められてゐる。經籍訪古志にも

兪良甫版月江和尚語録跋　(応安三年刊)

五百家註音辯昌黎先生文集四十卷 舊刊本

無序及跋文、編注名氏倶未詳、毎半板十行、行十六七字、注二十三字、不記刊行時月、然板式雅古絶與兪本柳文相類、前輩定爲二集合刻者、其説似是、但比柳文文字稍大、界欄亦小異、今行活字刊本以此本爲原、

春秋經傳集解三十卷　舊板覆宋大字本

毎半板八行、行十七字、注雙行、界長七寸、幅五寸、左右雙邊、攷此本蓋依蜀大字本重刊者、與李鶚本爾雅同種、其刻當在應永已前也、求古樓所藏本卷尾有文安年記、亦可以推知其刻時矣、活板諸本以此爲藍本也、

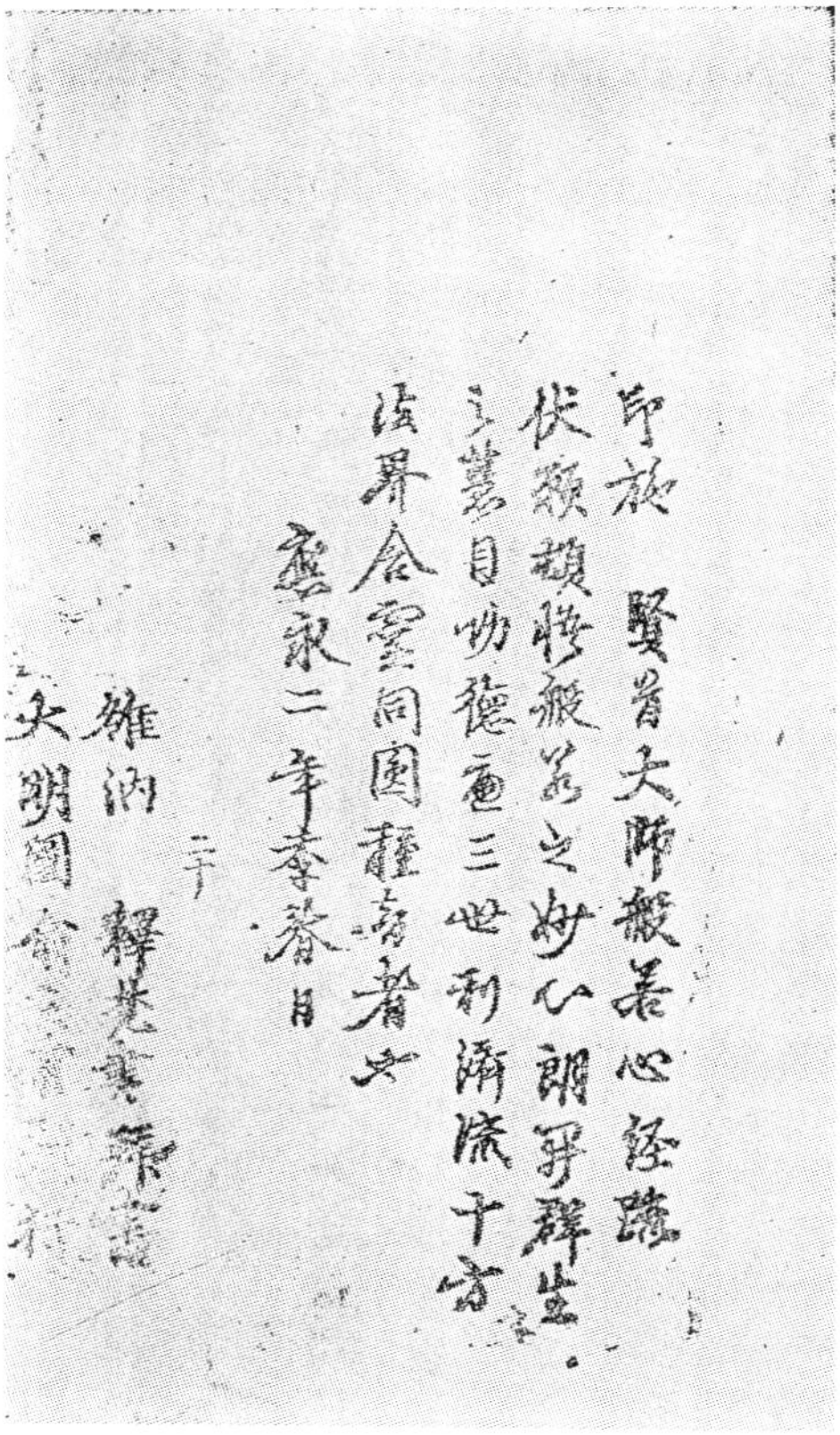
兪良甫版般若心経疏跋（応永二年刊）

とある。　李善注文選・傳法正宗記・唐柳先生文集等の卷末刊記によれば、彼は元の福建道興化路莆田縣仁德里の人で、應安三年（一三七〇）に月江和尚語錄下集を壽梓してゐるから、それ以前に於て來朝したことは勿論で、應永二年（一三九五）般若心經疏を刊行するまで、少くとも廿五年間は我が開版事業に盡したこ

とが知られる。そして宗鏡錄の如く他の依囑によるものもあるが、その他は概ね獨力を以て、刻苦雕刊したものである。このことは、李善注文選の刊記に「自」辛亥四月「起」刀至」今苦難始成矣」といひ、傳法正宗記には「憑」自己財物「置」板流行」といひ、唐柳先生文集には「幾年勞鹿至」今喜成矣」といつてゐることによつて、ほゞ想像せられる。亡命の一異客が、自己の財物を抛ち、辛苦勉勵して雕刊に從事し、我が文化の發達に寄與した功績は、永く記憶さるべきことである。

兪良甫雕造の典籍中、唐柳先生文集、昌黎先生文集、春秋經傳集解の三種は、普通五山版と稱するものとは、やゝ版式を異にし、世に博多版といはれてゐるが、その名稱の由來は詳かでない。當時博多は唯一の海外貿易港で、異朝の來客は必ず先づここに上陸するを例としてゐたから、兪良甫も來朝の當初に於ては、博多に居住して雕刊に從ひ、博多版の名稱が起つたのであらうとの解釋が下されぬこともないが、事實兪良甫開版の典籍には、概ね洛西嵯峨の寓居に於て雕刊したよしを記し、博多に於て開版した證左は全くない。想ふに當時博多は唯一の海外貿易港で、博多といへば直に支那を聯想する程であつたから、單に支那雕工の手に成つた刊本をば

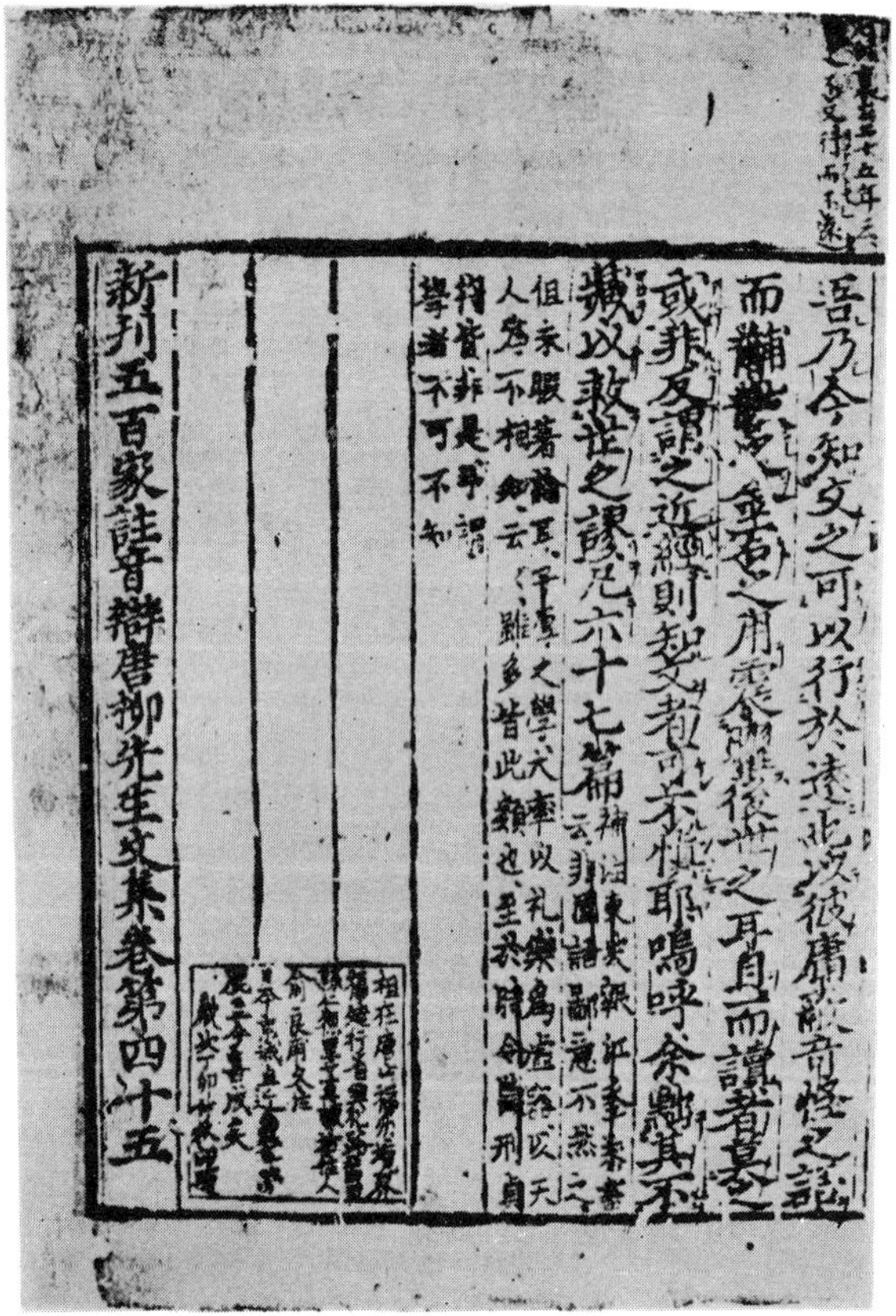

新刊五百家註音辯唐柳先生文集巻第四十五

俞良甫版新刊五百家註音唐柳先生文集　嘉応元年刊

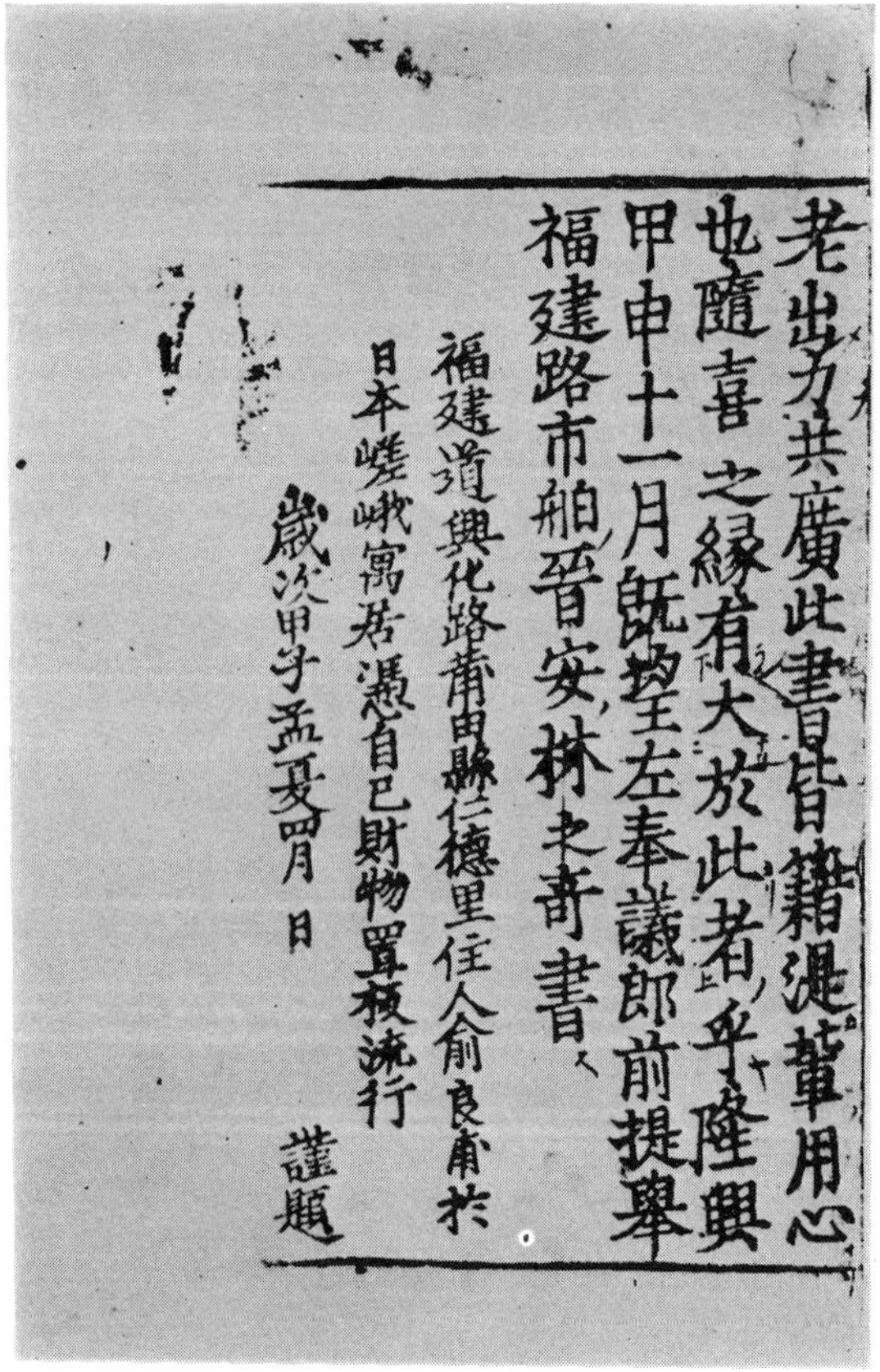

老出力共廣此書皆籍滙華用心
也隨喜之縁有大於此者乎隆興
甲申十一月既望左奉議郎前提擧
福建路市舶晉安林之奇書
福建道興化路莆田縣仁德里住人俞良甫於
日本嵯峨寓居憑自己財物置板流行
歳次甲子孟夏四月　日　謹題

俞良甫版伝法正宗記　至徳元年刊

博多版と唱へたに過ぎなかつたであらう。また博多版を一に堺版とも稱することのあるのは、文明以後堺港が遣明船の起帆地となり、博多に代つて、支那との關係が頗る密接となつたからであらう。(7)

兪良甫と並んで有名な元の雕工は陳孟榮である。彼が關與した刊本として明かなものは、第一に前節に述べた臨川寺版の禪林類聚で、同書目次の次に「孟榮刊施」といふ刊記があるによつて知られる。第二は前に述べたやうに、春屋妙葩が宗鏡錄を刊行するに際し、兪良甫等とこれに與つたことである。第三は應安七年(一三七四)に重新點校附音增註蒙求三卷(8)を刻んだ。この他に平石如砥禪師語錄を刻んだと記した書もあるけれども、著者は未だこれを見たことがない。

以上によつて朧げながら察せられるやうに、當時我が國にゐた支那雕工は兪良甫・陳孟榮等を始めとし、實に三十餘人の多數に達したらしい。そして兪良甫は福建道興化路莆田縣の人であり、陳孟榮は江南の人であり、陳孟千・陳伯壽は福州南臺橋の人であるといふから、彼等は概ね福州邊から渡來したものであらう。當時福州は我が商舶の屢〻來往した所で、元德元年(一三二九)元僧明極楚俊を迎へる爲めに

入元した文侍者の船や、康永三年(一三四四)秋大拙祖能が同志數十人と共に入元した時の船など、いづれも福州に赴いてゐる。(9) 彼等が相次いで來朝し、京畿地方に在つて、盛んに我が開版事業に盡したのは、應安を中心とする二三十年間で、當時春屋妙葩が天龍寺の雲居菴・金剛院などで刊行したものや、臨川寺版を始め五山の寺寺で開版せられた幾多の典籍は、概ね彼等の手に成つたものではあるまいか。南禪寺の大藏經中に康暦三年(一三八一)版の法苑珠林卷一百が混んじてゐるが、その刊記に

旹康暦三年仲春吉日　大唐江南　等刻板

とあり、これまた彼等の手に成つたものである。

(1) 附錄古刻書題跋集第二六三參照
(2) 同第二六八參照
(3) 同第二七五參照
(4) 同第三〇二參照
(5) 同第三一二參照
(6) 同第三二六參照

（7）拙著「日支交通史」下巻第九章第七節「日明交通路と警備」参照
（8）附録古刻書題跋集第二七六参照
（9）竺仙梵僊語録　大拙祖能年譜

二　出版書肆の先驅

從來我が國に行はれた開版事業は、佛教の經論章疏か、然らずとも禪籍語録などこれに準ずべき典籍に限られ、營利を目的としたものはなかつた。從つて開版費用の如きは、或は有力者の施財により、或は廣く助縁を募つたものであるが、この時代に入つては、射利を目的とする坊刻が行はれ、後世の出版書肆の先驅と認むべきものゝ出現したことは、相當注目に値することゝいはねばならぬ。

內閣文庫・宮內省圖書寮に藏する元槧本五十餘種に就いて見るに、某書院・某書堂の刻梓なることを刻印したものが甚だ多く、予の寓目したのみでも十餘種を數へることが出來る。今その書名と刻印とを示せば次の如くである。

山谷外集　至元二十二年（一二八五）刊

建安熊氏 萬卷書堂

王狀元集百家註分類東坡先生詩　至元二十三年（一二八六）刊

丙戌歲孟冬月 安正書堂新刊

集千家註杜工部集　至大元年（一三〇八）刊

雲衢會文堂 戊申孟冬刊

唐詩鼓吹　至大元年（一三〇八）刊

積善堂刊

分類補註李太白詩　至大三年（一三一〇）刊

至大庚戌余志安刊于勤有書堂

大廣益會玉篇　延祐二年（一三一五）刊

龍集乙卯菊節
圓沙書院新栞

四書章圖總要　至元三年（一三三七）刊

冨沙碧灣吳氏
德新書堂印行

至元歲次丁丑
菊節德新堂印

纂圖增新群書類要事林廣記　至元六年（一三四〇）刊

至元庚辰良月
鄭氏積誠堂

周易傳義附錄　至正九年（一三四九）刊

至正己丑廬陵
竹坪書堂新刊

故唐律疏議　至正十一年(一三五一)刊

崇化余志安
刊于勤有堂

増修互註禮部韻略　至正十五年(一三五五)刊

至正乙未仲夏
日新書堂重刊

大廣益會玉篇　至正廿六年(一三六六)刊

至正丙午良月
南山書院新栞

善本大字直音句讀孟子

沈氏尚德
書堂新刊

古杭沈氏尚德書堂印

楊子家藏方

阮仲猷刊于種德堂

新編類要圖註本草

建安余彦國
刊于勵賢堂

これによつて見るに、元代には、既に書院・書堂などゝ稱するものがあつて、營利を目的として、盛んに儒書・詩文集・醫書・字書等を刊行したことが知られる。そして我が國は何事も支那に模倣した時代であり、殊に兪良甫・陳孟榮以下三十餘人の雕工が元から歸化して、開版事業に從事してゐた時代であつたから、元に於ける書院・書堂に倣ひ、我が國に於ても、營利を目的とする開版事業の起るといふことは、極めてあ

り得べきことゝいはねばならぬ。

南北朝時代は、五山版の黄金時代で、諸禪院で開版した典籍の頗る多かつたことは事實であるが、若しこれを平均したならば、一年に一部か二部の開版に過ぎなかつた。されば、たゞこれだけの開版を以て、三十餘人の元の雕工等が生活を維持することの困難であつたことは察するに難くない。想ふに彼等は元に於ける書院・書堂の如く、禪籍・詩文集・儒書など、當時の讀書子に歡迎せらるべき典籍を選び、自らこれを開雕し、世の需要に應じて印摺し、板頭錢を得て生活の資に充てたものであらう。兪良甫が開雕した傳法正宗記の卷末刊記に、「憑自己財物置板流行」といへる、文は頗る簡單であるが、よく這般の事情を物語つてゐるものといふべきであらう。元の雕工等は單なる無學の工人のみではなく、兪良甫の如きは、碧山堂集の卷末刊記に自ら「大唐兪良甫學士」と稱してゐるほどであるから、相當の學問もあり、讀書界の傾向を洞察するだけの鑑識をそなへてゐたであらう。李善注文選の卷末刊記に、

文選之板、世鮮流布、童蒙不便之、福建道興化路莆田縣仁德里人兪良甫、頃得大宋古

亥先生之書、於日本嵯峨、自辛亥四月起刀、至今苦難始成矣、

とあるによつても、ほゞ推察し得らるる。されば彼の刊行したものは、月江和尚語録・碧山堂集・李善注文選・傳法正宗記・新刊五百家註音辯唐柳先生文集(柳文)・五百家註音辯昌黎先生文集(韓文)・春秋經傳集解など、いづれも當時の五山僧徒や、一般讀書子に歡迎された書のみである。

三　營利を目的とせる開版

南北朝時代營利を目的として、雕刊に從事したものゝあつたことは、應安の末頃に刊行された新撰貞和分類古今尊宿偈頌集によつて、明かに知ることが出來る。初め義堂周信が貞和年間に天龍寺に居つた時、童蒙の爲めに、宋元二代の耆宿の偈頌數千首を選んで編次し、これを貞和集と名づけた。空華日工集貞和三年の條に、

余在天龍、据摭宋元二代諸宿衲五七言絶句數千首、號曰貞和集、但應童蒙求而已、

とある。然るにその稿本は延文三年(一三五八)正月天龍寺の火災の際に燒失して終つたが、何人かこれを傳寫してゐて、坊間利を鬻ぐものが刊行した。これが卽ち新撰貞和分類古今尊宿偈頌集である。義堂は空華日工集永和元年四月十六日の

條に、この刊本を見たことを記して、

今此印本乃未刪以前稿本也、不知何處俗士鬻利者、妄寫且刊、

といつてゐる。されば此の書は永和元年(一三七五)以前に刊行されたことは勿論で、恐らく應安の末頃であつたらうと思ふ。これによつても、その頃坊間俗士の射利を目的として、典籍を刊行するもの丶あつたことは明かで、恐らく當時京都に居つた元の雕工等が、この種の典籍の我が禪林に汎く歡迎せられる丶ことを察して刊行したものであらう。併しこの刊本には脱漏誤謬が頗る多かつたから、義堂はこれを見て大いに驚き、更めて重編刊行しようと企て、嘉慶二年(一三八八)に至つて成つた。これ重刊貞和類聚祖苑聯芳集であることは、前に述べた通りである。

營利を目的として刊行されたものは、兪良甫等の開版した典籍や、こ丶に述べた新撰貞和分類古今尊宿偈頌集ばかりでなく、その他にも尠くなかつたであらう。東京岩崎文庫に藏せらる丶唐様版の江湖風月全集の如き、新撰貞和分類古今尊宿偈頌集と版式・書風・紙質など全く同じであるばかりで、脱漏誤謬の多いことまでも甚だよく似てゐて、刊行者も刊行年代も同じであることが知られるし、從つて營利

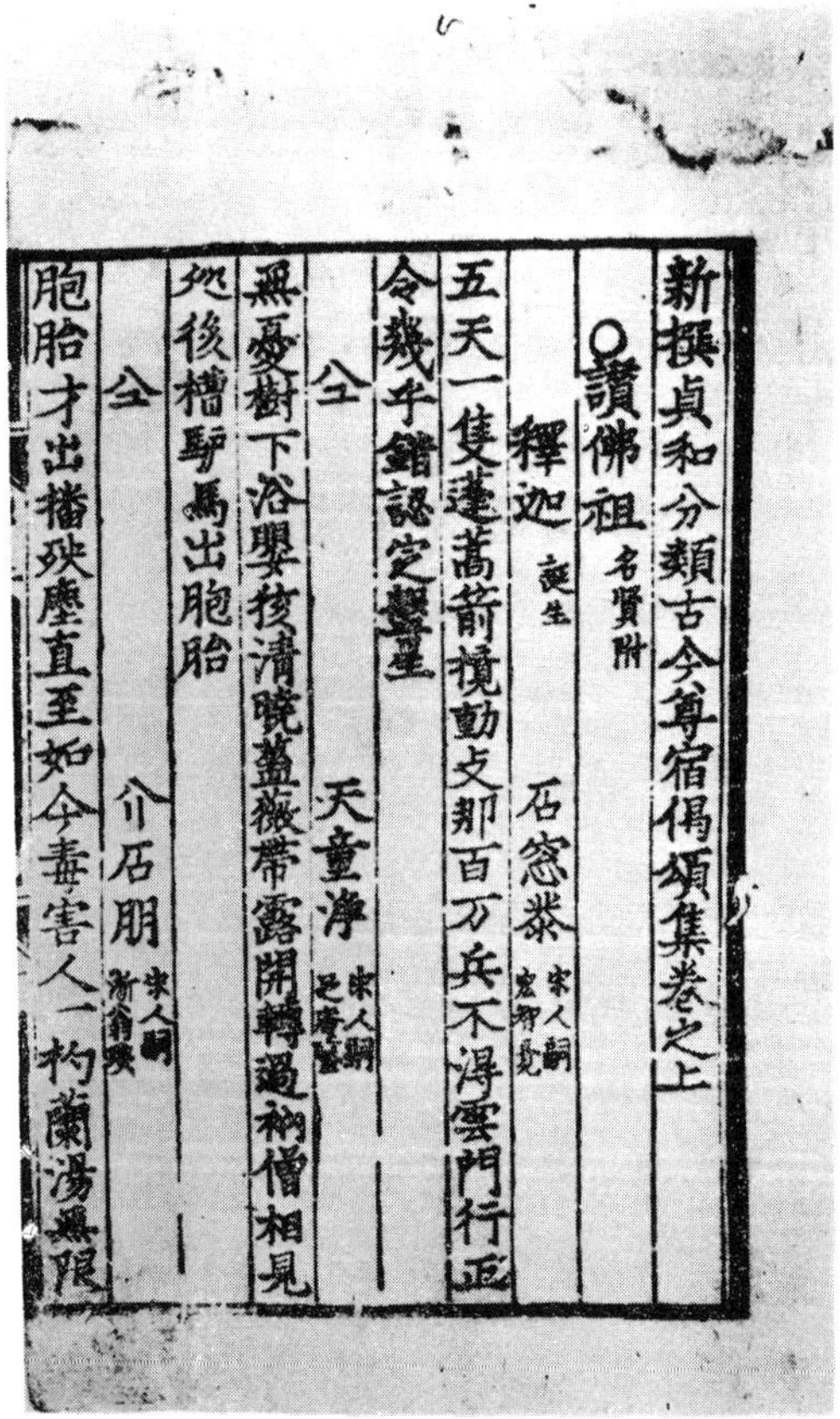

新撰貞和分類古今尊宿偈頌集巻之上
○讃佛祖 名賢附
釋迦 誕生　石窓恭 宋人嗣宏智覺
五天一隻蓮華箭攪動支那百万兵不得雲門行正
令幾乎錯認定盤星
仝　天童淨 宋人嗣足庵鑑
無憂樹下浴嬰孩清曉蓋薇帶露開轉過衲僧相見
処後槽驢馬出胞胎
仝　介石朋 宋人嗣浙翁琰
胞胎才出播殃塵直至如今毒害人一杓蘭湯無限

新撰貞和分類古今尊宿偈頌集

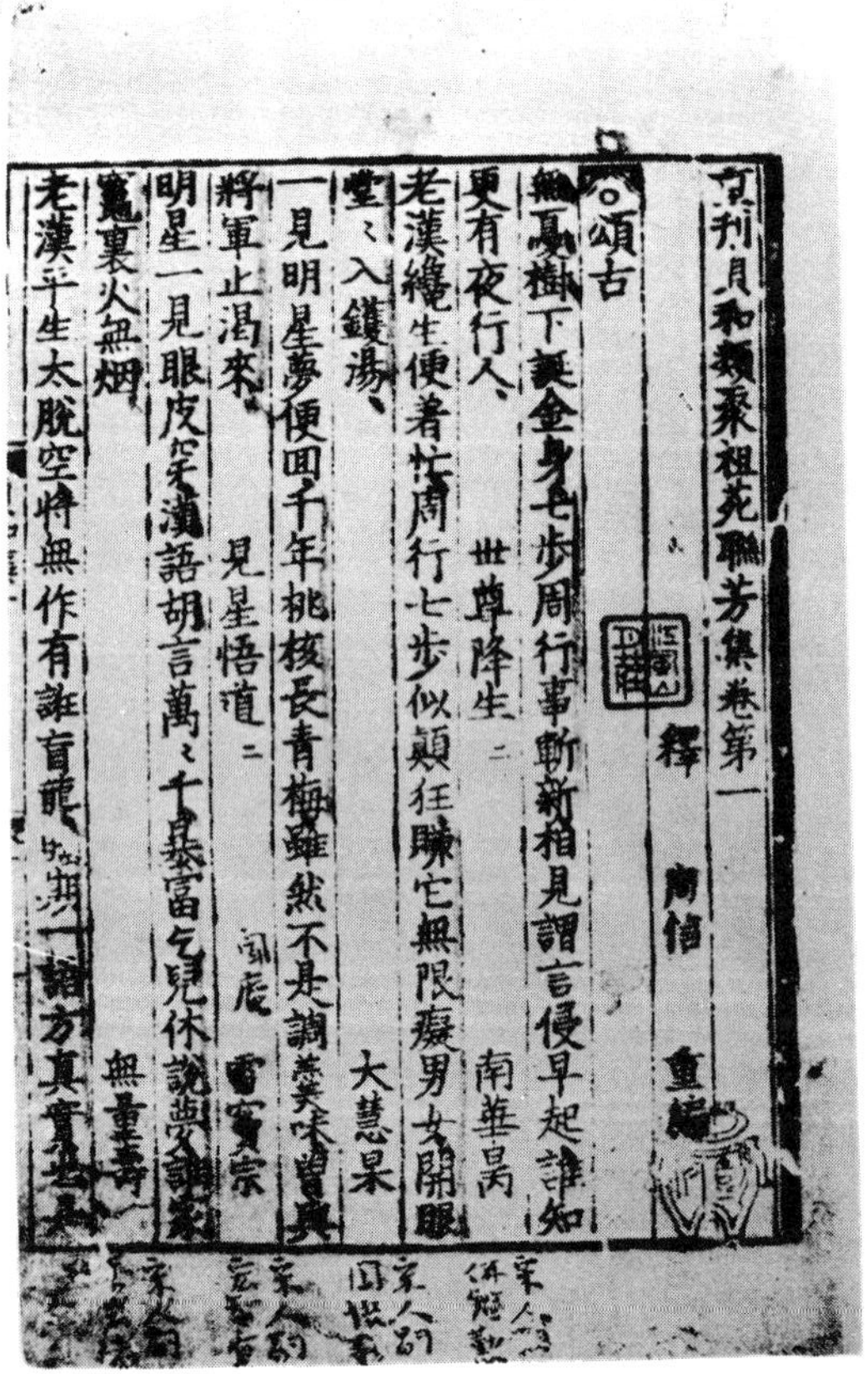

重刊貞和類聚祖苑聯芳集巻第一
釋　周信　重編
○頌古
無憂樹下誕金身七歩周行事斬新相見謂言侵早起誰知
更有夜行人　世尊降生 二　南華昺
老漢纔生便着忙周行七歩似顛狂賺它無限癡男女開眼
堂堂入鑊湯　大慧杲
一見明星夢便回千年桃核長青梅雖然不是調羹味曾與
將軍止渴来　見星悟道 二　訥庵　雪竇宗
明星一見眼皮穿漢語胡言萬萬千累富乞兒休說與謝家
籠裏火無烟　無量壽
老漢平生太脫空將無作有誑盲聾　一語方真實也未

五山版重刊貞和類聚祖苑聯芳集

を目的としたものであつたことも想像せられる。

この他、唐様版中、刊行者・刊行年代・藏版所等の詳かでないもの丶中には、この種の出版物が尠からず含まれてゐること丶思ふ。予が諸方の文庫・圖書館に就いて調査したところによるに、全く卷末刊記を缺くが爲めに、刊行の事情を詳にし難いものが甚だ多く、かれこれ百部にも及ぶであらう。それ等の中には坊間營利を目的として刊行したものが尠くなかつたこと丶思ふ。今唐様版にして卷末刊記を缺くものを列擧すれば、次の如くで、南北朝から室町時代にかけて、我が出版界や讀書界の傾向の一端を察知することが出來るであらう。

經・論・僧傳等

註菩薩戒經	三册	毎半版十行二十字	岩崎文庫藏
淨心誡觀本	二册	毎半版六行十八字	同
釋門自鏡錄	二册	毎半版十二行二十三字	同
隆興佛教編年通論	十册	毎半版十一行二十一字	岩崎文庫・久原文庫・圖書寮藏
翻譯名義集	七册	毎半版五行(注双行)二十字	同

釋氏要覽三冊　毎半版十四行二十二字　久原文庫藏
梵網經菩薩心地品戒疏三冊　毎半版十行十七字　同
妙法蓮華經句解卷第二一冊　毎半版八行（注双行）二十二字　同
佛祖歷代通載十一冊　毎半版十行二十字　同
僧寶正續傳一冊　毎半版十行二十字　圖書寮藏
新脩科分六學僧傳三十卷　毎半版十行二十字　京大圖書館・圖書寮・岩崎文庫・久原文庫藏
宗門統要三冊　毎半版十行二十字　久原文庫藏
嘉泰普燈錄三十卷　毎半版十行二十字　岩崎文庫・久原文庫・圖書寮・東福寺藏
人天寶鑑二冊　毎半版十行二十字　久原文庫藏
祖庭事苑四冊　毎半版八行（注双行）　同
枯崖漫錄一冊　毎半版十二行二十字　同
感山雲臥紀談二冊　毎半版十一行二十字　同
大光明藏三冊　毎半版十一行二十字　同
羅湖野錄二冊　毎半版十一行二十字　岩崎文庫藏

語録・清規等

松源和尙語録二册　每半版十行十九字　岩崎文庫・久原文庫藏

淸拙和尙語録一册　每半版十一行二十字　岩崎文庫・圖書寮藏

禪家四部録一册　每半版八行十八字　岩崎文庫藏

大慧普覺禪師宗門武庫一册　每半版十一行二十字　京大圖書館・岩崎文庫・久原文庫藏

大慧普覺禪師普說四册　每半版十一行二十字　岩崎文庫・久原文庫藏

大燈國師語録三册　每半版十一行十九字　岩崎文庫藏

佛鑑禪師語録一册　每半版十一行二十字　岩崎文庫・久原文庫藏

佛果圜悟眞覺禪師心要二册　每半版十一行二十字　岩崎文庫・久原文庫藏

佛果圜悟禪師碧巖録五册　每半版十一行二十一字　京大圖書館・岩崎文庫・足利學校遺蹟圖書館藏

佛智禪師語録一册　每半版十一行二十字　岩崎文庫藏

了菴淸欲禪師語録三册　每半版十二行二十四字　岩崎文庫藏

密菴禪師語録一册　每半版十一行二十字　京大圖書館・久原文庫・圖書寮藏

梵僊和尙語録四册　每半版十二行二十四字　圖書寮藏

佛國國師語錄一册　每半版十一行二十字　岩崎文庫・久原文庫・圖書寮藏
大川和尚語錄一册　每半版十行二十字　京大圖書館・久原文庫・圖書寮藏
古尊宿語要五册　每半版十二行二十二字　久原文庫・圖書寮藏
偃溪和尚語錄一册　每半版十一行二十字　京大圖書館・圖書寮藏
無門和尚語錄一册　每半版十行二十字　圖書寮藏
五味禪一册　每半版十行十八字　同
月江和尚語錄二册　每半版十行二十字　同
雲門匡眞禪師廣錄三册　每半版十一行二十字　久原文庫藏
黃檗山斷際禪師傳心法要一册　每半版九行十六字　同
虎丘和尚語錄一册　每半版九行十七字　同
高峯龍泉院因師集賢語錄三册　久原文庫藏
高峯和尚語錄一册　每半版十一行二十字　同
禪宗永嘉集一册　每半版八行(注双行)二十字　同
天目中峯廣慧禪師語錄一册　每半版十行十八字　同

天目中峯廣慧禪師廣錄	八冊	每半版九行十七字	同
洪覺範林間錄	四冊	每半版十一行二十字	同
新編林間後錄	一冊	每半版十一行二十字	同
希叟和尚語錄	一冊	每半版十行十八字	同
虛堂和尚語錄	三冊	每半版八行十七字	同
虛堂和尚後錄	一冊	每半版八行十七字	同
聖一國師語錄	一冊	每半版十一行二十字	同
笑隱和尚語錄	一冊	每半版十行二十字	足利學校遺蹟圖書館藏
運菴和尚語錄	一冊	每半版十行十八字	日本古刻書史所載
雲谷和尚語錄	一冊	每半版十行二十字	同
石谿和尚語錄	一冊	每半版十一行二十字	同
北磵和尚語錄	一冊	每半版十行二十字	同
一山國師語錄	一冊	每半版十一行二十字	同
興禪記	一卷	每半版十行十八字	同

續叢林公論一卷　毎半版十二行二十二字　同
禪門寶訓集二卷　毎半版十一行二十四字　同
勅修百丈清規一卷　毎半版十三行二十三字　同
幻住清規一册　毎半版十行十八字　久原文庫藏
叢林校定清規總要一册　毎半版十一行二十字　同
無量壽禪師日用清規一册　毎半版十行二十字　同

詩文集

清拙和尙禪居集一册　毎半版十一行二十字　久原文庫藏
禪儀外文集一册　毎半版十一行二十二字　岩崎文庫・圖書寮・京都兩足院藏
全室外集一册　毎半版十二行二十一字　岩崎文庫藏
北磵文集三册　毎半版十四行二十四字　岩崎文庫藏
雪岑和尙續集一册　毎半版十行二十字　圖書寮藏
竺仙和尙天柱集一册　毎半版十一行二十字　久原文庫藏
雪竇和尙明覺大師瀑泉集一册　毎半版十一行二十字　同

鐔津文集二十卷	每半版十行十八字	日本古刻書史所載
獨庵外集續槀五卷	每半版十一行二十一字	同
白氏文集七十一卷	每半版八行十六字	古文舊書考所載
藏叟摘槀一册	每半版十一行十八字	岩崎文庫・久原文庫藏
增註唐賢絕句三體詩法三册	每半版十行(注双行)二十二字	岩崎文庫・久原文庫・圖書寮藏
江湖風月集一册	每半版八行十七字	岩崎文庫藏
魁本大字諸儒箋解古文眞寶前集一册	每半版十一行二十一字	岩崎文庫藏
魁本大字諸儒箋解古文眞寶後集四册	每半版十一行二十一字	同
皇元風雅前集六卷	每半版十三行二十一字	京大圖書館・岩崎文庫・圖書寮藏
皇元風雅後集六卷	每半版十三行二十一字	同
山谷詩集注二十卷	每半版八行(注双行)十六字	岩崎文庫・久原文庫・圖書寮藏
集千家註批點杜工部詩集十二册	每半版十四行二十四字	岩崎文庫・圖書寮藏
集千家分類杜工部詩十五卷	每半版十一行二十一字	圖書寮藏
唐朝四賢精詩四卷	每半版十一行二十字	經籍訪古志所載

新板廣增附音釋文胡曾詩註一卷　每半版十行十六字 注單行二十字　同

新板大字附音釋文千字文註一册　每半版十行二十字　岩崎文庫藏

新芳薩天錫雜詩妙選稾全集一卷　每半版十行十八字　岩崎文庫藏

精刊唐宋千家聯珠詩格二册　每半版十行又は十一行　同

王狀元集百家註分類東坡先生詩二十五卷　每半版十一行（注双行）十九字　岩崎文庫・圖書寮藏

中州樂府一册　每半版十五行二十八字　岩崎文庫藏

聯新事備詩學大成五册　每半版十三行字數不定　同

冷齋夜話一册　每半版九行十八字　岩崎文庫・圖書寮藏

史書

唐才子傳十卷　每半版十二行二十二字　經籍訪古志所載

立齋先生標題解註音釋十八史略七卷　每半版十二行（注双行）二十四字　岩崎文庫・久原文庫藏

新編排韻增益事類氏族大全十卷　每半版十六行二十八字　岩崎文庫藏

歷代帝王紹運圖一册　每半版九行又は十行字數不定　同

分類合璧圖像句解君臣故事一册　每半版十行（注双行）十四字　岩崎文庫藏

儒書・醫書・字書等

音註孟子四册　毎半版十一行二十字　岩崎文庫・圖書寮藏
毛詩鄭箋二十卷　毎半版六行(注双行)十六字　經籍訪古志所載
爾雅三卷　毎半版八行十六字(注双行)二十一字　同
列子鬳齋口義二卷　毎半版十行二十一字　同
察病指南三卷　毎半版十行十九字　同
韻府群玉二十册　毎半版十行十五字　岩崎文庫藏
韻府群玉二十册　前書と似たるも毎半版十一行　岩崎文庫・久原文庫藏
增修互註禮部韻略五册　毎半版十一行　岩崎文庫藏
聚分韻略一册　毎半版十行　同

以上の中には書史等に著錄された珍書が少くないが、就中白氏文集七十一卷は、掖齋過言、況齋藏書解説、島田翰氏の古文舊書考等に載せられた稀覯書である。古文舊書考によるに、同書は石川丈山の詩僊堂から脱出して、狩谷掖齋・岡本況齋の插架を展轉流傳して、島田翰氏の手に歸したもので、左右双邊、毎半版八行、行十六字、字大

錢の如くであるといふ。卷末刊記を缺き、從つて刊行年代は詳かでないが、第十九・二十八・三十一卷に應安六年、永和元年の墨書があるから、それ以前のものであることは勿論で、第十三卷第五葉縫心下方に刻工王林の名が刻してあるから、當時我が國に居つた支那雕工等の手に成つたものであらう。掖齋過言に「白氏文集七十一卷、皇國貞和紀元刻云云」とあり、何によつて推定したか明かでないが、この說は當らずと雖も遠からざるものであらう。元和四年(一六一八)那波道圓の重刊した活字本は、この書を原としたものであるといふ。

第五章　武人の開版

一　經典の開版

武人の經典開版は、既に鎌倉時代より行はれ、秋田城介泰盛が高野山に於て、建治弘安年間に、大日經疏・不思議疏・金剛頂瑜伽經・蘇悉地羯羅經・大毘盧遮那經供養次第法疏など幾多の密敎經典を開版し、執權北條時宗が鎌倉に於て弘安年間に圓覺了義經を開版するなどのことがあつたが、(1)南北朝時代に入つてその風は益〻盛んと

なつた。蓋し建武以來戰亂が打續いて武人は平常殺傷を事としてゐたから、經典の開版によつて罪障を消除しようとしたからで、奈良朝以來悔過增益の大聖典として重んぜられた大般若經が數〻開版せられたのも、この理由に基くのである。

この時代武人の開版として、最も世に著はれてゐるのは、曆應二年(一三三九)武藏守高師直が罪障消滅の爲めに、首楞嚴義疏注經十帖を開版したことで、その卷末刊記に

師直熟思、今生僣尤不可勝計、矧是曠劫罪障何以消除、因玆謹開此直詮之板、以拔積業之根、所冀上報四恩、下資三有、同出妄想昏域、共入楞嚴覺場、

曆應二祼季春中澣武藏守高師直眞敬誌

とあり、以てその開版の趣旨を窺ふことが出來る。

師直の首楞嚴義疏注經に次いでは、足利尊氏の開版した大般若波羅蜜多經六百卷で、その卷末刊記には、

大般若經一部　六百卷

爲宿願開板畢

観應三年九月十五日

正二位源朝臣尊氏

とある。但しこゝに「開版」といふのは、全く新らしく鏤板を雕刻したといふのではなく、もとからあつた鏤板によつて印摺したことを意味したものである。このことは大般若經の本文と右の巻末刊記との書風や印摺の相違を比較すれば、ほゞ推察し得らるゝ所である。(2) 尊氏は舊鏤板を用ひて、幾部かを印摺せしめ、これに右の刊記を追刻せしめて日頃尊崇せる大社・大寺に施入したものらしく、古經題跋には鶴岡八幡宮や鎌倉圓覺寺に右の刊記を有する大般若經が藏せられてゐることを採錄し、宮崎成身の視聽草には、甲州都留郡岩殿村岩殿權現別當常樂院にも尊氏の納めた大般若經のあることを記載し、京都久原文庫には同大般若經巻第四百四十四を藏してゐる。

關東管領左馬頭足利基氏も、父尊氏に倣つたものであらう。文和二年(一三五三)九月廿二日に大般若經を開版した。古經題跋に鶴岡八幡宮や鎌倉圓覺寺所藏の大般若經に、

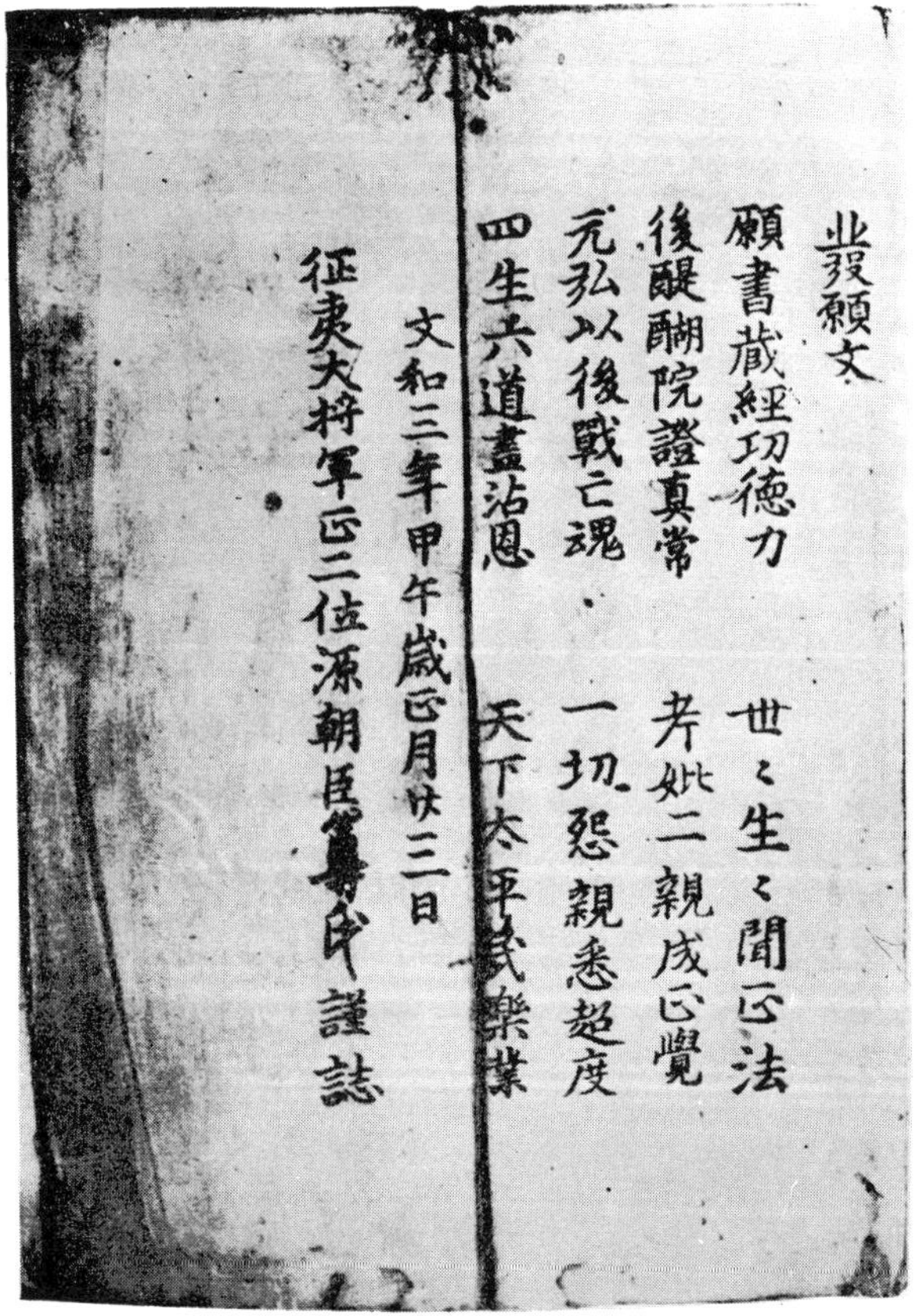

跋願文
願書蔵経功徳力　世々生々聞正法
後醍醐院證真常　考妣二親成正覚
元弘以後戦亡魂　一切怨親悉超度
四生六道霑恩　天下太平民楽業
文和三年甲午歳正月廿三日
征夷大将軍正二位源朝臣尊氏謹誌

足利尊氏大般若経願文　文和三年印摺

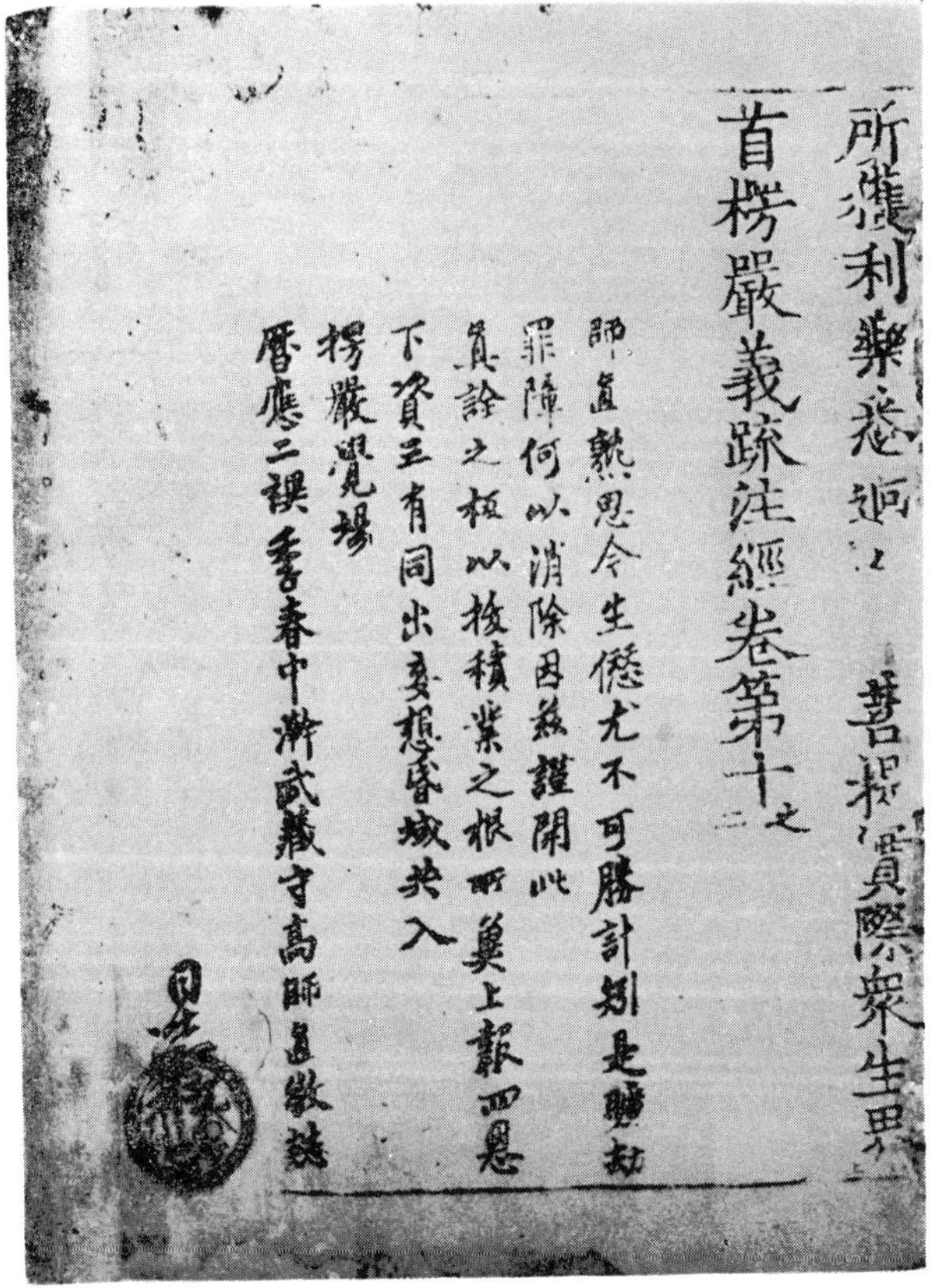

所獲利楽廻向之　普及眞際衆生界
首楞厳義疏注経巻第十之二
師直黙思令生愆尤不可勝計別是聴劫
罪障何以消除因茲謹開此
真詮之板以抜積業之根所冀上報四恩
下資三有同出妄想昏城共入
楞厳覚場
暦応二禩季春中澣武蔵守高師直敬跋

高師直開版首楞厳義疏注経　暦応二年刊

文和二年九月廿二日　　左馬頭源基氏

といふ跋文のあることを記し、日本古刻書史にも、

大般若波羅蜜多經　六百卷

文和二年九月廿二日

爲宿願開板畢

左馬頭源基氏

といふ跋文を採錄してゐる。そしてこの開版も亦尊氏の場合と同じく、單に印摺したことをいつたものである。なほ日本古刻書史には、

大般若波羅蜜多經　六百卷

爲宿願開板畢

延文二年十一月廿一日

參議左近衞權中將源義詮

源氏女如春

といふ跋文を載せ、延文二年(一三五七)十一月廿一日に、二代將軍義詮も亦大般若經を開版したらしく思はれるが、宮內省圖書寮に藏する大般若經卷第十五の跋文に

は、

参議左近衞中將源義詮
源氏女如春
大般若經一部　六百卷
爲宿願開板畢
文和二年九月廿二日
左馬頭源基氏

とあり、文和二年に基氏が義詮並に如春の爲めに開版したのを誤り傳へたのではないかとも想はれる。されば日本古刻書史が何によつて右の跋文を採錄したか、なほよく調査研究する必要がある。

尊氏・基氏等の開版は、舊鏤板によつて印摺したに過ぎなかつたが、全く新らしい鏤板を開雕したものに、佐々木氏賴(法號崇永)がある。久原文庫に藏する大般若經第六百卷の卷末刊記に、

開版比丘尼義選

大般若波羅蜜多經卷第六百

此經板喜捨施入

江州佐々木新八幡宮專

爲上酬四恩下資三有無

邊法界廣大流通者

康暦元年己未八月七日

幹緣比丘勝源

願主當國太守菩薩戒弟子崇永

とある。（3）これによれば、佐々木氏賴が願主となり、僧勝源が幹緣比丘となつて、廣く助緣を募つて開版したもので、氏賴は應安三年（一三七〇）六月、三十五歳を以て卒してゐるから、その完成したのは、彼の歿後凡そ十年を經過した康暦元年（一三七九）八月のことであつたことなどが知られる。そして「此經板喜捨施入江州佐々木新八幡宮」とあるから、舊鏤板によつて印摺したのではなく、新に鏤板を開離して佐々木新八幡宮に施入したものである。「大般若波羅蜜多經卷第六百」の前に「開板比丘

尼義選」とあるのは、幹緣比丘勝源の募緣に應じて、第六百卷の開雕の費用を喜捨したことを示したもので、

第二三六卷　第三〇四・三〇五・三〇六卷　第三五一卷
開板　蓮性　源滿房　沙彌照禪

第三五三卷　第三五五卷　第三六六卷
尾張守源義滿　左衞門尉源則光　開板　源康春

などあるのも同樣であらう。

また豐後の守護大友貞宗(直菴)は、生前に法華經を開版して、二千部といふ多數を印施したことがある。このことは義堂周信が貞宗の七周忌の供養に際し、上野金剛寺に於て觀世音を慶讃して陞座した語に、

惟直菴居士、宿殖德本、修諸善根、財施法施左之右之、建接待也、割腴田以供十方雲水之僧、永永弗絕、刊法華經也、各印一本、以施二千淸淨之衆、展轉無盡、此經中云、若自書、若敎人書、是人功德無量無邊、能生一切種智、又佗經說云、若人紙墨自書、若令人書寫如來正典、然後與人令得讀誦、是謂法施矣、居士旣印施二千部、則此功德莫大焉、(4)

とあるによつて明かである。その年代は明かでないが、恐らく延文・貞治の頃であつたらうと察せられる。そして二千部も印施したといふから、何處かにその遺物が現存してゐると思はれるが、著者は未だこれを見たこともないし、またこのことを記載したものを見たこともない。

なほ法華經の開雕に就いて看過し難いのは、約齋道倹なるものが、法華經音訓並に和點法華經を開版したことである。法華經音訓は頗る大型の大字本で、その跋文の末に、

旹至德丙寅佛成道日河北善法精舍住持心空謹誌

左京兆通儀大夫約齋道倹化淨財命工刊行

幹緣　　行西

とある。これによれば至德三年(一三八六)約齋道倹なるものゝ施財により、行西なるものが幹緣して開版したものであることが知られる。約齋道倹の事蹟は詳かでないが、通儀大夫(通議大夫の誤)といへば、正四位下の唐名であるから、相當地位のあつた武士であらう。その本名は明かでないが、道倹は入道してからの法諱で、約

齋は禪に參じて師家から授けられた居士號であらう。(佐々木氏賴が入道して崇永といひ、雪江と號し、雪江崇永といつたのと同じ類であらう)宮内省圖書寮や久原文庫に藏する密菴禪師語錄(刊行年代不詳、左右双邊每半版十一行、行二十字)の卷末刊記に、

參學約齋居士助錢一佰貫開板

とある約齋居士も同一人なるべく、禪宗に深い關係のあつた人であらう。

次に和點法華經は、嘉慶元年(一三八七)に善法寺の心空(法華經音訓跋文の撰者)が校定し、祥英なるものが繕寫し、約齋道儉が刊行したもので、その遺品は現存するかどうか明かでないが、應永五年(一三九八)に覆刻したものは、近江坂田郡長濱町八幡宮に藏せられてゐる。(5) その跋文に云く

法華經倭點者、盖爲本國僧俗男女、至于竈婦販夫、未通漢音者、而所設也、詳夫以倭字翻漢語、猶以西天梵音、而譯東土唐言、其音字雖似別法義則大同矣、而又倭字俗謂之假名字、經曰但以假名字、引導於衆生、是乃約齋居士不壞假名而談實相、所以流通倭點者歟、若復有人手不執卷、常誦是經、則居士捨財鏤版厥功也不虛矣、居士法諱道儉

約齋其號、嘗自製十願文、誓施世法二藥、以治一切衆生身心二病云、嘉慶初元丁卯佛成道日、空華道人爲約齋請、隨喜而題　周信　義堂

善法住持沙門　心空校定

東山隱衲　釋祥英繕寫

約齋居士　道儉募緣刊行

旹應永戊寅之歲比丘靈昊

化緣重刊板置慧峰龍吟庵

この跋文は、南禪寺の空華道人義堂周信の撰した所であるが、彼の詩文集たる空華集には載せてない。最後の「旹應永戊寅之歲云々」の二行二十二字は、書風も幾分異つてゐるから、應永五年覆刻の際に追刻したものと見るべきであらう。そして原刻から僅に十一年を隔てた應永五年に重刻したのは、建仁寺版の景德傳燈錄や、東福寺版の元亨釋書の例に見るやうに、兵火などに罹つたが爲めであらう。この刊本に就いて特に注意すべきことは、その跋文にも見えてゐる通り、僧俗男女、竈婦販夫に至るまで、漢音に通せないものゝ爲めに、特に和點卽ち返り點送り假名を附し、

難解の漢字には和譯の振假名をも附してあることである。一體漢文に返り點を附けることは、既に奈良朝から行はれた所であるが、加點といふことは、元來自家の備忘の爲めで、他人に示すべきものでないとせられ、學者は夫々讀法を祕し、門弟とならなくては、みだりにこれを授けることのなかつた時代である。されば加點本を刊行するが如きことは、殆どその例のなかつた所であるのに、こゝに和點法華經の刊行されたといふことは、黑谷上人語燈錄(元亨元年刊)、夢中問答(康永三年刊)、鹽山和泥合水集(至德三年刊)など假名交り書の刊行と共に、佛敎の民衆化、文化の普及から見て注目すべきことである。

(1) 第三篇第二章第一節及び第六章第二節參照

(2) 中村直勝氏も「南北朝時代の出版事業」(南朝の研究所收)中に、このことに論及されてゐる。

(3) 近江樹下神社藏大般若經にも同じ刊記があり、訪書餘錄・日本古刻書史にも同じ刊記が收錄してある。

(4) 義堂和尙語錄

(5) 近江坂田郡長濱町八幡宮に藏せられてゐる和點法華經に就いては、禿氏祐祥氏の

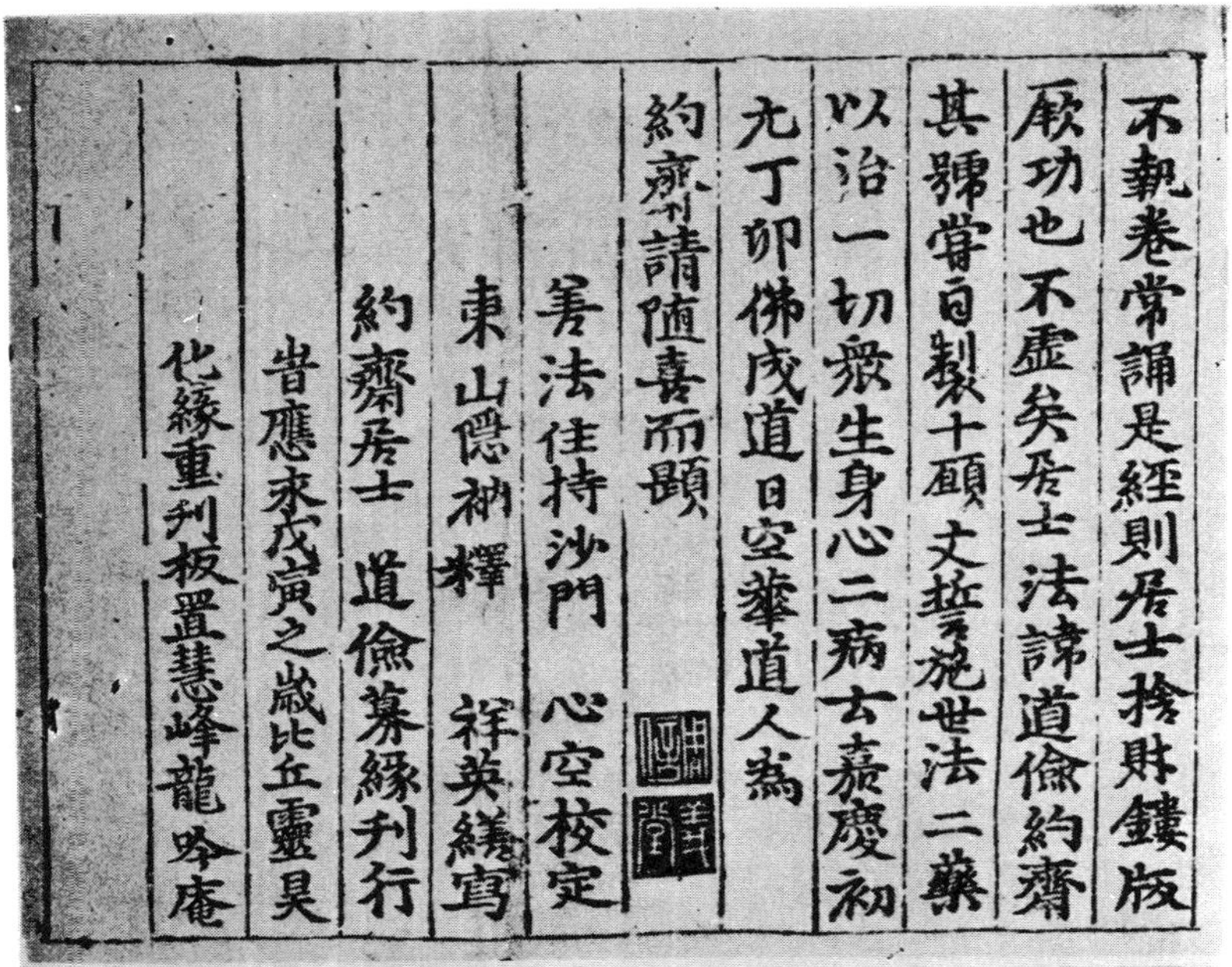

不覩巻常誦是經則居士捨財鏤版
厥功也不虚矣居士法諱道儉約齋
其號曽自製十願文誓施世法二藥
以治一切衆生身心二病去嘉慶初
九丁卯佛成道日空華道人爲
約齋請隨喜而題
善法住持沙門　心空校定
東山隠衲　祥英繕寫
約齋居士　道儉募縁刊行
旹應永戊寅之歳比丘靈昊
化縁重刊板置慧峰龍吟庵

五山版和点法華経　応永五年刊

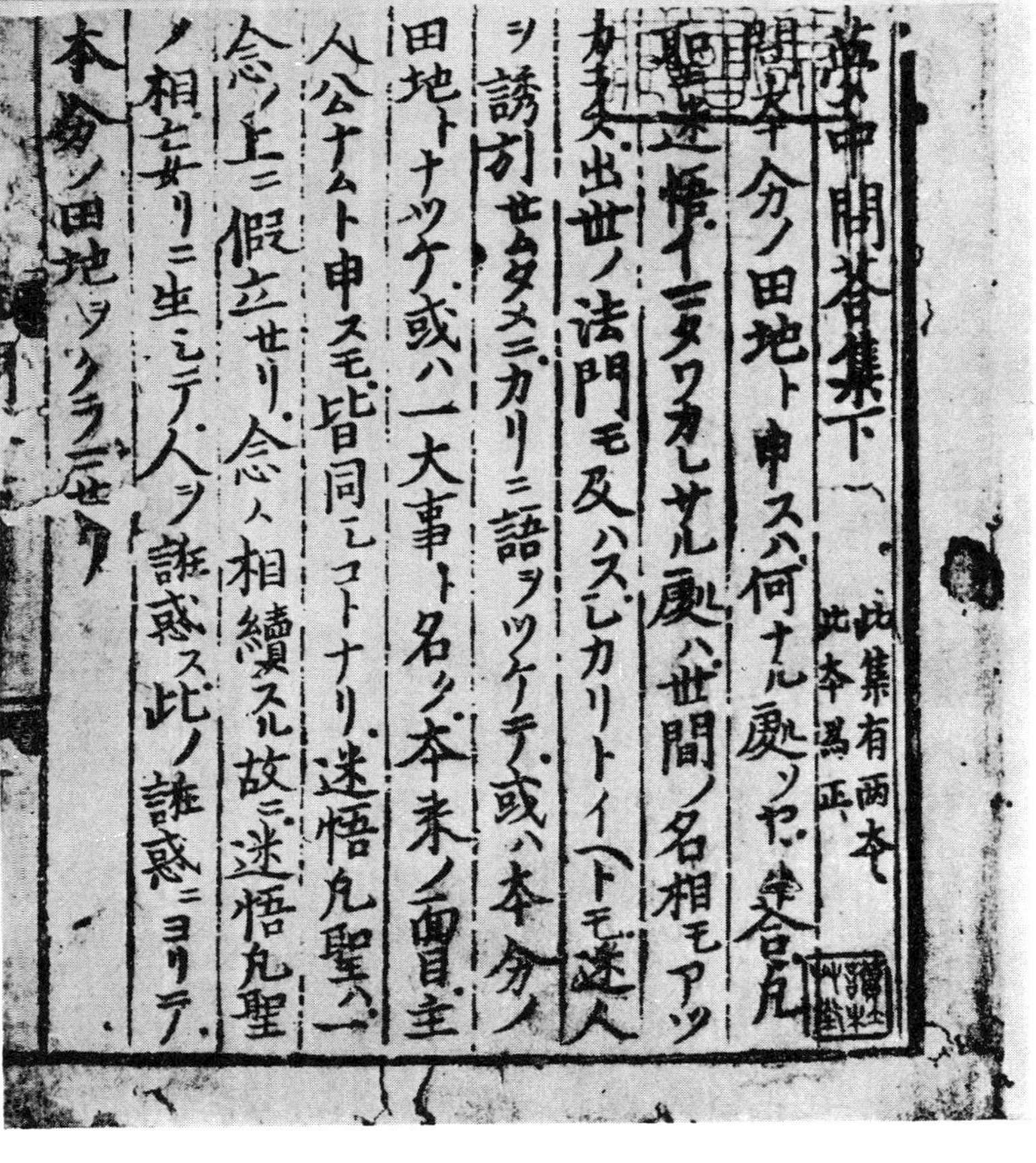

夢中問答集下　此集有両本 此本為正
問。本分ノ田地ト申スハ何ナル處ソヤ。答。凡
聖迷悟イマタワカレサル處ハ。世間ノ名相モアツ
カラス。出世ノ法門モ及ハスヘカリトイヘトモ。迷人
ヲ誘引セムタメニ。カリニ語ヲツケテ。或ハ本分ノ
田地トナツケ。或ハ一大事ト名ク。本来ノ面目。主
人公ナムト申スモ。皆同シコトナリ。迷悟凡聖ハ。一
念ノ上ニ假立セリ。念々相續スル故ニ。迷悟凡聖
ノ相モミタリニ生シテ。人ヲ誑惑ス。此ノ誑惑ニヨリテ
本分ノ田地ヲクラマセリ

五山版夢中問答　康永刊

詳細な研究報告が「歴史と地理」第十六巻第四號に載せてある。

二　禪籍の開版

南北朝時代は、足利將軍を始め、武士の禪法に歸依するものが多く、彼等の中には、禪僧と相伍して熱心に參禪辨道するものもあつた。從つて彼等が日頃師事する禪僧の語錄を開版し、或は禪籍開版に助緣するなどのことがあつた。就中大高伊豫守重成(海岸居士と稱し、足利尊氏に仕へ、よく五尺六寸の太刀を用ふるを以て名のあつた武士である。)が天龍寺の開山夢窓國師の夢中問答を開版したことは、最も著名である。夢中問答は夢窓國師が足利直義の質問に答へ、片假名交り文を以て、平易に禪法を說いたもので、恐らく片假名交り版本中最も古いものゝ一つであらう。南禪寺の竺仙梵僊の康永元年(一三四二)の跋文並に同三年の再跋を載せてある所から考へるに、康永中開版されたものであらう。康永元年の跋文に云く、

一日、等持古先禪師(〇古先印元)携此帙、以示余曰、此乃左武衛將軍古山大居士(〇足利直義)久參夢窓國師、問答之語、茲欲方便引導一切在家出家、或女流等志於道者、或有學無學使其便於觀覽之故、乃以日本字書所謂假字者繕之、目曰夢中問答、國師之參學在家

弟子大高伊與太守者(重成〇大高)以鏤版、爾宜著語、爲證明歟、…(下略)(1)

時康永元歲在壬午重陽後十日　中華沙門梵僊書于南禪方丈

また康永三年の再跋に曰く、

(上略)…乃欲刊之也、始則國師不許、高(重成〇大高)曰、或未始有此寫本則已、既有之、而人々遞相抄錄、不啻烏焉成馬、毫厘有差、天地懸隔、否則展々轉々、以誤傳誤、而又誤本各相不同、則乃人々疑惑、莫知所歸、本欲利人、奈何反誤人哉、然固是作、始爲左武衞將軍一人酬答而已、不爲它人也、譬如佛說一代時敎、雖一時說、皆爲後世及無邊衆生耳、如不結集、而又安有今日哉、於是國師然其說、故刊之、由是人皆知歸安行大道、不復忘趍邪徑也、…(後略)(2)

甲申十月初八日　寓南禪東堂之東軒　梵僊再跋

この跋文によれば、夢窓國師參學の俗弟子大高重成が僧俗を問はず、無學と有學とを論せず、道に志あるものゝ觀覽に便せんが爲めに、刊行したものである。初め夢窓はたゞ足利直義の爲めに酬答したもので、餘人の爲めでないといつて、容易にこれが刊行を許さなかつたが、人々がいつしか轉々傳寫抄錄して、遂に誤謬を傳ふる

に至り、かくては人を誤るものであるとて、その刊行を許したことが知られる。本書には二版ある。一は單郭有界十行の大字本で、他は單郭無界十六行の小字本である。そして小字本には

此版留在行道山淨因禪菴常住公用

といふ刊記がある。いづれが先きに刊行されたか、容易に斷定し難いが、恐らく康永に刊行されたのが大字本であつたであらう。そして小字本はその後になつて、人々の携帶に便ならしめんが爲めに、下野足利の行道山淨因菴に於て開版されたものであらう。なほ注意すべきことは、兩書ともに卷頭に、

此集有兩本此本爲正

といふ刊記のあることである。想ふに夢中問答は、當時朝野の尊信を一身に負うてゐた夢窓國師の名著であり、殊に禪書としては珍らしい假名交りの平易な書で、廣く世に歡迎されたであらうから、坊間射利を事とする輩がみだりにこれを刊行したのであらう。そしてその書には誤謬が少くなかつたから、それと區別するために特に斯樣な文句を刻んだものではなからうか。

夢中問答に次いでは、前若狹守平正俊なるものが、貞治二年(一三六三)月林道皎(勅諡普光大幢國師)の語錄を刊行した。(3) 月林道皎は元亨二年(一三二二)に入元し、金陵鳳臺の古林淸茂の法を嗣ぎ、元德二年(一三三〇)に歸朝して、京都に大梅山長福寺を開き、花園上皇の御歸向を得て、屢〻宮中に於て法要を說いた僧である。正俊は恐らく月林に參じた武士であらう。

この他前に述べた延文二年(一三五七)版の義雲和尙語錄は、野州太守藤原知冬の發願により、(4)同三年(一三五八)重刊の景德傳燈錄は、楠正儀・佐々木氏賴(雪江寺殿崇永)等の助緣により、(5)貞治四年(一三六五)春屋妙葩の跋文ある夢窓國師語錄並年譜は、夢窓の俗弟子なる藤原公德叟居士なるものゝ努力によつて開版せられたものであるなど、(6)斯くの如き例は頗る多かつたものゝやうである。

(1) 附錄古刻書題跋集第二一〇參照
(2) 同
(3) 同第二四四參照
(4) 同第二三七參照
(5) 同第二三八參照

(6) 同第二四八參照

三 儒書の開版

この時代の開版として最も異彩を放つてゐるのは、正平十九年(一三六四)に開版せられた論語集解十卷である。この書は世に正平版論語と呼ばれ、當時の出版界に極めて稀なる儒書であることや、その書風が雄勁にして奇古、六朝石經の風を帶べることなどによつて、夙に世の注目を惹き、愛書家・好事家等の間に頗る珍重せられてゐるものである。この書には三種ある。第一は世に二跋本といはれ、第十卷末に、

堺浦道祐居士重新命工鏤梓

正平甲辰五月吉日謹誌

學古神德楷法日下逸人貫書

といふ跋文を刻記したもの、第二は單跋本といはれ、最後の「學古神德楷法日下逸人貫書」の十二字を缺くもの、第三は無跋本といはれ、全く跋文を缺くものである。字形・輪郭等を比較するに、單跋本と無跋本とは全く同版で、二跋本のみやゝ異つてゐ

る。また單跋本・無跋本は第十卷末に「論語卷十」とあるに、二跋本のみは「諭語卷十」と誤刻されてゐる。この三種の開版の前後に就いては、夙に書史學者の間に説のある所である。吉田篁墩は論語攷異に於て、無跋本を以て最先としてゐるが、その誤りなることは、現に帝室博物館に藏せられてゐる同書の版木(1)に、跋文を削り去つた痕跡が歴然としてゐることによつても明かである。次に市野迷庵は正平本論語札記に於て、單跋本を以て最先となし、無跋本は單跋本の跋文を削去して再摺したものとして第二となし、二跋本は更にこれを影寫翻刻したものとして第三に置いた。ところが島田翰氏は古文舊書考に於て、二跋本を以て最先となし、次に單跋本、次に無跋本の順序としてゐる。その理由は二跋本にある「學古神德楷法日下逸人貫書」の十二字は、正平十九年(一三六四)に先だつこと四十餘年以前に開版された元應版產經や元亨版古文尙書孔氏傳にも刻記されてゐるからといふのである。

そして島田氏は元應版產經について、

鋒勢鬱勃揮霍、不レ可二端倪一、而正平本則用筆凝重、頗多二恣態一、蓋用筆之輕重、卽視二其年之早晩一、

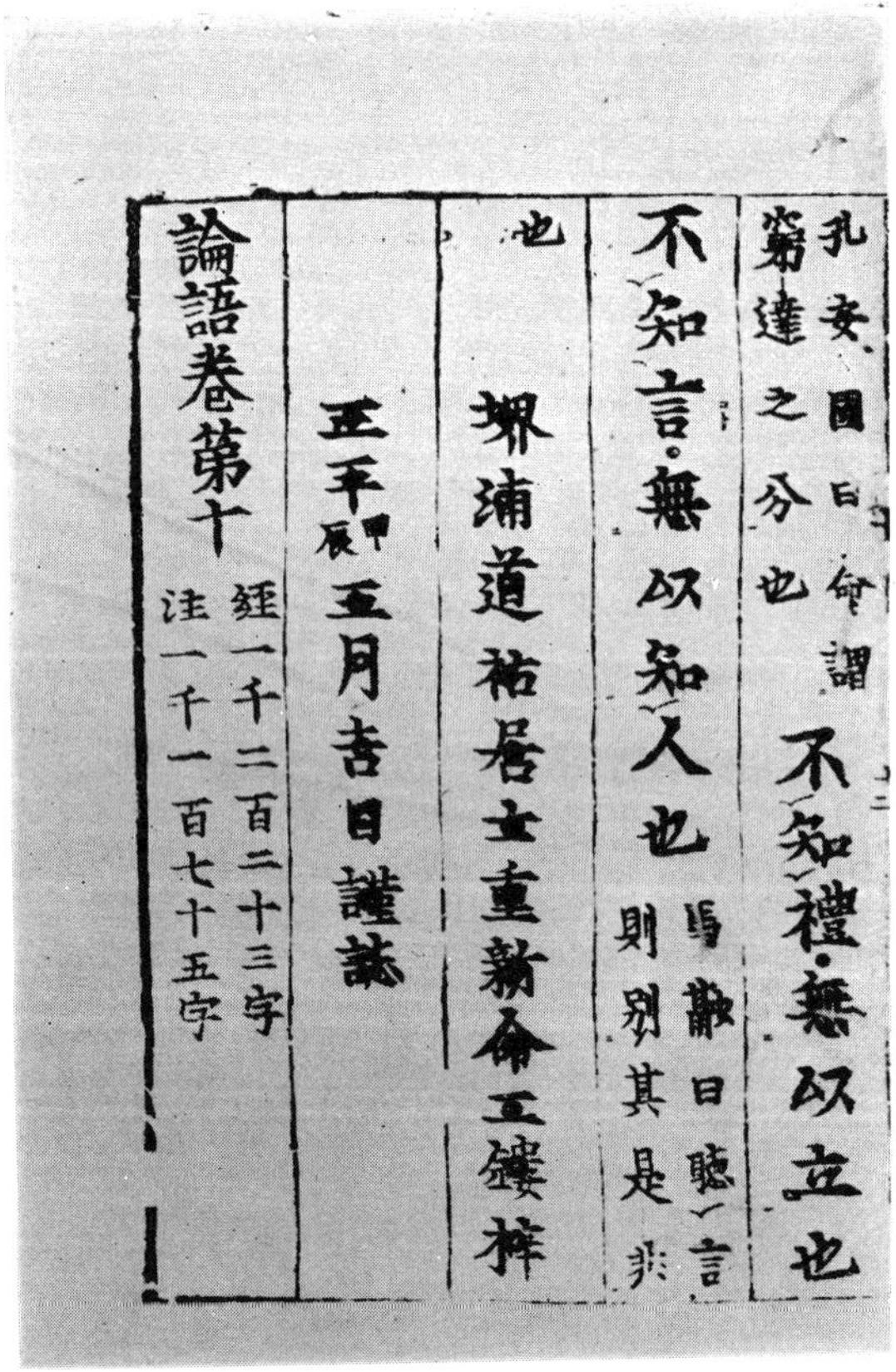
孔安國曰命謂窮達之分也　不知禮無以立也
不知言無以知人也　馬融曰聽言則別其是非
也
堺浦道祐居士重新命工鏤梓
正平甲辰五月吉日謹誌
論語巻第十　經一千二百二十三字
注一千一百七十五字

正平版論語単跋本

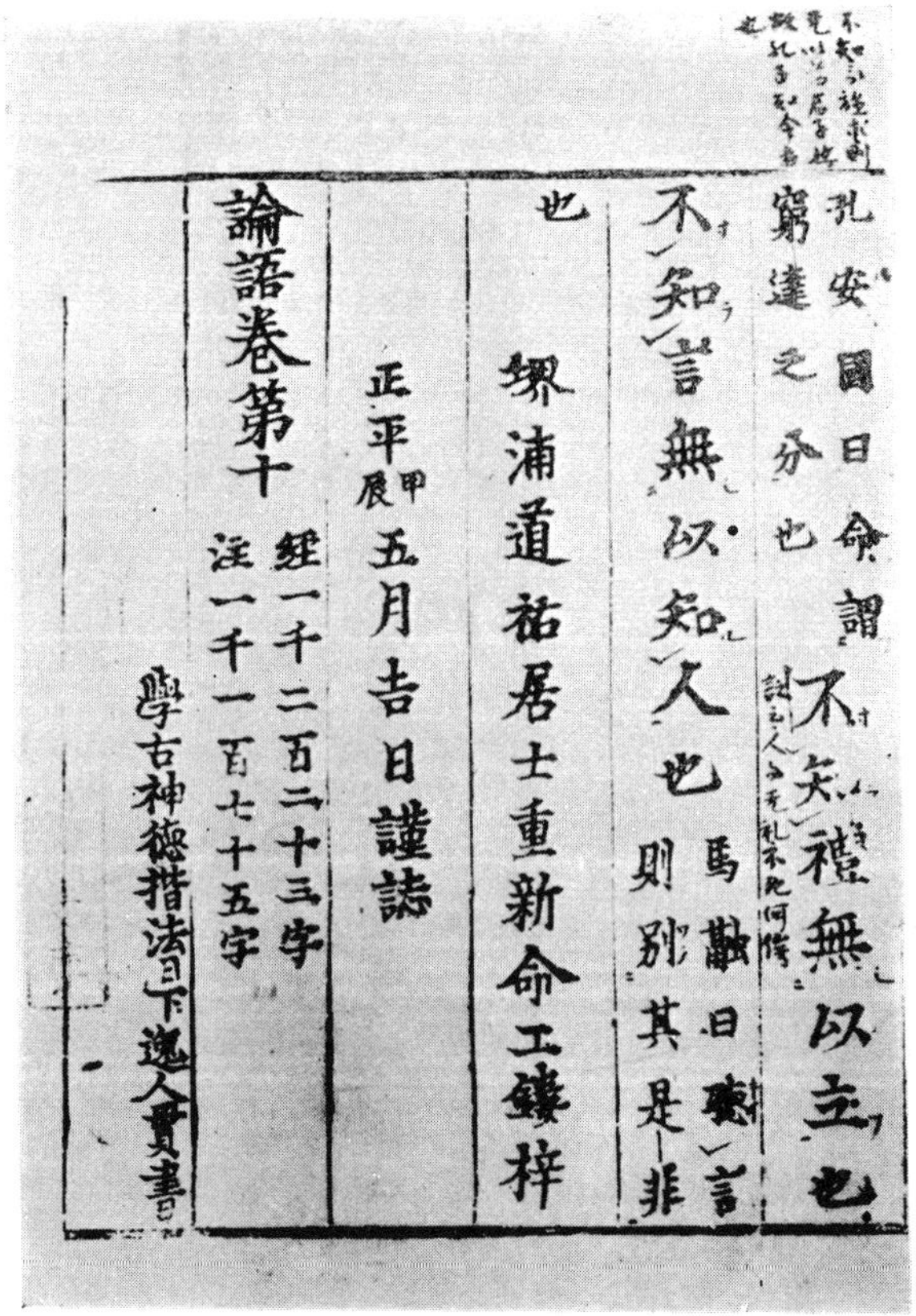
孔安國曰命謂窮達之分也　不知禮無以立也
不知言無以知人也　馬融曰聽言則別其是非
也
堺浦道祐居士重新命工鏤梓
正平甲辰五月吉日謹誌
論語巻第十　經一千二百二十三字
注一千一百七十五字
學古神德楷法日下逸人貫書

正平版論語二跋本

といつてゐるが、この版本は未だ他の書史學者が見たといふことを聞いたこともないし、島田氏はまゝ虚構の説をなして居るから遽に信用し難い。併し元亨版古文尙書孔氏傳の方は全く虚構な説とは思はれぬ。尤もこの書も古文舊書考に著錄されてゐるのみで、その實物を見たといふことは聞かないが、この書を開版したといふ「三命宗業沙門素慶」といふものは、正應五年(一二九二)に中論偈頌を、永仁三年(一二九五)には法華義疏を開版してゐるからである。(2) 島田氏のいふ如く、果して元亨版古文尙書孔氏傳が存在してゐたとすれば、二跋本を以て最先とし、單跋本・無跋本の順序とすべきであらう。

島田氏は「堺浦道祐居士重新命工鏤梓」といふ跋文を證左として、この書は北宋槧本の覆刻であるとしてゐる。成程「重新」なる語は、支那舊刊本を原本とする場合にも屢〻用ひられることは、五山版などに於て多くその例のある所であるが、また我が舊刊本を原本とする場合にも用ひられる。想ふに正平版の原本は、元亨の頃古文尙書孔氏傳(島田氏のいふ如くこの書が存在したとすれば)などゝ同じ頃に開版されたものではあるまいか。そしてこの書は流傳することが甚だ稀であつたから、

正平十九年に至り、堺浦道祐居士なるものが覆刻して、原本にあるまゝに「學古德云々」の十二字を存せしめ、こゝに二跋本が出來たものであらう。けれども二跋本には誤謬があつたから、更に訂正して新版を作つた時、その新版たることを示さんが爲めに「學古德云云」の十二字を刪除して、こゝに單跋本が出來たのであらう。

正平本の筆者たる「學古神德楷法日下逸人貫」は何人であるかといふに、市野迷庵は、學古神德楷法は何の義であるかわからない。蓋し日下は其の姓、貫は其の名であるといつてゐる。島田氏は古神德は菅原道眞を指し、貫はその楷法を學んだ菅原是貫といふもので、日下は是字の隱文であると說いてゐるが、是貫などいふ人は菅原氏系圖にも見えてゐないし、果して然るや否や明かでない。併し元亨の頃の人で、古神德なるものゝ楷法を學び、これを得意とした人であることは勿論である。そして古神德は正倉院文書などに多く散見してゐる寫經生で、天平時代に幾多の經典を書寫した能筆家である。

次に開版者たる道祐は如何なる人物であるかといふに、經籍訪古志・日本古刻書史などには、泉州志卷一西本願寺別院の條に、

當院者元道祐之所二開基一眞言寺也、道祐足利義氏之第四男俗名祐氏也、幼而喪レ父共二其母一來二居于當津一薙髮號二道祐一初學二天台一後謁二大谷本願寺覺如上人一爲二一向專修念佛者一

とあるを引いて、足利左馬頭義氏の第四子祐氏であるといつてゐる。併し堺市史には、右の道祐は貞和元年(一三四五)に九十三歲を以て寂し、正平十九年(一三六四)より十九年も前であるから、名は同じでも、人は同じではあるまいといつてゐる。兎に角道祐は武人の出身で、入道して道祐居士といひ、堺浦に居住してゐたものであることは明かである。居士といふからには、恐らく禪法の歸依者であつたらうと想像される。道祐は正平版論語の他にも開版事業に盡したもの丶如く、永德三年(一三八三)版の佛說大報父母恩重經の卷末刊記に、

永德三年癸亥九月十七日　願主　道祐謹刊

とある。また天龍寺の春屋妙葩の智覺普明國師語錄に、

爲士岐智山性惠禪尼五七忌辰、圖畫地藏菩薩尊像一軀、頓寫妙法蓮華經一部、印造父母恩重經、

とあり、父母恩重經を印摺したことが見えてゐるが、時代も同じであるから、右の道祐開版の鏤板を用ひたものであらうか。

（1）帝室博物館所藏の無跋本論語の版木は、岡本況齋筆記によるに、文政の頃狩谷掖齋が同版木三十二枚が市に出たのを見て、須原屋茂兵衛に勸めて買はしめたといふことで、維新後博物館が須原屋から購入したものである。

（2）第三篇第一章第三節參照

第六章　和樣版の衰勢

一　奈良版

我が開版史上からいへば、南北朝時代は五山版以下の唐樣版全盛時代で、和樣版たる奈良版や高野版の時代ではない。けれども春日版の如きは、なほ前代の餘勢を承けて、相當の成績を擧げてゐる。興福寺の北圓堂に堆積されてゐた春日版の摸板は、明治廿七年西村兼文氏が調査された時は、實に二千七百六十枚といふ多數に上つてゐたといふことで、その後蠹蝕の爲めに幾分か破損したものもあるが、そ

の大部分は現に同寺の金堂内に陳列保管されてゐる。それ等の摸板には開刻年代や經疏の名稱を附刻してないものが多く、これが調査研究は容易な業でないが、近時大屋德城氏や佐伯良謙氏等の努力によつて、やゝ明かにせられてゐる。それによると鎌倉時代のものが最も多く、これに次いでは南北朝時代のものが多い。そして南北朝時代のものは、唯識に關する論疏や大般若經・五部大乘經に屬するものが最も多數を占めてゐる。(1)これ等の摸板によつても、南北朝時代に於ける春日版の開版が可なり盛んであつたことが察せられる。

併し遺存の版本は極めて少く、大屋德城氏も寧樂刊經史に、貞和元年(一三四五)摺寫の法華經(2)同三年(一三四七)版の成唯識論(3)、文和四年(一三五五)版の法華經を擧げて居らるゝに過ぎない。これ等の內最も注意を惹くのは、最後の文和四年版の法華經で、同經の卷末刊記に

發護持正法　利樂有情願　窮盡未來際　彫置法華摸

庶衆人摺寫　廣流布諸國　互與法利生　自他共成佛

第十四度彫之願主南都四恩院沙門心性

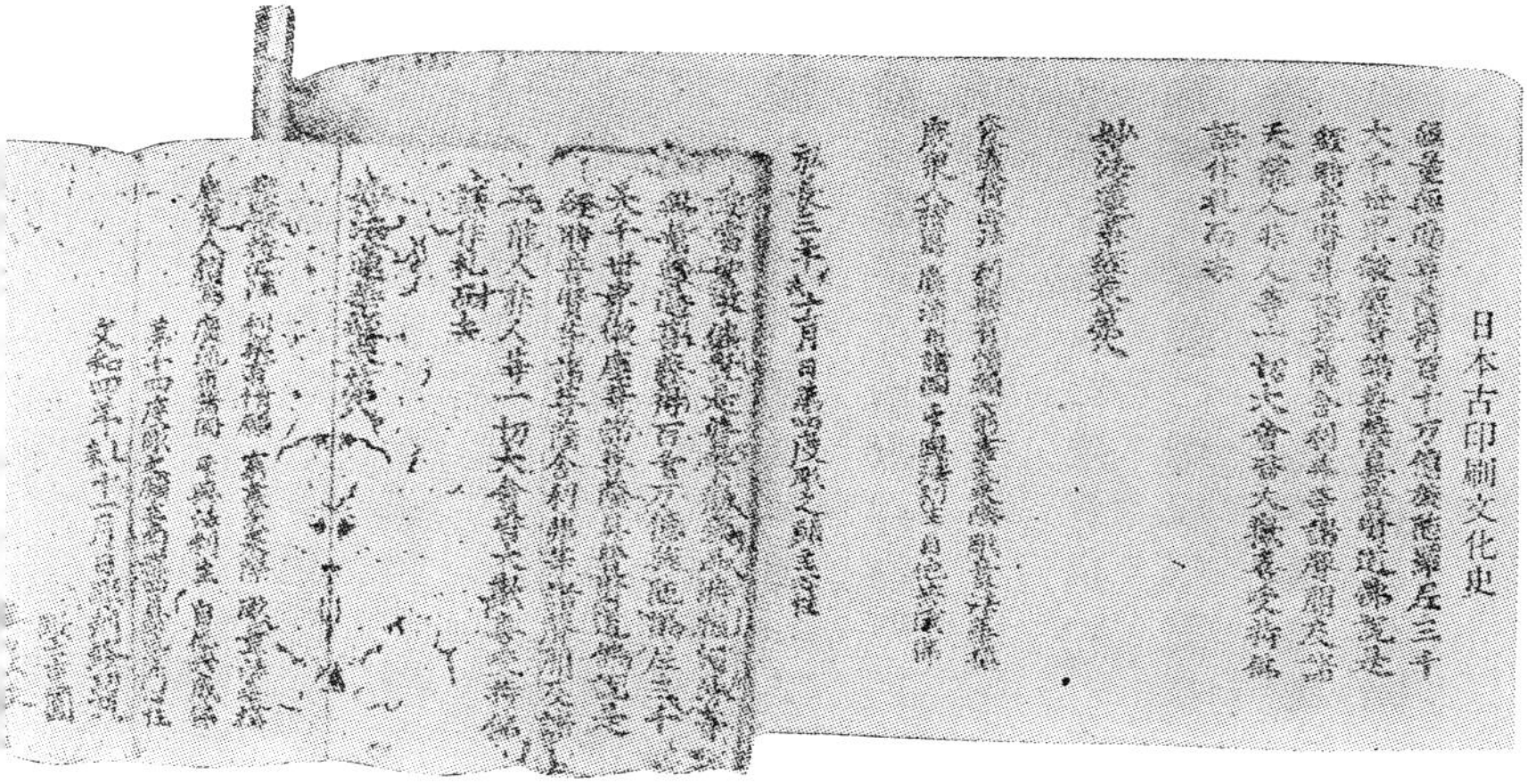
春日版妙法蓮華経（弘長三年刊　文和四年刊）

文和四年乙未十一月日彫刻終功訖

彫士重圓

とあることである。弘長三年版の法華經の卷末刊記も、これと同じ文で

發護持正法　利樂有情願　窮盡未來際　彫置法華摸　庶衆人摺寫　廣流布諸國　互與法利生　自他共成佛

弘長三年癸亥十一月日第四度彫之願主心性

とあり、願主も同じ心性といふ人であり、たゞ開版年代を異にしてゐるに過ぎぬ。併し弘長三年(一二六三)から文和四年(一三五五)までには、九十二ヶ年もあるが、心性がそんなに長壽を保つたらうとは、思はれないし、されぱといつて同名異人であるとも考へ難い。想ふに右の跋文に

「彫置法華摸庶衆人摺寫廣流布諸國」とあるやうに、心性は廣く諸國に法華經を流布せしむることを念願し、摸板が漫滅すれば、直に新板を開雕したが、その志は彼の死後も弟子などによつて繼續せられてゐたのであらう。そして右の跋文に見ゆるやうに、弘長三年版は第四度目の開版であり、文和四年版は第十四度目の開版であらう。興福寺年代記によれば貞治五年(一三六六)には、第十五度目の開版があつたといふから、心性發願の名によつて開版せられた春日版法華經は、鎌倉時代から南北朝にかけて、少くとも十五度に及んだわけである。

春日版の開版は前述の如く相當盛んであつたが、その他の諸大寺の開版は一向に振はなかつたもの丶如く、甚だ寂寥たる感がある。卽ち開版寺院の明かなものは、東大寺戒壇院に於ける明德二年(一三九一)版の大方廣佛華嚴經普賢行願品疏一卷・同隨疏義記六卷合七帖(4)同尊勝院に於ける永德元年(一三八一)版の般若心經一卷(5)、藥師寺に於ける康永三年(一三四四)版の藥師本願功德經一卷(6)、法隆寺に於ける正平二十年(一三六五)版の大般若理趣經一卷(7)、嘉慶二年(一三八八)版の隨心如意輪心經一卷(8)等に過ぎず、前代に於て相當盛んであつた西大寺に於ける律部の開

版は全く見ることが出來ぬ。然るに西大寺の末寺なる河内の教興寺に於て一二の開版が行はれたことは奇とすべきであらう。即ち文和元年(一三五二)には、同寺の住持慧海がその師如縁阿一の三十三回忌に際して教誡新學比丘行護律義壹帖(9)を開版し、また慧海の弟子叡空は正平十四年(一三五九)慧海の三回忌に際して、菩薩戒本宗要壹帖(10)を開版した。慧海は字を直明といひ、阿一の法を嗣いで教興寺に住した僧である。永仁三年(一二九五)素慶の開版した法華義疏十二卷の版下を書いた「再入宋桑門慧海」は或はこの直明慧海と同一人ではないかと想はれる。(11)

(1) 大屋德城氏著「寧樂刊經史」二二六—二三七頁　佐伯良謙氏「興福寺藏經論古版木に就て」(佛典研究第一卷)
(2) 附錄古刻書題跋集第二一二參照
(3) 同第二一五參照
(4) 同第三二二參照
(5) 同第二九五參照
(6) 同第二〇九參照
(7) 同第二四七參照
(8) 同第三一五參照

(9) 同第二二九参照
(10) 同第二三九参照
(11) 第三篇第一章第三節参照

二 高野版

高野版は奈良版の刺戟を受けて起つただけに、その盛衰消長はほゞ奈良版に追従してゐる。奈良版の黄金時代であつた鎌倉時代は、高野版も亦最盛期であつた。奈良版の衰運に傾いた南北朝時代は、高野版も亦全く寂として聞ゆる所がない。予が探訪した諸方の文庫に於ても、未だこの期に開版された高野版を寓目したことなく、水原堯榮氏の「高野版の研究」にも一も著録されてゐない。たゞ朝倉龜三氏の日本古刻書史に於て、それとおぼしき左の二書の跋文を採録してゐるに過ぎぬ。

般若波羅蜜多理趣經開題　一帖　正平六年(一三五一)刊

(巻末刊記)

正平六年辛卯十二月七日於金剛峯寺寛覺書　願主　法眼重信

悉曇字母幷釋義　一帖　正平七年(一三五二)刊

（卷末刊記）

正平七年二月十五日　願主　法眼重信

三　京洛版

奈良版や高野版が衰微したと同樣に、京洛に於ける和樣版の開版も微々として振はなかつた。藤堂祐範氏の「淨土敎版の硏究」には、この期に開版せられた淨土敎版として十二點を採錄してあるが、刊記によつて明かに開版年代の知らるゝものは、極めて乏しく、その遺品の殘存するものは更に稀である。蓋し當時は南北兩朝の軋轢甚だしく、京洛の地は屢〻戰亂の巷と化したから、五山の如く公武の厚き外護のあつたものは兎も角、然らざるものは、開版の如き困難な事業を成し遂げることは容易でなかつたからであらう。

當代の京洛版は前代に比ぶれば、料紙等は總て粗雜となり、書風は當代に隆盛であつた唐樣版の影響を受けて、雄渾なる唐樣の風格を帶べるもの多く、裝幀も宋版大藏經に見るが如き、折本の表紙をそのまゝ帙としたものなどがある。淨土敎系統のもので、開版年代を刊記したものは、

浄土三部經(1)　開版者　善眞
正平七年(一三五二)刊
黑谷上人起請文　一枚(2)
貞治四年(一三六五)刊
黑谷上人御法語　一枚(3)
貞治四年(一三六五)刊
觀無量壽經　一卷(4)　開版者　慈辨
至德三年(一三八六)刊
安樂集　二卷(5)　開版者　慈辨
至德三年(一三八六)刊
融通念佛緣起　二卷(6)　開版者　成阿
明德元年(一三九〇)刊

等である。右の內、浄土三部經・觀無量壽經・安樂集・融通念佛緣起は、その刊記が日本古刻書史等に著錄されてゐるのみで、それ等の遺品の所在も詳かでなく、開版者の經歷も知られてゐない。たゞ融通念佛緣起の開版者たる成阿は、佐竹義篤の歸依

を受け、延文三年(一三五八)常陸那賀郡に常福寺を創建した成阿了實かとも思はれるが、成阿了實はこの書の開版された明徳元年(一三九〇)より四年前なる至徳三年(一三八六)に示寂してゐる。(7)

黒谷上人起請文と同御法語とは、ともに貞治四年(一三六五)同時に開刻されたもので、一枚の版木の表に起請文を、裏に法語を刻出し、兩者ともに平假名交り文で、貞治四年乙巳十一月廿五日開板安置知恩院以傳遐代云と刊記してある。この版木は近年京都知恩院に於て、正和四年版の法然上人像の版木と共に發見されたものである。(8)

(1) 附錄古刻書題跋集第二二七參照
(2) 同第二四九參照
(3) 同第二五〇參照
(4) 同第三〇六參照
(5) 同第三〇七參照
(6) 同第三一九參照
(7) 鎭西祖傳　淨土總系譜　淨土傳燈錄
(8) 淨土敎版の研究一〇四―一〇六頁

第五篇　室町時代（印刷衰微期）

第一章　入明僧と典籍の將來

一　勘合船の往來と入明僧

應永八年（一四〇一）筑紫の商人肥富某なるものが明から歸つて、將軍足利義滿に說くに、兩國通信の利益あることを以てしたので、義滿は直にこれを納れ、右の肥富に祖阿なるものを副へて明に遣した。翌年祖阿等が歸朝するに際し、明の惠帝は禪僧道彝天倫と敎僧一菴一如とを使者として遣した。これ室町幕府と明とが公に交通し始めた時である。同十年明使が歸國するに際し、義滿は天龍寺の僧堅中圭密を正使として明に遣した。時に明にあつては、惠帝の叔父燕王朱棣（成祖）が兵を擧げて金陵に迫り、惠帝を出奔せしめて、自ら帝位に卽き、使者を遣して日本にこのことを告げようとしてゐた所であつたに、早くも日本の使者が抵つたから、これを見て大に悅び、厚くこれを遇し、左通政趙居任等をして日本に送還せしめた。明使の一行は應永十一年（一四〇四）に兵庫に着し、上洛して義滿に謁し、國書・冠服並に

日本國王の金印を贈り、且つこの時勘合貿易條約が締結せられた。卽ち明は我が貿易船と倭寇船とを區別する爲めに、勘合並にその底簿を送り來り、これから我が貿易船は總て勘合を携へて明に抵り、進貢といふ名を以て貿易を營むやうになつた。そしてこの勘合貿易は大體二期に區分することが出來る。第一期は所謂永樂條約（十年一貢、人は二百人、船は二艘といふ定めであつたが、この規定通りには實行せられなかつた）によつて通交した時代で、義滿の應永十一年（永樂二年一四〇四）に貿易條約が締結せられてから、義持が同廿六年（永樂十七年、一四一九）明との通交を斷然拒絕するまで十五ヶ年間に及び、この間勘合貿易船を派遣すること凡そ六回、船數三十七艘（時には諸大名の出資した商品を搭載して行つたことはあるが、概ね幕府船であつた）であつた。第二期は義敎が永享四年（宣德七年一四三二）日明の通交を復活する爲めに、使節を遣し、所謂宣德條約（十年一貢、人は三百人、船は三艘といふ定めであつた。その規定通りに實行せられなかつたことは永樂條約と同樣であつた。）を締結してから、義晴の天文十六年（嘉靖二十六年、一五四七）最後の遣明使を派遣するまで、百十五ヶ年間に及び、この間勘合貿易船の派遣せらるゝこと凡そ十一回、總船數五十艘（內幕府船七艘、內裏船一艘、大名船及び社寺船四十二艘）であつた。（1）

當時入明僧の狀態を考ふるに應永十一年以前にあつては、夫々その志に從ひ三々伍々商舶に身を託して渡海したことは、元代と同樣であつたが、勘合貿易條約が締結せられてからは、入明僧といへば總て使僧に限られてゐた。蓋し明は我が海寇を防ぐ爲めに、勘合貿易船の外は、堅く渡航を拒絶してゐたからである。善隣國寶記に

自古兩國商舶、來者往者相望於海上、故爲佛氏者、大則化唱道之師、小則遊方求法之士、各遂其志、元朝絕信之際尙爾、況其餘乎、有勘合以來、使船之外、決無往來、可恨哉、

とあり、翰林葫蘆集「送貞友竹遊大明國序」にも、

中華初無勘合之信、往來者、各從其志、永樂之後、以勘合爲符信、不捧表文、不持勘合者、禁而不入、得一入者、其留僅歷一年、但貨財交易、作賈胡留耳、何因得彷彿先輩之萬一耶、

といつてゐる。されば永樂條約締結後にあつては、南詢の志あるものは、總て遣明正使・副使・居座・土官若しくは、それ等の從僧として入明したもので、竹居清事「奉贈九淵禪師遊大明國序」に、

禪師有志乎南遊者久矣、今茲方有入貢船、乃之匿名於使臣土官之列、姑以疇其夙志也、蓋其志有所在而存焉、非淺徒可覬覦也、

とあるによつて、その一斑が察せられるであらう。

當時京都の五山は、室町幕府と特殊の關係があつたばかりでなく、その僧徒等は學問に秀で、詩文に長じ、また支那の事情にも通じてゐたから、遣明使節としては最も適任であつた。されば勘合貿易船に乘組んで行つた正使・副使・居座・土官以下の幹部は、必ず五山の僧徒から任じたもので、今日までその名の傳へられてゐるものだけでも、七八十人を數へることが出來るであらう。そして彼等としても遣明使節として入明することは、心ゆくばかり支那の風趣を味ひ、辭藻を豐にする絶好の機會であつた。けれども彼等は元來使節として遣されたものであるから、前代に於ける求法僧の如く、己れの好むまゝに、名藍を歴訪して、三年も五年も掛錫してゐたものではなく、寧波から運河と河川とにより、餘姚・紹興・杭州・蘇州・鎭江・南京・揚州・淮安・彭城・濟寧・天津等を經て北京に往復する途上、附近の名刹勝槩を歴遊したといふだけで、在明期間も僅に一年内外に過ぎなかつたものである。かの朱子學を學ん

で歸つた桂菴玄樹の如く、在明五ヶ年(應仁二年入明文明五年歸朝)にも及んだのは寧ろ異例ともいふべきで、雪舟等揚の如きは、自ら破墨山水自賛に「數年而歸二本邦一」と記してゐるが、これは出發から歸朝までのことをいつたもので、實際在明してゐたのは、僅に一年ほどに過ぎなかつた。(2)

(1) 日明の交通貿易のことは、拙著「日支交通史」下卷第八・九章「足利幕府と明との交通貿易」を參照されたい。

(2) 入明僧のことは、拙著「日支交通史」下卷第十章「入明僧・來朝明人と文化の移植」を參照されたい。

二 典籍の輸入

對明貿易は總て進貢の名によつて行はれ、勘合貿易船は明朝に對し、進貢船と稱したものである。そして對明貿易は種目から區別すれば、三種となすことが出來る。第一は貢献方物といひ、足利將軍から明帝に贈つた進物で、明帝はこれが返禮として皇帝頒賜物を贈るのが例となつてゐた。これ明かに外交上の儀禮によつて行はれた一種の官貿易に外ならぬ。第二は使臣自進物といひ、遣明正使・副使以

下のものが明朝に進献したもので、明政府はその數量に應じ、夫々給價したものである。第三は國王附搭品といひ、これには幕府・諸大名・寺社を始め、博多・堺等の商人の出資した商品を含み、その內容は頗る複雜したものであるが、明の側から見れば、國王附搭品といふ名が示してゐるやうに、一樣に日本國王卽ち足利將軍が貢献方物に附搭した貿易品と見做したもので、明政府はその數量に應じて給價したことは、使臣自進物と同樣であつた。貿易の種目は以上の如くであるが、貿易の品目についていへば、刀劒・硫黃・銅は最も多く、これに次いでは扇・蘇芳木・蒔繪物・屛風・硯等であつた。これ等の輸出品に對し、明から輸入したものは、銅錢を以て第一に推さねばならぬ。使臣自進物・國王附搭品に對する明政府の給價は、概ね洪武・永樂・宣德等の錢貨を以てしたものである。この他の輸入品は多種多樣であつたことは勿論であるが、こゝに注意すべきは、支那典籍の輸入が少くなかつたことである。足利義政は寬正五年(一四六四)建仁寺の天與淸啓を遣明正使とし、勘合貿易船三艘を派遣した時、皇帝頒賜物の外に、特賜物として銅錢並に書籍を得んとし、豫めその先例を注申せしめ、或は未渡希有の書目を錄進せしめ、瑞溪周鳳をして、公然國書の內に

次の如く書かしめた。

書籍銅錢仰二之上國一、其來久矣、今求二二物一、伏希奏達、以滿二所欲一、書目見二于左方一、永樂年間多給二銅錢一、近無二此擧一、故公庫索然何以利レ民、欽待レ周レ急、

教乘法數全部　三寶感應錄全部　賓退錄全部　北堂書鈔全部　兎園策全部
史韻全部　歌詩押韻全部　退齋集全部　張浮休畫墁集全部　遯齋閑覽全部
石湖集全部　類說全部　揮塵錄全部附後錄十一局、第三錄三局、餘錄一局　百川學海全部　老學菴筆記全部(1)

明は恐らくこの要求に應じたであらうが、この時我が國には、應仁の大亂があり、正使天與清啓等は歸國の途中、西陣に屬してゐた周防の大内氏の爲めに、襲撃せられたから、これ等の書籍も悉く剽奪せられたやうである。されば義政は文明八年(一四七六)竺芳妙茂を正使とし、勘合貿易船を派遣した時も、公庫の索然たることを告げ、銅錢を得んことを請ひ、また次の書籍を求めてゐる。

佛祖統紀全部　三寶感應錄全部　教乘法數全部　法苑珠林全部　賓退錄全部
兎園策全部　遯齋閑覽全部　類說全部　百川學海全部　北堂書鈔全部　石湖

集全部　老學菴筆記全部(2)

これは義政が明朝に請うた稀覯の書籍であるが、勘合貿易船は、毎回多くの書籍を輸入したことであらう。允澎入唐記にも、遣明使東洋允澎等の一行が享德三年(一四五四)明から歸國の際、耽羅(濟州島)に漂着して水を求めた所、同島の役人は初めは危惧してゐたが、船中に明の書籍を搭載してゐたのを見て、疑が解けたことが記載されてゐる。また籌海圖編卷之二に、倭人の好むものとして、幾多の品目が列擧せられてゐる中に、

古書　五經則重書禮、而忽易詩春秋、四書則重論語學庸、而惡孟子、重佛經無道經、若古醫書、見必買、重醫故也、

とあり、その一斑が窺はれるであらう。

遣明使職員は、正使・副使以下總て五山の僧徒で、彼等は學問に秀で、詩文に長じてゐたから、入明の機會を以て珍籍を購うて歸るといふことも少くなかつた。　臥雲日件錄に、

享德三年十一月九淵懸西堂歸朝、今日來過、略說㆓大方之美㆒、因惠㆓勸忍百箴考經二冊㆒、

十二月廿六日禪居清啓西堂來、出二清貝先生文集三册一見レ惠、　享德四年三月十一日得二鹿苑寺書一、書曰、今日設レ浴、建仁淸啓西堂亦招來、齋前急當レ來云々、飯罷、直赴二鹿苑寺一、浴罷點心、案上有レ之、史全部四十册、仍檢二目錄一、則本紀四十七卷、列傳九十七卷也、此本啓西堂自二大明一持來、列傳第五十九有二程鉅夫趙孟頫表楠傳一、又釋老志載二帝師事一、　三月十六日外記又語、自二大明一曰二諸史會要一者來、中載二日本伊路波一、東福寺僧持レ之云々

などあるは、寶德三年(一四五一)の遣明使東洋允澎に隨從して入明した九淵龍賝や天與淸啓が歸朝して、その齎らした典籍を臥雲日件錄の著者なる瑞溪周鳳に寄贈したり、觀覽に供したことを記載したものである。　また成簣堂文庫に藏する嘉靖版聽雨紀談の扉には、天龍寺の策彥周良が自ら

嘉靖年中南遊初得此一册於寧波書肆中載于歸船之帶來、

と墨書してゐることによつて、この書が策彥が遣明使として使した時に將來したものであることが知られる。　斯の如くして次ぎ〳〵に輸入せられた典籍が、我が詩文學に、儒學に、史學に、醫學に、常に淸新な刺戟を與へたことはいふまでもなく、また我が開版事業の發達を促したことも、蓋し尠くなかつたであらう。(3)

(1) 善隣國寶記
(2) 補菴京華集
(3) 室町時代に於ける典籍の輸入に就いて、委しくは拙著「日支交通史」下卷第九章第八節「貿易の種目」第九節「貿易品」及び第十章第四節「入明僧の將來品」を參照されたい。

三　明版並に麗版大藏經の將來

宋代・元代に於て大藏經の開版は頗る盛んであつたが、明代になつても洪武の南藏、永樂の北藏及び萬曆十四年(一五八六)の方册等相次いで開版された。されば勘合貿易船の往復に伴ひ、入明僧などによつて、これ等の明版大藏經が相次いで輸入されたであらうと想像されるが、予の寡聞なる、これに關する史料は殆ど見出すことが出來ぬ。たゞ永和二年(洪武九年一三七六)征西將軍宮懷良親王の使者として明に遣された廷用文珪は、洛北の寶福寺を中興して經藏を建て、後光嚴院から轉法輪禪寺の勅額を賜はつたことがあり、(1)永和三年(一三七七)には彼が將來した元の翰林侍讀學士趙孟頫の手書した金剛般若波羅蜜經を加茂神社の寶前に上つたほどであるから、(2)大藏經の輸入に關係がありさうに想はれるが詳かでない。現在我が國に

遺存する明版大藏經は、宋・元版に比べるとその數が少く、古經題跋によるに、たゞ大

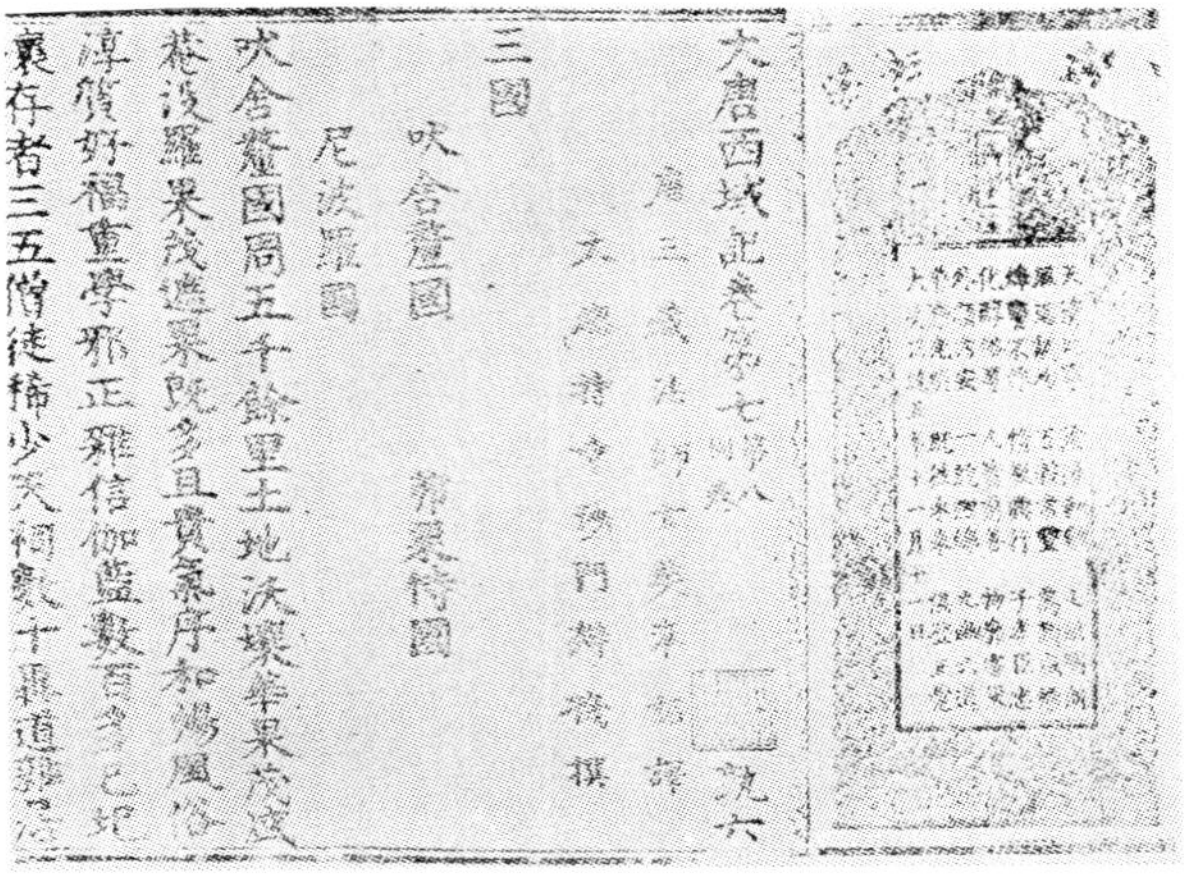
大唐西域記巻第七

三藏法師玄奘奉 詔譯

大總持寺沙門辯機撰

三國

吠舍釐國　弗栗恃國

尼波羅國

吠舍釐國周五千餘里土地沃壤華果茂盛

菴沒羅果茂遮果既多且貴氣序和暢風俗

淳質好福重學邪正雜信伽藍數百多已圮

壞存者三五僧徒稀少天祠數十異道雜居

明版大蔵経（北蔵）（明正統五年刊）

和の法隆寺、鎌倉の光明寺、東京の西蓮社、傳法院など三四藏を數へるに過ぎない。そしてこれ等に就いて詳細に調査を遂げなくては斷言し難いが、古經題跋等に記載する所によつて想像するに、これ等は概ね江戸時代に輸入されたものらしい。かく室町時代に於て、明版大藏經の輸入の少なかつたのは何故かといふに、それはこの時代に朝鮮との交通が頻繁となり、麗版大藏經を輸入することが多かつたからであらう。

高麗に於ける大藏經の開版は數回に及んでゐる。第一は顯宗・文宗の時に雕造せられた所謂初雕本である。大覺國師義天の「代宣王諸宗敎藏雕印疏」の中に

顯祖則彫五千軸之祕藏、文考乃鏤千萬頌之契經、

とあり、顕宗は開元大藏五千四十八巻を離造し、文宗はそれに次いで新譯經典等を鏤刻したものと解せられてゐる。第二は高宗の十九年(一二三二)に蒙古の侵略を蒙り、符仁寺に保管されてゐた大藏經板を焚かれて終つたから、同二十三年(一二三六)から三十八年(一二五一)に至る十六ヶ年の星霜を費して新雕したもので、(3)その鏤板は現に朝鮮慶尙南道陜川伽耶山海印寺に藏せられてゐる。然るに近時小野玄妙氏は南禪寺に藏する麗版大藏經を調査して、顕宗・文宗の初雕と高宗の新雕との間に、なほ一回開雕されたことを主張してゐられる。同氏に從へば顕宗・文宗の初雕版のある上に、更に別幅のものを離造したといふので

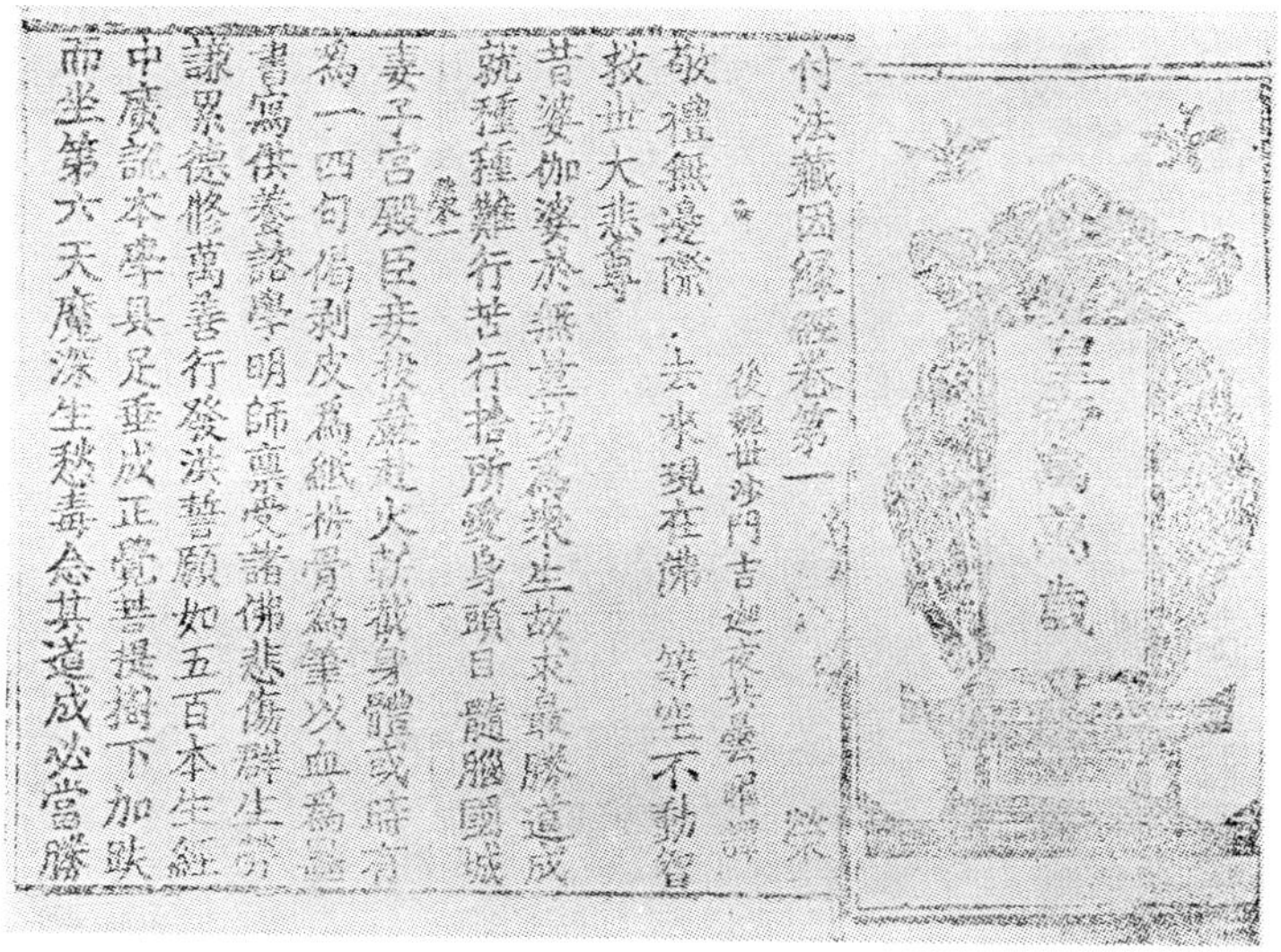

付法藏因縁經卷第一
後魏世沙門吉迦夜共曇曜譯
敬禮無邊際　去來現在佛　等空不動智
救世大悲尊
昔婆伽婆於無量劫為衆生故求最勝道成
就種種難行苦行捨所愛身頭目髓腦國城
妻子宮殿臣妾投巖赴火割截身體或時剝
為一四句偈剝皮為紙析骨為筆以血為墨
書寫供養諸學明師稟受諸佛悲傷群生勞
謙累德修萬善行發洪誓願如五百本生經
中廣說本學具足垂成正覺菩提樹下加趺
而坐第六天魔深生愁毒念其道成必當勝

明版大蔵経（南蔵）

はなく、初雕版が何等かの事情によつて、その大部分を喪つた爲めに再雕したのであつて、初雕版にして幾分殘存してゐるものは、再雕版に交へて使用したのである

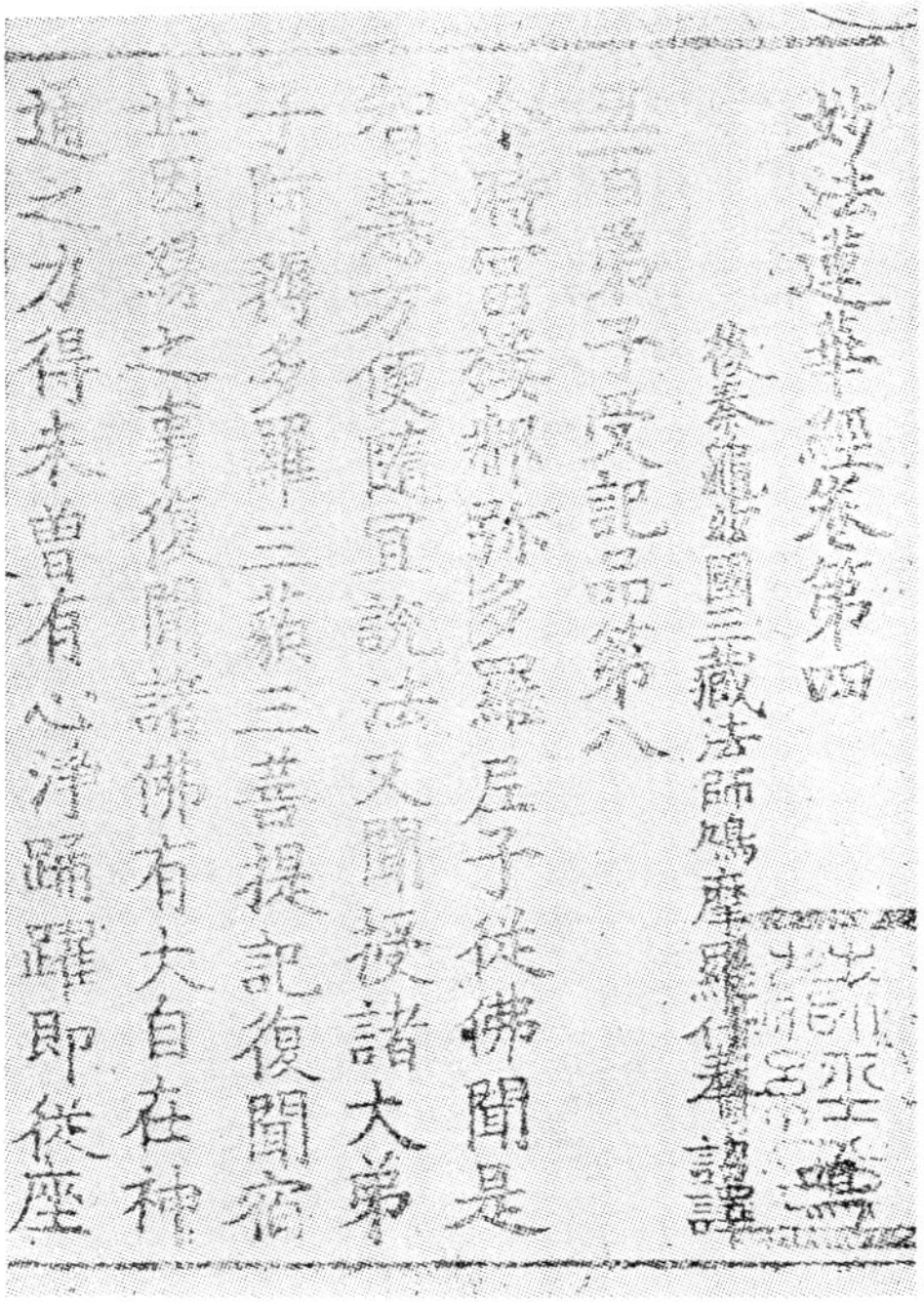
妙法蓮華經卷第四
後秦龜茲國三藏法師鳩摩羅什奉　詔譯
五百弟子受記品第八
爾時富樓那彌多羅尼子從佛聞是
智慧方便隨宜說法又聞授諸大弟
子阿耨多羅三藐三菩提記復聞宿
世因緣之事復聞諸佛有大自在神
通之力得未曾有心淨踊躍即從座

麗版大蔵経（再雕本）

から、見方によつては初雕版と同幅であるといつても、強ち間違とはいへぬ。併し初雕と再雕とは、字體・筆劃・刻風等を異にしてゐるばかりでなく、大藏經の組織編成に重要な各經卷の函數・頁數のつけ方が異つてゐる。そしてこの再雕を主體とした鏤板が符仁寺に保管せられてゐたが、蒙古兵の爲めに焚かれて終つたから、高宗が更に新雕するに至つたものである。かく解することによつて、高宗新雕の初めに草せられた「大藏刻版君臣祈告文」に、

於是符仁寺之所藏大藏經板本亦掃之無遺、嗚呼積年之功一旦成灰、國大寶喪矣

とある「積年之功」の意味が判然會得することが出來ると。(4)

かくの如く、高麗にあつては、我が藤原時代から鎌倉時代の初期にかけて幾度か大藏經の開雕が行はれたが、その輸入されたのは、南北朝以後室町時代になつてからのことで、舊版たる符仁寺本を輸入したこともあり、新版たる海印寺本を輸入したこともある。南禪寺の大藏經は前にも述べたやうに、北宋・南宋・元・高麗・日本の諸版や寫本を合して一藏とした混合藏で、元版たる普寧寺版が最も多いが、これに次いでは麗版で、これには舊版も新版も含まれてゐる。その輸入せられた年時は明かでないが、この大藏經が兵庫の禪昌寺に置かれた應永以前であつたことは勿論で、これが混合藏である所から考へても、南北朝から何回かに亙つて輸入されたものであらう。

室町時代朝鮮は我が倭寇の侵害に苦しみ、これを禁遏せんことを數、請うて來たが、我が幕府は彼の要求を容れると共に、これが交換條件として、毎に大藏經を需めたものである。應永五年(一三九八)朝鮮が倭寇の禁遏を請はん爲めに、始めて朴敦之を遣すや、足利義滿は大内義弘をして接待せしめ、且つ書を義弘に賜うて朝鮮を

諭さしめたが、(5)その書中に大藏經輸入の意志あることを告げしめ、

大藏經版、此方頃年刊之孔難、而未克全備、彼方現刊者、摹刻極精、爲之不能無希求、今大允我所求、蓋法寶東漸有時也、甚感、甚感、銅鐘巨者、藥物良者、附船寄來否、法器停幽冥苦、而人濟仁壽域、則皆彼方之賜也、已上件々、大夫(○弘義)能傳其意、愼勿失墜、(6)

といつてゐる。

應永十六年(一四〇九)朝鮮使が再び來朝するや、管領斯波義將はこれが答禮使として周護・德林の二僧を遣し、書を贈つて將軍義滿の喪を告げ、倭寇の禁遏を誓ふと共に、大藏經を贈られんことを希望し、

僕頃創構小刹、佛宇僧房略備、而法寶闕焉、伏聞貴朝一大藏經鏤板流布、儻憐陋邦之乏少、賜以七千軸全備之藏、則其恩其惠、何日而忘之、特遣周護書記德林藏主、專達此意、(7)

と述べてゐる。 朝鮮はこの要求を容れて、大藏經を贈り來つたことは、次に述べる將軍義持の書によつても、略、察せられる所である。

應永二十九年(一四二二)に至り、義持は重ねて一藏を需める爲めに書を朝鮮に贈

つて云く

先レ是需二釋氏藏經一、皆得レ如レ願、無レ勝二銘佩之致一、今復有二不盡之求一重請二一藏一、欲レ使下此方之人一植中福於現當上也(8)

と。この要求に應じ、朝鮮は翌年大藏經を贈り來つたことは、看聞日記・京都將軍家譜等に見ゆる所で、同年義持が朝鮮に贈つた書にも、

専使回、所レ需藏經、與二回禮使一同到、喜慰可レ言哉(9)

といつてゐる。けれども義持はこれのみを以て滿足せず、更に僧圭籌等を遣し、大藏經板をも得んことを求め、

聽貴國藏經板非レ一、正要レ請二一藏板一安二之此方一使三信心輩一任レ意印施上、(10)

といつてやつた。蓋し從來我が國に輸入せられた麗版大藏經は、南禪寺のそれの如く、舊版・新版相交はつてゐたから、二藏板あるものと考へ、その一藏板を得ようとしたものであらう。けれども高麗に於ては開版こそ幾度も行はれたが、經板としては、前後を通じて一藏しかなかつたのであるから、この厚がましい要求に對して應ずべき筈がない。そこで義持は翌三十一年に更に僧中兌を遣して、再びこれを

需め、

主籌知客與二同禮使一偕至、奉答書幷別幅件件嘉貺不レ勝二銘感一、然雅意所レ需者、卽大藏之板也、其餘珍貨、積如二山岳一又何用哉…(中略)…將發二專使中兗西堂一再諭二委曲一若能使二大藏板一流中傳我國上、何賜若レ此哉、(11)

といつてゐる。これに對して朝鮮王は、

所レ需大藏經板、只是一本、且予祖宗所レ傳、不レ可レ從レ命、前書已盡、惟照二察之一、(12)

といつて、斷然拒絕してゐる。

かく大藏經板は遂に得られなかつたが、この後も必要ある每に大藏經を需めたことは一再に止まらなかつた。卽ち義持は應永三十五年(一四二八)に、伊豆泰籙山東福敎寺の爲め、義政は文明十八年(一四八六)越後安國寺の爲め、義尙は長享二年(一四八八)と翌三年とに、筑前妙樂寺の爲め、夫々專使を派遣して大藏經を需めてゐる。また朝鮮王から贈つた書にも、文明十四年(一四八二)に大藏經を贈り、寬正元年(一四六〇)にも大藏經以下多くの經論を載せて日本に遣した船が海上颶風に遭つたことを記してゐる。この他大名では大内義高の如き、明應八年(一四九九)に正龍首座

を遺し、應仁の亂に各寺裡に安ずる所の藏經の散失したもの十の八九であるといつて、これを需めてゐる。(13) これ等によつても室町時代に麗版大藏經の輸入されたことが甚だ多かつたことが察せられるであらう。現在我が國に遺存する麗版大藏經は、前述の南禪寺を始め、高野山・建仁寺・大阪難波別院・增上寺・日光山等その數が多いのも當然である。

以上この時代に輸入された明版並に麗版大藏經が直接當時の開版事業に影響を及ぼすといふことは稀であつたかも知れぬが、後世に於ける大藏經の開版に多大な影響を及ぼしたことは看過し難い所である。即ち元和の頃、伊勢大神宮常明寺の宗存は、大藏經の開版を發願したが、それは高麗の新雕本即ち海印寺版によつて翻刻しようとしたもので、そしてどれだけ雕刊されたか詳かでないが、宮內省圖書寮や成簣堂文庫に藏せられてゐる法苑珠林には、每卷末刊記に、

伊勢太神宮一切經本願常明寺宗存敬梓

とあり、更に雕刊の年月日を刻んである。また僧鐵眼によつて完成された有名な黃檗版大藏經は、明の北藏を覆刻したものである。

(1) 明史日本傳　本朝高僧傳文珪傳
(2) 續古經題跋
(3) 高麗史
(4) 小野玄妙氏「高麗大藏經雕印考」(佛典研究第一卷第四號)
(5) 京都將軍家譜上
(6) 善隣國寶記
(7) 善隣國寶記中
(8) 同上
(9) 同上
(10) 同上
(11) 同上
(12) 同上
(13) 善隣國寶記　續善隣國寶記

第二章　唐樣版の衰頽

一　室町時代の唐樣版

室町時代に於ける唐樣版の開版には、大體二つの時期があつた。第一期は應永

を中心とした凡そ四十年ほどの間で、この間は前代の黄金時代の餘勢を受けて、その開版は相當盛んであつた。第二期は應仁の亂後凡そ百十年ほどの間で、この間は徴々として振はなかつたが、それでも幾許かの開版が行はれた。そして第一期と第二期との間に挾まれた凡そ三十年間は、開版事業の全く中絶してゐた時期で、當時の遺品にして今日に殘存するものは一もない。

第一期は大體前代からの繼續で、從つて開版は主として京都の禪院に於て行はれ、禪籍が最も多數を占めてゐた。然るに第二期になつてからは、京都禪院の開版に係るものは、最早や殆どなく、堺・山口・鹿兒島・駿府など各地方に於て開版せられ、そして坊間俗士の手によつて開版せられたものが次第に增加し、從つて禪籍よりも儒書・字書の類が多數を占めるやうになつた。蓋し應仁の亂後幕府は全く威權を失ひ、京都は荒廢して、その文化が著しく衰へたに反し、地方には群雄が割據して城下町・經濟都市の勃興を來たし、地方文化の大いに進んだが爲めで、時代の變遷はよく開版事業にも反映してゐる。

二　京都禪院の開版

前節に述べたやうに、第一期は主として京都禪院に於て行はれたが、就中南禪寺・東福寺・相國寺の開版が最も多く、前代に盛んであつた天龍寺・臨川寺等の開版は最早やこの時代には見ることが出來ぬ。南禪寺の開版としては、左の四點がある。

一山國師語錄　二册(1)　應永十四年(一四〇七)刊

僧彥裁なるものが幹緣して入梓し、鏤板を南禪寺の大雲庵(一山國師の塔所)に留めて、流通せしめたものである。

虎關和尙十禪支錄　一册(2)　應永二十二年(一四一五)刊

虎關師錬の塔所なる南禪寺濟北院の住持令在が刊行したもので、版下は桂文といふもの丶書する所である。

金剛般若波羅蜜經註解
般若波羅蜜多心經註解　合一册(3)　應永廿七年(一四二〇)刊

明の天界善世禪寺の住持宗泐等が洪武十年(一三七七)太祖の勅命を奉じ、般若心經・金剛經・楞伽經の註解を作り、天下に流布せしめた明槧本を、南禪寺の雲臥菴で覆刻したものである。

佛制比丘六物圖　一册(4)

この書は僧了珍なるものが開版し、鏤板を南禪寺の眞乘院に置いて流通せしめたもの

で、その刊行年代は詳かでないが、この時代に成つたものと想はれる。

次に東福寺で開版されたものには、左の四點がある。

和點法華經　八卷(5)　應永五年(一三九八)刊

和點法華經は既に嘉慶元年(一三八七)約齋道儉といふものによつて刊行されたことは第四篇第五章第一節に於て述べたが、その鏤板は何等かの事情で失つたのであらう、更に僧靈昊といふものが重刊し、鏤板を東福寺の龍吟庵に置いたのが本書である。

聚分韻略　一册(6)　應永十九年(一四一二)刊

聚分韻略は虎關師錬が嘉元四年(一三〇六)に編した韻書で、作詩家に廣く用ひられた書であるから、室町時代を通じて刊行されたことは、八回にも及んでゐるが、本書は實にその最初のもので、東福寺の靈源庵で刊行されたものである。

聖一國師年譜　一册(7)　應永廿四年(一四一七)刊

東福寺の開山聖一國師圓爾辨圓の法孫祖芳が募緣して、國師の塔所なる東福寺常樂庵で開版したもので、當時五山の學者として有名であつた岐陽方秀が跋文を書いてゐる。この書に於て特に興味を惹くことは、第一に卷末に助緣者の金額を明細に刻んであるから、これによつて當時の開版費用の大體を察し得ることである。その總金額十九貫二十文は同書の開版全費用と見て差支へないであらう。第二は「板賃二十文摺賃十五文」と刻んであることである。これは四方僧俗の希望に應じて、その都度一部なり二部

なりを印摺し、板賃摺賃を徴して、藏版所たる常樂菴の收入としたことを示すものである。

旱霖集　一册(8)　應永廿九年(一四二二)刊

この書は東福寺第四十世勅諡大智圓應禪師夢巖祖應の詩文集で、その徒の開版したものである。開版した寺の名は明記してないが、祖應が東福寺の世代である所から推して、同寺の開版と見ても恐らく間違なからうと思ふ。

次に相國寺の鹿苑院に於ては、この頃五部の大乘經が開版されたことは、現に京都東寺に藏する像法決疑經の卷末刊記に

應永二十一甲午五月十六日就于萬年山鹿苑院五部大乘經形木新開版畢　奉行本紹　相奉行禮高

とあるによつて知られる。禪寺に於て五部の大乘經開版のことは、曩に近江の大禪寺、武藏の普濟寺等にも例があり、當時に於ける流行であつたことゝ思ふ。

以上の他に開版した寺院こそ詳かでないが、京都の禪寺に於て開版されたと想像されるものは少くない。次に掲ぐるものはその重なるものである。

新編排韻增廣事類氏族大全　十集九册(9)　明德四年(一三九三)刊

佛祖正法直傳　一冊(10)　應永三年(一三九六)刊

康暦三年(一三八一)版の佛祖正法直傳とは版式を異にし、無界毎半版十行、行二十字の本である。

大光明藏　三冊(11)　應永七年(一四〇〇)刊

佛祖正法直傳　一冊(12)　應永十一年(一四〇四)刊

僧從遠なるものが、康暦三年(一三八一)版の佛祖正法直傳によつて覆刻したものである。

蕉堅稿　一冊

相國寺の絕海中津の詩文集である。卷末刊記を缺き、刊行者並に刊行年代は詳かでないが、應永十年(一四〇三)明の僧錄司左善世道衍の撰した序文並に杭州天竺の如蘭の撰した跋文を載せてある。兩者ともに絕海の弟子等聞が應永十年(一四〇三)遣明使堅中圭密に隨つて入明して得て來たものである。從つてこの書は等聞が歸朝した應永十一年を距ること遠からざる時代に刊行されたものと思はれる。

絕海和尙語錄　一冊

前述の蕉堅稿と同じく、絕海の弟子等聞が入明して得た杭州淨慈寺の道聯の序文、徑山の心泰の跋文が載せてある。そして蕉堅稿とその版式・書風・紙質等全く同じであるから、同時に刊行されたものであらう。

第四篇第四章第三節に於て、唐様版中、卷末刊記を缺き、刊行者・刊行年代・開版の場所等を詳にし難いものを列擧したが、それ等の典籍の大部分は、南北朝時代に於て開版されたものであらうが、また室町時代に京都禪院に於て開版されたものも少なからず含まれてゐることゝ想はれる。

以上は京都禪院に於て開版されたもの、若しくはかく推定し得らるゝものゝみであるが、この他禪院以外に於ても唐様版の開版が行はれた。應永五年(一三九八)版の古今韻會擧要(13)や、永享九年(一四三七)版の鎮州臨濟慧照禪師語錄の如きそれである。前者は權僧都聖壽といふものが幹縁し、元槧本によつて覆刻したもので、聖壽が權僧都といふ僧位を有する所から考へても、五山の僧徒でないことが知られる。後者の卷末刊記には、

永享九年八月十五日　板在法性寺東經所

とある。臨濟禪の開祖たる慧照禪師語錄の鏤板を禪寺にあらざる法性寺の東經所に置いたのは、如何なる理由であるか詳かでない。

かくの如く第一期にあつては、京都禪院の開版事業は可なり盛んであつたが、第

二期にあつては、京都の荒廢と五山禪院の衰微とにより、開版事業の如きは殆ど顧みられなかつたものゝ如く、百年の久しき間に刊行されたものは、たゞ明應三年(一四九四)版の增註唐賢絶句三體詩法、永正元年(一五〇四)版の聚分韻略、永正二年(一五〇五)版の盂蘭盆經新記の三點あるのみである。增註唐賢絶句三體詩法は、宋の周弼の撰する三體唐詩の註解で、裴庾の撰する所である。本書の第一卷末に、黑地に白字を以て次の刊記がある。

明應甲寅之秋、新板畢工矣、先是舊刻之在京師者散失于丁亥之亂、以故損貲　行焉置板於萬年廣德云　葉巢子敬誌

これによれば明應三年(一四九四)葉巢子なるものによつて刊行せられ、その鏤板を萬年山相國寺の廣德軒(後、光源院と改む)に置いたもので、葉巢子とは相國寺の第七十二世惟馨梵桂の法嗣瀑巖等紳の別稱である。そしてこの書は既に應仁以前に於て刊行されたことは、右の刊記に「先是舊刻之在京師者散失于丁亥之亂(〇應仁の亂)」とあるによつても知るべく、遺存の唐樣版增註唐賢絶句三體詩法にして卷末刊記を缺き、刊行年代の不明なものが卽ちそれであらうか。永正元年(一五〇四)版の聚分

韻略の卷末刊記には、

聚分韻略啓童蒙之書也、然平上去入難卒分之、或列四聲以備一目、盖俾人易解也、因鏤于板置諸東山春雲軒、伏冀不卽文字、不離文字、以極禪海敎海、

永正元年歲舍甲子八月初吉

とあり、鏤板を京都東山春雲軒に置いたもので、開版者の名は明かでないが、禪僧の手に成つたものに違ひない。永正二年(一五〇五)版の盂蘭盆經疏新記の卷末刊記には

永正乙丑之歲　比丘守懌命工鏤版置惠日不二庵

とあり、鏤板を東福寺の不二庵に置いたものである。開版者たる守懌は字を自悅といひ、東福寺の第百八十四世で、永正十七年(一五二〇)に示寂した僧である。

(1) 附錄古刻書題跋集第三四五參照
(2) 同第三五四參照
(3) 同第三六五參照
(4) 同第四二一參照
(5) 同第三三二參照

(6) 同第三四九參照
(7) 同第三五六參照
(8) 同第三六七參照
(9) 同第三二四參照
(10) 同第三二九參照
(11) 同第三三八參照
(12) 同第三四一參照
(13) 同第三三一參照

三　地方禪院の開版

室町時代京都禪院の開版事業は、次第に衰微の傾向を辿つたに反し、地方禪院の開版は、寧ろ益〻盛大に趨き、中央から遠く離れた下野・武藏・甲斐・駿河・美濃・周防・土佐・薩摩・日向等全國各地の禪院に於て開版を見るに至つた。このことは政治上に於ける群雄割據の一反映とも見らるべく、興味ある現象といふべきであらう。

應永前後に於て、特に注目を惹くのは、下野足利の行道山淨因庵の開版である。即ち應永十一年(一四〇四)には、諸偈撮要一册を開版した。同書の卷末刊記には、

此版留在野州足利行道山淨因庵
應永十一年甲申小春　日誌

とある。そして同菴に於ては、夢窓國師の夢中問答をも開版してゐる。この書は前に述べたやうに、(1)二版あり、一は單郭有界十行の大字本、他は單郭無界十六行の小字本である。前者は康永三年(一三四四)に開版したものであらうが、後者には

此版留在行道山淨因禪庵常住公用

といふ刊記のみで、開版年代を缺くが、その跋文が前述の諸偈撮要と似てゐる所から考へるに、同時代に開版されたものと思はれる。

また應永十二年(一四〇五)には、武藏の兜率山廣園禪寺に於て、常牧といふものが幹緣して、禪門第一の書といはるゝ無門關を刊行し、同十七年(一四一〇)には、僧靈通が周防の大内盛見(大内義弘の弟、法號を國清寺殿大先道雄居士といふ)の施財を得て、藏乘法數(2)を印行し、同廿五年(一四一八)には、美濃の僧周印が佛祖宗派綱要(3)を開版し、同廿八年(一四二一)には、土佐の修禪寺に於て、無門和尚語錄(4)を雕造した。この他應永十六年(一四〇九)版の月菴禪師行實(5)並に同廿九年(一四二二)版の佛德大通禪師愚中和尚年譜(6)

には刊行の場所が明記してないが、恐らく前者は月菴宗光の開いた但馬の大明寺に於て、後者は愚中周及の創めた丹波の天寧寺か安藝の佛通寺などで開版したものであらう。

以上は應永年間に開版されたもの丶みであるが、應仁の大亂後になつても、地方禪院の開版は意外に盛んであつた。今開版年次によつて列擧すれば次の如くである。

妙法蓮華經　八卷
文明十四年(一四八二)刊　開版所　周防　氷上山興隆寺

鎭州臨濟慧照禪師語錄　一册(7)
延德三年(一四九一)刊　開版所　美濃　正法栖雲院

大學章句　一册(8)
延德四年(一四九二)刊　開版所　薩摩鹿兒島　桂樹院

聚分韻略　一册(9)
明應二年(一四九三)刊　開版所　周防　眞樂軒

妙法蓮華經　八巻(10)　開版所　甲斐都盧郡　妙樂寺
明應六年(一四九七)刊

聚分韻略　一册(11)　開版所　日向　眞幸院
享祿三年(一五三〇)刊

聚分韻略　一册(12)　開版所　駿河富士郡　善得寺
天文二十三年(一五五四)刊

歴代序略　一册(13)　開版所　駿府　臨濟寺
天文二十三年(一五五四)刊

以上の他に文明十八年(一四八六)刊の聚分韻略には、「文明丙午刻梓濃之南豐大成」と刻記したものがある。「濃之南豐大成」の意味が判り兼ねるが、この書も美濃の某禪院の開版に係はるものであらう。

是等の版本中最も有名なものは、延德四年(一四九二)版の大學章句である。同書の巻末刊記に、

文明龍集辛丑夏六月左衞門尉平氏伊地知口重貞命工鏤梓於薩州鹿兒島

桂樹禪院再刊

延德壬子孟冬

とある。これによれば、この書は、初め文明十三年(一四八一)薩摩の國老伊地知重貞によつて刊行されたが、それから十餘年を經た延德四年(一四九二)に、桂庵玄樹の住してゐた鹿兒島の桂樹院に於て、再刊せられたことが知られる。玄樹はもと長門永福寺の僧で、應仁二年(一四六八)遣明使天與清啓に隨つて入明し、そのまゝ留まること五年、蘇杭の間に遊び、鉅儒に就いて朱子學を學び、文明五年(一四七三)歸朝して後は、亂を避けて、豊・筑・肥の地方を遊歴し、鎭西に於ける文運の興隆に盡す所が多かつた。次いで薩摩に抵り、鹿兒島に桂樹院を開き、盛んに朱子學を講じたから、當時大學章句の如き、學者の最も需要した所で、文明の鏤板は既に磨滅して用をなさないやうになつたから、更に同院に於て再刊されたものであらう。

次に明應六年(一四九七)版の妙法蓮華經の巻末刊記には、

此卷施主平信長此板留在甲州都盧郡德藏山妙樂禪寺諸化緣若干人

明應六年霜月　日　化主源清

豆州三島府住吉久刀

とあり、戰國兵亂の世に甲斐の如き僻陬の地にあつて、伊豆三島の雕工吉久なるものゝ手により、法華經八卷が雕造されたことは珍とするに足るべく、視聽草には、この鏤板六十四面がなほ妙樂寺に殘存してゐたことを記してゐる。

また今川氏と關係の深い駿河の善得寺に於て聚分韻略を、臨濟寺に於て歷代序略を刊行したことも相當注目すべきことである。聚分韻略は室町時代を通じ各地に於て九回も刊行せられ、そして明應二年(一四九三)周防眞樂軒開版のそれが最も大型であるに對し、善得寺開版のそれは、最も小型で、携帶に便にしてある。その卷末刊記に、

駿府天澤禪寺藏殿公用

維時天文二十三年甲寅年春正月吉辰

富士山善得寺樂全軒主建乘鏤梓

とある。富士山善得寺は、今は廢絕したが、もとは駿河富士郡今泉村にあつた。今川義元の叔父に當る駿府臨濟寺の雪齋崇孚(寶珠護國禪師)の中興した寺で、この寺の樂全軒主たる建乘の開版する所で、駿府天澤禪寺公用とあるのは、その鏤板が天

澤寺に置いてあつたことを示したものであらう。天澤寺も今は廢絕したが、今川義元の建立した寺である。歷代序略は明の梁孟敬の著で、上は三皇五帝より元代に至る支那歷史の大要を述べたもので、前述の聚分韻略と同じ天文二十三年に駿府臨濟寺の雪齋崇孚の刊行したものである。その卷末刊記に、

此書已渡其版未行因鏤
之梓留置于東海駿府城
龍山雪齋書院
天文甲寅仲冬吉　崇孚

とある。龍山とは臨濟寺のことである。また「東海駿府城」の五字を缺くものもある。想ふにこの五字は後から補刻したものであらう。

(1) 第四篇第五章第二節參照
(2) 附錄古刻書題跋集第三四三參照
(3) 同第三四八參照
(4) 同第三六六參照
(5) 月菴禪師行實は、月菴禪師語錄に載せた惟肖得巖の跋文によるに、月菴の弟子茂林

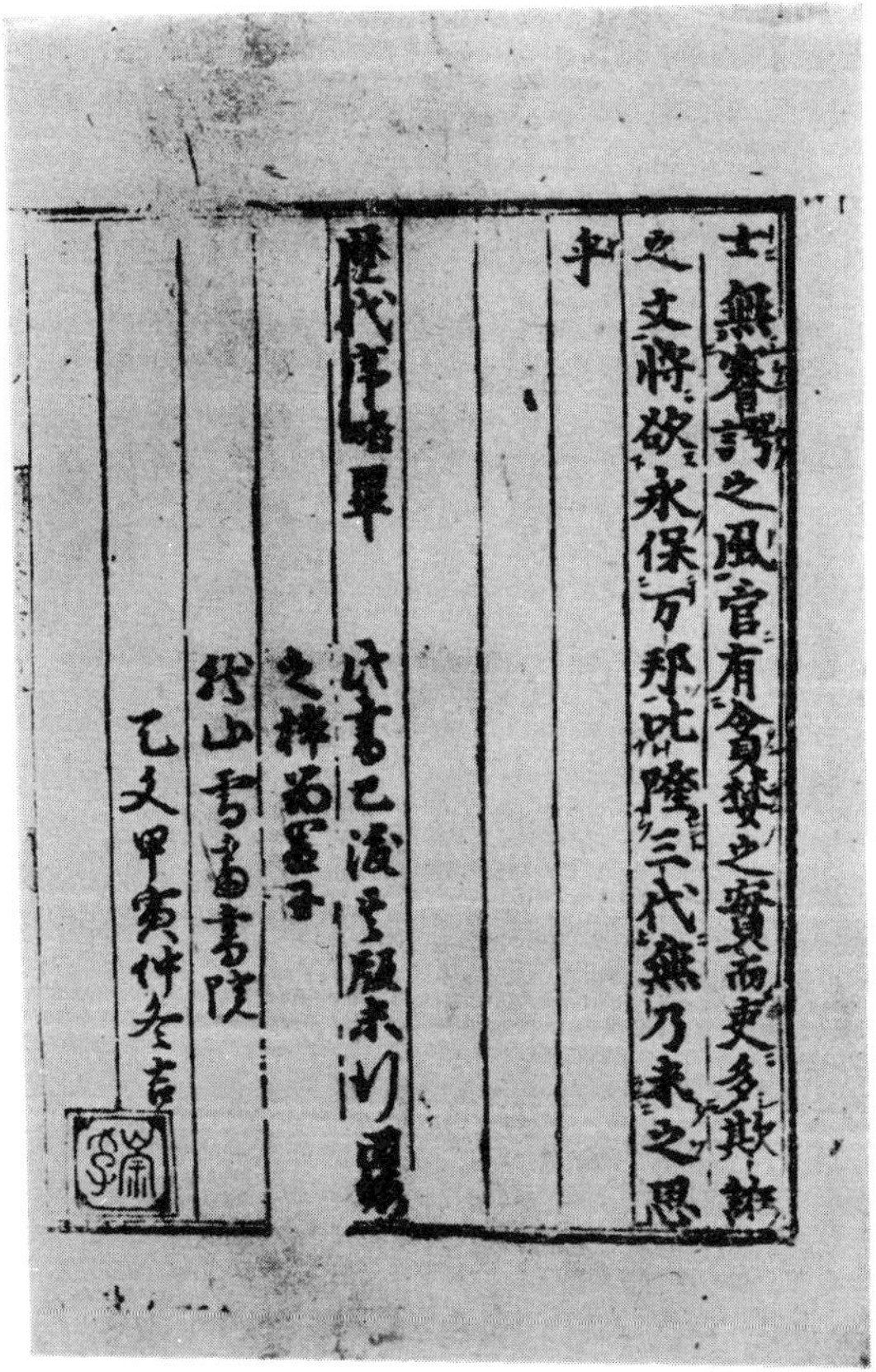
士無賽詩之風官有令貞發之賓而更多歟誰之文將欲永保万邦比隆三代無乃來之思乎
歴代序略畢
此書已浚呈版來河陽之梓蔚置子
栘山舌畜書院
乙丈甲寅仲冬吉

駿河版歴代序略跋　天文二十三年刊

駿府天沢禅寺
蔵版公用
維時天文二十三[illegible]甲寅仲春上月吉辰
富士山善得寺[illegible]

駿河版聚分韻略跋　天文二十三年刊

興樹が、月菴の寂後その行實一篇を作り、數々遣明使に託して、明の大德碩儒に就いて塔銘を得ようとしたが、皆謙拒して得ること能はず、使舶三四回往返する間に、茂林は應永十五年に寂したので、その散佚を慮つて、翌十六年に板に刻したものである。

(6) 予の一覽した久原文庫本卷末刊記は不明な文字があるが、嘗て雕造した鏤板を燒失した爲めに、德義といふものが募緣して永享辛酉に重刊した由を記してある。

(7) 附錄古刻書題跋集第四一六參照

(8) 同第四一七參照

(9) 同第四一八參照

(10) 同第四二四參照

(11) 同第四四〇參照

(12) 同第四五五參照

(13) 同第四五七參照

四 學者・武士の開版

從來唐樣版の開版は、京都や地方の禪寺、若しくは元から歸化した兪良甫や陳孟榮の手によつて行はれたもので、學者や武士が自ら開版事業に手を染めたといふ例は極めて乏しかつた。然るに應仁の亂後、地方の學者や學問好きの武士によつ

て開版せらるゝものが次第に多きを加へて來た。このことは從來五山などの僧徒によつて獨占されてゐた學問が、やがて民間學者の手に移らうとする形勢の一發露といふべく、文化の普及から見て、極めて興味ある事象といはねばならぬ。

この時代に學者・武士の開版の最も多く行はれたのは、和泉・薩日・周防の三地方で、いづれも對明貿易上重要な地點であつたことは注目に値する。一體室町時代に於ける對明貿易は、幕府・諸大名・寺社等から遣された勘合貿易船に限られてゐたことは、前に述べた通りで、これ等の貿易船は初めは兵庫を以て起帆地となし、瀬戸內海を西に下つて筑前博多に寄港し、それから肥前の五島に到り、春汛又は秋汛を待つて外洋に出で、一路寧波に向つたものである。然るに對明貿易上特殊の權力を振つてゐた大內・細川兩氏が、應仁の亂以後、互に相抗爭するやうになつてから、こゝに新たな航路が開かるゝやうになつた。この新航路は從來の如く、大內氏の勢力圈內にあつた兵庫を以て起帆地とせず、細川氏の守護してゐた堺港を以て起點となし、四國の南を通過して、薩摩の坊ノ津に寄港し、それから寧波に赴くもので、瀬戸內海を通過する中國路に對し、これを南海路といつた。蓋し幕府船や細川船が若し

中國路を通過すれば、西陣に屬する周防の大内氏に掠奪さるゝ虞れがあつたからである。爾來勘合貿易船にして南海路をとること五回にも及び、從つて堺港や坊ノ津は從來の兵庫・博多に代つて對明貿易上重要な地位を占め、支那文化輸入の門戸をなすやうになつた。また周防は室町時代を通じ、對明貿易に特殊な勢力のあつた大内氏の領土であるから、同地方が支那文化の輸入と密接な關係のあつたことはいふまでもない。されば、この時代に和泉・薩日・周防の三地方に於て、唐樣版の開版の行はれたことも自然の勢といはねばならぬ。

薩日地方に於ては、禪院の開版として、延德四年(一四九二)版の大學章句(薩摩桂樹院刊)、享祿三年(一五三〇)版の聚分韻略(日向眞幸院刊)のことは前節に述べたが、學者・武士の刊行したものには、文明十三年(一四八一)版の大學章句と聚分韻略、天文十九年(一五五〇)版の四體千字文等がある。

文明十三年版の大學章句は薩摩の國老伊地知重貞が鹿兒島で梓行したもので、この版本は早く亡んだもの〻如く、天保中伊地知潜隱が搜訪に盡したが、遂に獲る所がなかつたといふ。併し前節に述べた延德四年版の大學章句の卷末刊記に、

文明龍集辛丑夏六月、左衞門尉平氏伊地知口重貞、命工鏤梓於薩州鹿兒島
　延德壬子孟冬　　　　桂樹禪院再刊

とあることによつて、この書の印行されたことが知られる。この書は實に我が國朱子著述刊行の先驅である點に於て重大な意義を有するものである。惟ふに鎭西の文運興隆に力のあつた桂庵玄樹が薩摩の島津忠昌に迎へられたのは、文明十年(一四七八)のことで、當時鹿兒島の桂樹院に在つて、盛んに朱子學を講じてゐたから、重貞も玄樹に就いて學び、その勸めによつて、これを刊行したものであらう。

文明十三年版の聚分韻略は、薩摩の和泉莊に於て刊行したもので、卷末に、

　文明辛丑刻梓薩陽和泉莊

とあり、且つ黑地に白字を以て「宗藝」と刻んであるが、これは開版者の名なるべく、武士の剃髮した法號であらう。

天文十九年版の四體千字文は、日向田島莊弓削雅樂入道交雲居士なるものゝ刊行する所で、卷末に左の刊記がある。

夫附言增廣古文眞草行凡四千字爲誨童蒙合他力刻諸梓以傳世矣

右傳十章前四章統論綱領旨趣
後六章細論條目工夫其第五章
乃明善之要第六章乃誠身之本
在初學尤為當務之急讀者不可
以其近而忽之也

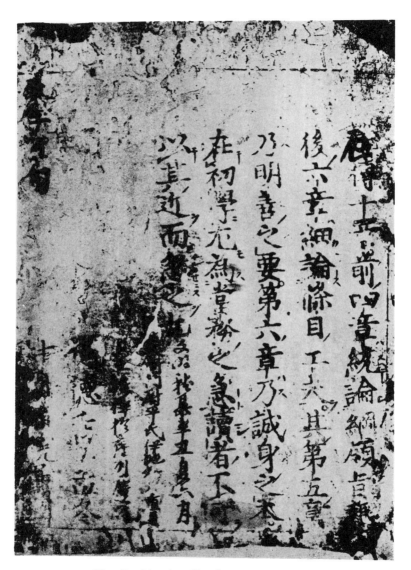

薩摩版大学章句　延徳四年刊

紫陽日州田島莊弓削雅樂入道
交雲居士謹置
天文十九庚戌歲秋八月望日

周防に於ては、明應八年(一四九九)に論語集解、天文八年(一五三九)に聚分韻略の刊行があつた。論語集解は平武道なるものが、正平版論語の單跋本を覆刻したもので、これを原本に比ぶれば、往々略字を用ひた所があり、鈔寫の際に於ける誤謬もあつて、書品がやゝ劣つてゐる。聚分韻略は大内義隆の開版する所で、世に大内版と稱せられ、珍重されてゐるもので、卷末には義隆の書いた長い跋文がある。(1)その跋文の中に、

然而小其字於舊板冊子、亦短其紙、盖所以備於勤于熟覽者之藏於巾箱携於袖間也、

とあるやうに、携帶に便する爲めに刊行したもので、從つて正方形に近い小型本である。

次に堺港に於て開版されたものには、古く正平版論語のあつたことは、有名であるが、この時代にも幾多の典籍が刊行されてゐる。中にも阿佐井野氏が開版に盡した功績には著しいものがあつた。卽ち阿佐井野宗禎は、增註唐賢絶句三體詩法

を刊行した。この書は明應三年(一四九四)相國寺の廣德軒に於て、葉巢子(瀑巖等紳)の刊行したものを覆刻したのであるが、著しく書風を異にしてゐる。第一卷の末に明應版と同じ刊記がある外に、

此板流傳自京至泉南、於是阿佐井野宗禎贖以置之於家塾也、欲印摺之輩待方來矣、

とあり、開版年代を缺くが、大永頃のものらしい。これに次いでは大永八年(一五二八)に阿佐井野宗瑞が醫書大全十冊といふ浩瀚な書を刊行した。この書は實に我が國醫書板刻の權輿で、卷末に次の跋文がある。

我邦以儒釋書鏤板者、往々有焉、未曾及醫方惠民之澤、人皆爲鮮、近世醫書大全自大明來、固醫家至寶也、所憾其本稍少、欲見而未見者多矣、泉南阿佐井野宗瑞捨財刊行、彼明本有三寫之誤、今就諸家考本、方以正斤兩、雖一毫髮私不增損、蓋宗瑞之志、不爲利而在救濟天下人、偉哉陰德之報、永及子孫矣、

大永八年戊子七月吉日　　幻雲壽桂誌

この跋文を書いた壽桂は字を月舟といひ、等持寺の古先印元の法嗣正中首座の法を嗣ぎ、永正中京都の建仁寺に住し、語錄もあり、詩文集幻雲集といふ著作もある。

幻雲といふのはその別號である。

醫書大全の刊行されたと同じ大永八年（この歳八月享禄と改元）に堺の宗仲といふものによつて韻鏡が刊行された。韻鏡はもと韻鑑といつたが、宋代に太祖の父の諱を避けて、韻鏡と改めたものである。この書の我が國に傳來すること、既に久しく轉寫の間に起つた誤謬が甚だしくなつたから、宗仲といふものが校正して刊行したもので、當時儒者として名の著はれてゐた清原宣賢が跋文を書いてゐる。

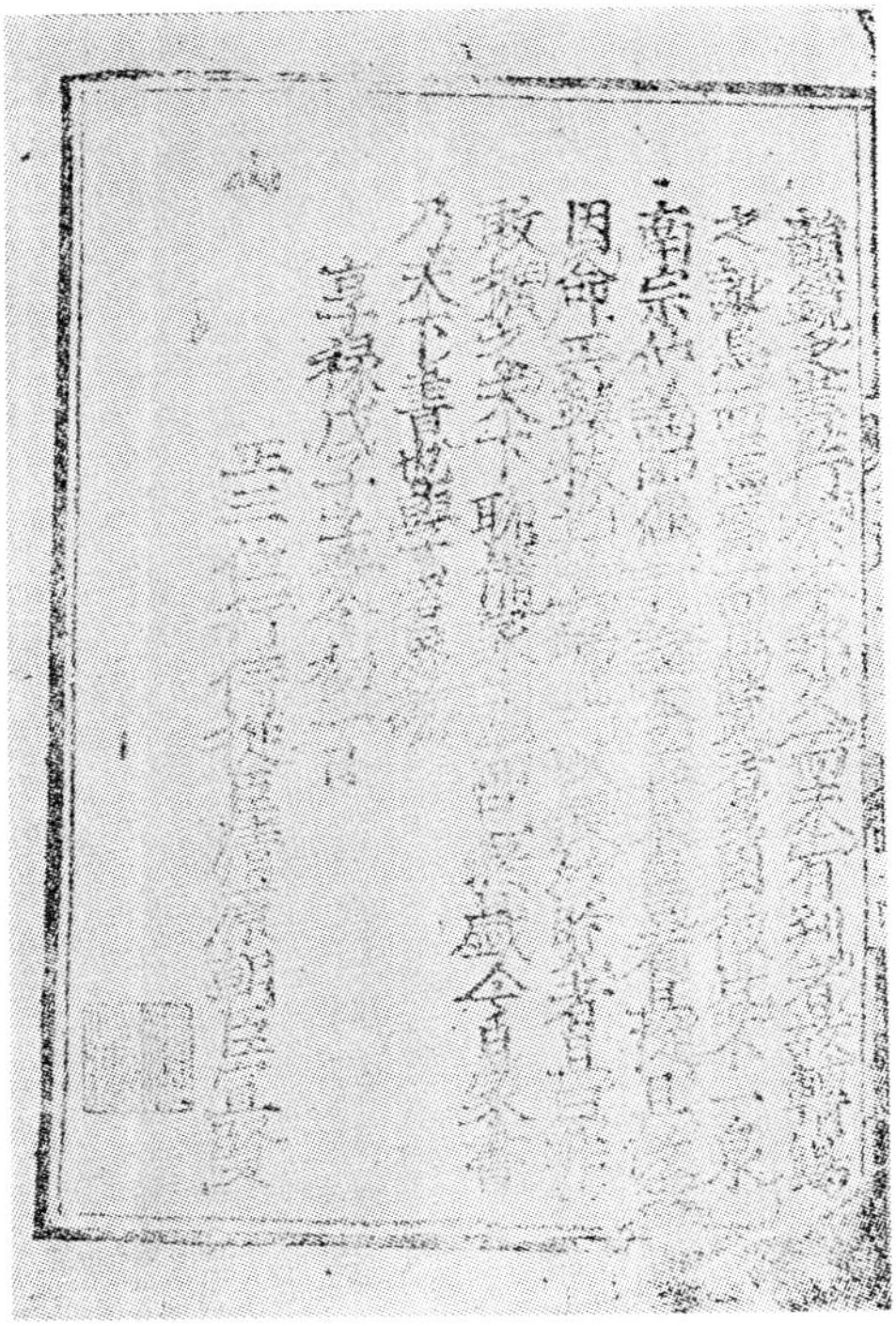

享禄版韻鏡跋（享禄元年刊）

韻鏡之書行於本邦久、而未有刊者、故轉寫之訛、烏而焉、焉而馬、覽者多困彼此不一、泉南宗仲論師偶訂諸本善不善者、且從且改、因命工鏤板期其歸一、以便於覽者、且曰非

敢擴之天下、聊備家訓而已、於戲今日家書乃天下書也、學者思旃

享祿戊子孟冬初一日　正三位行侍從臣淸原臣宣賢

この跋文によるに、開版者は泉南宗仲とあるのみであるが、その名が宗禎・宗瑞とも似通つた所もあり、その跋文の作者が次に述べる阿佐井野家開版の論語序文の作者と同じく淸原宣賢であることなどから推して、恐らく阿佐井野家の人であらうと想像される。

天文二年(一五三三)になつて、また阿佐井野家から、論語が刊行された。淸原宣賢の書いた左の序文がある。

泉南有佳士、厥名曰阿佐井野、一日謂予云、東京魯論之板者天下寶也、雖然離丙丁厄而灰燼矣、是可忍乎、今要得家本以重鏤梓若何、予云善、按　應神天皇御宇典經始來繼體天皇御宇五經重來、自爾以降吾朝儒家所講習之本、藏諸秘府傳於叔世也、盖唐本有古今異乎、家本有損益之失乎、年代寖遠不可獲、而測逐撰累葉的本以付與、庶幾博雅君子斜焉、

天文癸巳八月乙亥

金紫光祿大夫拾遺淸原朝臣宣賢法名宗尤

當時開版の困難な時代に於て、阿佐井野家がこれに盡した功績は著しいものであつたが、その家系については詳かでない。併し前揭の序跋等により、相當學者の家で、月舟壽桂・淸原宣賢など當代一流の學者とも交り深く、藏書なども少くなかつたことが想像される。皇國名醫傳には、醫書大全を刊行した宗瑞のことを記して、女科に精しく、世稱して阿佐井野婦人醫といふとあるから、醫をも業としたものであらう。

薩摩・日向・周防及び堺地方に於ける開版については既にこれを述べた。そして當時京都は戰國兵亂の爲めに、全く荒廢し切つて居つたとはいへ、流石に帝都であつただけに、なほ二三の開版が行はれたらしい。永正三年(一五〇六)健齋なるものが、元亨二年版によつて雕造したといふ古文尙書孔氏傳(2)の如き、同十一年(一五一四)淸原顯言が開版した古文尙書孔氏傳(3)の如き、享祿二年(一五二九)從四位下左大史兼算博士小槻伊治の刊行した御成敗式目(4)の如き、永祿七年(一五六四)宋の慶元三年(一一九七)版によつて覆刻した韻鏡(5)の如き、その開版の場所は明記してない

が、恐らく京都に於て開版されたものであらう。

（1）附錄古刻書題跋集第四四五參照
（2）同第四三一參照
（3）同第四三三參照
（4）同第四三九參照
（5）同第四六一參照

第三章　和樣版の衰微

一　奈良版

前代から衰運に傾いた南都諸大寺の開版事業は、この時代に至つて益〻衰へた。蓋し戰亂の絕えなかつた時代であるから、學問研究の如きは、多く顧みられなかつたことにもよるであらうし、また下剋上の風潮は、佛敎界にも浸染し、末寺末莊からの收入も思ふに任せず、財政頗る困難であつたといふことにもよるであらう。けれども春日版だけは流石に前代からの惰勢によつて、相當開版が行はれたらしい。興福寺に藏せられる摸板中、經典の名稱と開刻年代を陰刻したものが四十

阿佐井野版増註唐賢絶句三体詩法跋

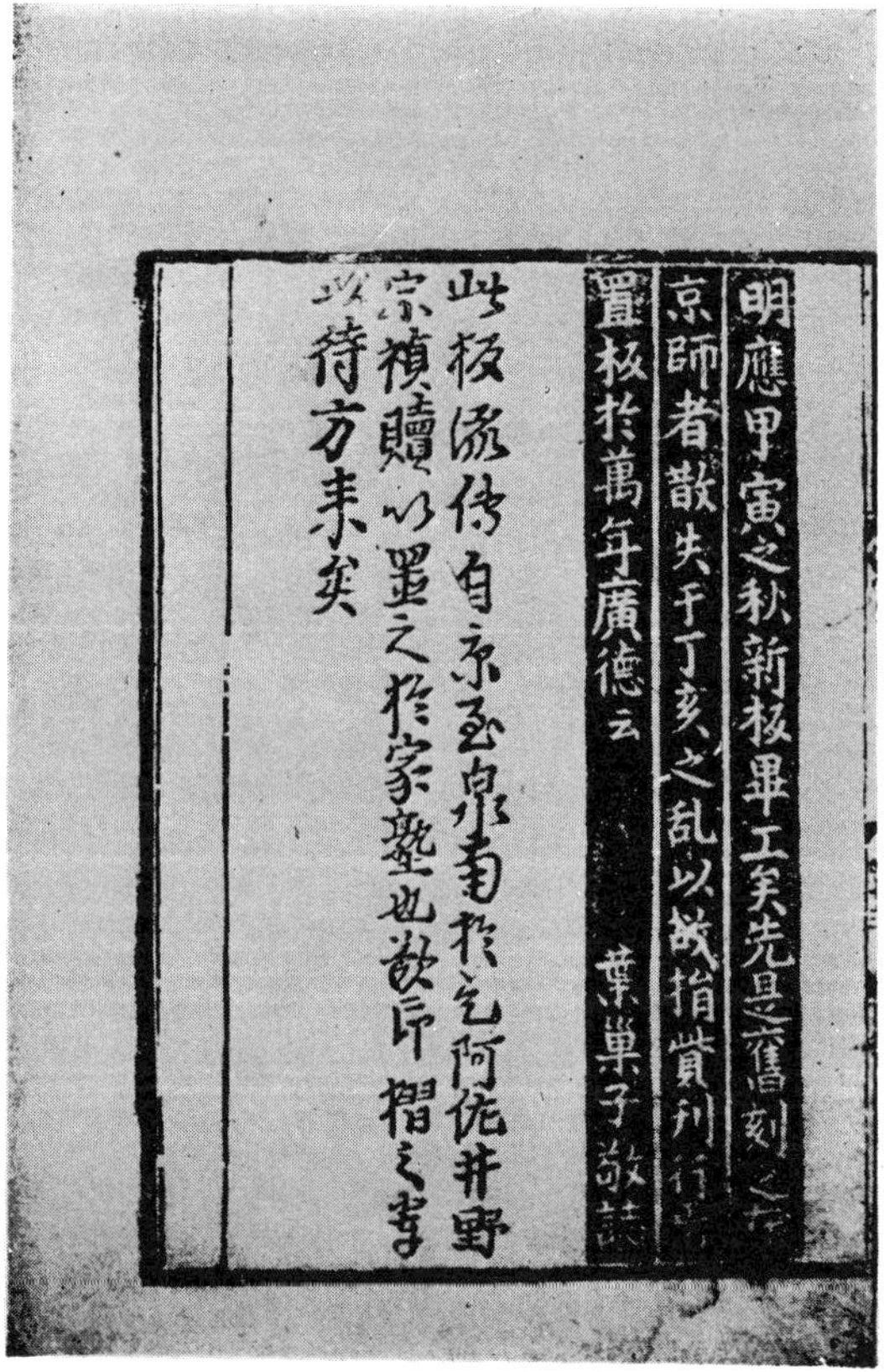
明應甲寅之秋新板畢工矣先是之舊刻之在
京師者散失于丁亥之乱以故捐貲刊行之
置板於萬年廣德云
葉巣子敬誌
此板流傳自京至泉南於光阿佐井野
宗禎購以置之於家塾也欲印摺之者
以待方来矣

大内版聚分韻略跋　天文八年刊

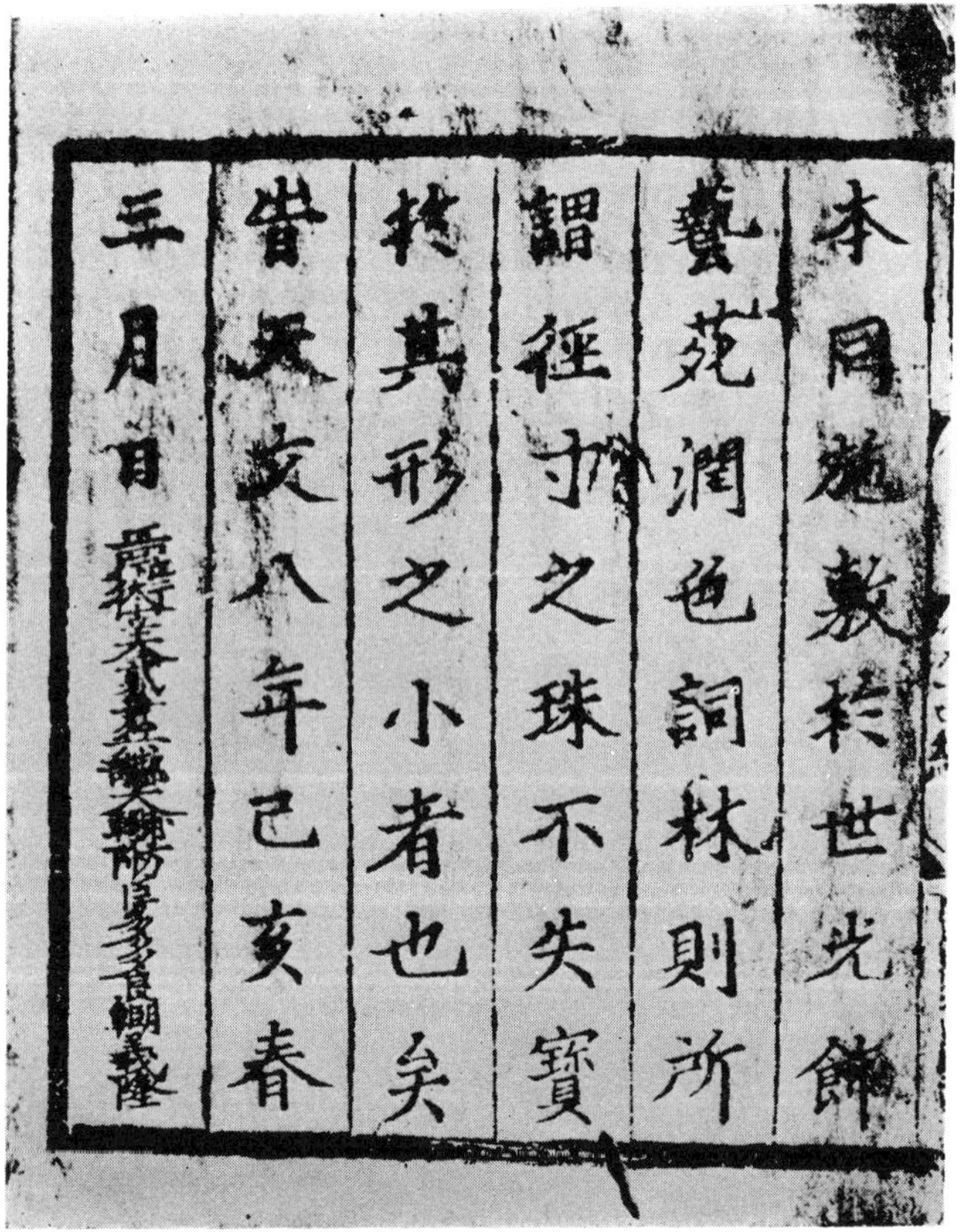
本同施敷於世光飾
藝苑潤色詞林則所
謂徑寸之珠不失寶
於其形之小者也矣
當天文八年己亥春
三月日 [illegible]

四枚あり、その内四十枚は、應永・永享・寶德・康正に開刻した大般若經で、鎌倉時代から盛んであつた大般若經の開版は、この時代にも盛んに行はれてゐたことが察せられる。そして他の三枚は長祿に開刻した最勝王經であるが、この他にも幾多の經論が開刻されたことはいふまでもない。(1) また舊摸板の一部が亡佚した場合に、これを補刻したといふやうなことも少くなかつたらしい。寛喜三年(一二三一)藤原氏女が願主となつて開版した般若波羅蜜多心經幽賛添改科の摸板の一枚を失つた爲め、寛正二年(一四六一)に補刻したが如きその一例である。(2)

斯の如く新板の開雕や補刻も行はれたが、どちらかといへば、この時代は舊板によつて再搨することが頗る盛んであつたらしい。當時は佛事供養の爲めに、經典の摺寫が屢〻行はれたといふことゝ、(3)佛教の儀禮化、形式化の爲めに、諸種の經典を轉讀することが行はれ、(4)中にも大般若經の轉讀は頻繁に行はれ、從つて各地の社寺からの需要も頗る多かつたらしい。これこの經典の開版が當代春日版中主要なものである所以であらう。經典の需要增加に伴ひ、粗製濫造の弊に陷るは自然の勢といふべく、當代摺寫のものが、鎌倉時代のそれに比し、料紙・墨色・裝潢ともに著

しく劣り、好事家に珍重せられないのはこれが爲めである。併し若し春日版の流布といふ點からいへば、蓋し當代に如くものはないであらう。

當時大般若經の摺寫は數〻行はれた所であるが、これが爲めに幾何の費用を要したかは、頗る興味ある問題といはねばならぬ。大乘院寺社雜事記には文明二年(一四七〇)一條兼良が發願して、南都の經師をして、同經典を摺寫せしめた時のことが記載されてゐる。それによると大般若經六百卷の料紙は三十五束一萬六千八百枚を要し、上品は束別八百文、中品は束別五百五十文、下品は束別四百文で、その摺料は二十二貫文であつたといふから、全費用は大體次の如くであつた。

上品	料紙三十五束代	二十八貫文	計五十貫文
	摺料	二十二貫文	
中品	料紙三十五束代	十九貫二百五十文	計四十一貫二百五十文
	摺料	二十二貫文	
下品	料紙三十五束代	十四貫文	計三十六貫文
	摺料	二十二貫文	

春日版以外の奈良版は極めて寂寥たるもので、室町時代百八十餘年の久しい間に、東大寺・唐招提寺・藥師寺等に於てそれ〴〵二三の開版があつたに過ぎない。

東大寺に於ては總深によつて、應永六年(一三九九)に凝然の三國佛法傳通緣起(5)が刊行された。また同寺の觀音院に於て、弘治三年(一五五七)に法華經(6)新藥師寺(東大寺の末寺)に於て永正二年(一五〇五)に藥師瑠璃光如來本願功德經(7)が開版せられた。この他應永三年(一三九六)には三河守源時則といふものが宋版によつて、注華嚴法界觀門(8)を覆刻し、その所屬の寺院は詳かでないが、內容からいへば東大寺系統の寺院の開版と想はれる。

南都に於ける律部の開版は、鎌倉時代には西大寺が最も盛んで、唐招提寺に於ては、たゞ正應五年版の表無表章があるに過ぎなかつた。然るに當代に於ては、西大寺の開版は全くなく、却つて唐招提寺に賢盛が出て、よく開版事業に盡し、應永二年(一三九五)には、通別二受抄(9)、同八年(一四〇一)には律宗新學作持要文(10)を刊行した。賢盛のことは招提千載傳記にも見えてゐるが、唐招提寺の住持で、右の二書を開版したことの外は詳かでない。

藥師寺に於ては、天文七年(一五三八)祐專の勸進によつて、藥師瑠璃光如來本願功德經が開版された。その卷末刊記に、

自往古堂內安置印板伽藍炎上之砌同燒失之間以一紙半錢之志新刻彫之畢若爾面々施主各々願望可爲成就處也

天文七年戊戌卯月　日　勸進聖祐尊

刊手與一

とあり、伽藍炎上によつて、堂內安置の印板を燒失した爲めに再彫したもので、堂內安置の印板とは、康永三年版のものをいつたのであらう。

以上南都諸大寺の他に、多武峯に於ては、永正十六年(一五一九)に法華經を、芓山寺(寧樂刊經史には大和の菩提山正曆寺であらうといふ)では文明十七年(一四八五)に藥師瑠璃光如來本願功德經を開版した。前者の卷末刊記には、

發護持正法　利益有情願　窮盡未來際　雕置法華摸　庶衆人摺寫　廣流布諸國　互興法利生　自他共成佛

多武峯緝盖寺法華經板木也

永正十六年己卯九月　日　　願主英宗

とあり、僧心性の發願によつて、數〻興福寺に於て開版せられた法華經とその跋文が同じで、春日版によつて覆刻したものらしい。宗淵の法華經考異によれば、これより先き長祿三年(一四五九)にも法華經の開版があり、刊記は心性發願の刊記と同じで、終りに「長祿三年卯月願主賢祐　彫手順性」とあるといふ。(11) 後者の卷末刊記には、

右謹奉開此妙典之印板旨趣者專爲芐山寺本堂讀誦之御經且爲自身所願成辦仰寺中之勸進以藥師寺印板之經奉剋彫者也

文明十七年乙巳八月　日　願主明算　作者清秀

とあり、藥師寺版によつて印刻したものである。

(1) 大屋德城氏著「寧樂刊經史」二五〇頁

(2) 附錄古刻書題跋集第四〇〇參照

(3) 大乘院寺社雜事記、經覺私要鈔、尋尊大僧正記等には、文明年間に消除經・彼岸經・心經等を數〻摺寫したことが散見してゐる。

(4) 大乘院寺社雜事記、尋尊大僧正記等には、深密經・華嚴經・無垢稱經等も轉讀したこと

が散見してゐる。

(5) 附錄古刻書題跋集第三三三參照
(6) 同第四六〇參照
(7) 同第四二九參照
(8) 同第三二八參照
(9) 同第三二七參照
(10) 同第三三九參照
(11) 續寧樂刊經史(日本佛敎史の研究卷二、一七八頁)

二　高野版

室町時代は、奈良版の最も振はなかつた時代であるが、高野版も亦これと雁行して頗る衰へた。たゞこの間にやゝ異彩を放つてゐるのは、高野山大傳法院の惠淳が應永年間に開版事業に盡したことである。卽ち應永廿三年(一四一六)からは大毘盧遮那成佛神變加持經七卷(1)を、同廿四年には金剛頂瑜伽經三卷(2)を、同廿五年には蘇悉地羯羅經三卷(3)を開版した。但し惠淳は右諸經の刊記によつて、大傳法院の僧であつたといふだけで、その他のことは詳かでない。これからずつと時代が降つて、天文十年(一五四一)に至り安藝嚴島の僧良舜が聲名集一卷(4)を高野山往

生院に於て開版したことがある位で、その他は寂として聞ゆる所がない。併し室町時代百八十年の久しい間には、近畿地方の眞言系統の寺院で開版したものも少くなかつたらしい。中にも著しいのは權律師覺增が京都東寺に於て開版したものであるがそれに就いて次節に於て述べよう。

この他權律師實政が伊勢栗眞白子觀音寺で開版した文明十五年(一四八三)版の般若波羅蜜多理趣經(5)、大和添上郡横田の西興寺で開版した天文二十年(一五五一)版の一切如來金剛被甲眞言(6)舜範が大和釜口成就院で開版した天文廿四年版(一五五五)の大樂金剛不空眞實三摩耶經一卷(7)並に般若波羅蜜多理趣經一卷(8)等がある。

(1) 附錄古刻書題跋集第三五五參照
(2) 同第三五七參照
(3) 同第三五八參照
(4) 同第四四六參照
(5) 同第四一二參照
(6) 同第四五三參照

（7）　同第四五九參照
（8）　同第四五八參照

三　京洛版

室町時代に於て、奈良版・高野版等和樣版は微々として振はなかつたのに、京洛に於ける和樣版、殊に淨土敎典籍の開版は可なり盛んであつた。想ふに淨土敎のこの時代に於ける發展が、開版事業の上にも反映したものであらう。從來京洛に於ける和樣版は、偶〻書史等に二三の刊記が著錄された程度で、書史學者から殆ど顧みられなかつた。然るに近時藤堂祐範氏がその著「淨土敎版の研究」に著錄された所によるに、實に三十餘點の多きに及び、その數に於ては五山版以下の唐樣版に次いである。これ等三十餘點の內には、卷末刊記を缺き、その開版年代や開版者の詳かでないものも少くないが、今その明かなものを列擧すれば次の如くである。

淨土三部經　四帖（1）　施財者　僧懷實等僧俗三十一人
應永六年（一三九九）刊　藏版所　來迎寺、安樂寺
融通念佛緣起　二卷（2）　開版者　良鎭

應永廿一年（一四一四）刊　筆者　壽阿

三部假名抄　七卷（3）

應永廿六年（一四一九）刊　開版者　隆堯
筆者　一條黃門
施財者　良俊

念佛安心大要抄　一卷（4）

應永三十年（一四二三）刊　開版者並ニ筆者　隆堯
施財者　良俊

淨土三部經　四帖（5）

自永享七年（一四三五）
至嘉吉三年（一四四三）刊　藏版所　知恩院

淨土論　一帖（6）

永享九年（一四三七）刊　開版者　敬覺
筆者　泰兼
藏版所　知恩院

選擇本願念佛集　二帖（7）

永享十一年（一四三九）刊　開版者　靜秀
藏版所　知恩院

淨土三部經　一帖（8）

自文明元年（一四六九）
至同　二年（一四七〇）刊　開版者　立譽
筆者　行阿
施財者　永仁

正信偈三帖和讃　四帖(9)
文明五年(一四七三)刊　開版者　行誉

淨土二藏二敎略頌　一帖(10)
文明十九年(一四八七)刊　藏版所　淨敎寺

大原談義聞書　一册(11)
永正十七年(一五二〇)刊　開版者　昌誉
施財者　伊豆三島左近大夫景吉
藏版所　知恩院

淨土略名目　一帖(12)
天文廿一年(一五五二)刊　開版者　燈誉
藏版所　知恩院

右の他、一枚刷のものでは、永享三年(一四三一)知恩院が火災に罹つた後、同寺の二十代空禪が、本堂再建の資を得る爲めに開刻した永享四年版知恩院本堂勸進牒や、永享十二年(一四四〇)版の法然上人像(13)などがある。また應永三十三年(一四二六)に融通念佛宗の僧那阿といふものが勸進して開版し、その摸板を京都五條西洞院信樂寺に置いたといふ出相阿彌陀經(14)があるが、これは宋版の覆刻であるから、版式からいへば、唐様版の部に入るべきものである。この他應永十五年(一四〇八)增上

寺の開山たる西譽聖聰が武藏豐島郡小石川談所で開版した阿彌陀經(15)は、嚴密にいへば京洛版中に入るべきでないが、江戸開版の先驅をなしたもので、唐様版たる至德三年(一三八六)武藏立川の普濟寺で開版した大方等大集經(16)や、應永十一年(一四〇四)下野足利の行道山淨因庵で開版した諸偈撮要(17)・夢中問答(18)夢中問答の開版年代は詳かでないが諸偈撮要と同じく應永頃であらう)などゝ共に、關東文運興隆史上看過すべからざる出版物であらう。

以上は淨土敎の典籍に就いて述べたのであるが、當代京洛に於ける和様版としては、眞言宗たる東寺の開版も相當注目に價するものであらう。現に東寺開版のものとして、遺品の存するものに、

大毗盧遮那成佛神變加持經　七卷(19)　開版者　覺增

嘉吉元年(一四四一)刊　藏版所　東寺西院

仁王護國般若波羅蜜多經　二帖(20)　開版者　覺增

文安元年(一四四四)刊　藏版所　東寺西院

金剛頂瑜伽經　三帖(21)　開版者　覺增

文安元年(一四四四)刊

等があり、仁王護國般若波羅蜜多經の卷末刊記には

東寺西院根本版依朽損文安元季甲子四月重刊　奉行權律師覺增

とあるから、仁王經はこれ以前にも既に東寺に於て開版されたことが知られる。

以上列擧した典籍の一つ一つに就いては、藤堂祐範氏の「淨土敎版の研究」等に詳細な考說があるから、こゝに繰返へすことを避けるが、大體からいつて、當代京洛に於ける和樣版は、唐樣版と同じく、應永頃が最も盛んで、その後は次第に衰へたもののやうである。そして書體に幾分唐樣の風格を帶びたものがあり、その刊記には開版年代や開版者の名ばかりでなく、五山版などに、その例の多い藏版の寺院を示したことなどは、概ね唐樣版の影響を受けたものと見るべきであらう。

また京洛の和樣版中には、既に鎌倉時代に元亨元年(一三二一)版の黑谷上人語燈錄(22)の如き平假名交りのものがあつたが、この時代に於ても應永廿六年(一四一九)版の三部假名抄の如き平假名交りのものがあつたのみならず、文明五年(一四七三)版の正信偈三帖和讃の如く、和點を施し、振假名をつけたものが現はれたことは、一

面浄土敎徒が宗敎の民衆化に努力した跡が窺はれると共に、他面には、唐樣版に於ける嘉慶元年(一三八七)版の和點法華經(23)など丶共に、文化の普及から見て重大なこと丶いはねばならぬ。

(1) 附錄古刻書題跋集第三三四參照
(2) 同第三五一參照
(3) 同第三六〇參照
(4) 同第三六九參照
(5) 同第三八九參照
(6) 同第三八二參照
(7) 同第三八四參照
(8) 同第四〇六參照
(9) 同第四〇七參照
(10) 同第四一五參照
(11) 同第四三五參照
(12) 同第四五四參照
(13) 同第三八九參照
(14) 同第三七一參照

(15) 同第三四六參照
(16) 同第三〇九參照
(17) 同第三四二參照
(18) 同第三七二參照
(19) 同第三八八參照
(20) 同第三九〇參照
(21) 同第三九一參照
(22) 第三篇第三章第五節參照
(23) 第四篇第五章第一節參照

第六篇　江戸時代（活字版興隆期）

第一章　活字版の傳來

一　支那の活字版

應仁の亂後、百餘年間は、戰國兵亂の世であつたから、開版事業は和樣版たると唐樣版たるとを問はず、微々として振はなかつたが、豐臣秀吉が出て天下を統一するに及び、再び盛んとなり、江戸時代に入つては、空前の大發展を遂げた。蓋し支那に於て發明せられ、朝鮮に於て大いに發達した活字版の法は、秀吉の朝鮮征伐によつて、我が國に傳へられ、盛んにこの新技術を利用するやうになつたからである。

支那に於ける活字版の發明は、歐羅巴に比して遙に古く、北宋の慶曆年間（一〇四一―一〇四八）に畢昇といふものゝ發明した所である。畢昇の用ひた活字は、膠泥を固め、文字を刻んで燒いた陶活字で、これを用ひて印刷するには、一鐵板の上に鐵範《テツワク》を置き、その中に松脂・臘などを布き、更にその上に活字を並列し、これに熱を加へて藥の鎔けるのを待つて、一平板を以てその面を按じ、水平に活字を鐵板に凝着せしめて原

版を作つた。かくして印刷が終れば、再び熱を加へて活字を鐵板より離し、韻每に區分整理して紙に貼り、木格中に貯へたものである。このことは北宋の翰林學士龍圖閣待制沈适(哲宗の紹聖元年に卒す)の撰した夢溪筆談十八に詳かである。

板印書籍、唐人尙未盛爲之、自憑瀛王始印五經、已後典籍皆爲板本、慶曆中有布衣畢昇、又爲活板、其法用膠泥刻字、薄如錢脣、每字爲一印、火燒令堅、先設一鐵板、其上以松脂臘和紙灰之類冒之、欲印則以一鐵範置鐵板上、乃密布字印、滿鐵範爲一板、待就火煬之、藥稍鎔、則以一平板按其面、則字平如砥、若止印二三本、未爲簡易、若印數千百十本、則極爲神速、常作二鐵板、一板印刷、一板已自布字、此印者纔畢、則第二板已具、更互用之、瞬息可就、每一字皆有數印、如之也等字、每字有二十餘印、以備一板內有重複者、不用則以紙貼之、每韻爲一貼、木格貯之、有奇字素無備者、旋刻之、以草火燒、瞬息可成、不以木爲之者、木理有疎密、沾水則高下不平、兼與藥相粘不可取、不若燔土用訖、再火令藥鎔、以手拂之、其印自落、殊不沾汚、昇死、其印爲予群從所得、至今寶藏、

文中に「若止印二三本未爲簡易、若印數千百十本、則極爲神速」とあるやうに、僅か數葉の小册子を印刷する場合は左程でもないが、數百數千枚に亙る浩瀚な典籍を印刷

する場合は、活字版は從來の整版に比して頗る便利であつたことは論を俟たぬ。然るにその後、南宋・元を通じて活字版の盛んに利用せられたらしい形跡が全くなく、その遺品の今日に傳はるものも殆どない。(大正九年京都の第六回大藏會に元代の活字版として京都妙心寺塔頭隣華院に藏する播芳大全四冊が陳列されたことがあるが、果して活字版であるかどうか容易に斷定し難いものである)想ふに當時は未だ典籍の需要が少かつたから、今日の如く開版と同時に數百部・數千部といふやうに多くの部數を一時に印刷することなく、世の需要ある每に、一部二部と僅な部數を印刷するに過ぎなかつたから、却つて整版とし、その鏤板を永く保存して置く方が便利で、折角の活字版も利用することが出來なかつたからであらう。

然るに明代に入つてからは、書物の需要が益〻增加した爲めであらう、活字版を以て印刷することが次第に起つて來た。　弘治九年(一四九六)の說郛の序には、

　近在錫山華會通先生家、翻刊銅版活字盛行于世、

とあり、弘治十八年(一五〇五)明の陸深の著した金臺紀聞には、

　近日毘陵人、用銅鉛爲活字、視板印尤巧便、而布置間訛謬尤易、

とある。これによつて見れば、明の中世たる成化・弘治の頃には、活字版がかなり行はれてゐたことが察せられるし、當時の活字は銅・鉛の活字であつたことも知られる。爾來活字版の利用は益〻盛んとなつたもの丶如く、清代に入つては、木活字も並び行はれたことは、清の刑部尚書王士禎の撰した居易錄に、

慶曆中有畢爲活字版、用膠泥燒成、今用木刻字、銅板合之、

とあるによつて明かである。康熙年間蔣廷錫等が敕命を奉じて、古今圖書集成を撰するや、一萬卷一千六百二十八冊に亙る浩瀚な書であつたに拘らず、悉く銅活字を用ひて印刷し、頗る精巧鮮明なものであつた。それ等の銅活字は武英殿に藏せられてゐたが、年を歷るに從つて盜竊せられ、缺少するに至つたから、有司等は罪を獲んことを懼れ、適〻乾隆の初めに、京師の錢貨が騰貴したのに乘じ、帝に勸めて悉く鑄潰して錢とした。這般の事情は「乾隆甲午御製題武英殿聚珍版十韻」の注に詳かである。

康熙年間編纂古今圖書集成、刻銅字爲活版、排印藏工貯之武英殿、歷年既久、銅字或被竊缺少、司事省懼于咎、適值乾隆初年京師錢貴、遂請毀銅字洪鑄、從之、所得有限而

所レ耗甚多、已爲二非計一、且使二銅字尚有一、則今之印書不二更事半功倍一乎、深爲レ惜レ之、

この文に見えるやうに、乾隆帝は後に銅活字を鑄潰したことを悔ゐ、乾隆三十九年(一七七四)に武英殿聚珍版叢書を刊行するに當り、大小の木活字二十五萬個を作らしめた。聚珍版とは乾隆帝が從來の活字版の名は雅訓でないといつて、新に名づけられたものである。

二　朝鮮の活字版

翻つて朝鮮に於ける活字版の發達を見るに、高麗史百官志に、

恭讓王四年、置二書籍院一、掌下鑄二字印一書籍上、有二令丞一、

とあり、恭讓王の四年(一三九二)に書籍院を置き、令・丞などの役人があつて、金屬の活字を鑄造して、書籍を印刷したやうに解釋されるが、その年の七月には高麗朝が亡んで、李朝の朝鮮が起つたのであるから、果してこのことが實行されたかどうか頗る疑問とすべきであらう。明かに活字印刷法の朝鮮に行はれたのは李朝以後のことで、その技術は恐らく支那に學んだものと想はれる。

李朝の第三代太宗は、治國の要は文教を盛んにするにありとなし、典籍を刊行し

て廣く普及せしむる爲めに、卽位三年（明永樂元年一四〇三年）癸未歲に內帑金を出し、數ヶ月を費して銅活字數十萬を鑄造せしめたといふことで、朝鮮活字版大學衍義の跋には次の如く述べてある。

永樂元年春二月、殿下謂左右曰、凡欲爲治必須博觀典籍、然後可以窮理正心而致修齊治平之效也、吾東方在海外、中國之書罕至、板刻之本易以刓缺、且難盡刊天下之書也、予欲範銅爲字、隨所得必就而印之、以廣其傳、誠爲無窮之利、然其洪費不宜斂民、予與親勳臣僚有志者共之、庶有成乎、於是悉出內帑……（中略）……又出經筵古註詩書左氏傳、以爲字本、自其月十有九日而始鑄、數月之間多至數十萬字、

これによつて考ふるに、銅活字の使用は朝鮮を以て權輿とすべく、朝鮮版陳簡齋詩集の新鑄字跋にも、

範銅爲字以貽永世者、其權輿於我朝乎、

といつてゐる。 太宗は十三年（明永樂十一年、一四一三）に、この新鑄活字を以て、前後七ヶ月を費して前漢書を刊行したが、この書は我が國にも傳へられ、江戸幕府の文庫に收められてゐた。(1) また京都大德寺に藏せられてゐる活字版金剛般若經五家說誼も、太

宗の時代に印刷されたものらしい。

次いで第四代世宗の二年（明永樂十八年、一四二〇）庚子歳にも活字を鑄造し、前述の太宗の時に鑄造したものを癸未字といふに對し、これを庚子字といつた。(2) 併し癸未字・庚子字ともに字體が纖密で、閲覽に不便であつたから、同十六年（明宣德九年一四三四）甲寅歳に、更に銅活字二十餘萬個を鑄造した。これを甲寅字といひ、字體が頗る明正で立派なものであつた。(3) この歳に刊行された大學衍義は、この新鑄の甲寅字を用ひたもので、現に零本ではあるが、京都帝國大學圖書館に藏せられてゐる。

これから後も、銅活字の鑄造は數〻行はれ、第六代端宗の三年（明景泰六年一四五五）乙亥歳には、姜希顏の書によつて乙亥字を鑄造し、第七代世祖の十年（明成化元年一四六五）乙酉歳には、鄭蘭宗の書によつて乙酉字を鑄造した。この乙酉字は行書活字であつたやうで、京都帝國大學圖書館に藏する世祖十一年（一四六六）刊行の文苑黼黻は、行書活字を以て印刷してある。また第九代成宗の十五年（明成化二十年、一四八四）甲辰歳には、內藏の歐陽公集列女傳を以て字本とし、大小三十餘萬個の銅活字を鑄造したが、これを用ひて書を印するに、明正妍妙累累として貫珠の如くであつたといふから、その立派であ

つたことが察せられる。これ等のことは、朝鮮版陳簡齋詩集新鑄字跋に詳かである。

恭惟太宗恭定大王作之於始、而世宗莊憲大王世祖惠莊大王述之於後、於是乎鑄字之精工、殆無以加矣、成於永樂癸未者謂之癸未字、成於庚子者謂之庚子字、其字本乃經筵古註詩書左氏傳等書也、今已無存焉、成於宣德甲寅、謂之甲寅字、其字本亦經筵孝順事實爲善陰隲論語等書也、成於景泰乙亥者、謂之乙亥字、姜希顏之所書、成於成化乙酉者、謂之乙酉字、鄭蘭宗之所書、今方並用焉甲辰秋八月我殿下傳旨于承政院、若曰、甲寅乙亥字、極爲精好、然而字體差大、所印之書、簡帙繁重、且已歲久散落將盡、雖補鑄而用之、不類其初、乙酉字則其字不端、不可用、予欲別鑄新字、令細大疎密適宜、以印諸書、以布四方何如、遂出內藏歐陽公集列女傳爲字本、…（中略）…自是月二十四日始事、至乙巳三月日畢功、爲字大小共三十餘萬、用之以印書明正姸妙、累累若貫珠焉、

銅活字と共に鐵活字や陶活字も並び行はれたやうで、京都帝國大學圖書館に藏する朝鮮版西坡集（英祖五年一七二九刊行）は鐵活字版であるといひ、朝鮮版古今歷代撮要は陶活字版であるといはれてゐる。

（1）右文故事餘錄卷之二所引前漢書宣德三年四月跋
（2）朝鮮版陳簡齋詩集新鑄字跋
（3）朝鮮版大學衍義金鑛跋

三　活字版の傳來

我が國に於ける活字版の由來を考ふるに、安永年間に刊行された谷川士清の倭訓栞に、

うゑじ　活板をいふ。植字の義也。土御門院の元久年中より始るといふ。

と記されてから、江戸時代の書籍には、この說を承けて、元久の頃既に活字版の行はれたやうに記したものが少くないが、今日より見れば、一顧の値もない謬說である。また吉田篁墩の活版經籍考に、正平版論語集解を以て、我が國活字版の嚆矢とし、或は元の雕工兪良甫が開版した五百家註音辯唐柳先生文集・五百家註音辯昌黎先生文集や、阿佐井野宗瑞の開版した大永八年版の醫書大全を以て、活字版としてゐるが、その非なることは、狩谷棭齋も既に述べて居る所で、こゝに深く論ずるまでもない。

我が室町時代には、未だ活字版を使用したらしい形跡は全くない。

支那に於て活字版がかなり盛んに行はれたのは、前にも述べたやうに、明の中世、我が足利義政の應仁の頃からのことであるが、室町時代と通じて、遂に活字版の傳來を見るに至らなかつたのは何故であらうか。應仁以後に於ける日明の交通を考ふるに、勘合貿易船の派遣は左表に示すやうに八回にも及んでゐる。(1)

將軍	正使	副使	船數	入明年代	歸朝年代
義政	天與清啓		三	應仁二年筑紫發	文明元年土佐に歸着
義尚	竺芳妙茂	玉英慶瑜	三	文明八年堺發	文明十年京都に歸着
義尚	子璞周瑋		三	文明十五年堺發	文明十八年堺に歸着
義稙	堯夫壽蓂		六	明應二年堺發	明應五年歸朝
義澄	了菴桂悟	光堯	三	永正八年出發	永正十年歸朝
	宋素卿		一	永正七年寧波着	永正七年歸朝
義晴	宗設謙道	月渚永乘	三	天正三年寧波着	
	鸞岡瑞佐	宋素卿	一		

義晴	湖心碩鼎	策彦周良	三	天文八年五島發	天文十年五島に歸着
義晴	策彦周良	釣雲	四	天文十六年五島發	天文十八年歸朝

かく日明の交通は相當盛んであり、且つ遣明正副使以下一行の幹部は、概ね五山の僧徒で、文藝に秀でたものが多かつたに拘らず、遂に活字版を傳へるに至らなかつた。蓋し彼等の明に在留したのは、寧波から運河によつて北京に往復した僅か半年か一年の間で、この間も外交上の儀禮や貿易に忙しく、深く彼地の事物を探究する餘裕がなかつたからであらう。

一方朝鮮に於て活字版の盛んに行はれたのは、我が室町時代の初めからのことであり、室町幕府は數、使節を遣して麗版大藏經を需めてゐるほどであるに拘らず、活字版は遂に傳來するに至らなかつた。想ふに當時我が使節は、大藏經のみに目をつけて、他を顧みなかつたにもよるであらうし、朝鮮も我が要求を虞れ、活字版のことは、殊更に祕して我が使節に示さなかつたからであらう。（我が幕府は朝鮮に大藏經板二種を藏してゐると聞き、厚がましくもその一藏板を贈らんことを要求

してゐるほどであるから、若し數種の銅活字數十萬個を藏することを聞いたならば、恐らくこれをも贈らんことを要求したであらう。(2)

朝鮮活字版の我が國に傳來したのは、實に豐臣秀吉の朝鮮征伐の際であつた。朝鮮征伐の我が國に及ぼした文化的影響は、頗る多方面に亙つてゐるが、中にも著しいものは、夥しい朝鮮本の輸入と活字版の傳來とである。文祿元年春、浮田秀家が出征に臨んで秀吉に謁した時、傍に侍してゐた名醫直瀨正琳が、凱旋土產として朝鮮本を贈られんことを請うたから、秀家は凱旋に際して夥しい朝鮮本を齎して、悉く正琳に贈つたといはれてゐる。(3)また出征諸將の陣中には、概ね學問に秀でた五山の僧徒がゐたから、彼等が朝鮮本に目をつけるといふことは、極めてあり得べきことで、諸將が戰利品として齎した典籍は、非常な數に上つたやうである。されば德川家康の如きは、朝鮮本を所藏すること甚だ多く、家康が慶長十九年駿府にゐた時、二代將軍秀吉に贈つた書籍三十部の中、二十二部は今も現存し、その中十九部は朝鮮本である。また家康の死後御三家に分配した書籍の中にも、朝鮮本は頗る多く、尾州家に分配されたのみでも、朝鮮活字本並に寫本は、四十二部八百三十三

冊の多數に及んでゐる。米澤上杉家に傳へられた朝鮮活字本は、現に米澤圖書館に藏せられてゐるが、その數は十六部百五十冊に上つてゐる。(4)これ等によつても、文祿の役に我が國に傳へられた朝鮮本が、如何に多數であつたかといふことが想像されるであらう。それと同時に朝鮮活字版の法が傳來することも、極めて自然といふべきで、このことは慶長二年(一五九七)に開版された後陽成天皇の勅版活字本勸學文の跋文に、

命工每一梓鏤一字棊布之一板印之此法出朝鮮甚無不便因茲摸寫此書

慶長二年八月下澣

とあり、また同じ勅版錦繡段の跋文には、

錦繡段者東皐天隱之所編而未有刊行茲悉取載籍文字鏤一字於一梓棊布諸一版印一紙纔改棊布則渠祿亦莫不適用此規模頃出朝鮮傳達天聽乃依彼樣使工摹寫焉。叡思辱在擬周詩六義敎以化之家藏人誦傳之不朽云

慶長二歲在丁酉夷則下澣　臣僧南禪靈三誌焉

とあり、後者の跋文を書いた南禪寺の玄圃靈三は、秀吉の名護屋の陣營に扈從した

僧であるから、證左とするに十分である。また遺老物語に收めた小瀬甫菴の草稿本「永祿以來出來初之事」に、秀吉時代のことゝして、

一、一字版これは高麗入有し故也

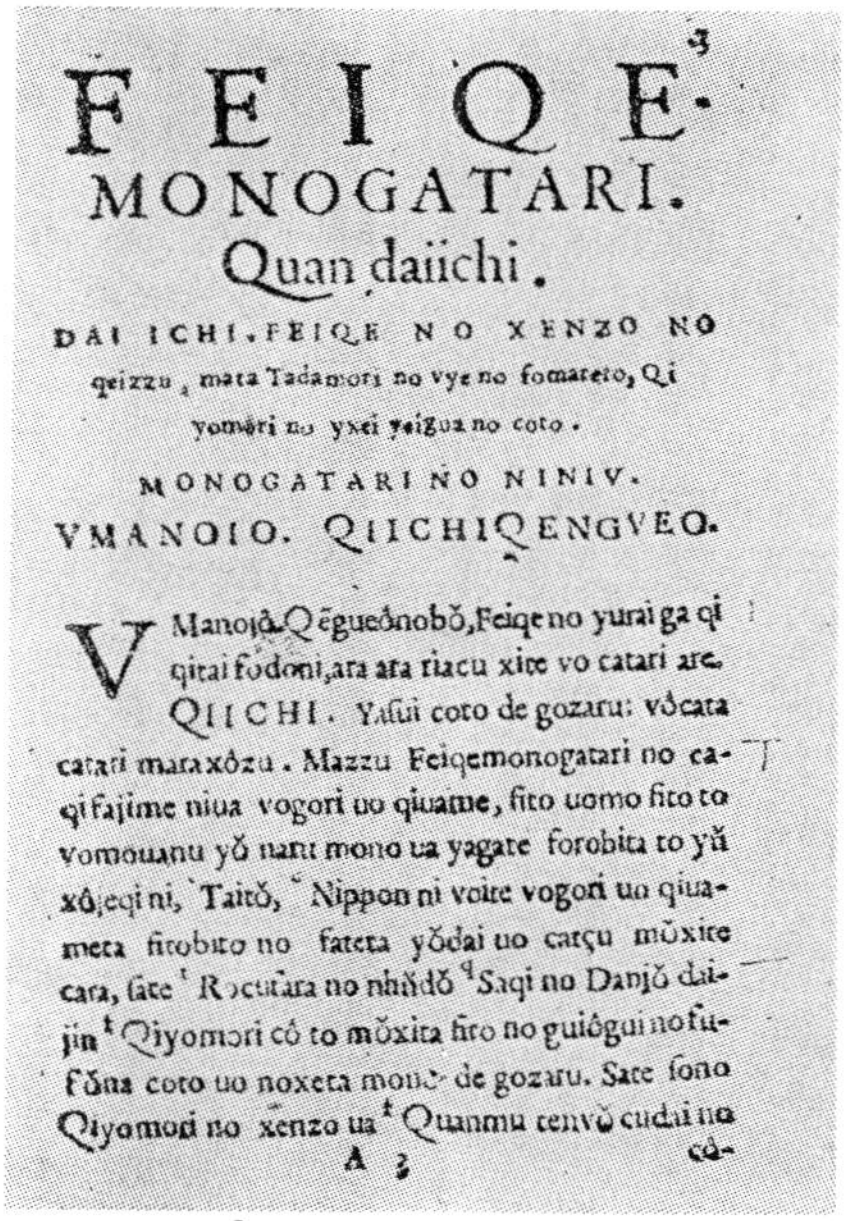

3

FEIQE MONOGATARI.

Quan daiichi.

DAI ICHI. FEIQE NO XENZO NO qeizzu, mata Tadamori no vye no fomareto, Qiyomori no yxei yeiguano coto.

MONOGATARI NO NINIV.

VMANOIO. QIICHIQENGVEO.

VManojô. Qêgueônobô, Feiqe no yurai ga qiqitai fodoni, ara ara riacu xite vo catari are.

QIICHI. Yasui coto de gozaru: vôcata catari maraxôzu. Mazzu Feiqemonogatari no caqifajime niua vogori uo qiuame, fito uomo fito to vomouanu yô nanı mono ua yagate forobita to yŭ xôjeqi ni, Taitô, Nippon ni voite vogori uo qiuameta fitobito no fateta yôdai uo catçu mŏxite cara, fate Rocuhara no nhŭdô Saqi no Danjô daijin Qiyomori cô to mŏxita fito no guiôgui no fufôna coto uo noxeta mono de gozaru. Sate sono Qiyomori no xenzo ua Quanmu tenvô cudai no co-

A 3

天草版平家物語

とある。されば朝鮮活字版が文祿の後に傳へられたことは明かであるが、何人がこれを傳へたかといふことは詳かでない。加藤清正が銅活字を分捕して歸つたといふ說もあるが、未だ確證のあることを聞かぬ。

朝鮮活字版の傳來よりは一二年前に、西洋活字版の法が傳來して、我が九州の西邊に於て、幾多の典籍が刊行されたことは、全く偶然とはいへ興味ある暗合といはねばならぬ。耶蘇會の宣教師ヴレニャーニ(Al. Valegnani)は、天正十八年(一五九〇)に印度のゴアから來朝するに當り、西

洋活字印刷機を齎し、且つ日本字を凸形に鏤刻する工人數人をも伴ひ來つて、加津佐（肥前國高來郡）・天草・長崎等の耶蘇會學林に於て、宗教・語學に關する幾多の典籍を出版した。サトウ氏の日本耶蘇會刊行書志所載の現存本十六部の中、十四部は歐羅巴に、二部は我が國に存し、羅馬字本は十種、國字本は六種である。そして羅馬字本はヴレニャーニが來朝した翌天正十九年（一五九一）に加津佐で刊行した「諸聖者の御作業」を最古とし、國字本では慶長三年（一五九八）に長崎（？）で出版した落葉集が最古であるといふ。(5) これ等のことに就いては、新村出博士の南蠻廣記中に極めて詳細な解説があるし、且つ西洋活字版は耶蘇教の禁止と共に早く廢れて行はれず、我が印刷術に及ぼした影響も左程著しくないから、こゝには省略することゝする。

天草版ドクトリナ・クリスタン
（文禄元年刊）

(1) 日明の交通に就いては、拙著「日支交通史」下巻第九章を參照されたい。

（２）第五篇第一章第三節參照
（３）先哲叢談三越雪夢
（４）德富猪一郎氏著「修史餘課」所收「文祿慶長役以後日本に於ける朝鮮の感化」
（５）文學博士新村出氏著「南蠻廣記」所收「活字印刷術の傳來」

第二章　勅版と官版

一　後陽成天皇の勅版

後陽成天皇並に後水尾天皇の勅版に就いては、鈴鹿三七氏の勅板集影に鮮明な圖版と詳細な解說があるから、こゝには主として同書により、まゝ卑見を加へてその大様を述べることゝしよう。

後陽成天皇の勅版の最古のものは、文祿二年（一五九三）に印刷された古文孝經であるが、惜しい哉この書は現存してゐないから、その體裁等は知ることが出來ぬ。時慶卿記に記する所によるに、天皇は同年閏九月廿一日に近臣六條有廣・西洞院時慶等十二人に仰せて、これから連日宮中の御湯殿上間に於て、文字を撰ばしめられ、十一月六日に至つて出來上つたといふ。同日記に、

禁中參上文字ヲ撰事如昨日　文祿二年閏九月廿二日
禁中參上板考ノ字ヲ撰及薄暮　同廿三日
禁中ヘ字撰ニ參候　同廿四日

などあるから、活字版であつたことは明かである。併しその活字を印刻したといふことは全く見えてゐないから、他から得られたものと想像する外はない。前章に述べた勅版勸學文や錦繡段の跋文に、活字版の法は朝鮮から傳はつたことが見えてゐるし、この年の七月には勸修寺晴豐を勅使として名護屋の陣營に遣され、八月二十五日には、秀吉は名護屋から還つて大阪城に入り、九月四日には晴豐も京都に歸つたことなどを併せ考へると、秀吉から征韓戰利品の珍奇なものとして、朝鮮銅活字を朝廷に献上した結果、好學の後陽成天皇は直にこの活字を用ひて、古文孝經の刊行を企てられたものと想像される。そして最初の試みであつたから、印刷された部數も極めて少く、たゞ少數の近臣に賜はつたに過ぎなかつたから、その遺品が今日まで傳はらなかつたものであらう。

慶長二年(一五九七)八月に至り、勸學文と錦繡段との勅版が成つた。前者の跋文

には

命工毎一梓鏤一字、棊布之一板印之、此法出朝鮮、甚無不便、因玆摸寫此書、

後者の跋文に

此規模頃出朝鮮、傳達天聽、乃依彼様、使工摹寫焉、

とあれば、この時は工に命じて新に木活字を作り、朝鮮活字版の法に倣つて印刷せしめられたことが推察される。兩者ともに八行十七字詰で、界行あり、上下單邊、左右雙邊の同版式で、活字も同じである。

慶長四年(一五九九)閏三月に至つて日本書紀神代卷が刊行された。

好古日錄には

神代卷二冊俗傳テ勅版ト稱シ、元龜帝ノ刻マセ玉フト云ヘリ。

とあるが、元龜帝(正親町天皇)は既に文祿二年(一五九三)に崩ぜられてゐるから、慶長四年にこの書を刊行される筈がない。また俗傳に勅版と稱するとあるが、同書の淸原國賢の跋文(1)に

陛下寛惠叡智之餘、後世惜其流布之不廣、遂命鳩工、於是始壽諸梓矣、

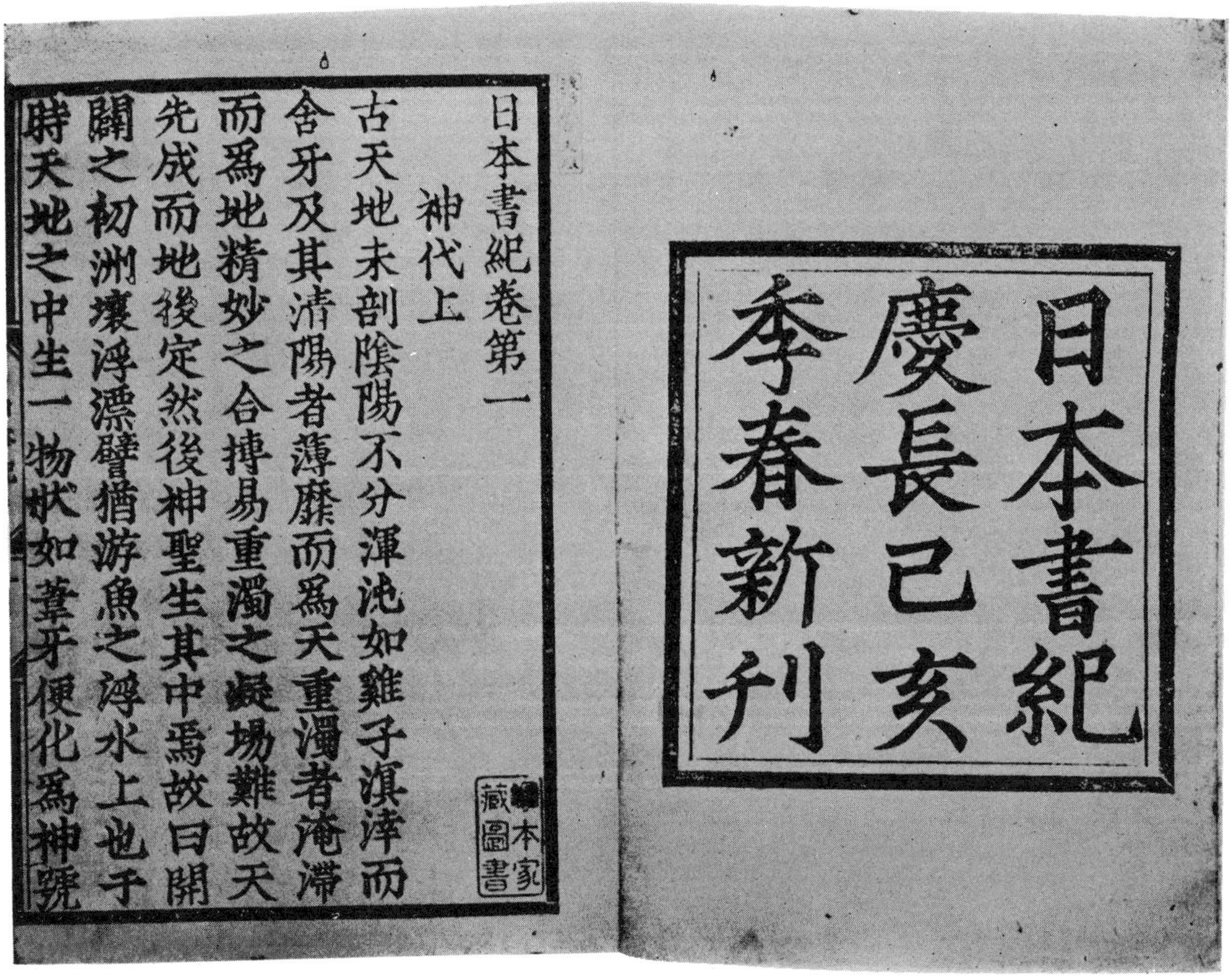
日本書紀
慶長己亥
季春新刊

日本書紀卷第一
神代上
古天地未剖陰陽不分渾沌如雞子溟涬而
含牙及其清陽者薄靡而爲天重濁者淹滯
而爲地精妙之合摶易重濁之凝場難故天
先成而地後定然後神聖生其中焉故曰開
闢之初洲壤浮漂譬猶游魚之浮水上也于
時天地之中生一物狀如葦牙便化爲神號

後陽成天皇勅版日本書紀　慶長四年刊

とあるから、俗傳ではなく、明かに後陽成天皇の勅版である。(2) その題簽「新刊日本書紀神代上下」の文字も、好古日錄には、正親町天皇の宸翰としてあるが、その非なることはいふまでもなく、鈴鹿三七氏は勅板集影に、後陽成天皇の宸翰であらうといはれてゐる。 その版式を見るに、界行なく柱邊の他は三周ともに單邊であるなど、前述の勸學文・錦繡段と異つてゐるが、字數・活字等は全く同じである。 見返しには大字を以て

日本書紀
慶長己亥
季春新刊

と印刻されてゐるなど、次に述べる四書と同じである。

日本書紀に次いでは、大學・中庸・論語・孟子の四書並に古文孝經が相次いで開版せられ、五月に至つて完成した。 これ等は皆八行十七字詰で、界行あり、上下單邊、左右雙邊の同版式で、見返しには、それぐ

大學慶長 己亥刊行

中庸慶長 己亥刊行

論語慶長 己亥刊行

孟子慶長 己亥刊行

孝經慶長 己亥刊行

と印刻してある。この年の夏職原鈔が刊行された。その版式は界行なく、柱邊の他は、三周ともに單邊であることなど日本書紀と同樣である。その見返しには、四書・孝經とは異り、篆書の大字を以て、

職原鈔慶長 己亥季夏刊

と印刻してある。この他に長恨歌琵琶行が印行されてゐる。その年代は詳かでないが、前記の諸書に比ぶるに、四周雙邊で、版式の整つてゐる點から推して、最後に刊行されたものらしい。右文故事に、

長恨歌琵琶行　合刻一冊

守重云此本又雕造ノ歲月序跋ナシ世ニ後陽成帝ノ勅開ト云傳フ版式字樣前ノ

三書ト均ク合ス唯四周雙邊ナルノミ按ニ錦繡段ハ慶長二年ノ開版ニシテ神代卷ト四書ハ四年ナリ此本四周雙邊ニシテ紙墨頗良シ意フニ最モ後ニ撫印セラレシモノナラン

とあるのは、最も當つてゐると思ふ。

以上の他に遺物は現存してゐないが、文献によつて知られるものに、慶長八年(一六〇三)版の五妃曲がある。卽ち慶長日件錄慶長八年正月廿一日の條に

己刻參內白氏文集之中上陽人陵園妾李夫人王昭君詩四五首長恨歌傳等五妃曲ト名テ被選拔以一字板百部被新摺細工之衆ニ予申渡者也

これによつて見れば、慶長八年正月に、白氏文集から上陽人・陵園妾・李夫人・王昭君・長恨歌の五妃曲を選んで、活字版を以て百部印刷されたことが知られ、山科言經・西洞院時慶等の近臣に賜はつたことは、言經卿記・時慶卿記に見えてゐる。また好古日錄には、日本書紀神代卷に用ひた活字を以て、陰虛本病と題する醫書を刊行したやうに記載してあるが、現にそれらしい書の遺存するものなく、これに關する確實な文献も見當らぬ。

これを要するに、後陽成天皇の勅版は、文祿二年の古文孝經、慶長二年の勸學文・錦繡段、同四年の日本書紀神代卷・大學・中庸・論語・孟子・古文孝經・職原鈔、同八年の五妃曲、年代不詳の長恨歌琵琶行等總てゞ十二三種に及び、文祿二年から慶長八年に至る凡そ十年ほどで、慶長四年を以て最盛期としてゐる。そしてその端を開いたのは、恐らく秀吉が征韓によつて獲た朝鮮銅活字を、朝廷に献つたが爲めで、初め試みにこの活字を用ひて古文孝經を印刷されたところ、好結果を得たので、こゝに新たに木活字を鏤刻して幾多の典籍を印刷されたものと想はれる。

(1)　附錄古刻書題跋集第四七九參照

(2)　右文故事卷之十六

二　伏見版

德川家康は夙に文敎を盛んならしめようとする志があり、伏見に學校を設け、足利學校の第九世の庠主であつた三要元佶(閑室と號す)をして、僧俗に敎授せしめたが、更に元佶をして幾多の典籍を開版せしめた。元佶が家康の命によつて、伏見に於て開版した所謂伏見版の中、最古のものは、孔子家語で慶長四年(一五九九)仲夏に成つ

たものである。その跋文に云く、

世際季運而學校將廢也維時內府家康公于文于武得其名故興廢繼絕爲後學刻梓文字數十萬而賜予退爲謝公之恩惠初開家語此書是聖人奥義治世之要文寔非小補也刊字列盤中則明本家語以數本考正焉或板行有訛謬或文字有顚倒以亡加之以余刪之雖如此有帝席鸛鶴誤者必矣只願待博雅君子改制焉也謹跋

慶長第四龍集己亥仲夏吉辰

前學校三要野衲於城南伏見里書寫

慈眼刊之

これによれば、家康は新たに木活字數十萬を刻んで元佶に賜ひ、始めて孔子家語の開版をなさしめたことが知られる。これより先き、後陽成天皇の勅版には、古文孝經・勸學文・錦繡段などがあり、孔子家語の開版された慶長四年の春には、日本書紀神代卷・大學・中庸・論語・孟子・古文孝經等が相次いで刊行せられ、勅版の最盛期であつたから、家康もこれが刺戟を受けて、開版事業に着手したものと思はれる。跋文の末に「慈眼刊之」とあるのは、雕工の名で、右文故事によるに慈眼は上總の人であるとい

ふ。後に述べる慶長五年版の貞觀政要にも「慈眼久德刊之」とあり、要法寺版論語集解にも「慈眼刊正運刊」とある所から、世に慈眼版などの稱があるが、慈眼はたゞ一雕工で開版者ではない。

開版者たる元佶は、字を三要といひ、閑室と號し、肥前國小城郡の人である。文祿中同郡圓通寺塔頭養源院に入つて薙髮し、諸方を遊歷して、學は內外を兼ね、頗る奇才あり、德川家康の寵遇を得て、足利學校第九世の庠主となり、また伏見の學校を管した。慶長五年には南禪寺住持の帖を賜はり、同年關原の戰には、家康の陣中に從つて功あり、後ち金地院崇傳と共に寺社のことを掌り、また西笑承兌の寂後は、御朱印船のことをも掌つた。同十七年(一六一二)六十五歲を以て駿府に寂した。京都・駿府の圓光寺、肥前の三岳寺は、皆その創建する所である。

孔子家語の後、伏見版は相次いで刊行せられ、八種八十冊の多きに及んでゐる。今表示すれば次の如くである。

孔子家語　四册　跋者　三要元佶　活版匡郭縱七寸三分橫五寸三分

慶長四年(一五九九)刊　四周雙邊七行十七字

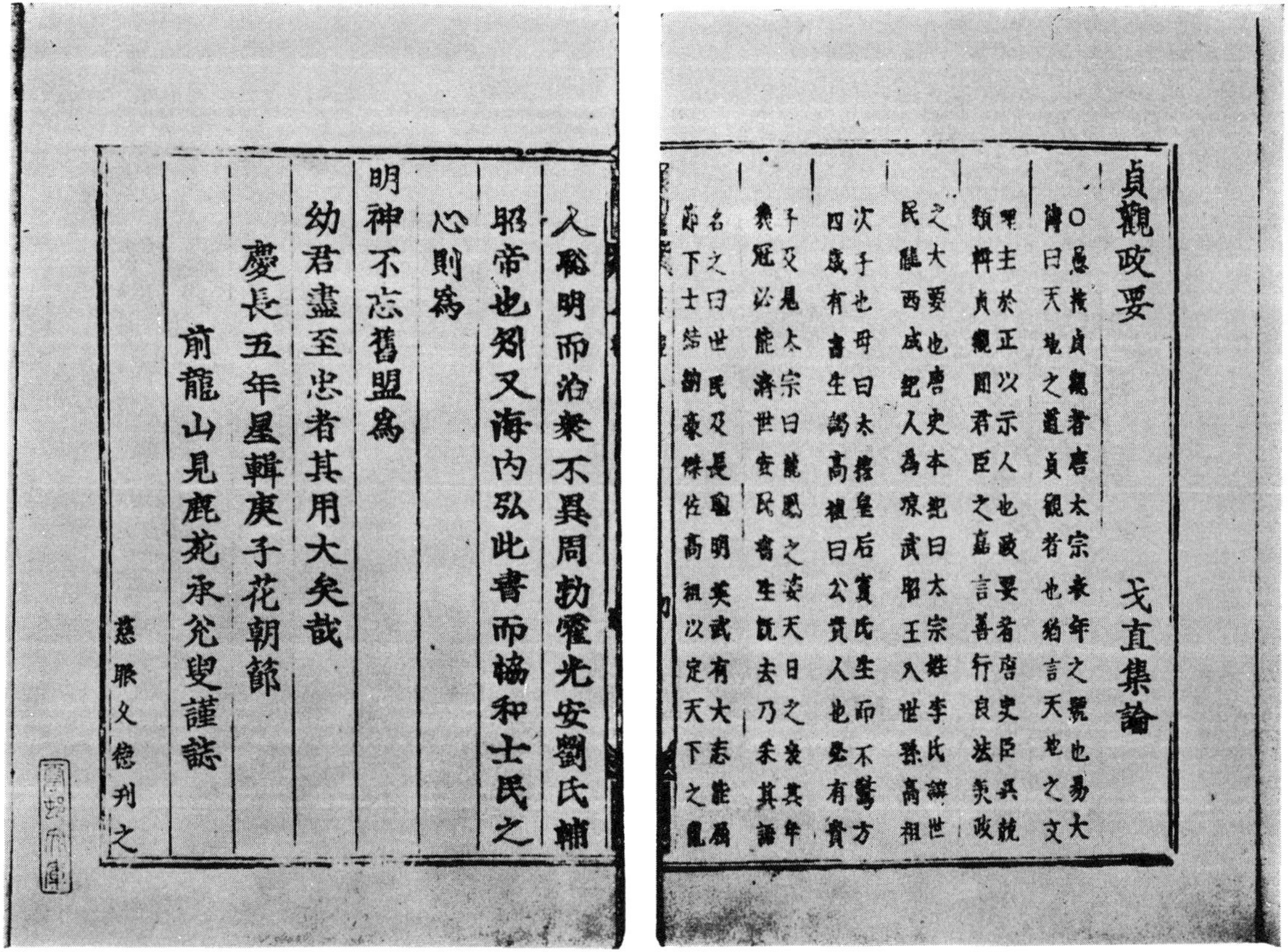

貞觀政要　戈直集論

○愚按貞觀者唐太宗年之號也易大
傳曰天地之道貞觀者也猶言天地之文
明主於正以示人也政要者唐史臣呉兢
類粋貞觀間君臣之嘉言善行良法美政
之大要也唐史本紀曰太宗姓李氏諱世
民隴西成紀人為涼武昭王八世孫高祖
次子也母曰太穆皇后竇氏生而不驚方
四歳有書生謁高祖曰公貴人也然有貴
子及見太宗曰龍鳳之姿天日之表其年
幾冠必能濟世安民書生既去乃采其語
名之曰世民及長聰明英武有大志能屈
節下士結納豪傑佐高祖以定天下之亂

人聡明而治衆不異周勃霍光安劉氏輔
昭帝也矧又海内弘此書而協和士民之
心則為
明神不忘舊盟為
幼君盡至忠者其用大矣哉
慶長五年星輯庚子花朝節
前龍山見鹿苑承兌叟謹誌
慈眼又絵刊之

伏見版貞観政要　慶長五年刊

三略　一冊(1)　慶長四年(一五九九)刊　跋者　三要元佶　活版匡郭縦七寸二分横五寸三分　四周雙邊八行十七字

六韜　二冊(2)　慶長四年(一五九九)刊　跋者　三要元佶　同右

貞観政要　八冊(3)　慶長五年(一六〇〇)刊　跋者　西笑承兌　活版匡郭縦七寸三分横五寸三分　四周雙邊七行十七字

三略　一冊(4)　慶長五年(一六〇〇)刊　跋者　三要元佶　活版匡郭縦七寸二分横五寸三分　四周雙邊八行十七字

東鑑　五十一冊(5)　慶長十年(一六〇五)刊　跋者　西笑承兌　活版匡郭縦七寸六分餘横六寸　十二行二十字

周易　六冊(6)　慶長十年(一六〇五)刊　跋者　西笑承兌　活版匡郭縦七寸二分横五寸三分　四周雙邊八行十七字

七書　七冊(7)　慶長十一年(一六〇六)刊　跋者　三要元佶　同右

右の表によつて知られるやうに、伏見版は慶長四年から同十一年に至る八ヶ年に

亙つて刊行されたもので、跋文は概ね開版者たる三要元佶が書いてゐるが、貞觀政要・東鑑・周易の三書は西笑承兌が書いてゐる。　承兌は京都相國寺に出世して、第九十二代となつた名僧で、秀吉の知遇を得て、天正中京都東山大佛供養の導師となり、征韓の役には、名護屋の陣中に隨つて外交に與り、また家康にも仕へて、御朱印船のことを掌り、元佶とは頗る親交があつたから、その需めによつて跋文を書いたもので、周易の跋文にも

予(〇承兌)於禪師(〇元佶)其情如骨肉、固需跋其後、不獲堅辭漫書焉也

といつてゐる。

家康が三略・六韜・七書等の兵書を數、刊行せしめたのは、家康が最も是等の兵書を好んだからで、林道春をして三略等を講ぜしめたことは、道春年譜に見えてゐる。孔子家語や周易の刊行は、聖道を弘め、文敎を盛んならしめる爲めであつたことはいふまでもなく、貞觀政要・東鑑の刊行は、家康が唐の太宗や鎌倉幕府の政治を慕ひ、これを模範とし參考としようとしたからで、貞觀政要の跋文には、

唐太宗文皇帝者、創業守成一代英武之賢君也、千載之下仰其德慕其風者、今之內大

臣家康公是也、故今前學校三要老禪校訂貞觀政要、

といひ、東鑑の跋文には、

見此書則言行之美惡如指掌也、吾大將軍源家康公、治世之暇翫弄此書、見善思齊焉、見不善內自省也、凡人主之所趍向、天下隨之、如風草形影也、

と記してある。

(1) 附錄古刻書題跋集第四八七參照
(2) 同第四八六參照
(3) 同第四九〇參照
(4) 同第四九二參照
(5) 同第五〇七參照
(6) 同第五〇八參照
(7) 同第五一四參照

三 駿府版

伏見版は慶長十一年を以て終り、その數年間家康の開版事業は全く中絶してゐたが、やがて駿府に於て銅活字を以て大藏一覽・群書治要を刊行した。世にこの兩

書を駿府版と呼んでゐる。

駿府版大藏一覽には序跋なく、開版年代を缺いてゐるが、その開版の顚末は駿府記並に金地院崇傳(本光國師)の本光國師日記に詳かである。 駿府記に云く、

慶長十九年八月六日、大藏一覽傳長老献之、仰曰此書重寶也、百部歟二百部可レ開レ版、幸銅字廿万字有レ之由被レ仰出云々、

同二十年三月二十一日、今日大藏一覽版行之儀被レ仰出、道春奉レ之、

とある。 これによれば家康は慶長十九年(一六一四)に金地院崇傳から献つた大藏一覽を見て、甚だ重寶の書となし、その翌二十年三月二十一日至り、これが開版を林道春に命じたことが知られる。 そして文中に「幸銅字廿万字有レ之由被レ仰出云々」とあるのは、本光國師日記、元和二年(一六一六)二月の條に、

一銅大字五萬八千六百四十六

一同小字三萬千百六拾八

合大小字八萬九千八百十四

是は前方ゟ百箱に入候而有之分也

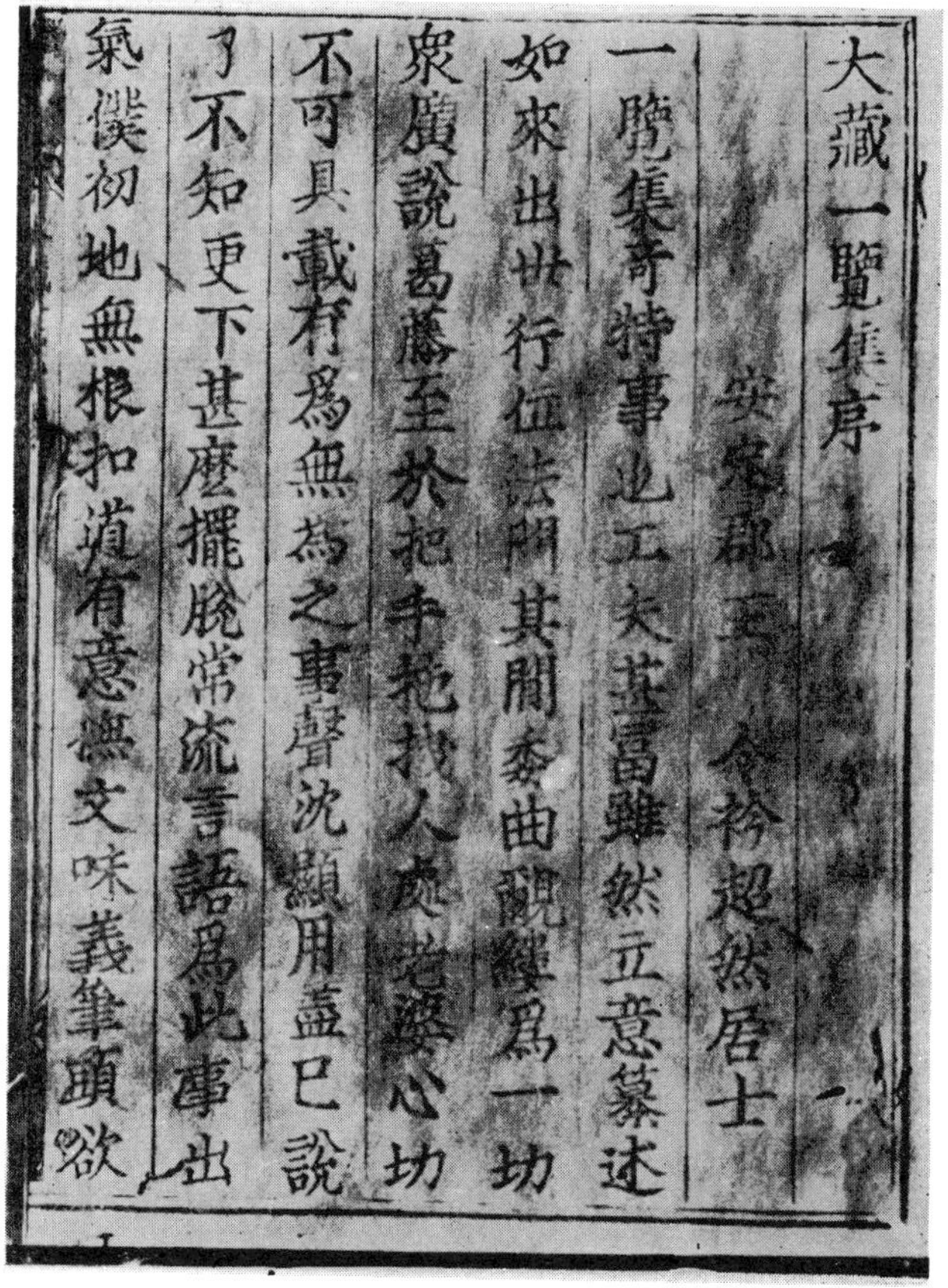
大藏一覽集序
安定郡王 令衿超然居士
一覽集奇特事也工夫甚高雖然立意纂述
如來出世行伍法門其間委曲闡繹爲一切
衆廣說葛藤至於把手牽拽人處老婆心切
不可具載有爲無爲之事聲沈顯用盡已說
了不知更下甚麼攏脫常流言語爲此事出
氣儱侗地無根扣道有意無文味義拏頭欲

駿府版大蔵一覧集　慶長二十年刊

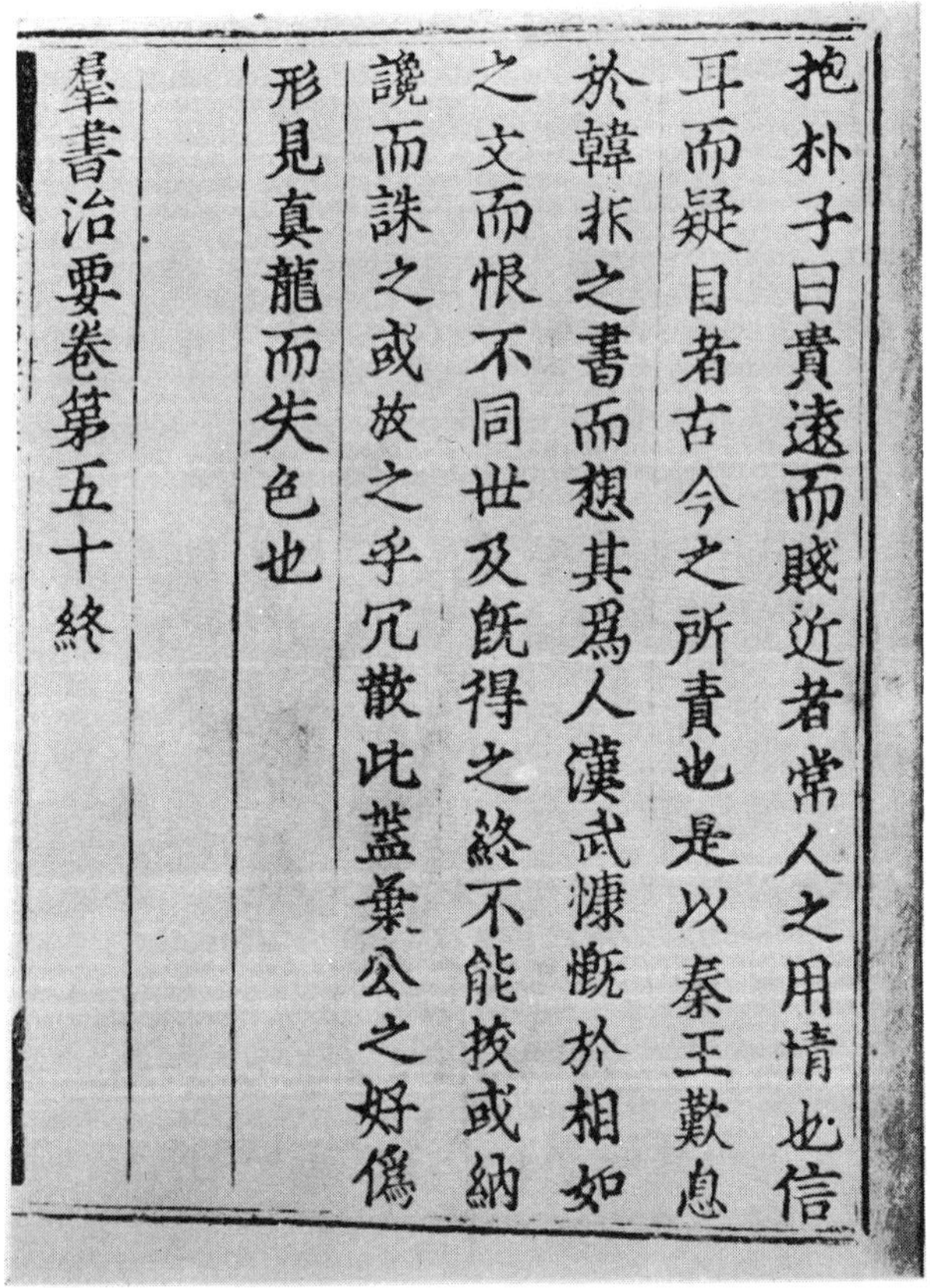
抱朴子曰貴遠而賤近者常人之用情也信
耳而疑目者古今之所責也是以秦王歎息
於韓非之書而想其爲人漢武慷慨於相如
之文而恨不同世及旣得之終不能拔或納
讒而誅之或放之乎冗散此蓋葉公之好僞
形見眞龍而失色也
羣書治要卷第五十終

駿府版群書治要　元和二年刊

とあるに相當すべく、廿萬字とはたゞ大數をいつただけで、實際は本光國師日記に見ゆる通り、大小銅活字合せて八萬九千八百十四字あつたものと想はれる。この活字は本光國師日記にも「前方より百箱に入候而有之分也」とあるのみで、その由來に就いては何とも記載してない。併し前にも述べたやうに、征韓諸將の分捕つて來た朝鮮本が少なからず、家康の手許に集つてゐたやうに、この銅活字も征韓諸將によつて將來せられ、家康の許に收藏されてゐたのではなからうか。或はまた慶長日件錄によるに、慶長十年に後陽成天皇から銅活字十萬個を調達せよとの勅命あり、家康は翌十一年の四月と六月とにこれを献上したことがあるが、この時別に鑄造して貯へてゐたものかとも思はれる。併しこの八萬九千八百十四の活字だけでは、未だ大藏一覽を開版するに不足であつたから、新たに一萬三百六拾八字を鑄造して補つた。前述の本光國師日記の文の次に、

一銅大字八千八百四十四
一同小字千五百十四
一同丁付字十

合大小一萬三百六拾八

是は駿府に而大藏一覽板器之時仕立候て前方之百箱之內に加入申候

とあるによつて明かである。

大藏一覽の開版に當つたのは、林道春で、金地院崇傳がこれを援け、所謂板木衆として印刷事業に與つた校合・字彫・植手・摺手・字木切など總てで十八人で、この他に駿府臨濟寺や興津清見寺の僧衆五六人も校合用副本書寫のことを手傳つた。さきに崇傳が家康に獻つた大藏一覽は、第五卷の文字が亂脫してゐたから、飛脚を立てゝ京都東福寺不二庵の所藏本を取寄せて校合し、かくして六月に至つて完成した。駿府記によるに、これより先き家康は大阪夏の陣に出陣し、その歸途暫く京都二條城に滯在してゐたが、六月晦日林道春は新版大藏一覽十部を携へて、駿府から上洛し、家康の觀覽に供した。大藏一覽の印刷部數は百廿五部で、毎部朱印を押し、家康より諸寺に寄進した。駿府記にもこの年の閏六月八日江戶傳通院の廓山上人（増上寺十三世）が、駿府城に於て家康に謁して、その一部を賜はり、八月十七日には、武藏鴻巣勝願寺の不殘上人も一部を賜はつたことが見えてゐる。京都帝國大學附屬圖書館

に收藏されてゐる駿府版大藏一覽は、家康から駿府臨濟寺の千岩宗侶に賜はつたものである。

群書治要も大藏一覽と同樣に序跋なく、開版年代を缺いてゐるが、本光國師日記によるに、元和二年(一六一六)正月十九日に、林道春・金地院崇傳の二人が、家康の命を承けて着手してゐる。　一體群書治要は、唐の太宗が祕書監魏徵に命じて、群書から政治の要領を蒐集編纂せしめたもので、爲政者にとつて最も參考に資すべき書であつたから、家康は慶長十五年(一六一〇)九月に鎌倉の僧衆や清見寺・臨濟寺の僧衆二十餘人を招いて、金澤文庫本群書治要四十六卷を謄寫せしめ、(1)同十九年(一六一四)四月には群書治要中から公家・武家の法度となるべき箇所を拔萃せしめ、(2)同二十年には道春に命じて、群書治要の闕卷を補はしめ、(3)同年七月には公家法度を定め、その第一條に、

寛平遺誡雖レ不レ究二經史一、可レ誦二習群書治要一云々

と規定したほどある。　されば家康によつて、この書の刊行が企てられるといふことは、當然のこと丶いはねばならぬ。

併しこの書は五十卷(但し駿府版群書治要の原本たる金澤文庫本には、闕卷があつたから、印刷されたのは第四・第十三・第二十三を除いた四十七册であつた)に亙る浩瀚な書であつたから、道春・崇傳の兩人から書を京都所司代板倉勝重に送り、京都から木切・彫手・植手・摺手等の職工二十人を送らしめ、また京都五山に命じ、一山から二人づゝ下向せしめて、校正に當らしめ、地元たる清見寺・臨濟寺・寶泰寺の僧衆には、植字比校に用ゆる副本を寫さしめ、左の法度を定めて、これが刊行を急いだ。

群書治要板行の間諸法度

一朝は卯時ゟ罷出晩は酉刻已後可レ有二休息一事

一高談付口論等一切有之間敷事

一各互に屬相不レ可レ有二油斷一事

一御座敷舞臺樂屋に而私之細工仕御座敷中あらし申間敷事

一人々私之知人引に見物など入間敷事

右相定所如件

元和二年二月廿三日

畔柳壽學判

一群書治要板行之間奉行人役者衆之外無用衆出入有間敷者也

二月廿三日

道　春　判

金　地　院　判

秋元但馬守判

板倉内膳正判

松平右衛門佐判

本多上野介判

群書治要の開版に用ひた活字は、主として従來からあつた八萬九千八百十四個の銅活字と、大藏一覽開版の時に新鑄した一萬三百六十八個の銅活字であつたことは、左の文書によつて知られる。

覺

一銅大字五萬八千六百四十六

一同小字三萬千百六十八

合大小字八萬九千八百十四

是は前方ゟ百箱に入候而有之分也

一銅大字八千八百四十四

一同小字千五百拾四

一同丁付字十

合大小壹萬三百六拾八

是は駿府に而大藏一覽板器之時仕立候て前方之百箱之內に加入申候

一銅卦長短合百五拾四本

此內八拾三本は前方ゟ有之七拾壹本は大藏一覽之時仕立申候

一すりばん拾三面

此內五面は前方ゟ有之八面は大藏一覽の時仕立申候

一つめ木四拾八本

此內貳拾四本は前方ゟ有之廿四本は大藏一覽之時仕立申候

一以上卦四拾四本

大藏一覽之時仕立申候

一紙打打板五枚　同斷
一木硯四ッ　同斷
一字木箱四ッ組字木入何もふたなし　同斷
一字木たんす一ッ　同斷
但字木大小五千八百八拾九入
一篇返シ板八ッ　同斷
一をしごう壹ッ　同斷
一すり鉢四ッ　同斷
一のみ壹ッ　同斷
一かなつち壹ッ　同斷
以上
右是は群書治要板器被仰付候時駿府西之丸御納戸ゟ取出し於三之丸改相渡申候者也仍如件
元和二年丙辰二月廿三日

壽學代 都筑安右衛門印
金地院内 春藏主
道春

併しこれだけの活字では、なほ不足であつたから、唐人林五官等に命じ、駿府に於て新たに銅活字壹萬三千個を鑄造せしめて補つたことは、左の文書によつて知ることが出來る。

畔柳壽學老參

急度令啓達候今度群書治要板行被仰付に付而鑄字之儀五官に被仰付候然ば役者三四人京ゟ呼下度由五官申候間被仰付可被差下候樣子は五官以書付可申上候次に先年圓光寺鑄字被仰付候時後漢書之切本殘可有之候間弟子衆に申可被下旨被仰出候御穿鑿候而是又可有御下候爲其令啓達候恐惶謹言

二月廿五日　道春
金地院

板倉伊賀守樣

人々御中

請取申銀子之事

合三百五拾目は　　但大黒丁銀也

右是は群書治要板器之時銅字數大小壹萬三千鑄立申爲御作料被下候也仍如件

元和二年辰卯月廿六日　　庄　兵　衞

唐人林　五　官

畔柳壽學老

うら書

右之表可有御渡候以上　　道　春印

金地院松　首　座印

右の文書中に「先年圓光寺鑄字被二仰付一候時後漢書之切本殘可レ有レ之候云々」とあるのは、家康がさきに圓光寺元佶に命じて、伏見版を開版せしめた際に、字本として用ひた後漢書の切本の殘りを取寄せて、新鑄活字の字本としたことをいつたものであ

る。そして後漢書といふのは恐らく朝鮮活字本であつたらうと想像される。ただこゝに疑問の起るのは、元佶の伏見版は、木活字であつたのに、こゝには「圓光寺鑄字」とあり、伏見に於ても銅活字が鑄造されたやうに思はれることであるが、これはたゞ刻字と書くべきを、不用意の爲めに誤つて鑄字と書いたに過ぎないであらう。

群書治要の版が成つた年月は、記録に明記されてゐないが、本光國師日記元和二年の條に

一六月十三日圭西堂駿府より六月八日狀來板木頓て濟候間上洛可申との書中也（圭西堂は群書治要の校合のため京都南禪寺から選ばれて駿府に下向した僧）

とあるから、元和二年（一六一六）六月であつたことが察せられる。併しこの前々月家康が薨去して、倉卒の際であつたから、折角出來上つた印本も、全く世に頒布するに至らなかつたやうである。　天明五年（一七八五）尾張德川家の宗睦が刊行した所謂尾張本群書治要の考例に、

寛永中我敬公命二儒臣堀正意一檢二此書一題二其首一曰…（中略）…及二神祖統一之日一見レ之喜三其免二兵燹一乃命二範金一至二台廟一献二之朝一其余頒二宗戚親臣一是今之活字銅版也、

とあるが、その非なることは、近藤正齋が右文故事五に、

頒二宗戚親臣一ト云ヘバ今モ宗戚親臣ノ家ニ傳本アルベキニ更ニ現存スルモノアルヲ聞ズ

と述べてゐる通りである。右文故事五に

守重嘗テ寛政八年紀府ノ呈案ヲ見タリシニ其錄ニ云資治通鑑一部 但五十九冊 群書治要五十一部 但毎部四十七冊 大藏一覽五十五部 但毎部十一冊 大明律詳解二部 但毎部十冊 右書物目錄肩書ニ駿河御藏より出と相認有之何頃拜領被レ致候哉と之儀不二相分一候得共駿河御藏より出と有レ之候得は御讓筋と相見え申候　銅字印員九萬餘右御讓筋之由申傳御座候

とあり、現に紀州家には多く駿府版群書治要を藏して居られるといふことであるし、所々の圖書館などに藏せられるものも、みな紀州家から寄贈されたものであるといふから、その印本が紀州家に傳へられたことは明かである。想ふに群書治要の版が成つた時は、家康薨去の直後であつたから、これを頒布するに至らず、そのまま駿府の倉庫に保管されてゐたのを、この地に封ぜられた頼宣がこれを領し、元和

五年(一六一九)紀伊に轉封される際に、轉搬したものであらう。されぱこそ右の紀州家呈案にも「肩書ニ駿河御藏より出と相認有之何頃拜領被致候哉と之儀不相分候」とある所以であらう。併し「御讓筋と相見え申候」とあるのは當つてゐない。御讓筋といふものは、家康が薨じてから凡そ半年を經た元和二年十一月に、道春が幕府の命を受けて駿府に到り、駿府文庫にあつた主なる典籍を江戸に移し、その他を尾張・紀伊・水戸の三家に分讓したことをいふのであらうが、(4)新版の群書治要はこの時に分與されず、そのまゝ倉庫に保管されてゐたから、いつの間にか紀州家の所有に歸したものと思はれる。若しこの時に分與されたのであれば、紅葉山文庫にも一部や二部は藏せらるべきであるに、元文五年(一七四〇)以前は全くなかつた。八代吉宗の時に、始めて紀州家から二部を取寄せて、同文庫に收めたといふことである。(5)また有德院殿御實紀附錄十に

東照宮駿城にましく〳〵ける頃、與文の神慮をもて、新に銅字を製せられ、活字板の書籍數部を印行せられし事あり、升天の後、字子は紀伊家に賜ひ、印本は尾紀の兩家に傳へらる

とある所から、日本古刻書史には、駿府版の群書治要は尾張・紀伊の兩家に折半して分讓されたのであらうと論じてゐる。けれども尾張家に傳へられたといふ證左は全くなく、右の記事は元和二年に駿府文庫本を三家に分讓したことなどと混雜して記述したものであらう。かく駿府版の群書治要は、その全部が紀州家の所有に歸したものゝやうで、そして前述の紀州家呈案によるに、寛政八年(一七九六)には、五十一部あつたとある所から考へると、その印刷部數は六十部内外に過ぎなかつたものと想はれる。

また駿府の倉庫に保管されてゐた銅活字も、印本と同樣にいつしか紀州家の所有に歸し、寛政年間にはなほ九萬餘箇藏せられてゐたことは、前述の紀州家呈案に見える通りで、現に南葵文庫には銅活字の大千餘箇、小五千五百餘箇を藏するといふ。家康が生前に於て、特に銅を以て多くの活字を鑄造せしめたのは、たゞ大藏一覽や群書治要を開版するだけの目的でなく、引續き幾多の典籍を刊行して、天下に廣布流轉せしめようとの考であつたに相違ない。然るに家康の薨後は、このことに關與した林道春がゐたに拘らず、開版のことは全く顧みられず、折角鑄造せられ

た拾餘萬個の銅活字も、空しく紀州家に死藏せられて、全く利用されなかつたのは、怪しむべきであるが、これは恐らく當時はなほ書籍の需要が乏しかつたから、一時に數百部を印刷して貯へて置く活字版によるよりも、需要ある每に一部なり二部なりを、印刷する從來の整版を、便とするといふやうな事情もあつたであらうし、一方には民間に於ける私版が大いに發達して、官版の必要が薄らいで來たといふことにもよるであらう。

(1) 本光國師日記慶長十五年九月條
(2) 駿府記
(3) 道春年譜
(4) 同上
(5) 右文故事卷之五　有德院殿御實紀附錄十

四　後水尾天皇の勅版

駿府版群書治要が開版されてから、凡そ五年を經た元和七年(一六二一)になつて、後水尾天皇の勅命により、銅活字を以て皇宋事實類苑七十八卷十五冊といふ浩瀚な書が開版された。この書の目錄標題には麻沙新彫皇朝類苑とある。これは麻

沙版宋本を翻刻せられたから、その原題がそのまゝ殘つたので、目錄の後に

紹興二十三年癸酉中元日麻沙書坊印行、

と三行に楷書してある。この書開版の御趣旨は、前南禪寺住持瑞保の書いた同書の跋文に

於レ是下ニ勅命一曰、令ニ皇宋類苑鏤一レ梓、其叡旨要下前人之言、往古之行、取ニ之左右一逢中其原上、且又欲レ令下天下國家之人誦ニ斯文一者、視ニ其美一以爲レ勸、視ニ其惡一以爲上レ戒、

とあるによつて拜察される。その版式は四周雙邊十三行二十字詰で、當時の活字版としては文字が小さく、活字は全く新たに鑄造したもののやうであるが、これに關する文獻に乏しく、その詳細を知り難い。想ふに天皇は駿府版の大藏一覽や群書治要を御覽ぜられ、同樣の銅活字を以て開版しようと御企てになつたものではなからうか。（駿府版群書治要は前節に述べたやうに、廣く頒布するに至らなかつたが、尾張本群書治要の考例にも「至ニ台廟一献ニ之朝一」とあるから、二代將軍秀忠から朝廷に上つたであらう。）そして駿府版群書治要を開版した際は、京都所司代の斡旋によつて、京都から木切・彫手・植手・摺手などの工人二十人を選んで駿府に下向せしめ、

また唐人林五官の要求によつて、鑄工三四人をも赴かしめたが、(1)是等の工人は群書治要竣成の後は京都に歸り、皇宋事實類苑の開版にも與つたのではないかと思ふ。

この書の開版はいつから始められたか明かでないが、瑞保の跋文には「元和七年重光作噩六月晦日」とあるから、元和七年六月には完成したと見るべきであらう。この年の十月禁中に於て新版の皇宋事實類苑を侍臣・學者に賜ひ、(2)且つ將軍秀忠にも賜はつた。台德院殿御實紀附錄四に、

元和七年十月、後水尾院より京にて活刷ありし宋朝類苑を進らせられければ、金地院崇傳を御前に召てよましめ、前三河守定基入道寂照が入宋して宋帝に崇敬せられしことを聞しめし、日本の名譽なりとて御けしきいと麗しかりしとぞ。

また後水尾天皇から京都所司代板倉重宗に詔して、この書は讀み易くないから朱墨を加へて叡覽に備ふべき由を林道春に命ぜられたから、道春はその脫簡を補ひ、誤字を正し、朱墨を加へて奉還した。(3) 後道春もその一部を賜はつて家藏としたといふ。(4)

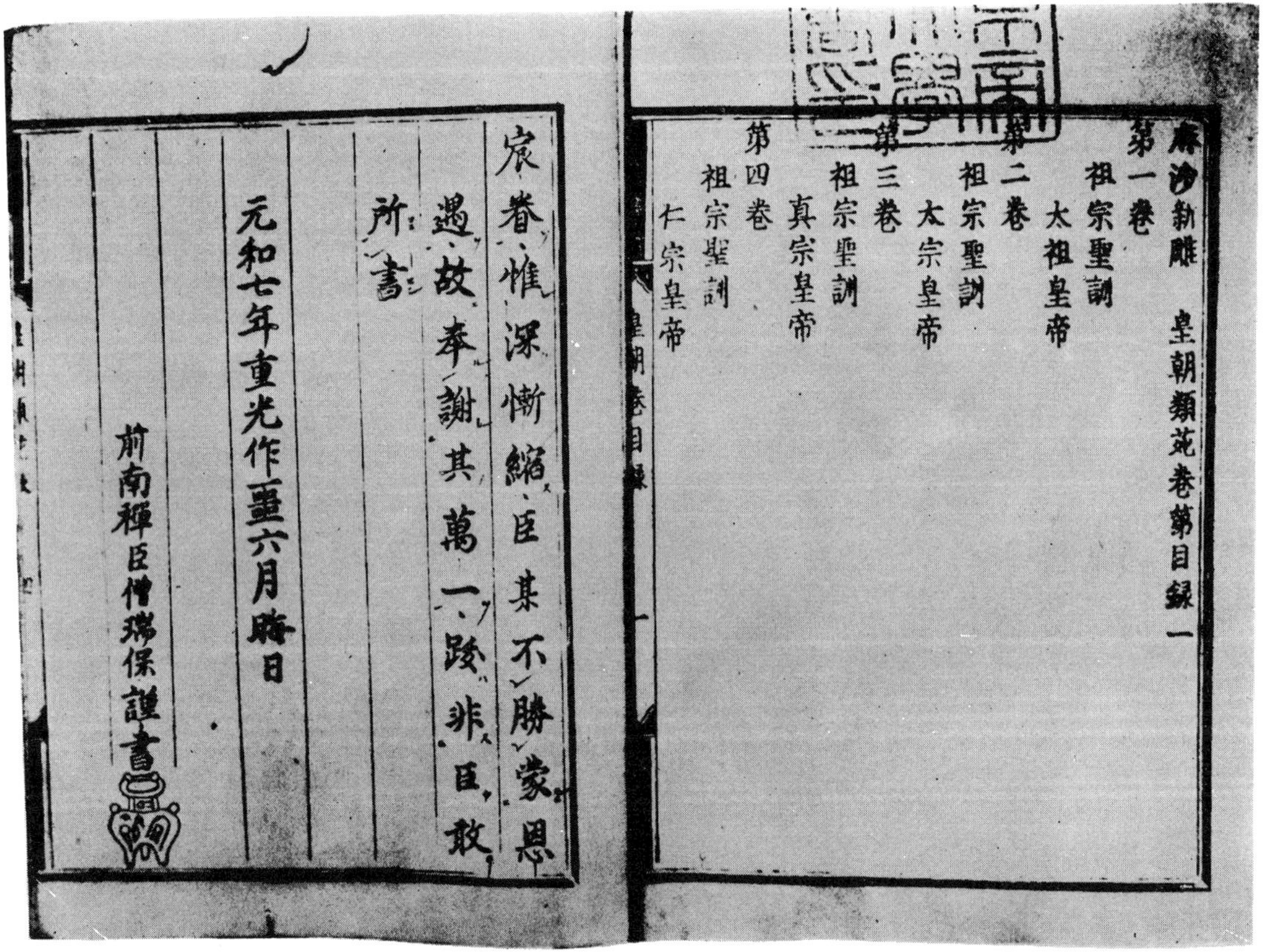

後水尾天皇勅版皇宋事宝類苑　元和七年刊

皇宋事實類苑に使用した活字は、その後俵に入れられて、空しく官庫に收藏せられ、寶永の火事に遭つたが、銅であつたから燒損せず、明和の頃伏原宣光卿がこの活字を取り出して大學・論語などを印刷したといふことであるが、(5)その版本も傳はらず詳かでない。また加茂の祭の出鉾の下のおもりとしたなどいひ傳へられてゐるが、(6)明かでない。

(1) 本光國師日記元和二年の條
(2) 元和年錄
(3) 道春年譜
(4) 羅山文集
(5) 橘窓自語
(6) 類聚名物考

第三章　私版

一　補註蒙求と節用集の開版

文祿慶長以來、後陽成・後水尾兩天皇の勅版や、伏見・駿府の官版等の盛擧に刺戟せ

られて、民間に於ける開版事業も大いに勃興した。中にも文祿五年(一五九六)版の補註蒙求と慶長二年(一五九七)版の易林本節用集とは、實にこの時代に於ける私版の先驅をなしたものである。補註蒙求の卷末刊記には

桑域洛陽西洞院通勘解由小路南町住居甫庵道喜新刊一字板繡此書以應童蒙之求也呼嗚未辨芋耶羊耶魚耶魯耶潤愧林塹冀博覽人運郢斤多幸

惟時文祿第五丙申小春吉辰道喜記

とある。一字板といふのは、活字版の舊稱であるから、この書は私版活字版の最古のものである。開版者たる小瀬甫庵(名を道喜といふ)は太閤記の著者として知られ、尾張春日井郡の人である。醫術に通じ、また易學・兵學等にも精しく、初め關白豐臣秀次に仕へたが、秀次が亡んだ後は、出雲の堀尾吉晴に仕へて、松江城の築構を董し、吉晴の死後は、播磨・京都等に寓し、寛永元年(一六二四)再び出でゝ加賀の前田利常に仕へて兵學を講じ、同十七年(一六四〇)七十七歳を以て歿した。甫庵が補註蒙求を開版したのは、刊記に見えるやうに、秀次が薨去してから僅か二年を經た文祿五年のことで、未だ堀尾氏に仕へず、京都西洞院通勘解由小路南町に、浪人生活をしてゐた頃

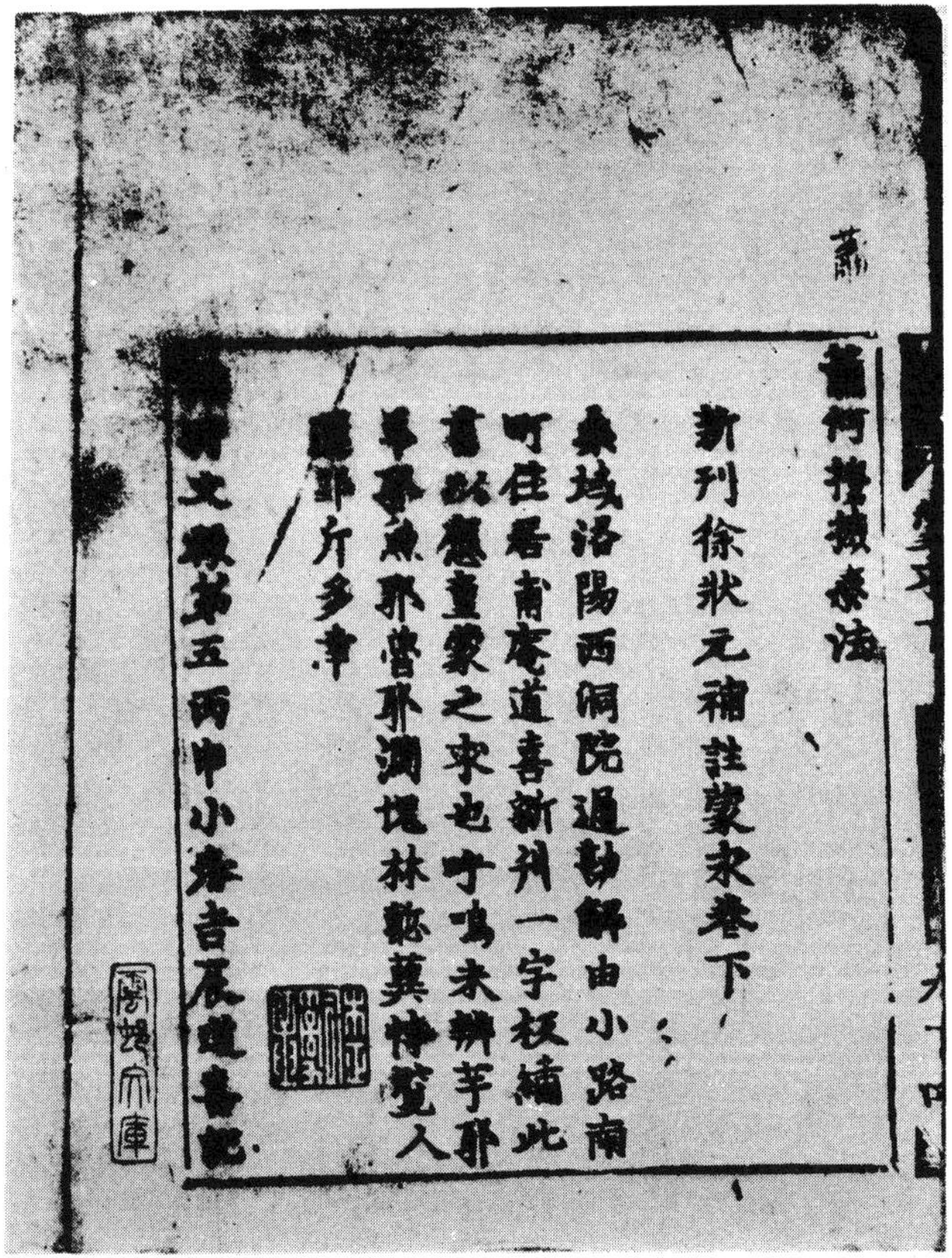
蒙求
新刊徐狀元補註蒙求巻下
泉域洛陽西洞院通勘解由小路南
町住居甫庵道喜新刊一字校補此
書以應童蒙之求也吁嗚未辨芋耶
羊耶魚耶魯耶渭涇林聡莫悼覧入
鼈耶斤多幸
文禄第五丙申小春吉辰道喜記

甫菴版補註蒙求　文禄五年刊

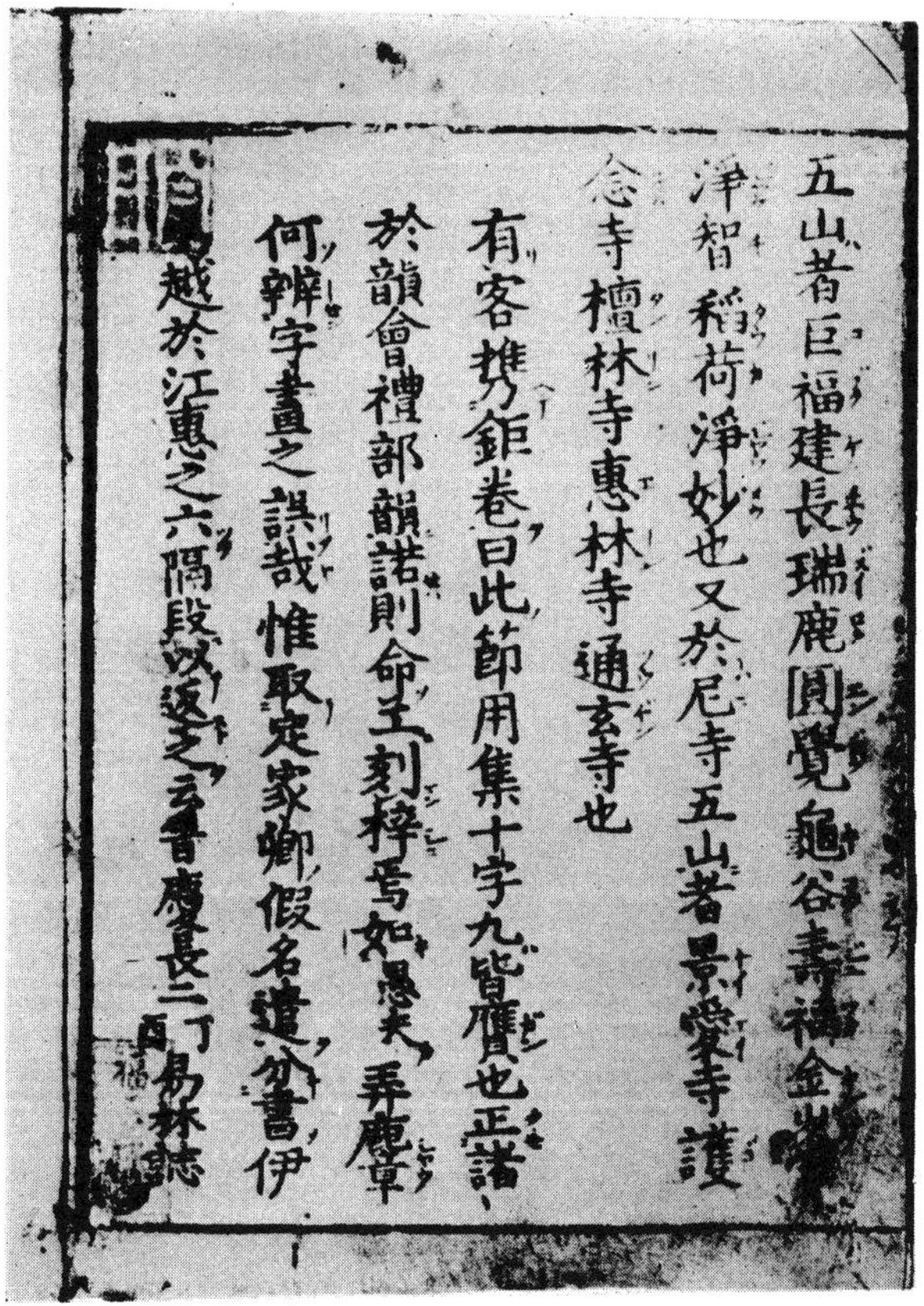
五山者巨福建長瑞鹿圓覺龜谷壽福金剛
淨智稲荷淨妙也又於尼寺五山者景愛寺護
念寺檀林寺惠林寺通玄寺也
有客携鉅巻曰此節用集十字九皆贋也正諸
於韻會禮部韻諸則命工刻梓焉如愚夫弄麞章
何辨字畫之誤哉惟取定家卿假名遣分書伊
呂波越於江惠之六隅段以返之云爾
慶長二丁酉　易林誌

易林本別版節用集　慶長二年刊

のことである。一浪人の身として獨力困難な開版事業を遂げた功績は、偉大であるといはねばならぬ。

補註蒙求が開版された翌慶長二年に、有名な易林本節用集が刊行された。節用集は室町時代以後、世俗用の辭書として廣く行はれたものであるから、異本が頗る多く、「古本節用集の研究」には左の十類に分たれてゐるほどである。

第一「印度」本（本文が「印度」で始まる本）
- 第一類　弘治二年本類
- 第二類　永祿二年本類
- 第三類　枳園本

第二「伊勢」本（本文が「伊勢」で始まる本）
- 第四類　天正二十年本
- 第五類　伊京本
- 第六類　天正十八年本類
- 第七類　饅頭屋本
- 第八類　溫故堂本
- 第九類　增刊本

第三「乾」本（本文が「乾」で始まる本）—第十類　易林本類

そして節用集は、古くは概ね寫本として傳はつたもので、刊本としては易林本以前に、天正十八年（一五九〇）本がある。その巻末刊記に云く

右此板木者泉州大鳥郡堺南庄石
　屋町經師屋有是石部了冊
　　于時天正十八年庚寅履端吉辰

この刊記のある最後の一丁は、欄界の高さ、筆法等が他とやゝ異り、且つ刊記には、鏤板の所在のみを述べて刊刻のことをいはぬから、天正十八年にこの一丁を新たに補刻したもので、鏤板はそれ以前からあつたものであらうとの説がある。（1）　併し古刻書に於ては、欄界・筆法等の多少の相違は丁によつてあり勝ちであり、刊記に鏤板の所在のみを述べて、刊刻のことをいはぬは

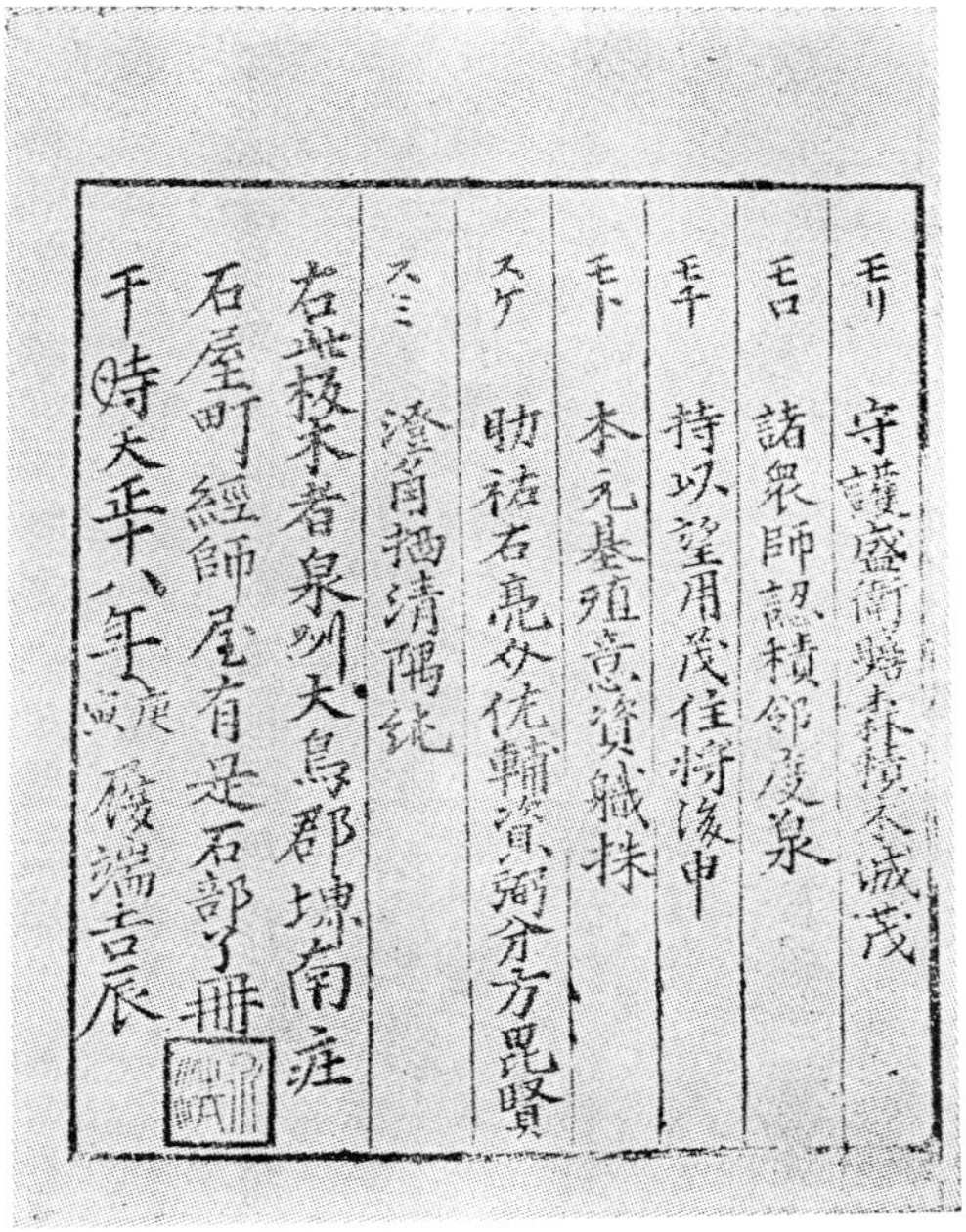
右此板木者泉州大鳥郡堺南庄
石屋町經師屋有是石部了冊
于時天正十八年庚寅　履端吉辰

堺版節用集（天正十八年版）

唐様版にその例の多いことであるから、矢張り天正十八年に開版したものと見るべきであらう。兎に角この刊記に見えた石部了冊は、堺南庄石屋町に居住して、開版事業に盡した人で、天正二年(一五七四)には、四體千字文をも刊行してゐる。この書は眞・草・篆・隷四體の千字文を、黑地に白字を以て刻んだ習字帖で、卷末刊記には

此板泉州大鳥郡堺南庄石屋町住石部了冊入道新刊巧極妙字迫眞奇哉　于時天正二年六月吉辰　宿蘆齋書焉

とある。

易林本節用集は天正十八年本に次いで刊行されたもので、その跋に云く、

有客携鉅卷曰此節用集十字九皆贋也正諸於韻會禮部韻諸則命工刻梓焉如愚夫弄麞何辨字畫之誤哉惟取定家卿假名遣分書伊爲越於江惠之六隔段以返之云旹

慶長二丁酉易林誌

またこの跋の前に黑地に白字を以て、二行に

洛陽七條寺內平井勝左衞門休與開板

といふ刊記がある。これによれば易林なるものが、從來の節用集に改訂を加へ、京

都七條寺內平井勝左衞門休與なるものが開版したことが知られる。そして西山堂舊刻書目には、この書を以て活字版としてゐるが、これは誤で整版であることは明かである。開版年代は明記されてゐないが、易林の跋によつて、慶長二年と認むべきであらう。開版者平井勝左衞門休與は本願寺光昭(准如上人)の俗臣であるといふ。(2) 改訂者易林は松屋筆記卷之六や群書一覽に引用した申齋隆德の反古《ハウコ》擭《ツカミ》などには清水物語の著者たる朝山意林庵素心であるとなし、日本古刻書史もこの說を繼承してゐるが、意林庵は天正十七年(一五八九)に生れた人で、慶長二年(一五九七)には、僅に九歳であるから、節用集の改訂者となる筈がなく、その說の非なることは、先進學者の既に論じてゐる所である。(3) また易林を果してイリンと讀むが正しいかに就いても不明で、寧ろエキリンと讀む方が正しいかとも考へられる。

易林本節用集には、この外に別版がある。これには易林の跋はあるが、「洛陽七條寺內平井勝左衞門休與開版」の刊記がないから、日本古刻書史には、右の刊記を削去して再摺した後摺であるとしてゐる。併し兩者を比較するに、欄界にも相違があるし、字畫にも異るものがあつて、全く別版であることは明かである。但し部門の

分類など内容は總て同一である。この書の開版年代は平井版より前か後かといふことは明かでない。

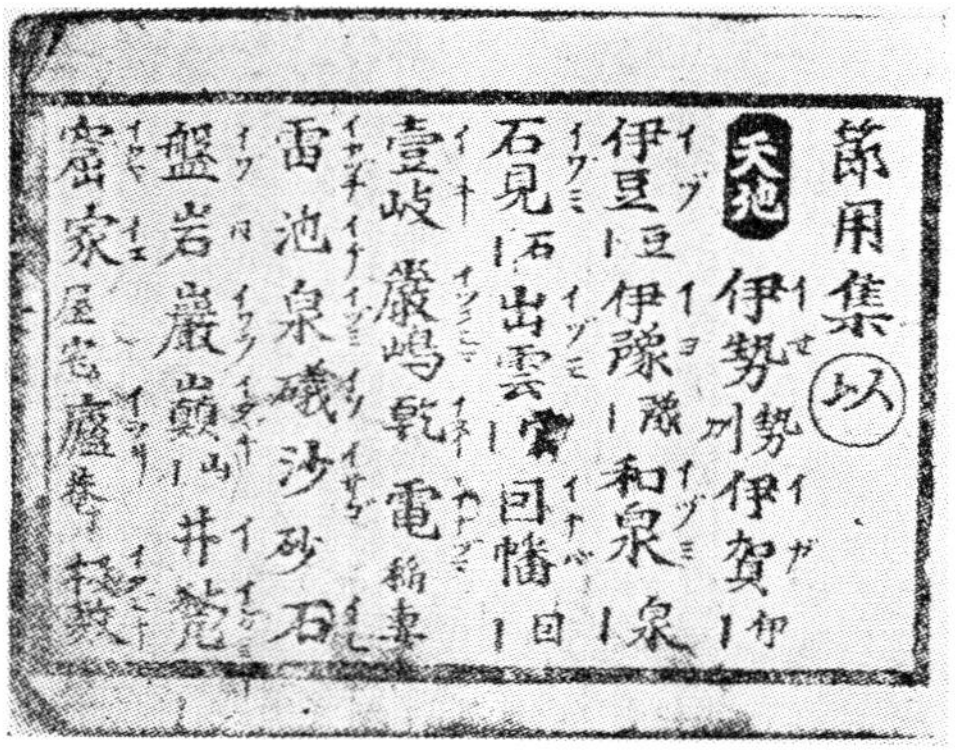

饅頭屋本節用集

節用集の刊本には、この外に饅頭屋本といふのがある。この書は易林本とは内容を異にし、改訂增補されない原本に近いものであると考へられてゐる。一體節用集の著者に就いては、「古本節用集の研究」に詳細な考證がある通り、明確なことは判らないが、饅頭屋本といふ名稱があるほどで、節用集と奈良の饅頭屋とは關係が深いやうである。奈良の饅頭屋は林氏といひ、その事蹟は、雍州府志・比古婆衣等多くの書に見えてゐるが、いづれも正確でない。嘗て京都建仁寺兩足院から林家の七代宗二の自寫本や、林家の系圖等が發見せられ、これに基いた新村出博士や上村觀光氏の研究(4)が發表されてから、始めて明確となつた。それによると林家の祖は林淨因といひ、建仁寺の第二世龍山德見が入元（嘉元三年入元、貞和

五年）して歸朝する際に、これに隨從して來朝歸化した人で、奈良に住んで饅頭を作
歸朝
つて賣り、南都の饅頭屋として名高かつた。淨因の後、道安・淨印・妙慶・盛祐を經て、七代が有名な宗二である。明應七年（一四九八）に生れ、牡丹花肖柏から古今の傳授を受け、清原宣賢・西三條實隆にも學び、博く和漢の學に通じた學者であつた。その子に宗杜、孫に宗博があり、宗博は神道を學んだ。

本朝書籍目錄外錄・倭板書籍考以下、多くの書史や隨筆には、林家七代の宗二を以て、節用集の著者としてゐる。けれども宗二の生れたのは明應七年のことであるのに、これより二年前の明應五年の奧書のある寫本節用集のあることが群書一覽に見えてゐるから、その說の誤であることは明かである。

林家の初代淨因は、龍山德見に隨從して來朝し、その子の一人は龍山の弟子となつて無等以倫といひ、建仁寺の兩足院を創建し、宗二の子梅仙東逋も兩足院に住したほどで、建仁寺と林家との關係は甚だ深かつた。また節用集は諸書に宗二の作と傳へられ、饅頭屋本の名稱さへあるから、林家と節用集との間にも何等かの關係があつたに相違ない。されば上村觀光氏は、節用集を以て林家一族の何人かの作

となし、宗二を以て饅頭屋本の開版者としてゐる。また新村博士は原著者は建仁寺の僧で、林家は同寺と關係が深かつたところからこの書を傳へ、從つて宗二の作であるといふ誤傳をも生じたのであつて、饅頭屋本は宗博の時代に開版されたものであらうといふ。兩氏の説に對し、「古本節用集の研究」に妥當な批評があるから、左に引用することゝしよう。

兩氏(上村・新村兩氏)の説は、饅頭屋本を林家の出版とする點に於て一致し、我々もこの説に異議はないのであるが、その出版者については、一は宗二とし、一は宗博とするのである。此の事は饅頭屋本出版の年代によつて定まるのであるが、其の年代は明記したものがないから、推定による外は無い。饅頭屋本は、通常慶長頃の版本と認められて居るが、果してさうであるならば、宗博の時代である。けれども、此の本は、甚古色があつて、假名なども古體を有して居るから、或は其よりも古くはあるまいかとの疑も無いではない。若し猶二三十年も古いものとすれば、宗二の生存中であるから、宗二の出版とも考へられるのである。けれども此は古刻書史上の問題であつて、今容易に定め難い。故に我々は唯、饅頭屋本が林家の

出版であることを認め、此を以て林宗二を節用集の著者とする說の起つた所以と認めたい。林家と節用集との關係は、出版（同時に多少の改作を施したかも知れないが）といふ事以上には無かつたので、其の原著者をこの家に求めるのは過ぎては居まいかと考へるのである。

（1）上田・橋本兩氏共著「古本節用集の研究」六七頁
（2）佛敎大學圖書館古寫古版目錄及略解題
（3）三浦周行博士「後光明天皇の御好學と朝山意林菴」（史學雜誌第廿三編第四號）　古本節用集の研究八八頁
（4）新村出博士「室町時代文藝瑣談」（敎育界第六卷第五號）　上村觀光氏「林宗二の事蹟」（禪宗第十四卷第一號）

二　要法寺版

伏見版や駿府版は、なほ前代の餘風を受け、五山の僧徒の關係したものが多かつたが、なほこの時代に天台・日蓮など林家以外の寺院で開版されたものが少くなかつた。中にも京都の要法寺版は最もその名の顯はれたものである。要法寺版に就いては新村出博士の「要法寺版の研究」（典籍叢談所收）に詳說されてゐる所で、予が

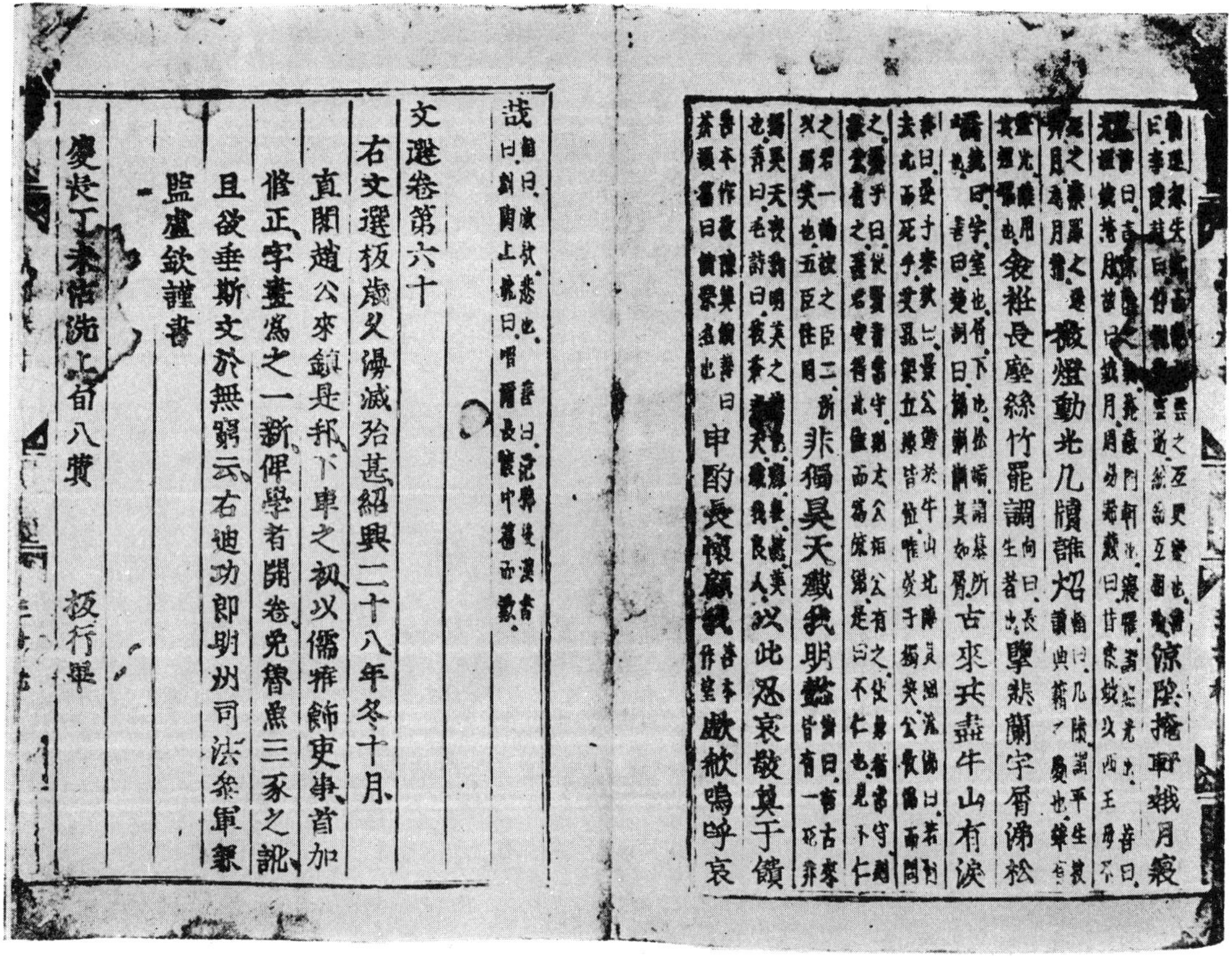
遐凉陰掩郁蛾月寢
微燈動光几牘誰炤
衾裯長塵絲竹罷調
聲悲蘭宇屑沸松
古來共盡牛山有淚
非獨昊天殲我明懿
以此忍哀敬奠于饋
申酌長懷顧望歔欷嗚呼哀
哉
文選巻第六十
右文選板歳久湯滅殆甚紹興二十八年冬十月
直閣趙公來鎮是邦下車之初以儒雅飾吏事首加
修正字畫爲之一新俾學者開卷免魯魚三豕之訛
且欲垂斯文於無窮云右迪功郎明州司法參軍兼
監盧欽謹書
慶長丁未姑洗上旬八蓂　板行畢

直江版文選慶長十二年刊

こゝに記述した所も主として同博士の說に據つたものである。

要法寺は日尊上人の創建した日蓮宗本門宗の本山で、もとは京都寺町二條にあつたが、寶永五年(一七〇八)三月京都の大火に燒失してから、鴨川の東なる孫橋通新高倉法皇寺町の地に移つたものである。この寺で幾多の典籍が開版されたが、最も有名なものは文選である。この書の刊記には

慶長丁未沽洗上旬八蓂　板行畢

とあつて、慶長十二年(一六〇七)三月に板行し畢つたことは知られるが、開版の場所も開版者も記されてゐない。併し羅山文集卷五十四題跋の五臣註文選跋と題する文に、

此本近歲米澤黃門景勝陪臣直江山城守、某開板于要法寺、余請秋元但馬守泰朝、而後泰朝告景勝、而得之以寄余、

とあつて、近藤正齋もこれは、慶長十二年版のことであると斷定し、(1)殊に經籍訪古志の著者は羅山眞蹟の跋本を見たといつて、

此本慶長丁未歲、直江兼續用銅雕活字印行世、因稱直江板、嘗見有羅山先生眞蹟、跋

云此本近歲米澤黃門景勝陪臣直江山城守某、開板于要法寺、余請秋元但馬守泰朝、而後泰朝告景勝、而得之以寄余、

と著錄してゐるほどであるから、上杉景勝の臣直江山城守兼續が、要法寺に於て開版したものであることは明かである。されば世にこの書を直江版又は直江本といつてゐる。

直江兼續の開版に關する史料は、羅山文集以外には見當らぬが、彼は安土山記の作者として名高い妙心寺の南化玄興(勅諡定慧圓明國師)と交はり深く、學問を好み詩文を良くしたことは南化の虛白錄に、

上杉宰相股肱臣、直江氏城州刺史者、余之方外舊交也、自二艸歲頃一有レ志レ學也、外遊二六藝一內行二五常一、…(中略)…趣レ敵則軍中橫レ槊賦レ詩、楯上磨レ墨作二文于武一無レ不レ到、

とあるによつても、その一斑を知るべく、殊に稀なる好書家で、多くの珍籍を愛藏してゐたことは諸書に散見してゐる。　文祿四年(一五九五)兼續は妙心寺の禪室に南化を訪ね、道話の次で、南化が萬里老人(諱は集九といひ、相國寺の僧で梅花無盡藏の著者として有名である)自筆の前漢書帝紀十二卷を祕藏してゐるのを見て、これを謄寫しようとすると、南化はその志

に感じて、これを兼續に贈り、且つ漢書記をも作つて與へたことが虚白錄に見えてゐる。また兼續舊藏の慶元宋刻の史記・前後漢書の三史が米澤藩校に傳へられてゐたのを、近藤正齋が特に上杉侯に請うて江戸に郵送せしめて、詳かに調査して無比の奇本であると、正齋の書籍考に著錄してゐる。されば當時兼續が藏書家であつたことは、廣く世に知られてゐたと見えて、家康が元和二年駿府に於て群書治要を開版した時も、金地院崇傳をして書を兼續に送つて、群書治要の異本を需めしめたほどである。(2) 當時京洛に於ては、勅版・伏見版を始め開版事業が大いに勃興した時であつたから、學問好きで愛書家であつた兼續も、これが影響を受けて、文選の開版を思立つたものと思はれる。併しこの書の開版が要法寺に於て行はれたのは何故かを考へるに、要法寺には日性がゐて盛んに開版事業に從事してゐたから、これに依囑したものと想像される。日性は圓智といひ、古くは世雄房また承惠などといつた。その事蹟に就いては、新村博士の「要法寺版の研究」に詳しい考說がある。天文二十三年に京都に生れ、二十歲の頃關東を遊歷し、足利學校にも學んだやうで、慶長時代の學僧として聞えた人である。十三歲の時に元祖蓮公薩埵略傳を

著したのを始め、御書要文・藏經纂要・倭漢合運圖・莊子義解など多くの編纂物や註釋書を作り、慶長活字版として名高い徒然草壽命院抄にも、彼の說が入つてゐるといはれてゐる。また勅命によつて後陽成天皇に御講義申上げ、公卿や五山僧徒の爲めに講筵を開いたことがあり、淸原秀賢・西洞院時慶などとも交はりが深かつたといふことである。(3)

今日要法寺版として確認し得るものは、極めて少ないけれども、多少の疑を以て認定し得るものは二三に止まらない。

論語集解　二册　(活字版?)

卷末刊記に「慈眼刊正運刊　洛汭要法寺內開板」と明かに要法寺版であることを示してゐるが、その開版年代は詳かでない。併し伏見版の慶長四年の孔子家語に「慈眼刊之」、その翌年の貞觀政要には「慈眼久德刊之」とあり、同十年刊行の周易には「今關正運刊」とあるから、この論語集解も同じ頃に刊行されたものと思はれる。

法華經傳記　十卷五册　(活字版)　慶長五年刊

卷末刊記に「…敕命工鏤梓學者幸勿惑焉時慶長庚子載季春望日洛陽釋圓智誌」とあり、圓智は要法寺日性のことであるから、要法寺版と推定される。

元祖蓮公薩埵略傳　一册（活字版？）慶長六年刊

續群書類從傳部に收めてある本には「慶長第六辛丑歳季冬下院三日本地院中板行」とあり、本地院は要法寺の塔頭で、日性が晩年に居住した寺であるから、この書が要法寺開版であつたことは明かである。但し、實物は現存するかどうか明かでない。

沙石集　十卷八册（活字版）慶長十年刊

卷末刊記に「此集行于世尙矣本有廣略條有前後不知孰是也、頃幸得無住師之眞筆正本、今也不堪蘊藏於焉遂鏤梓十目所視豈其拚手勿敢疑也　慶長十乙巳年仲春下浣八日圓智校讐」とあるから、要法寺版と推定される。

和漢合運圖　二册（活字版）慶長十年刊？

この書は日性の撰する所であり、清原秀賢の慶長日件錄慶長十年十一月六日の條に「要法寺上人被來也、也足軒同心也、新板和漢合運圖被惠之」とあり、要法寺上人は日性のことであるから、現存の活字本和漢合運圖は要法寺版と推定される。

以上の外に刊年不明の活字版の大學や中庸にも「關東上總住今關正運刊」とあるから、或は要法寺版かとも思はれるし、慶長頃の活字版の謠抄も亦要法寺版であらうとの說がある。(4)

以上列擧した所によつて考ふるに、要法寺版は後陽成天皇の勅版よりやゝ遲れ、伏見版とほゞ同時代に盛んであつたことが知られる。そして伏見版と同じく概ね上總の雕工慈眼や正運の刻んだ木活字版であつたやうであるが、直江版の文選のみは、經籍訪古志に見ゆるやうに銅活字であつたらしい。果して銅活字であつたならば、その活字は如何にして得たかといふ疑問が自ら生ずる。「要法寺版の研究」には、慶長日件錄に後陽成天皇から家康に對して銅活字十萬個を調進せよとの勅命があり、家康は、慶長十一年の四月と六月とにこれを献上したことが見えてゐる。然るに禁中に於てこの活字を用ひて、慶長二年や四年の如き勅版が刊行されたといふ明證がないから、この活字は寺院其他公武民間に御下賜御分配になつて、任意に印刷物に

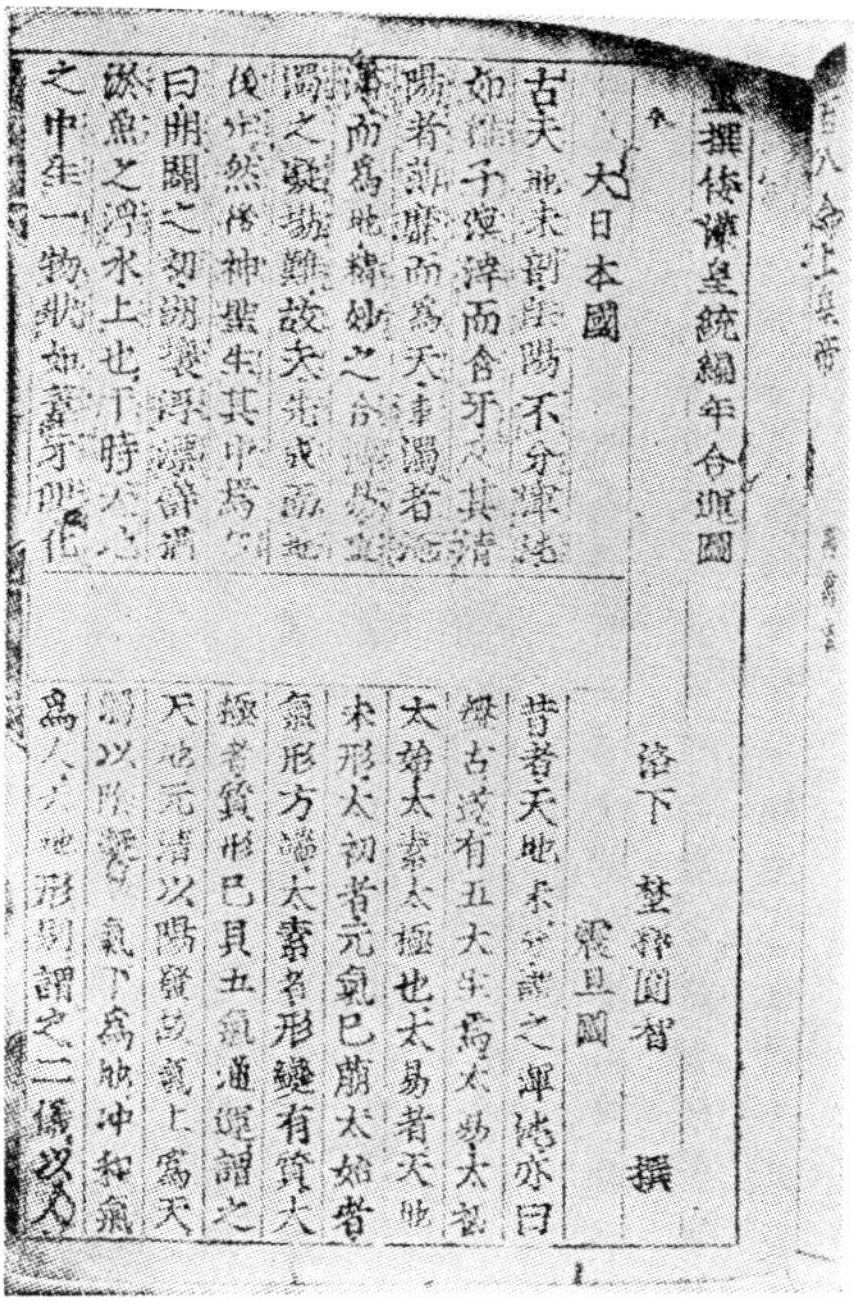

要法寺版和漢合運図

使用せしめられたか、或は特に御内命を下されて印行せしめられ、准勅版とも名づくべき數々の活字本が出來たのではあるまいかと述べられてゐる。若し前者であるとすれば、要法寺の日性は勅命によつて後陽成天皇に御講義申上げたほどであり、公卿等との交際も深かつたから、或はこの活字の一部を要法寺に下賜せられ、直江版文選の開版が行はれたのではないかと思はれる。併しこれは全く著者の想像であつて、將來に於ける調査研究を俟たねばならぬ。

(1) 右文故事卷之二

(2) 本光國師日記

(3) 新村出博士「要法寺版の研究」(典籍叢談所收)

(4) 同上

三　京洛諸寺の活字版

要法寺版は慶長活字版として、最も重要な地位を占むるものであるが、この他の寺院に於ても活字版の印行は少くなかつた。要法寺と同じ法華宗の一本山なる大光山本國寺に於ては、法華玄義序一帖、佛祖歷代通載二十冊が刊行された。前者

の卷末刊記には、

奉寄進法華玄義序百部　文祿四乙未曆極月二十四日　大光山本國寺常住願主

一輪房日保

とあるが、文祿四年(一五九五)より後に開版されたものらしい。後者の卷末刊記には、

本國寺學校　玉潤日銳補爛脫耳

十住　從　實乘　進

法壽　珠　金林　慧

四僧集會異體同心鏤梓刊板行天下　慶長十七壬子極月十九日

とあり、慶長十七年(一六一二)の開版である。

天台宗たる比叡山延曆寺に於ても、活字版の刊行は頗る盛んであつたやうで、同山の東塔東谷月藏坊では、慶長八年(一六〇三)に摩訶止觀科解二十六冊、同九年には法華玄義科文十七冊、同十年には法華文句科解二十三冊の所謂天台の三大部を刊行した。法華玄義科文の卷末刊記に、

惟旹慶長九暦甲辰五月日於比叡山延暦寺東塔東谷月藏坊令摺之畢

とある。そしてこの前後には、活字版の毛詩も刊行されたことは、慶長日件錄慶長九年甲辰三月二十八日の條に、

叡山智藏坊來訪、毛詩之一字板、漸出來之間、近日可令摩摺に候、爲校正予也點本令拜借大全本一冊是亦令借與、

同十二年丁未十月六日の條に、

叡山月藏坊より毛詩註本新板十部到來、

とあるによつて明かである。また慶長十六年(一六一一)には、科註妙法蓮華經、元和四年(一六一八)には、天台名目類聚鈔(1)も刊行され、殊に後者は訓點を施した珍しいものである。

眞言宗の寺院では、京都一條通西七本松北なる淸和院で、慶長十六年(一六一一)に倶舍論頌疏十四冊(2)を開版してゐる。この他洛西歡喜山寶珠院といふ寺では、慶長九年(一六〇四)に泉涌寺版敎誡新學比丘行護律義一冊を刊行した。この書の卷末刊記に

慶長九年甲辰應鐘上旬　城西歡喜山寶珠院沙門幸朝　下村生藏刊之、

とある。下村生藏は當時京洛に居住してゐた一雕工で、慶長十年(一六〇五)の活字版元亨釋書もこの人の刻んだもので、その刊記に「慶長乙巳歲仲夏日　下村生藏刊之」とある。

禪宗系統では、洛西花園一枝軒で、慶長十三年(一六〇八)に五家正宗贊四冊(3)を刊行してゐるし、宗鐵といふ僧によつて、慶長十八年(一六一三)に雲門匡眞禪師廣錄三冊(4)、元和二年(一六一六)に續傳燈錄四冊(5)、同三年に宗派圖(6)等が開版された。併しこの宗鐵の事蹟については、未だ考へ得ない。大德寺の百三十一世に宗鐵(字は鍊叔)といふ僧があるが、この人は慶長十七年二月に八十一歲を以て示寂してゐるから、恐らく別人であらうと思ふ。

(1) 附錄古刻書題跋集第五八〇參照
(2) 同第五四四參照
(3) 同第五二六參照
(4) 同第五五一參照
(5) 同第五二八參照

(6) 同第五七三參照

四　活字版大藏經開版の企圖

我が國大藏經開版は、鎌倉時代弘安年間に僧行圓によつて一度企てられ、南北朝時代正平年間に再び企てられたらしいが、いづれも成功するに至らなかつた。然るに江戶時代活字版の興隆に伴ひ、活字を以て大藏經の開版が企てられ、有名な天海版大藏經の先驅をなしたことは、我が印刷史上重要な出來事であるばかりでなく、我が佛敎史や佛典の硏究からも看過し難いことゝいはねばならぬ。

活字版大藏經の開版を企てたのは、伊勢太神宮に屬してゐた常明寺の僧聖乘坊宗存といふものであつた。慶長十八年(一六一三)に開版した活字版大藏經目錄の卷末刊記に、

戊申年高麗國大藏都監奉　勅雕造

一代藏經　開梓摺寫　報佛恩德　結緣衆生　同證佛果　二世安樂　乃至法界

平等利益　大本願伊勢聖乘坊宗存

慶長十八癸丑九月吉日　於洛陽梓之

當施主　開板　吉野入道意齋
西田勝兵衛尉

とあり、その開版の目的を知るべく、高麗高宗の勅によって雕造された海印寺版を翻刻しようとしたことが知られる。彼の大事業はどの程度まで進んだか、よく調査研究せねば詳にし難いが、慶長十八年に右の大藏經目錄を開版したのを始め、元和元年(一六一五)には勸發諸王要偈を開版した。

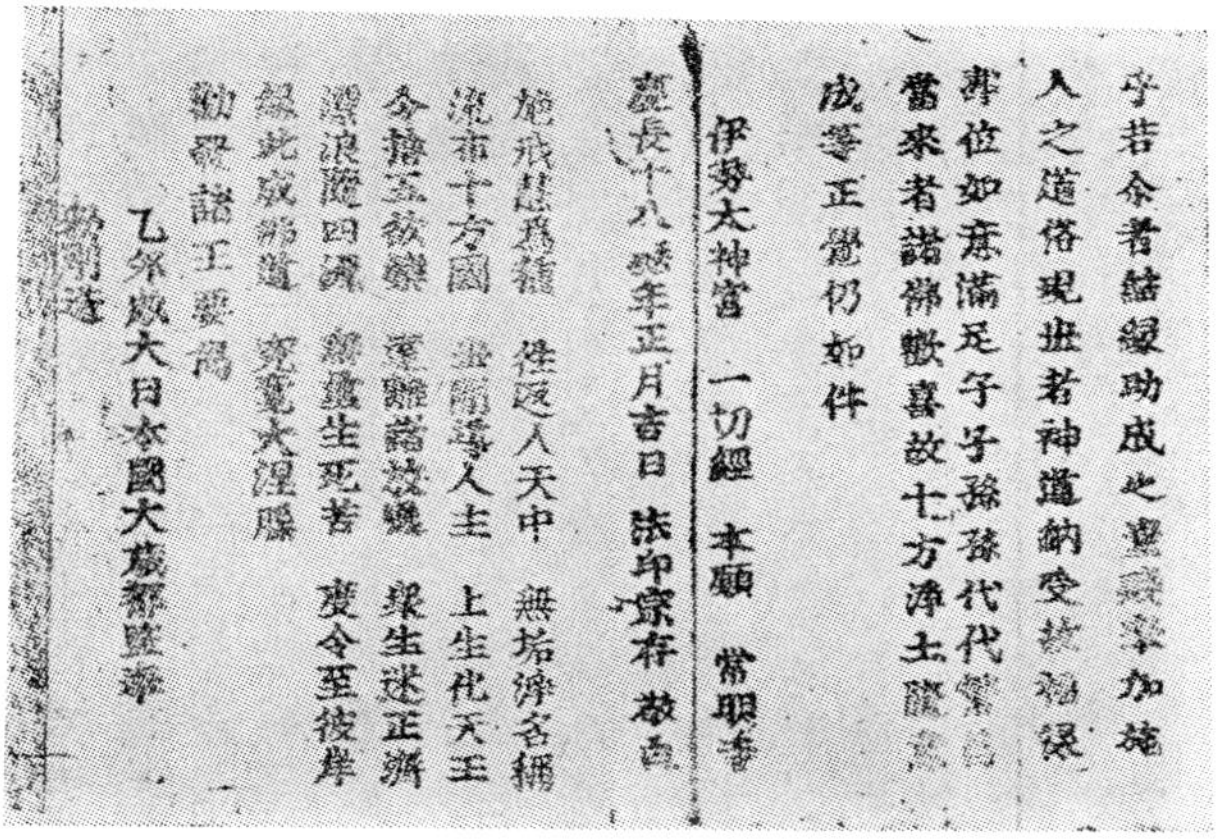
兮昔余者結縁助成之重識幸加施
入之道俗現世者神道納受故福保
寿位如意満足子子孫孫代代繁昌
當来者諸佛歡喜故七方浄土隨意
成等正覺仍如件
伊勢太神宮　一切經　本願　常明寺
慶長十八癸丑年正月吉日　法印宗存　敬白
施戒慧爲種　往返人天中　無垢淨名稱
流布十方國　世間導人主　上生化天王
令捨五欲樂　遠離諸放逸　衆生迷正濟
漂浪隨四流　無量生死苦　度令至彼岸
緣此成佛道　究竟大涅槃
勸發諸王要偈
乙卯歳大日本國大藏都監奉

活字版大蔵経（元和元年刊）

これには

伊勢太神宮一切經本願常明寺
慶長十八癸丑年正月吉日　法印宗存敬白
施戒慧爲種　往返人天中　無垢淨名稱　流布
十方國　世間導人主　上生化天王　令捨五欲
樂　遠離諸放逸　衆生迷正濟
漂浪隨四流　無量生死苦　度令至彼岸　緣此

成佛道　究竟大涅槃
勸發諸王偈
乙卯歲大日本國大藏都監奉　勅彫造

とあり、奉勅とある以上は、彼の大藏經開版は後水尾天皇の勅命によつたものと思はれるが、これに關する他の史料があるかどうかを知らぬ。次いで同三年（一六一七）には顯戒論二冊（1）摩訶止觀科解十卷二十六冊（2）、同三年から四年にかけては、法華玄義科文十卷十七冊（3）、法華文句科解十卷廿三冊（4）を開版した。これ等の卷末刊記には概ね、

於西京北野經王堂常明寺宗存令刊摺畢
於西京北野經王堂常明寺神力摺刊之畢

などゝあり、その印刷の業務は京都北野經王堂に於て行はれたことも知られる。元和七年（一六二一）から寛永元年（一六二四）にかけては、法苑珠林百卷四十三冊（5）といふ浩瀚な書を開版し、その卷末刊記には、卷毎に

伊勢太神宮一切經本願常明寺宗存敬梓

とあり、それ〲開版の年月日を記してある。これによると宗存は廣く四方を勸縁して、資を得るに從つて漸次開版したやうで、以上の諸書には、助緣者吉野入道意齋・西田勝兵衞尉・玄作齋・摺寫人上州人正直・工匠台林などの名が列記されてゐる。

(1) 附錄古刻書題跋集第五七二參照
(2) 同第五七四參照
(3) 同第五七五參照
(4) 同第五七六參照
(5) 同第五八八參照

五　奈良・高野山の活字版

京洛諸寺に於ける活字版の勃興は、南都や野山にも影響を及ぼしたことは當然である。併し南都の活字版は、遂に昔日の奈良版の如き隆盛を見るに至らず、南都の活字版として明證のあるものは、たゞ元興寺の極樂院に於て、慶長十二年(一六〇七)に開版した行事鈔十帖(1)があるのみである。現在東大寺圖書館には木活字一函を藏してゐるが、これは恐らくこの頃のものなるべく、大屋德城氏は、慶長十七年(一六一二)の活字版華嚴五敎章(2)は東大寺で出版されたものであらうといはれて

ゐる。(3)

奈良の活字版は一向に振はなかつたが、高野山に於ては相當盛んであつたやうで、慶長・元和の間に開版された活字版には、

光明眞言初心要鈔　一巻(4)　開版者　賴慶
慶長九年(一六〇四)刊

十住心論　十帖(5)　開版者　寶龜院朝印
慶長十四年(一六〇九)刊　雕工　幸悅・宗安・淨善

大日經開題　一帖(6)　雕工　幸悅
慶長十五年(一六一〇)刊

仁王經開題　一帖(7)　雕工　幸悅
慶長十五年(一六一〇)刊

金剛頂經開題　一帖(8)　雕工　幸悅
慶長十五年(一六一〇)刊

大毗盧遮那成佛經疏　五帖(6)　開版者　金剛三昧院良算
元和二年(一六一六)刊

等があり、なほこの他にあつたらうと思はれる。そして當時使用せられた活字は、現に高野山西禪院に收藏されてゐる。高野山に於て始めて活字版を開いた賴慶は宥賢房といひ、その事蹟は高野春秋・德川實紀・駿府政事錄等に見え、德川家康の歸依の深かつた傑僧である。卽ち慶長十三年(一六〇八)に江戸城に於て淨土宗傳通院廓山と日蓮宗常樂院日經とが宗論をした時に、幕命によつて判者證義を命せられ、また翌十四年には駿府城に於て家康の爲めに眞言の敎義を說き、一宗の衰微を訴へて、關東眞言古義法談所九個條永格朱印を賜ひ、古義眞言の興隆に盡した。朝印も亦家康の歸依を受けた僧で、その事蹟は高野春秋・駿府政事錄等に散見してゐる。

(1) 附錄古刻書題跋集第五一八參照
(2) 同第五四七參照
(3) 大屋德城氏「寧樂刊經史」二八〇頁
(4) 附錄古刻書題跋集第五〇五參照
(5) 同第五三〇參照
(6) 同第五三七參照

（7）同第五三二参照
（8）同第五三九参照
（9）同第五六七参照

六　嵯峨本

従來我が國で印行された典籍は、殆ど佛教の經典や漢籍に限られてゐたから、假名交りの刊本としては、平假名では元亨元年（一三二一）版の黑谷上人和語燈錄片假名では康永中開版された夢中問答、これに次いでは鹽山和泥合水集など二三あるに過ぎぬ。然るに慶長から元和にかけて活字版の興隆に伴ひ、片假名や平假名の活字を以て、國文學の典籍を刊行することが大いに興り、且つ優麗な日本畫を挿入して、從來の印刷界の單調を打破し、近世俗文學書の刊行や、版畫流行の先驅をなしたことは、我が印刷史上重要なことゝいはねばならぬ。

慶長八年（一六〇三）富春堂（京都にあつた出版書肆であらう）に於て、片假名交りの活字版を以て、太平記四十冊（1）を印行し、翌九年には如庵宗乾といふものが、徒然草壽命院抄二冊を開版した。後者の卷末刊記には、

此書者壽命院立安法印凌醫家救療之暇廣見遠聞而漸終篇予披覽最奇之餘揮短毫聊錄事狀耳　慶長第六辛丑孟冬初九　也足叟素然

慶長九暦閼逢執徐姑洗良辰　日東洛陽如庵宗乾刊行

とある。壽命院は秦宗巴、字を立安といひ、醫を吉田宗桂や曲直瀬正慶に學び、また文學にも秀で、その傳は皇國名醫傳に見えてゐる。跋者也足叟素然はいふまでもなく、中院通勝のことである。開版者如庵宗乾は、慶長四年(一五九九)に活字版を以て、元亨釋書十冊(2)を刊行したこともあり、開版事業に盡す所が多かつたやうであるが、その事蹟は詳でない。なほ徒然草壽命院抄には、右の如庵宗乾の開版したものの外に、刊年不明の活字版本(3)もある。

斯様に國文學書を刊行することが、次第に盛んとなつて來たが、この間に於て最も有名なものは、世に嵯峨本と稱するものである。嵯峨本には並紙に印刷して大和綴にしたものもあるが、中には厚い雁皮に吳粉を引き、その上に花鳥草木の雲母模樣を摺り込み、或は色變りの紙を交へ、紙の兩面に印刷して胡蝶綴や粘葉綴としたものがあり、表紙も亦大いに意匠を凝らした優美華麗の佳本であるから、夙に好

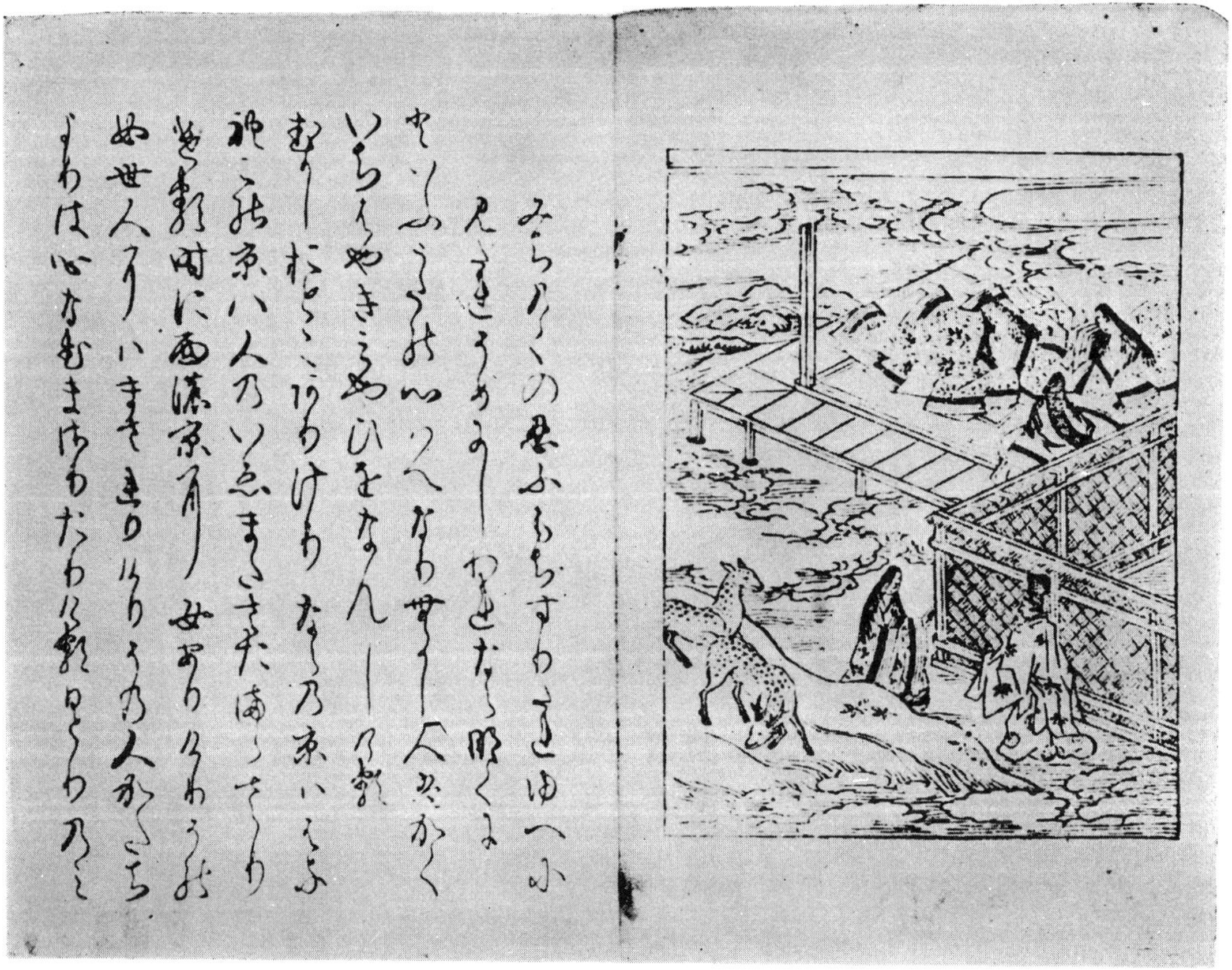
みちのくの忍ふもちすりたれゆへに
みたれそめにしわれならなくに
といふうたの心はへなりむかし人はかく
いちはやきみやひをなんしける
むかしおとこありけりならの京ははなれ
此京は人の家またさたまらさりける
時に西の京に女ありけりその女
世人にはまされりけりその人かたち
よりは心なむまさりたりける

嵯峨本伊勢物語

事家の間に珍重されてゐる所のものである。嵯峨本は開版者といはるゝ角倉素庵の居住してゐた地名によつて名づけられたものであるが、また開版者の名によつて角倉本ともいひ、或は本阿彌光悅が裝幀の意匠を凝らし、版下の文字を書いたといふ所から光悅本などゝもいはれてゐる。（學者によつては、嵯峨本と光悅本とを區別する人があるが、これについては後に述べることゝする）人によつて嵯峨本の範圍に廣狹はあるが、普通嵯峨本と稱せられてゐるものは、可なり多いやうである。辨疑書目錄には、嵯峨本として、

伊勢物語　二册
謠本　觀世流百番本
古今集　二册
伊勢肯聞　牡丹花作三册
無言鈔　三册
歌仙　一册
長明方丈記　一册
平家物語　十二册
源氏物語　五十四帖
徒然草　二册
文章達德錄　無點本十册
清少納言　七册
謠亂曲　二册
能花傳書　植字本八册

二十四孝　一册

の十五種を擧げ、群書一覽には、これに「撰集抄」を加へ、種彦の用捨箱には嵯峨本「扇草紙」のことを記し、日本古刻書史には更に「古今銘盡」「犬たんか」「史記」を擧げてある。是等の中には、既に亡んで見ることの出來ぬものもあり、また嵯峨本と稱し難いものもあるが、彼れこれ二十種近くある。嵯峨本中伊勢物語(4)には慶長十三年(一六〇八)、伊勢物語肖聞抄(5)には、同十四年に也足軒卽ち中院通勝の書いた跋があり、平家物語には、「下村時房刊之」といふ刊記がある外、卷末刊記がないから、明確な開版年代が判り兼ねるが、大體慶長の中頃から元和にかけて開版されたものらしい。そして從來は嵯峨本の大部分を以て整版となし、活字版はたゞ二三に過ぎないやうに考へられてゐたが、實は寧ろ反對である。蓋し嵯峨本の活字は普通の活字の如く、一字を以て一活字としたもののみでなく、三字四字若しくは五字をも接續して一活字としたものが少くないから、一見整版の如く、たゞ所々に誤植がある爲めに、始めて活字版と認定し得らるゝものが少くないからである。

さて嵯峨本に就いては、和田維四郎氏に「嵯峨本考」の著あり、現存する嵯峨本や類

似本に就いて精細な調査研究を遂げられてゐる。同氏は先づ筆跡の研究により

一、光悦筆と認むべきもの

観世流謡本　百番　百帖　活字版　(一)

久世舞

第一種　三十曲本　一帖　活字版　(二)

第二種　三十六曲本　一帖　活字版　(三)

方丈記　一册　活字版　(四)

扇の草紙　繪入本　一册　整版　(五)

百人一首

第一種　一册　活字版　(六)

歌仙　肖像入本　一册　整版

第一種　光悦筆摸寫　大本一册　(七)

第二種　光悦筆摸寫　中本一册　(八)

二、素庵筆と認めらるゝもの

百八一首
　第二種　肖像入本　一冊　整版　(九)
歌仙
　第三種　肖像入本　一冊　整版　(一〇)

三、光悦風の他筆及他流の筆跡と認むるもの

伊勢物語　繪入本　二冊　活字版　(一一)
伊勢物語肖聞抄　三冊　活字版　(一二)
浄瑠璃姫物語　繪入本　二冊　活字版　(一三)
本朝古今銘盡　圖入本　一冊　活字版　(一四)
二十四孝　繪入本　一冊　整版　(一五)
徒然草　一冊　活字版
　第一種　(一六)
　第二種　(一七)
　第三種　(一八)

第四種　（一九）

源氏物語　五十四帖　活字版　（二〇）

平家物語　十二冊　活字版

第一種　「下村時房刊之」の刊記あるもの　（二一）

第二種　（二二）

保元物語　三冊　活字版

第一種　（二三）

第二種　（二四）

平治物語　三冊　活字版　（二五）

撰集抄　一冊　活字版　（二六）

古今和歌集　三冊　整版　（二七）

能花傳書　八冊　活字版　（二八）

の三者に分ち、光悦眞筆と認められる(一)觀世流謠本、(二)久世舞第一種、(三)同第二種、(四)方丈記、(五)扇の草紙、(六)百八一首第一種等は、その製本が同一の型式で、且つ同人

の意匠に成つた優美な表裝を施したもので、これ等は總て光悅自ら開版したものとして光悅本と名づけ、素庵の眞筆と認められる(九)百人一首第二種、(一〇)歌仙第三種、及び光悅風の他筆を以てしたものであるが、印刷鮮明、用紙善良、概ね浩瀚な書で、製本の同一形式である(一一)伊勢物語、(一二)伊勢物語肖聞抄、(一六)徒然草第一種、(一七)同第二種、(一八)同第三種、(一九)同第四種、(二〇)源氏物語、(二六)撰集抄、(二七)古今和歌集を嵯峨本となし、(二二)平家物語第二種、(二三)保元物語第一種、(二五)平治物語、(二八)能花傳書を以て嵯峨本類似書となし、その他は嵯峨本にあらずとせられた。　そして光悅本と嵯峨本との關係に就いて、

角倉素庵は藤原惺窩の門弟として、和漢の學を修め、和文學にも拙ならず、又光悅に就いて書法を學びたる人にして、父の遺業なる海外貿易・海運・治水の諸事業を本業とし、之によりて巨大なる資産を作り、京都附近に於ける屈指の分限者なり。その人物雄邁高尚なること、毫も光悅に讓らざりしを以て、兩人の意氣相投じ相謀りて、當時何人も企圖せざりし國文學書類を印行し、世益を計れり。　而して兩者其嗜好を異にせるを以て、光悅は自ら謠本・方丈記等を自書し、私費を以て之を

印行し、之に其意匠に成れる裝幀を加へ、且素庵にも慫慂して二三の書に就いて、之に倣はしめたれど、素庵は斯の如く裝幀に意匠を凝すことは、浩瀚なる多數の書籍を出版するに適せざるを知り、美裝をば伊勢物語・徒然草等二三の書に止め、其他は專ら實用を主とし、紙質を選み、印刷を鮮明にする外、一切虛飾を廢したり。要するに光悅の高尙なる人格を知り、其能書と意匠の豐富なることを知り、又其家計の裕かなること、及自奉を儉にして他を恤むに吝ならざりしことゝを知らば、光悅が當時世人の嗜好せる諸本・方丈記等を出版し、其製本に意匠を凝し、之を貴顯及知人に配布せんとするに當り、角倉素庵をして其費を出さしめたりとは信ずべからず、世人概ね光悅の能書なると、意匠家として卓越の才能あることを知れど、其人格と家道の豐かなることを知らざるが爲めに、光悅自身出版の書をも合せて嵯峨本と稱し、卽ち凡て角倉が出版せるものと誤認せるものと思はる。又角倉素庵が有益な書を出版するに當り、實用を專らとし、單に紙質と印刷との良好に重きを置き、餘人の難しとする浩瀚なる書を數多印行するに努めたるは、寧ろ其着想の高きことを示すものにして、此光悅本と嵯峨本との區分は、よく此

兩偉人の性格を表し、其嗜好は異れるも其世を益する點に於ては、互に讓る所無しと謂ふべきか。著者は此見地よりして光悅本と嵯峨本とを區別す。

と述べられてゐる。世に嵯峨本と稱せられるものが、すべて角倉素庵の開版にあらずして、本阿彌光悅の開版するものもあるといふ說は、首肯せられるけれども、斯樣に光悅本・嵯峨本・嵯峨類似本・非嵯峨本と判然區別することが、果して妥當であらうか。これが爲めに却つて無理を生じ、誤謬に陥るやうな結果とはならないであらうか。例へば平家物語第一種の刊記に「下村時房刊之」とある下村時房は、伏見版の孔子家語の刊記に「慈眼刊之」、貞觀政要に「慈眼久德刊之」、要法寺版論語集解に「慈眼刊正運刊」とあると同樣に、雕工の名に相違なく、慶長九年版敎誡新學比丘行護律義や同十年版元亨釋書の雕工下村生藏(6)と同一人か、或はその一族と思はれる。然るに和田氏は一方に於て版式など總ての點に於て、この書が嵯峨本と同樣であると認めながら、下村時房を以て開版者と見做し、この書を嵯峨本中より除き、下村版としてゐるが如きどうかと思はれる。予は光悅・素庵の出版と否とを問はず、總て光悅風の書風を用ひ、相似た意匠裝幀を凝らし、慶長元和の間に出版された書は、嵯

峨本といふ名稱を以て一括するに如かないと思ふ。

（1）附錄古刻書題跋集第四九七參照
（2）同第四八九參照
（3）同第五〇〇參照
（4）同第五二四參照
（5）同第五二七參照
（6）本章第三節參照

附録 古刻書題跋集

1 佛説六字神呪王經　一巻　天喜元年（一〇五三）以前刊　近江　石山寺藏

（巻末墨書）

保安元年八月三日善法房阿闍梨奉受

申了　以彼本移點了（花押）

（巻末朱書）

天喜元年八月九日彼岸之間切句了以能度君之本御倉町未申角テニシ寫之　傳圓

（六字御修法之間）

（以下紙切斷）

（六字御修法之間の七字は墨書）

2 妙法蓮華經　巻第二　一巻　承暦四年（一〇八〇）以前刊　内野五郎三氏藏

（巻末墨書）

承暦四年六月三十日點之畢

3成唯識論　卷第一、二、五、六、七、八、九、十　寛治二年(一〇八八)刊　奈良　正倉院聖語藏藏

(卷末刊記)

興福伽藍學衆諸德爲興隆佛法利樂有情各加隨分財力課工人鏤唯識論一部十卷摸寛治二年□月廿六日畢功願以此功德廻向諸群類往生內院聞法信解證唯識性速成佛道　摸工僧　觀增

4大孔雀明王經　卷下　一卷　寛治五年(一〇九一)以前刊　京都　久原文庫藏

(卷末墨書)

保安三年三月十日午時許

慈尊院御房奉受

始從六月六日

了

寛治五年七月九日於得大寺阿闍梨房

正月十三日　奉受了　奉受了

5成唯識論了義燈　卷第一　一帖　永久四年(一一一六)以前刊

（卷末墨書）
永久四年八月廿七日　僧（花押）
紀伊　高野山正智院藏

6 成唯識論了義燈　卷第四　一卷　保延四年（一一三八）以前刊
京都　大谷大學圖書館藏

（卷末朱書）
保延四年八月十九日　點了　沙門

7 成唯識論述記　卷第十　一卷　康治元年（一一四二）以前刊
奈良　興福寺藏

（卷末朱書）
康治元年五月十八日移點了求法沙門智信
願以此移點之功與一切衆同奉見慈氏佛耳

8 法華玄義釋籤　三、四、五　三帖　久安四年（一一四八）刊
京都　禪林寺藏

（卷末刊記）
久安四年戊辰六月　日

摸願主僧良鑒決定往生阿彌陀佛

9 大乘法苑林章　一末、二本、二末、四、六、七　殘闕六帖　久安六年(一一五〇)以前刊　大和　法隆寺藏

(卷末朱書)

(一末) 久安六年六月十八日於興福寺移點了　晴秀

但爲出離生死證大菩提且爲二親幷師長離苦得樂往生□□也

(二本) 久安六年六月廿四日於興福寺角院移點了　晴秀

爲出離生死證大菩也爲二親師長及法界衆生離苦得樂也

(二末) 久安六年七月一日　點了

爲離出生死證大(マヽ)菩也又爲二親師長及法界衆生[　　]樂也　晴秀

(六) 久安六年七月廿一日移點了　晴秀之

爲自他法界有情得證菩也

10 成唯識論了義燈　卷第一　一卷　仁平二年(一一五二)以前刊　大和　法隆寺藏

(卷末朱書)
仁平二年二月廿八日中室南馬道移點了　僧範禪生年廿六

11 成唯識論述記　卷第九　一帖　保元二年(一一五七)以前刊　紀伊　高野山正智院藏

(卷末墨書)
保元二年二月廿日自了　房手替得(以下紙切斷)
沙門晴圓明如房之本

12 成唯識論述記　卷第十　一卷　保元二年(一一五七)以前刊　奈良　興福寺藏

(卷末朱書)
保元二年五月十九日於興福寺東室點了

13 大乘法苑林章　一、二、五、七、　四帖　嘉應二年(一一七〇)以前刊　奈良　藥師寺藏

(第五卷末朱書)
嘉應二年十月廿日於芔院卯時點之了
時代及末佛法不重尙如瓦礫雖然爲上生內院

値遇三會悟解唯識點了生年四十三

14
法華攝釋　四帖　安元二年（一一七六）以前刊　奈良　東大寺圖書館藏

（卷一墨書）安元三年酉三月廿三日□□永尊
（同　朱書）治承二年戊二月六日點畢　永尊（花押）
（卷二朱書）治承二年戊戌六月十八日移點畢　永尊（花押）
（同　墨書）治承二年戊戌二月九日　摺之沙門永尊（花押）
傳領　實圓
（卷三墨書）安元二年丙申十一月五日摺之沙門永尊
料紙六十八枚此卷者此（以下紙切斷）
傳領　實圓
（同　朱書）次年八月十六日辰時點　永尊
點本　神護景雲三年三月一日
（卷四墨書）治承元年八月　日儲之　沙門永尊
傳領　實圓

15 成唯識論述記　卷第三　一卷　治承三年（一一七九）以前刊　大和　法隆寺藏

（卷末刊記）

治承三年乙亥六月二日於兵庫移點畢　沙門玄理

願以此功德　自他開法眼

16 成唯識論述記　卷第二　一帖　養和二年（一一八二）以前刊　日光　輪王寺天海藏藏

（卷末墨書）

點本奥云永祚二年朝長講八月九日此卷聽了

講師明憲大德　春秀聽了云々（花押）

養和二年二月五日傳得之　良謀之（花押）

元暦二年五月廿八日移點了

主源覺房（花押）

17 成唯識論述記　（摸板）建久六年（一一九五）刊　奈良　興福寺藏

（陰刻銘）

述記九本一卷摸板十六枚御講本
承士之功所雕進也
建久六年乙卯八月廿九日　僧尭盛

18 潙山大圓禪師警策　建久頃刊
（卷末刊記）　「鎌倉武士と禪」所載
此書者宋國明州廣利禪寺長老佛照國師付遣宋使所恩賜也日本國能忍令雕板願
弘通矣　施淨財者尼無求

19 成唯識論　十卷　自建仁元年（一二〇一）至同二年（一二〇二）刊
（卷末刊記）　日本古刻書史所載
爲春日四所之神恩敬彫唯識十軸之論摸爲聖朝安穩天下泰平興隆佛法利益有拜
矣建仁元年八月十三日始之至同二年六月廿日終其功畢施入沙門要弘

20 無量壽經　二卷　建仁四年（一二〇四）刊　山田文昭氏藏
（卷末刊記）
依法上人勸進爲自他平等徃生淨土殊疑信心終書寫功

建仁第四暦初月下旬候　通議大夫藤原朝臣伊經

21 成唯識論了義燈　卷第三　壹册　承元二年(一二〇八)以前刊　奈良　藥師寺藏

(卷末朱書)

寛喜四年辰四月六日於藥師寺會藏北邊寫點了

兩眼闇々雖不能愚點爲後學披見點置也

願以此德　順次生中　値遇唯識　如法修行

年﨟六十六　釋圓稱

(朱書)

承元二年戊辰三月四日於宿院南房令移點畢

傳實應五師

(墨書)

寶治二年戊申於知足院字及點直之了

22 法華經普門品　(摸板)　承元三年(一二〇九)刊　奈良　興福寺藏

（卷末刊記）

三千三百三十三卷之指摸依願主聞阿彌陀佛之誂書之願以一品書寫之功必爲三會値遇之緣于時承元三年己巳大呂廿日矣沙門瞻空彫師寬慶

23 徃生要集　承元四年（一二一〇）刊

（承元版覆刻徃生要集卷末刊記）

（承）永元四年四月八日刻彫畢願主大法師實眼勵微力於自心施財寶於佛界迄功于一百枚但此摸者先年之比有聖人勸進十方刻彫之於此所不慮之外逢失火燒失畢仍以自力刻之偏是爲四恩七世無緣法界成佛得道也

24 選擇本願念佛集　建曆元年（一二一一）刊

（元祿七年版選擇本願念佛集序）

新雕選擇本願念佛集序兵部卿三位平基親作云云夫以專稱南謨之敎門者直至西剎之要路也不但釋迦金口之宣亦爲彌陀素意之願二日三日執持名號之證諸佛舒舌十聲一聲必得徃生之義吾等銘肝爰空上人有一軸文集之書號選擇本願念佛集祕密壇行人疑卽身之觀故可閣之大小乘學者愛隨心之法故難握之於念佛衆生者誰

不歸哉因茲雖知理壁之誡還貽彫板之印於戯玄元聖祖五千言令尹早著上下之典本願選擇數十張門徒將得摺寫之益思德之志古今惟同者歟于時辛未之歳建子之月聊勸意樹遙傳來葉云爾

25 注十疑論　一帖　建暦元年（一二一一）刊　尾張　極樂寺藏

（卷末刊記）

建暦元年辛未七月四日彫始之沙門昌慶

26 瑜伽師地論　百卷　建暦三年（一二一三）刊　奈良　興福寺藏

（卷末刊記）

沙門弘睿依專心上人命勸都鄙貴賤類奉彫瑜伽論一部摸于時建暦癸酉終功矣

願以作摸所生福　令法久住利有情

主伴勸進結緣衆　共生知足終成佛

（墨書）

願以摺寫功　値遇大明神

生々學佛法　度度諸衆生

建長元年七月五日　願主大法師堯心

27 淨土三部經　建保二年（一二一四）刊　宗教大學附屬圖書館　落慶記念展覽會列品目錄所載

（元亨二年版淨土三部經卷末刊記）

本印奥云

校合倭漢數本勘定釋義趣文字之有無次第之上下並點畫闕行等取捨是非若有難辨者就多本用之所以恐錯謬於卒爾其功歷年月顧愚迷於寸心定以朋友談因爲弘通證本勸重刊板印矣

願以此功德平等施一切同發菩提心往生安樂國

建保二年太歲甲戌二月初八日畢此部筆功

大蒙　　師誨敬寫印字比丘明信

28

成唯識論　卷第九　一卷　建保三年（一二一五）以前刊　　奈良　律宗戒學院藏

（卷末墨書）

建保三年十一月十六日於般若院移點了　　遷一交了　能寂

寛元三年七月中旬之比遷一交了　　良空

建長六年二月十八日移此卷遷點了

29 往生要集　六帖　建保四年(一二一六)刊　日下無倫氏藏
(卷末刊記)
建保四年歲次丙子初冬十月下旬八日以諸人助成致三卷彫刻是則先師蓮契上人發起弘願雖企經始不遂素懷早歸黃壤仍任遺旨令終微功矣　遺弟最寂記之

30 梵網菩薩心地品　二卷　承久二年(一二二〇)刊　京都　久原文庫藏
(卷末刊記)
(上卷)　校合太子御本彫此經了
承久二年庚辰四月日佛子乘願當悲母十三年自力不堪故勸進有緣衆終此功者也願結緣人爲始不漏一切衆生令至無上妙果矣
(下卷)　願以此摸彫刻功　我及共諸群生類　懺除過現犯戒罪　順次同生安樂國

31 觀彌勒上生兜率天經賛　卷下　一帖　承久二年(一二二〇)以前刊　京都　大谷大學藏
(卷末墨記)
點本云以晴譽已講本移點了云々

承久二年十一月六日於觀禪院房移點了

32 成唯識論　卷第一、二、三、五、八、十　承久三年(一二二一)刊　奈良　正倉院聖語藏藏

(卷末刊記)

沙門弘睿蒙滿寺衆命造唯識論摸矣

承久辛巳初秋下旬彫刻功畢

願繼應理宗法命　久惜春日靈威光　遠生有情類慧解　皆共必得龍華益

33 成唯識論演祕　卷第四　二册　承久三年(一二二一)以前刊　奈良　藥師寺藏

(上卷末朱書)

承久三年五月十一日於長谷川側點了

大法師　證鎮

(墨書)

於知足院點少々直之了

(下卷末墨書)

傳實五師

圓　操

寶治二年於知足院了又古點及文字少々直之了

傳實應五師

34因明正理門論本　一巻　貞應元年（一二二二）刊　東京　岩崎文庫藏

（巻末刊記）

沙門弘睿蒙滿寺衆命造正理門論摸矣

貞應壬午中夏下旬彫刻功畢

願繼應理宗法命　久增春日靈威光　遠生有情類慧解　皆共必得龍華益

35辨中邊論　三巻（摸板）　貞應元年（一二二二）刊　奈良　興福寺藏

（巻末刊記）

沙門弘睿蒙滿寺衆命造中邊論摸矣

貞應壬午中夏下旬雕刻功畢

願繼應理宗法命　久增春日靈威光　遠生有情類慧解　皆共必得龍華益

36大乘莊嚴經論　巻第十三　一巻（摸板）　貞應二年（一二二三）刊　奈良　興福寺藏

（巻末刊記）
沙門弘睿蒙滿寺衆命造莊嚴論摸矣
貞應癸未中夏上旬彫刻功畢
願繼應理宗法命　久增春日靈威光　遠生有情類慧解　皆共必得龍華益

37 般若心經幽賛　二帖　貞應三年（一二二四）刊　奈良　東大寺圖書館藏
（巻末刊記）
貞應三年甲申正月十五日爲助先師眞歸上人餘業敬彫摸畢兼以此功令故權大僧都
重信蕩流轉妄執趣菩提正道及自他群類同開眞解矣
願主　性如

38 觀普賢經　巻首缺一巻　貞應三年（一二二四）以前刊　奈良　律宗戒學院藏
（巻末墨書）
貞應三年正月廿四日於十輪院移點了佛子蓮榮

39 佛母大孔雀明王經　三冊　貞應三年（一二二四）刊　京都　東寺觀智院金剛藏藏

（卷末刊記）

貞應三年甲申初秋之比爲果宿慮之蓄懷既盡彫刻之微力而已

願主　權僧正法印大和尚位　覺敎

經生阿闍梨　大法師　禪海

彫手　大法師　實永

寧樂刊經史所載

40 妙法蓮華經心八名普密陀羅尼・般若心經　合刻一卷　嘉祿元年（一二二五）刊

（經心刊記）

大唐福州大經藏本傳納鳥羽御經藏承安二年四月十四日以件經寫之爰慈阿爲授老人迷忌等彫摸持之時也嘉祿元年乙酉十月　日

41 妙法蓮華經　八卷　嘉祿元年（一二二五）刊　奈良　唐招提寺藏

（卷末刊記）

嘉祿元年　初冬中旬　彫刻已畢　沙門弘睿　願以摸功　普施群生　共成佛道

即說此經

42 大般若波羅蜜多經　六百卷　自貞應二年（一二二三）至嘉祿三年（一二二七）刊　大和　法隆寺 律宗戒學院 藏

（卷末刊記）

（卷第三十四）　爲先師成遍出離解脫門弟合力敬奉彫當卷摸畢
　于時嘉祿三年丁亥二月九日　釋永全記之

（卷第三十五）　爲先考寺僧晴範十三年報恩　奉彫之
　嘉祿二年丙戌二月三日　榮豪等

（卷第四十六）　相當沙彌政阿彌陀佛十三年周忌奉彫供養親父安陪時資
　嘉祿元年乙酉九月一日

（卷第五十三）　奉爲慶圓上人滅罪生善彫刻當春資彼菩提矣
　貞應二年三月二十九日　佛子貞榮

（卷第一百）　願以此善普及自他生々世々開發智慧修學佛法展轉敎授爲世燈明五
十七億六萬歲間見佛聞法因緣純熟大聖慈尊成道之時親近奉仕發菩提心塵刹之
中修習般若四恩法界同證佛道
　嘉祿三年丁亥三月廿六日當慈父一週忌辰奉彫當卷畢

釋範眞敬白

（第五百九十八）　願此刻彫　功德善根　三寶哀愍　隨逐護念　身心無病　諸根明利　恒利勇猛　修習六度　念念増進　速至不退　決定當證　無上菩提

僧猷賢

43 心經幽賛添改科　一巻　寛喜三年（一二三一）刊　寧樂刊經史所載

（巻末刊記）

京齊等諸大法師先製滹陽比丘　守千添改

寛喜三年辛卯十月日依慈母禪尼性如之遺言敬彫此摸於廻向者併任幽靈所願而已

願主藤原氏女

44 般舟讃　一帖　貞永元年（一二三二）刊　富岡益太郎氏藏

（巻末刊記）

寛喜二年庚寅三月二十七日午時爲首相當大師遷化五百五十年忌奉删一如經法

般舟生讃流錯

今此部者請來承和六年己未十二月十九日已後三百九十二箇年矣流傳建保五年丁丑玄冬已來一十四年

東行之盛時衆應知
抑釋明信入宗之後多年之間於宗本典索其證本流布之本多錯故也同心至希愚功
孤困謂於本朝在在處處每有知聞往宿校合終從萬里行果達大宋國謁諸州道俗問
大師遺跡或樹簡街衢流志門邑也或盟約印匠闊闠奥宧也遇拜八門玄是初請來僅雖休
遠意不得一具典無由開宿望歸朝之後不隔幾年悲素執空開鏤版印開印細旨見印奥記惣合八部
十三卷中事讃上下今時初開雖有先印寫今勘出於傳部者聊無先刊雖中自作經典擯出此本徧滿聚落城邑於今可謂我
願既滿衆之結緣順逆亦足
開版印建暦三年太歳癸酉後當第五年生讃流傳圓行將來御室藏本流傳次第具別錄矣證宗深談後五百歳實乘
與結證定眞宗此部撰括一字加減胡越如何而流傳本多有不審因玆流行當第六年
貞應壬午四月下旬直爲書寫奉請根本卽是圓行將來正本請出由緣記新寫奥於根本文不審由在復無證本不能
校合空積歲月無勘定期所以明信發願致請機敎相感當今正時披殘部文擬校合本
及類五會終準經旨遂勘定功列版印本於是同志兩三談一會加功成願證談所定
記錄歷然順理應文補缺夷剩或來論章成其文義或引韻篇匡字音訓乃至字畫倭點
假名次第讀談楷定證印寬喜二年四月三日酉終惣結首尾五日三月二十七日故首而三月小四月二日

不作此功故五日也
貞永之初壬辰之歲依彼遺約置此版刊殊期一周擬終功績乃至平等施一切矣
二月三日立筆十月五日寫竟　釋子　人眞

45 往生西方淨土瑞應刪傳　一帖　貞永元年(一二三二)刊　京都　西本願寺藏

(卷末刊記)

吳越國水心禪院住持主興福資利大師賜紫　道詵　敬造捨
天德二年歲次戊午四月二十九日庚辰木曜觜宿延曆寺度海沙門　日延大唐吳越州稱曰賜紫慧光大師　勸導
傳持寫之得焉
今此刪傳四十八結校合數本來勘韻篇爲證宗立敎初造施板印矣
願以此功德平等施一切往生安樂國
貞永元年歲次壬辰三月二十七日立筆四月二十一日畢功
釋子　入眞

46 大乘本生心地觀經　四卷　天福元年(一二三三)刊　正倉院聖語藏藏

(卷末刊記)

天福元年癸巳九月六日爲二親師匠出離生死證得菩提及以法界平等利益敬彫今經
一部八軸摸矣　願主佛子成玄

47 阿彌陀經　一卷　嘉禎二年（一二三六）刊　京都　久原文庫藏

（卷末刊記）

嘉禎二年丙申七月十六日始之
同歲八月十七日畢彫主安那定親

48 梵網經菩薩戒經　一帖　嘉禎二年（一二三六）刊　日本古刻書史所載

（卷末刊記）

嘉禎丙申八月十九日
於上野國新田莊長樂寺彫摸竟
勸進　比丘隆圓

49 觀音經普門品　一卷　嘉禎二年（一二三六）刊　日本古刻書史所載

（卷末刊記）

嘉禎二年丙申九月十八日始十一月廿三日畢

50金剛壽命陀羅尼經　一巻　嘉禎三年(一二三七)刊　日本古刻書史所載

(卷末刊記)

嘉禎三年丁酉五月廿一日　願主　定親

51選擇本願念佛集　二帖　延應元年(一二三九)刊　京都　法然院藏

(卷末刊記)

延應第一之曆沽洗第六之天校根源正本直展轉錯謬卽寫印字用令流布矣

52大佛頂首楞嚴經　十帖　延應元年(一二三九)刊

(弘安元年版大佛頂首楞嚴經卷末刊記)

絕工偈

楞嚴十軸印經板　首尾三祀彫刻終

若是非蒙天冥助　隆圓豈輒使其工

伏乞龍天常守護　與隆佛法繼眞風

不知儞等共來誓　孰違其言自利空

勸進比丘隆圓雕刊斯印板始於嘉禎丁酉終於延應己亥勸進經營雖滿於三箇年巧

匠劬勞不足於九箇月所以二百五句之中卽成七十六片之板於上州新田庄長樂寺
依師匠貴命　延應元年歲星己亥孟冬小雪日甲子誌之而已

53 淨土三部經　仁治二年(一二四一)刊　宗教大學附屬圖書館落慶記念展覽會列品目錄所載

(元亨二年版觀無量壽經卷末刊記)
倭漢之勘定先達古積其功魯魚之錯謬末學今有何疑仍捧彼證本重開此版印者也
抑此印本者切取兩書生讚刪傳之字畫綴成三部大經觀經阿彌陀經之文典但於大經者染禿筆寫之其慇懃之
志趣不遑具記矣
仁治二年辛丑九月四日所終功也　釋子　仙才

54 大乘起信論　一卷　寬元元年(一二四三)刊　奈良　律宗戒學院藏

(卷末刊記)
寬元元年癸卯十一月終彫功　沙門嚴成
(墨書)
東大寺戒壇院小比丘聖守

55 四分比丘戒本疏　二冊　寬元二年(一二四四)刊　京都　東寺觀智院金剛藏藏

（卷末刊記）
寛元二年甲辰八日十五日　勸進沙門行算

56 菩薩戒本持犯要記　（摸板）　寛元二年（一二四四）刊　奈良　西大寺藏
（卷末刊記）
寛元二年甲辰十一月廿四日摸功畢
勸進大安寺僧信忍

57 安樂集下　一帖　寛元三年（一二四五）刊　京都　龍谷大學藏
（卷末刊記）
斯集一部就現行本開彫刻印唯爲通淨敎沾蒼生也但虎唐之謬魚難詳正本流傳後昆删定庶使乃至一聞之類同結九品之緣而已
寛元三年乙巳仲秋日　願主　比丘往成

58 佛制比丘六物圖　一册　寛元四年（一二四六）刊　東京　岩崎文庫　京都　東寺觀智院金剛藏藏
（卷末刊記）
大宋靈芝律師力扶毗尼大部之外更有此圖之作文簡義豐免披廣文之勞矣吾不可

棄法師不遠萬里入宋服其遺風歸朝豈忘流通常以斯文授人故時有如法衣鉢而行者道玄幸禀末流輙思弘宣捨長財募同袍命工開板卽施泉涌律肆永傳後代聊助僧宗少報祖德耳

時寛元四年十月初一日寓泉涌小比丘道玄謹題

59 法華義疏　一帖　寶治元年（一二四七）刊　京都　久原文庫藏

（卷末刊記）

上宮太子御草本在法隆寺校彼本彫此摸畢

寶治元年丁未十月　日

60 往生十因　一帖　寶治二年（一二四八）刊　京都　龍谷大學 仁和寺塔頭藏

（卷末刊記）

此十因者爲刻彫印字寫作者草本一點一畫敢莫取捨唯仰先師之筆跡擬備結緣之指南矣

寶治二年戊申仲春日　願主　比丘　往成

61 梵網經盧舍那佛說心地法門品菩薩戒本　一卷　寶治二年（一二四八）刊

日本古刻書史所載

（卷末刊記）

此經廣文留在印土心地一品纔傳此方人知有緣無不學者是故受戒說戒偏用此文自行化他實多利益因玆令廣流諸方遠傳來際普勸四部衆敬開一卷板卽施入泉涌律場以凝衆生福田願以此功德普及於一切自他同成菩薩戒行怨親悉登舍那覺位

寶治戊申極月既望入宋比丘湛海謹記

62 釋淨土群疑論　六帖　建長二年（一二五〇）刊　京都　久原文庫藏

（卷末刊記）

建長二年庚戌季夏日　願主比丘往成

63 寶篋印陀羅尼經　一卷　建長三年（一二五一）刊　京都　久原文庫藏

（卷末刊記）

建長三年辛亥正月　日願主尼蓮性

64 盂蘭盆經　一卷　建長三年（一二五一）刊　大和　法隆寺藏

（卷末刊記）

現存悲母　大尼如圓　往生極樂　見佛聞法　七世四恩　離苦得道　一切衆生
成佛證果
　建長三年七月十五日奉彫之　苾蒭聖守

65 選擇本願念佛集　卷下　一帖　建長三年(一二五一)刊　京都　西本願寺藏
(卷末刊記)
淨土教門解脱詮　今開印板弘流傳　廻施尊儀及群類　順次同生九品蓮
　建長三年七月　日願主入阿彌陀佛

66 卽身成佛義　一帖　建長三年(一二五一)刊　大屋德城氏藏
(卷末刊記)
爲報祖德敬開印板願依白業普利蒼生耳于時建長三年九月廿一日東大寺戒壇院
比丘聖守謹題

67 資持記及行事鈔　建長四年(一二五二)刊　寧樂刊經史所載
(卷末刊記)
不可棄門人思允少認祖宗濫列苗裔偶値知識唱聊令助成力仍捨一十四貫之長財

謹開二十三大口雄文伏冀律海流三世人皆受二持之霑祖風振十方代咸翫三行之
尊

建長四年四月　日寄泉涌寺勸進比丘憲静

68 四分律刪繁補闕行事鈔　壹帖　建長四年(一二五二)刊　奈良　東大寺圖書館藏

(卷末刊記)

當寺開山不可棄法師入宋更訪彝範歸朝再興律乘所以世漸歸一字之道人數趣三行之門雖然闕文字本卷弘道基緜玆憲静爲久傳律燈盛振祖風欲請諸人之助成以開一部之摸板而今法華山寺證月上人捨數緡淨財彫初一卷板異轉世財兮成五分之法財革凡位兮登十號之聖位九使解紐開卷之徒早致離犯成持之益矣

旹建長四年四月　日寄泉涌寺勸進比丘憲静謹誌

69 法華遊意　一卷　建長四年(一二五二)刊　近江　比叡山天海藏藏

(卷末刊記)

廣令流布一乘教理普爲弘通三論宗義敬開一卷遊意欲傳諸方道俗願以此功德久

護持正法六趣衆生皆發大心三界群類悉到覺岸焉于時建長四年壬子十月七日
東大寺戒壇院沙門聖守謹題

70 往生要集　六帖　建長五年(一二五三)刊　京都 龍谷大學藏　近江 延暦寺藏

(卷末刊記)

右此要集者源出横川流傳四海但文字加減何是何非文義但妙取捨無據廣考諸文或古本云自本此文有兩本遺唐本留和本今本是遺唐本也祇園精舍無常院文有二行餘是留和本也已上故知遺唐本再治本明矣今以送唐本開板鏤印以此功德自利々他我與衆生同會樂邦

建長五年在歳癸丑四月肇彫九月畢功　願主道妙

71 三教指歸　三帖　建長五年(一二五三)刊　紀伊 高野山正智院藏

(卷末刊記)

(中卷)　酬四恩之廣德與三寶之妙道此吾願也云云仍謹開印板矣
建長五年癸丑十月日　快賢

(下卷)　酬四恩之廣德與三寶之妙道此吾願也云云仍謹開印板矣

建長五年十月日　　金剛峯寺阿闍梨快賢

72 祕藏寶鑰　三帖　建長六年（一二五四）刊　京都 東寺觀音院金剛藏 仁和寺塔頭藏

（卷末刊記）

酬四恩之廣德興三寶之妙道此吾願也云云仍自他合力謹開印板矣

建長六年甲寅正月　日　金剛峯寺阿闍梨　快賢

73 法華經論　一卷（摸板）　建長六年（一二五四）刊　大和　法華寺藏

（卷末刊記）

發護持正法　利樂有情願　勸貴賤男女　彫法華論摸　庶衆入摺寫　廣流布諸

國　互與法利生　自他共成佛

建長六年甲寅六月日　釋子心性

74 大般若理趣分　一卷　建長七年（一二五五）刊　奈良　律宗戒學院藏

（卷末刊記）

奉施入　御寺經藏　大般若理趣分摸　願以般若彫刻力　奉謝神明三寶恩　廻

施一切諸衆生　兼預現當二世益

于時建長七年乙卯二月廿六日　僧印玄

75 往生要集　六帖　建長七年(一二五五)以前刊　京都　久原文庫藏

(第四帖墨書)

建長七年乙卯五月七日　於北京近衛西洞院交點畢　為悲母尊靈往生極樂云云　長禪

(別筆)

葛上郡金剛山下院奉極樂寺施入者也　高天竹堂　源秀七條內

76 金剛頂發菩提心論　一帖　建長七年(一二五五)以前刊　京都　東寺觀智院金剛藏藏

(卷末朱書)

建長七年十一月廿五日入手自傳

(卷末墨書)

文(永四／應二)年二月十(八／四)日相傳之(朝惠／淨然)

77 釋摩訶衍論　十帖　建長八年(一二五六)刊

京都　東寺觀智院金剛藏
　　　仁和寺塔頭
紀伊　高野山親王院
奈良　律宗戒學院　藏

（第十卷末刊記）
酬四恩之廣德與三寶之妙道此吾願也云云加之竊窺叡鑽仰之窓徒疲書寫校合之勞績既疎于文義暗誦之學業因茲且奉守高祖之遺誡且爲扶末學之稽古謹開印板敬祖德矣

于時建長八年二月日　高野山金剛佛子快賢

京都　東寺觀智院金剛藏
奈良　東大寺圖書館藏
律宗戒學院

78 三論玄義　一帖　建長八年（一二五六）刊

（卷末刊記）
爲弘破邪顯正宗　新遂開板彫文功　早耀八不正觀月　速拂三界迷倫霧

于時建長八年丁巳三月七日沙門聖守

79 往生論註　二帖　建長八年（一二五六）以前刊　京都　西本願寺藏

（卷末墨書）
釋曇鸞法師者幷州汶水縣人也魏末高齋之初猶在神智高遠三國知聞洞曉衆經獨出人外梁國天子蕭王恒向北禮鸞菩薩註解往生論裁成兩卷事出釋迦才三卷淨土論也

建長八歳丙辰七月廿五日　愚禿親鸞八十四歳加點了

80 佛說轉女身經　一卷　康元元年（一二五六）刊　奈良　律宗戒學院藏

（卷末刊記）
夫轉女身經者大乘了義之眞詮女人解脫之指南也恨矣我國于今未弘蓋尼女業重之使之然爾上負大師釋尊之深慈下失蘊結傳譯之芳懷依此且爲報聖賢之鴻恩且爲濟女人之重業勸法花寺尼僧幷有緣之女衆敬開印板冀永流通深望尼女競當受持矣
若依此經修十法行當以深心誦此文焉出金光明經
悉願女人變爲男　勇健聰明多智慧　一切常行菩薩道　勤修六度到彼岸
康元元年丙辰十二月五日勸緣比丘總持題

81 遍照發揮性靈集　七帖　正嘉二年（一二五八）刊　京都　東寺觀智院金剛藏藏

（卷末刊記）
（第一卷）酬四恩之廣德與三寶之妙道者是吾願也云云同玆忝仰高祖之遺誡敬開製作之模範而已

正嘉二年戊午十月之日　高野山佛子快賢

（第二・三巻）酬四恩之廣德與三寶之妙道此吾願也云云　仍勸與力於十方開模範於萬代而已

正嘉二年戊午十二月之日　勸進　高野山快賢

82 梵網古迹記　二帖　正嘉三年（一二五九）刊　京都　東寺觀智院金剛藏藏

（巻末刊記）

正嘉三年二月十八日終寫功訖　執筆沙門慈政

爲十方流傳弘法奉勸衆僧彫今摸矣

願以此功德　普廻向法界　我等與衆生　皆共成佛道　僧實重

83 十住心論　十帖　自建長六年（一二五四）至正嘉三年（一二五九）刊　紀伊高野山親王院　奈良東大寺圖書館　大和天理圖書館藏　京都東寺觀智院金剛藏

（巻末刊記）

（第一巻）與三寶之妙道酬四恩之廣德此吾願也云云　仍守高祖遺誡謹開印板矣

建長七年乙卯臘月之日　高野山檢校執行法橋上人位實眞

（第二巻）爲證彼三身萬德之妙果正開此十住第二之印版　阿闍梨賢定

（第三卷）爲證彼三身五智之妙果正開此十住第三之印版　阿闍梨興實
（第四卷）爲證彼三身四德之妙果正開此十住第四之印版　入寺覺能
（第五卷）爲證彼三點四德之妙果正開此十住第五之印版　檢校執行理俊
（第六卷）酬四恩之廣德與三寶之妙道吾願也云云仍勸與力於十方開模範於萬代而已　正嘉三年三月之日　高野山快賢
（第七卷）爲證彼三身萬德之妙果正開此十住第七之印板矣　建長七年乙卯正月日　金剛峯寺法辨
（第八卷）爲證彼三身萬德之妙果正開此十住第八之印板　檢校執行惠深
（第九卷）爲證彼三身萬德之妙果正開此十住第九之印板　檢校執行眞辨
（第十卷）酬四恩之廣德與三寶之妙道此吾願也云云仍謹開印板矣　建長六年甲寅六月一日　金剛峯寺阿闍梨快賢

84　妙法蓮華經　八卷　弘長三年（一二六三）刊　奈良　唐招提寺藏

（卷末刊記）
發護持正法　利樂有情願　窮盡未來際　彫置法華摸　庶衆人摺寫　廣流布諸

國　互興法利生　自他共成佛
弘長三年癸亥十一月日　第四度彫之願主心性
(卷末墨書)
奉寄進唐招提寺御舍利殿常住爲祈滅罪生善也　川原寺玉明　林盛大德卅五夏
天文十七年戊申九月十九日

85 觀普賢經　一卷　弘長頃刊？　奈良　唐招提寺藏
(卷末墨書)
奉寄進唐招提寺御舍利殿常住爲祈滅罪生善也　川原寺玉明　林盛大德卅五夏
天文十七年戊申九月十九日

86 無量義經　一卷　弘長頃刊？　奈良　唐招提寺藏
(卷末墨書)
同前

87 兀菴禪師語錄　弘長頃刊　京都　建仁寺兩足院藏
(卷末刊記)

小師景用命工鋟刻　大和　法隆寺藏

88 勝鬘經　一帖　文永三年(一二六六)刊

(卷末刊記)

文永三年丙寅四月日彫之

菩提寺比丘證圓

89 維摩詰經　三卷　文永四年(一二六七)刊　奈良　興福寺藏

(卷末刊記)

開壹卷印板　顯大乘幽深　興三寶妙道　酬四種鴻恩　考妣幷師弟　衆生及我

心　願共出夢野　悉皆入覺林

于時文永二二年歲次丁卯三月七日

東大寺眞言院住持　沙門聖守

90 梵網經菩薩戒本　壹帖　文永四年(一二六七)刊　奈良　西大寺藏

(卷末刊記)

爲一切衆生散開此板奉施入建仁禪寺

文永四年丁卯十月廿日願主沙彌心佛

91 維摩經義疏　三帖　文永六年（一二六九）以前刊　奈良　東大寺圖書館藏

（上卷末朱書）

文永六年己巳五月十七日於東花園院主年六月旬至爲末學加移點了

（中卷末朱書）

文永六年己巳五月十六日東花園院榮範生年六十三爲末學移點了

92 成唯識論　卷首缺一卷　文永六年（一二六九）以前刊　奈良　律宗戒學院藏

（卷末墨書）

文永六年十二月日

（切目每に「奉施入春日御社」といふ墨書がある）

93 大乘入道次第科分　一帖　文永七年（一二七〇）頃刊　奈良　東大寺圖書館藏

（卷末刊記）

文永七年庚午十一月六日於西大寺錄畢　叡尊

94 大乘入道次第　一卷　文永八年(一二七一)刊　奈良　西大寺藏

(卷末刊記)

夫此章者殊開出之戶牖正亦入道之階級行人之目足能詮之肝心也所以年來雖發
刊印板弘遐邇之願齋喰常空一鉢之中資貯全絕三衣之外因茲徒抱流通志未及彫
刊營之處幸蒙一乘院家之厚助忽遂多年惻隱之本望偏是冥感之所致也請願採手
觸眼同益本性之種讀文解義速成菩提之果而已
文永八年辛未三月日　願主　西大寺沙門叡尊

95 妙法蓮華經　八卷　文永八年(一二七一)刊　續寧樂刊經史所載

(卷末刊記)

發護持正法　利樂有情願　窮盡未來際　彫置法華摸　庶衆人摺寫　廣流布諸
國　互與法利生　自他共成佛
文永八年辛未六月日　第五度彫之願主心性

96 科文(書名不詳)(摸板)　文永九年(一二七二)刊　奈良　西大寺藏

(卷末刊記)

和州佛子念眞擬明春二月二十一日亡母一十三年追善施錢貨一千九百文刻此印板冀流通遐爾以功資亡魂矣

文永九年十月　日　幹緣比丘見空謹題

97 佛說如意虛空藏菩薩陀羅尼　一帖　文永十年(一二七三)刊

日本古刻書史所載

(卷末刊記)

于時文永十年癸酉九月十三日願主下總國千葉庄堀籠住人沙門道忍奉彫此經施入法輪寺祈二世利三有矣

98 梵網古迹記科文　一帖　建治元年(一二七五)刊　奈良　律宗戒學院藏

(卷末刊記)

文永十一年甲戌二月二十四日再治畢　西大寺沙門　叡尊

比丘尼眞慧勸內外之知識施數貫之錢財開此印版冀流通遐代導利群生矣

建治元年六月日　幹緣比丘嚴秀謹記

99 盂蘭盆禮文　一帖　建治元年(一二七五)刊　奈良　律宗戒學院藏

（卷末刊記）
建治元年乙亥七月日令開之
鎌倉極樂寺沙門忍性

100 菩薩戒本宗要　一帖　建治元年（一二七五）刊　奈良　律宗戒學院藏
（卷末刊記）
建治元年乙亥仲秋之比勸四部衆再彫此摸
願依此功德　自奉加知識　至无緣群類　同證三德果
貧道　繼尊

101 仁王護國陀羅尼　（摸板）　建治元年（一二七五）刊？　奈良　西大寺藏
（卷末刊記）
□□元年乙亥九月八日於西大寺□

102 般若理趣經　一卷　建治二年（一二七六）刊　奈良　東大寺圖書館藏
（卷末刊記）
願依印板彫刻功　聖朝都鄙皆安樂　考妣師資幷親交　我及衆生成正覺

建治二年丙子三月七日　沙門聖守開之

103 續遍照發揮性靈集　三帖　建治三年(一二七七)刊

京都　東寺觀智院金剛藏藏

(巻末刊記)

(第一巻) 爲報佛恩酬祖德謹開印板傳之來葉矣　建治三年正月　日佛子慶賢

(第二巻) 爲報佛恩酬祖德謹開印板傳之來葉矣　建治三年十一月　日佛子慶賢

(第三巻) 爲報佛恩酬祖德謹開印板傳之來葉矣　建治三年十二月　日佛子慶賢

104 御請來目錄　一巻　建治三年(一二七七)刊

紀伊高野山寶壽院
京都仁和寺塔頭　藏

(巻末刊記)

爲續三寶慧命於三會之出世廣施一善利益於一切之衆生是則守大師之遺誡偸令
遂小臣之心願謹以開印板矣

建治三年丁丑八月日　從五位上行秋田城介藤原朝臣泰盛

105 梵網古迹記補行文集　十帖　弘安元年(一二七八)刊　大和　法隆寺藏

(巻末刊記)

自去文永十一之夏于建治第二之春拭八旬老眼集三藏要文冀流通遐代扶菩薩行矣

建治二年丙子二月二日西大寺沙門叡尊

大智論云假使頂戴經塵劫身爲牀座偏三千若不傳法度衆生畢竟無能報恩者　鏡慧忝厠緇服鎮食白毫給侍于今十有六廻竊拜老後夙夜之丹襟耻無剝皮刺血之勤專策生前報謝之素意慕於書樹題石之跡爰一乘院家特抽明信令廻施鵝眼一萬六仟伍佰五拾文麞牙肆十俵焉其外同心如左

藥師院比丘禪海十俵　西大寺比丘慶印三千文　淨住寺比丘道源一千六百文
同寺比丘了空八百文　大明庵比丘總持長衣一領　西大寺比丘性心三千三百文
法華寺比丘尼眞慧勸化一萬一千八百五文　光臺寺比丘尼眞淨勸化一萬一千陸佰文　道明寺比丘尼了祥勸化漆仟三百文　求菩提院比丘尼眞覺捨長財三萬文
法眼行賢施入十千文　律師聽範遺物二千五十五文　近事男了意二十俵　近住尼妙法一萬一百文　近事女信法一萬文

即建治丙子仲春下旬初日下刀以弘安元年戊寅沽洗三朝畢功矣冀也斯板三災不

壞萬劫長存緇素受持利益無窮者
弘安元年三月三日　西大寺幹緣比丘鏡慧謹題

106
大佛頂首楞嚴經　十帖　弘安元年(一二七八)刊

京都　東寺觀智院金剛藏藏

(卷末刊記)
絕工偈
楞嚴十軸印經板　首尾三祀彫刻終
若是非蒙天冥助　隆圓豈輒使其工
伏乞龍天常守護　興隆佛法繼眞風
不知儞等共來誓　孰違其言自利空
勸進比丘隆圓雕刊斯印板始於嘉禎丁酉終於延應己亥勸進經營雖滿於三箇年巧匠劬勞不足於九箇月所以二百五句之中卽成七十六片之板於上州新田庄長樂寺依師匠貴命　延應元年歲星己亥孟冬小雪日甲子誌之而已
首楞嚴經乃毘盧果分如來密因一句之內證諸佛之祕藏一言之中盡法界之性相不

說直下承當之旨無單傳直示分亦不用棒喝沒祖佛之機關曲順人情放開一線入泥入水落草接人垂手方便眞妄交徹卽凡心而佛心事理雙修本智內證境界流出始覺嘉會所謂毘盧性海開自己藏釋迦群機出沒縱橫然此元旨也只要敎千卷路頭直下截云參他一着薦得活句後來義海集諸家注解未有毘盧內證釋迦群機之意圓通院開山主比丘尼玄海宿殖深厚聽此大敎講忽言前發心鋟板流布伏願內證密因群機嘉會諸佛加持擁護一念回機還着本分爲佛祖師重冀祝延聖壽保國安民報答四恩三有

當境宮廟神祇同霑善利

弘安元年戊寅中秋日謹願

107
大般若波羅蜜多經　卷第二百七十七　一卷　弘安二年(一二七九)以前刊

奈良　西大寺藏

(卷末墨書)

弘安二年己卯三月廿五日爲　聖朝安穩佛法久住於平岡寶前供養既畢永安置社壇鎮可奉貢法樂矣　願主西大寺沙門叡尊

108 大毘盧遮那成佛神變加持經　七帖　弘安二年(一二七九)刊　紀伊 高野山寶壽院 同 正智院 京都 仁和寺塔頭 藏

(卷末刊記)

弘安二年己卯六月廿七日於金剛峯寺書訖　權少僧都能海

109 祕密曼荼羅敎付法傳　一卷　弘安二年(一二七九)刊　京都 仁和寺塔頭藏

(卷末刊記)

弘安二年己卯仲秋候爲紹隆密敎自書開印板矣　權少僧都能海

110 金剛頂瑜伽經　三帖　弘安二年(一二七九)刊　紀伊 高野山寶壽院 同 正智院 京都 仁和寺塔頭 藏

(卷末刊記)

弘安二年己卯七月十七日於金剛峯寺書訖　權少僧都能海

爲續三寶慧命於三會之出世廣施一善利益於一切之衆生是則守大師之遺誡偸介

遂小臣之心願謹以開印板矣

弘安二年己卯十二月日　從五位上行秋田城介藤原朝臣泰盛

111 大日經疏　二十帖　自建治三年(一二七七)至弘安二年(一二七九)刊　紀伊 高野山寶壽院 同 釋迦文院 京都 仁和寺塔頭 藏

（巻末刊記）

（第一巻）建治三年丁丑五月四日於金剛峯寺信藝書

爲續三寶慧命於三會之出世廣施一善利益於一切之衆生是則守大師之遺誡偷令遂小臣之心願謹以開印板矣

建治三年丁丑八月日　從五位上行秋田城介藤原朝臣

（第二巻）建治三年丁丑六月三日於金剛峯寺信藝書

建治三年丁丑九月日

（第九巻）建治四戊寅正月八日於金剛峯寺信藝書

（第十一巻）建治四戊寅二月四日於金剛峯寺信藝書

（第十二巻）弘安元年戊寅四月二日於金剛峯寺信藝書

（第十三巻）弘安元年戊寅八月廿二日於金剛峯寺信藝書

（第十四巻）弘安元年戊寅後十月四日於金剛峯寺信藝書

（巻十五巻）弘安元年戊寅十一月四日於金剛峯寺信藝書

（第十六巻）弘安元年十一月戊寅十六日於金剛峯寺信藝書

(第十七卷) 弘安元年戊寅十一月晦日於金剛峯寺信藝書

(第十八卷) 弘安二年正月三日於金剛峯寺信藝書

(第二十卷) 爲續三寶之慧命於三會之出世廣施一善利益於一切之衆生是則守大師之遺誡偷令遂小臣之心願謹以開印板矣

弘安二年己卯四月日　從五位上行秋田城介藤原朝臣泰盛

大經疏一部廿卷招學侶十許輩廣考覈其文字於是願主尊閤啓　仁和寺二品大王賜證本兩帙兼得當山中院明算闍梨書本今彼兩本以爲准的若猶致有疑則間披諸本審決差當第九疏翻梵文博吃叉義搜字諸本有異魚魯難辯第十二疏引線定方位併字可用紺歟加之龟註相濫廻文紛綸並用證本不得自由又至文字作者以切韻及玉篇所勘載也但融字則獨載和書猶指當疏亦復准多本此例稍非一依深謹愼之思不顧加顯之功者也

弘安元年十一月十一日金剛佛子良知記之

弘安一年四月廿三日於金剛峯寺信藝書

112 安樂集　二卷　弘安三年(一二八〇)刊　武藏　緣山獪龍窟藏

（卷末刊記）
彼往成所彫刻之板凉燠推移字點盡消爰悟阿數嘆摺寫之云絕强抽弘通之懇志之間續前願主之蹤開斯印板之文願酬上下一部勸進之功將成貴賤諸人引導之誠而已

弘安三年庚辰四月　日　佛子悟阿
右一部印板三十二枚內奉加衆　四枚僧十地　四枚僧南無　四枚僧證忍　四枚僧行覺　二枚僧律禪　二枚僧信阿　二枚僧覺阿　二枚僧本悟　二枚僧法意　二枚僧鏡心　二枚安養寺　一枚僧了意　一枚僧觀眞　模口墨付等已下
一貫五百尼妙福

113 稱讃淨土經　弘安三年（一二八〇）刊？　日本古刻書史所載

（卷末刊記）
弘安三年庚辰六月十五日爲末代弘通以本願御眞筆所奉摸寫也
勸進　西方行者　昌觀

114 大毘盧遮那經供養次第法疏　二帖　弘安三年（一二八〇）刊

（卷末刊記）
（上卷）弘安三年三月廿一日於金剛峯寺信藝書
（下卷）弘安二年十二月五日於金剛峯寺信藝書
爲續三寶慧命於三會之出世廣施一善利益於一切之衆生是則守大師之遺誡偷令
遂小臣之心願謹以開印板矣
弘安三年庚辰七月日　從五位上行秋田城介藤原朝臣泰盛

京都　東寺觀智院金剛藏
　　　仁和寺塔頭藏

115 不思議疏　二帖　弘安三年（一二八〇）刊

紀伊　高野山寶壽院藏
　　　同　親王院藏

（卷末刊記）
（上卷）弘安三年三月廿一日金剛峯寺信藝書
（下卷）弘安二年十二月五日於金剛峯寺信藝書
爲續三寶慧命於三會之出世廣施一善利益於一切之衆生是則守大師之遺誡偷令
遂小臣之心願謹以開印板矣
弘安三年庚辰七月日　從五位上行秋田城介藤原朝臣泰盛

116 蘇悉地羯羅經　三帖　弘安三年(一二八〇)刊　紀伊高野山寶壽院・同正智院・奈良唐招提寺・京都仁和寺塔頭藏

(卷末刊記)

弘安三年庚辰四月九日於關東明王院草庵書訖　權少僧都能海

爲續三寶慧命於三會之出世廣施一善利益於一切之衆生是則守大師之遺誡偷令

遂小臣之心願謹以開印板矣

弘安三年庚辰八月日　從五位上行秋田城介藤原朝臣泰盛

117 悉曇字記　一帖　弘安三年(一二八〇)刊　京都仁和寺塔頭藏

(卷末刊記)

弘安三年四月一日於金剛峯寺信藝書

爲續三寶慧命於三會之出世廣施一善利益於一切之衆生是則守大師之遺誡偷令

遂小臣之心願謹以開印板矣

弘安三年庚辰十一月日　從五位上行秋田城介藤原朝臣泰盛

118 大乘玄論　弘安三年(一二八〇)刊　寧樂刊經史所載

(寶永六年覆刻本所載刊記)

晨旦名德　法諱吉藏　歷劫仕佛　三論顯揚　深奧宗義　末世如忘　先師悲此
專懷感傷　彼遷化後　屢送星霜　弘安聖曆　第三初商　一十三歲　忌景云當
爲資追福　大乘玄章　謹開印板　以耀餘光　納淸瀧宮　法樂增庄　不圖斯印
囘祿遭殃　醍醐學侶　不耐愁膓　衣鉢各投　論文再彰　攡嶺雲盡　八不月凉
金陵風扇　一實華芳　所生慧業　廻向無彊　萬乘聖化　德徧三皇　四海靜謐
慶曁百王　七世恩所　佛道增長　廣施群類　利益堂堂

于時永仁三年三月二十一日菩薩戒比丘寂性

119 釋摩訶衍論抄　四帖　弘安五年（一二八二）刊　日本古刻書史所載

（卷末刊記）

弘安五年十月廿一日　金剛三昧院老比丘良俊書

120 斷際禪師傳心法要　一册　弘安六年（一二八三）刊　東京　岩崎文庫藏

（後序）

鷲嶺微笑付囑心法少室面壁直指人心神光安心馬祖卽心至百丈黃檗諸大老密傳心印大機普被大用繁興莫不本乎一心譬如大海洶湧千波波不離海又如精金革變

衆器器不異金故曰森羅及萬象一法之所印其唯心之謂歟昔唐朝相國裴休守新安日入大安寺行香觀畫壁問王事僧曰是何圖相主曰高僧眞儀裴曰眞儀可觀高僧何在主無對適黃檗運禪師寓彼公詢之曰偶有一問諸德吝辭可代酬一語檗請相公垂問裴擧前話檗厲聲曰裴休公應諾檗云在甚麼處裴當下領旨如穫髻珠乃延入府署執弟子禮贈之偈曰自從大士傳心印額有圓珠七尺身掛錫十年棲蜀水泛林今日渡漳濱一千龍象隨高步萬里香花結勝因擬欲事師爲弟子不知將法付何人自爾師資道合渇聞玄論輯而成編目曰傳心法要仍自序語唐好事者刊行此集流入日本有檀那越州刺史篤志內典公事之暇喜閲此書嘗以心要問予予但勉其制心一處則無事不辨因施財命工以磨本摸刊廣傳欲使本國未信直指之宗者知有人人此心中本具一段大光明藏輝天鑑地耀古騰今亦猶毗耶淨名所謂無盡燈者也越囑爲後序然亦未免畫蛇添足之誚焉

旹弘安癸未仲春住金剛壽福禪寺宋沙門大休正念書于藏六菴

121 華嚴五敎章　三帖　弘安六年(一二八三)刊　奈良　東大寺圖書館藏

(卷末刊記)

夫法界宏高圓宗玄邈僅預法席剩企弘通仍勸有緣諸人遂開一部摸板庶幾遐方終古流演傳布而已

弘安六年癸未九月八日　沙門禪爾謹誌

122

佛源禪師語録　弘安七年(一二八四)刊

(永和四年版序文)

余己巳首夏離唐土天童山是歲孟秋抵日本國關東遭逢檀度開法禪興次遷建長巨福山再補壽福龜谷山凡三處住持陞堂小參普說法語讃頌雜紀侍者輩集而成編顧予縱心之年老病侵尋如太白之對殘月光景倐忽爾暇日親手删繁命工開刊以侍歸寂方可印行嘗述三偈上故檀那法光寺殿杲公求語序有曰如來藏敎周沙界金口何嘗動舌頭信得無說而說法方知恩大實難酬西來達磨傳心宗心離名言不住空直指人心心卽佛河沙妙義在其中大休一語不曾措開口無非大脱空白底是紙黑底字憑君妙筆判春風已荷慨然領話未幾不幸奄棄榮養於是不憚譏誚自爲之序冠于章首切聞雲門大師平時說法如雲如雨絕不許學徒抄錄語句唯香林禪師侍師十八載遇說法要潛書于紙襖中雲門既沒載入傳燈蓋韶陽悲心太切深恐學語之流匿於知解

別開戸牖摘其枝葉不明本根痛口譏呵整救時弊耳雖然言者載道之器猶水能行舟亦能覆舟先聖抑不得已而言之嗟夫去聖時遙人心淡泊非籍曲施方便則不能逗機信入識法者深切懼焉貴在有志之士得意忘言直悟本心誠從上佛祖垂慈善巧之悲智也予雖不敏敢躐先躅自惟他方之人逾海越漢行己所證以報佛恩一言半句契佛契祖不自欺誑流衍天地一脈於海門之東永扇玄風上扶皇化實契檀那夙承靈山付囑護法之本心擇法之本意矣大休老漢作如是說大似蕭何制律知我罪我其惟春秋乎

弘安甲申結制日　住壽福禪寺大休正念序

臨濟	大	正
正宗	休	念

123 十七條憲法　(摸板)　弘安八年(一二八五)刊　大和　法隆寺藏

(陰刻銘)

入道大納言家

奉施入　十七條憲法

右文者依爲本願聖靈御作有祈念事開摸所施入如件
弘安八年三月　日

124
像法決疑經　一卷　弘安八年(一二八五)刊　日本古刻書史所載
(卷末刊記)
爲過去禪定聖靈寂圓出離生死往生極樂所摺寫供養也
願主　正六位上左衞門少尉平朝臣宗政
弘安八年乙酉十月四日
平朝臣家政
尼　妙蓮

125
禪門寶訓集　二册　弘安十年(一二八七)刊　日本古刻書史所載
(卷末刊記)
此書有補於叢林久矣然本朝未有刊行轍募衆緣鋟梓畢工今將此版捨入建長禪寺
正續庵廣布流通不惟傳揚古德先言往行而古倫亦有少酬夙志云　弘亥中夏幹
緣古倫識

（佛源禪師語錄補遺所載「題新刊寶訓序首幷偈」）

諸大老咳唾珠玉珍之曰寶爲世典刑遵之曰訓具眼者輯而成編垂于後世照映今昔爲物作則依而行之可以造聖賢之閫域箴而佩之可以去流俗之近習其於禪林豈小補哉此書東流本國識者祕而藏之禪人慧文命工重刊以廣其傳觀其志趣誠可尙也固說偈以相之鎭海明珠光照夜連城白璧本無瑕叢林千古爲龜鑑言行相應見克家

126　傳法正宗記　十二册　弘安十年（一二八七）刊

（至德元年版卷末刊記）

日本國相州靈山寺續先師宴海未終願勸進沙門寶積沙彌寂惠等謹題今上皇帝太皇太后皇太后祝延聖壽關東大將軍家息災延命國泰民安開鏤大藏印板副納內

弘安十年丁亥九月日謹題

127　圓覺了義經　弘安中刊

（佛光國師語錄卷六）

太守今晨爲開山大覺和尙遠忌之辰雕造如來聖像雕刊圓覺了義經命山野普說云云

128 佛光國師語錄　弘安頃刊？

(佛光禪師塔銘註)

茂古林題師語錄云四明無學元禪師……(中略)……臨終日晏然說伽陀曰來亦不前去亦不後百億毛頭師子現百億毛頭師子吼此豈事空言而能顯發光明如是之盛大者歟三會語錄門人鏤板印行攜至中國學者爭相傳誦(下略)

129 釋摩訶衍論記　六帖　自弘安十年(一二八七)至正應元年(一二八八)刊　京都　東寺觀智院金剛藏藏

(卷末刊記)

(第二卷)　爲報佛恩酬祖德謹開印板傳之來葉矣　弘安十年丁亥十一月日　佛子慶賢

(第三卷)　爲報佛恩酬祖德謹開印板傳之來葉矣　弘安十一年戊子三月日　佛子慶賢

(第五卷)　正應元年戊子五月二十六日於高野山金剛三昧院　性海書

(第六卷)　爲報佛恩酬祖德謹開印板傳之來葉矣　正應元年戊子六月日沙門慶賢

130 金光明最勝王經科文　(摸板)　正應元年(一二八八)刊　奈良　西大寺藏

（巻末刊記）

寛元四年丙午九月九日戌時草畢

小比丘快實通受人身剰列僧衆偏惟佛徳光仰國師恩乎佛徳恩不可不報而和尚大徳著作最勝王經科文若傳遐代普及修習可在謝徳可在報師恩仍勸同意之衆新所開印板也　于時正應元年戊子九月二口日戌尅於西大寺寶塔院口口畢

西大寺衆首　沙門　叡尊

筆師口口　圓口

131 應菴和尚語錄　二册　正應元年（一二八八）刊　宮内省圖書寮藏

（巻末刊記）

應菴禪師振唱楊岐一宗提起虎丘正脈得他語於掌中欲弘通於遐代仍打施長財刊行流通伏願開拓人天祝延　聖朝矣

正應元年九月下旬八日　三聖寺住持沙門　湛照謹記

奉行維那　師元

132 金光明最勝王經大科文　三　一帖　正應元年（一二八八）刊　奈良　西大寺藏

（卷末刊記）
正應元年戊子十月十六日於西大寺書畢
幹緣比丘快賢

133,1
密庵和尚語錄　下　一册　正應元年（一二八八）刊　京都　東福寺藏
（卷末刊記）
密庵和尚語錄雖傳本朝無人開版今命工刊行要流通遐邇伏願益光祖門久安國家矣
正應元戊子仲冬上旬日　三聖寺住持比丘　湛照謹記
奉行藏主　師元

133,2
虎丘和尚語錄　一册　正應元年（一二八八）刊　東京　成簣堂文庫藏
（卷末刊記）
此錄臨濟正灯禪家眼目也然本朝未有刊行因爲酬佛祖廣恩開人天正眼捨施長財鋟梓流通伏願佛日重輿國家安寧
時正應元戊子南昌下旬日
三聖住持湛然謹記

133,3 破庵和尚語録　一册　正應元年（一二八八）刊　東京　成簣堂文庫藏

（卷末刊記）

破菴老人得句中眼爲密庵上足秉闆外權繼佛果家風今以彼語鋟梓欲續佛祖正脈伏願國家安寧祖道久傳矣

正德元戊子十一月下旬日　三聖住持沙門　湛然謹記

奉行藏主　師元

134 雪竇明覺大師語録　二册　正應二年（一二八九）刊　東京　岩崎文庫藏

（卷末刊記）

明覺大師語録雖傳來年久曾無人開板今命工鏤梓欲流通將來伏願皇風永扇祖道重興矣　時正應二年仲春下旬

三聖寺住持比丘　湛照謹記

奉行知藏　師元

135 三敎指歸　三帖　正應二年（一二八九）刊　日本古刻書史所載

（卷末刊記）

爲報佛恩酬祖德謹開印板傳之來葉矣

正應二年己丑六月三日　沙門慶賢

136 勸發菩提心集　中・下卷（摸板）正應三年（一二九〇）刊　奈良　西大寺藏

（卷末刊記）

原夫此書者發心修行之要路菩提涅槃之大基求佛行人不可不崇依之先年之比故清淨光院家有御發願被開上卷其後關東名越光明寺苾蒭靜照特發誓願勸化數十貫之淨財式備中下開板費用令同法苾蒭照慧勸策誘賢幹緣矣冀流通永代開發大心者

正應三年庚寅三月廿五日西大寺沙門叡尊記

137 祕藏寶鑰　三帖　正應三年（一二九〇）刊　紀伊　高野山寶壽院藏

（卷末刊記）

爲報師恩酬祖德謹開印板傳之來葉矣

正應三年庚寅五月廿八日沙門慶賢

金剛佛子性海書

138 梵網菩薩戒經　一卷　正應三年（一二九〇）刊　續寧樂刊經史所載
（東寺金剛藏寫本所載刊記）
南京西大寺故尊公宗師百日忌辰依當于十二月五日奉戒寺々各出少財同發誠心開此印板摺寫千餘本敬施出家人矣望也菩薩律義弘于法界聖靈願行遂于刹那者
正應三年庚寅十月日幹緣沙門證賢誘賢

139 金剛頂經儀決　一卷　正應四年（一二九一）刊　宮內省圖書寮　紀伊高野山親王院藏

（卷末刊記）
爲報佛恩酬祖德謹開印板傳之來葉矣　高野山於往生院
正應四年辛卯七月十八日　沙門慶賢

140 中論偈頌　一帖　正應五年（一二九二）刊　奈良　東大寺圖書館藏

（卷末刊記）
夫斯本頌者八萬藏之骨髓十萬頌之樞鍵也故存玄道於絕域領深不於無言是以西天翫斯論而作注釋者七十餘家東夏崇此宗兮致鑽仰者幾許處所哉今聊爲酬祖師式開印板翼玄心獨悟之慧風遍扇率土蕭然物外之覺日更耀扶桑耳

旹正應五禩壬辰南呂中旬於大安寺刊定流傳
三論宗幹縁沙門綮慶謹誌

141 表無表章　一帖　正應五年(一二九二)刊　故島田蕃根氏藏

(卷末刊記)

爲唐招提寺玄律師幽儀三聚大願決定圓滿勸同心之門資終此印板功卽隨摸寫施入于律學諸寺而已

菩薩戒敎門　流通十方界　一切諸含識　發心持淨戒　興法利群生　成就先師願　自他圓二利　速證無上道

正應五年壬辰十一月二十五日

142 法華三大部(玄義・文句・止觀)並註疏(玄義釋籤・文句記・止觀補行弘決)　百五十卷　自弘安二年(一二七九)至正應五年(一二九二)刊　京都東寺　播磨大山寺藏

(卷末刊記)

(玄義卷一)　弘安四年七月十八日書寫訖　前僧正承澄

(同　第二)　弘安第五之暦天夏上旬候鎭守三世無礙之密戒雖變四曼不離之界會

感六十卷之印板染七十八之禿筆畢　三部都法闍梨前僧正承澄
（同　第三）弘安七年閏四月二十四日書寫畢　執筆　性救
（同　第四）弘安六年五月廿日書寫畢　阿闍梨賴慶
（同　第五）弘安六年六月　日書訖　執筆阿闍梨了覺　法印權大僧都忠源
（同　第六）弘安七年閏四月九日　宋了一敬書
（同　第七）弘安第五曆暮冬十五日被催紫賜之意樹愍贖玄義之摸木雖恥無張芝
臨池之風體唯回憶妙華瑤池之朝宗也而已　權大僧都親守
（同　第八）弘安六年七月三日書寫畢　從四位上藤原朝臣忠雄
（同　第九）弘安協洽歲仲夏二十四日　馳丹愚無貳之筆書玄義第九之摸願結緣
於一乘敎共得證於三菩提而已　權都維那任宗
（同　第十）弘安六年十一月四日書寫畢　執筆從五位上行修理亮安倍雅遠　願
主法印權大僧都承詮
（文句第一）弘安五年歲次壬午九月七日依東佛眼院法印權大僧都之勸書寫之而已
金剛佛子權少僧都宰圓書七十三歲

（同　第三）　弘安八年四月十八日宋了一續筆
天台敎觀典　適畢摸寫功　使後賢鑚仰　令來者弘通　三聖垂迹砌　神德倍尊
崇　百王鎭護嶺　人法彌紹隆　過現恩所類　緇素結緣衆　悉離煩惱域　倶遊
眞如宮　　願主權大僧都　承詮
（同　第四）　弘安七年六月十七日　宋了一敬書
（同　第五）　弘安五年九月七日書寫畢　從三位平範賢
（同　第六）　天台敎觀典……（文句第三發願文に同じ）
弘安五年壬午六月廿七日執筆金剛佛子源全　願主法印權大僧都承詮
（同　第七）　正曆第五之曆夾鐘三五之日書寫終功畢是則奉爲山王法樂也　右筆
東寺門流金剛佛子源舜生年廿三願主　權大僧都
（同　第八）　弘安六年四月二十三日書訖　權僧正了遍
（同　第九）　天台敎觀典……（文句第三の發願文に同じ）
弘安四年七月十六日於出雲路旅所令書寫了　正五位下行前越前守藤原親成
（同　第十）　弘安七年四月十二日　宋了一敬書

（止觀第二）弘安七年五月二十日　宋了一敬書

（同　第三）弘安三年九月三日於關東書寫訖　嚴成生年七十一

（同　第四）弘安四年三月十三日　執筆嚴成與弟子嚴尋終功矣　願主權大僧都
承詮

（同　第六）弘安四年六月十五日書寫畢　執筆阿闍梨賴慶

（同　第七）弘安四年五月二十三日書寫畢　叡岳沙門承覺

（同　第八）弘安五年十一月八日書寫之　執筆阿闍梨大法師藥圓

（同　第十）弘安四年六月廿三日書寫訖　執筆權律師隆敎

（釋籤第一）弘安四年七月十二日書寫訖　執筆大法師覺濟

（同　第二）天台敎觀典……（文句第三發願文に同じ）
弘安七年甲申五月十一日書寫訖　執筆阿闍梨覺濟

（同　第三）天台敎觀典……（文句第三發願文に同じ）
弘安九年歲次丙戌十月十三日奉書寫　願以此功德普及於一切我等與衆生皆具
成佛道　右筆朝請大夫匠作少尹安倍雅遠

（同　第五）弘安六年六月　日書訖　執筆阿闍梨了覺　法印權大僧都忠源
（同　第六）大宋人盧四郎書
（同　第七）弘安六年三月十八日同終功畢　權大僧都親守
（同　第八）天台敎觀典……（文句第三發願文に同じ）
弘安五年壬午十月十八日　結緣短筆權律師淸譽
（同　第九）弘安六年三月廿九日書訖　法印權大僧都憲實
（同　第十）天台敎觀典……（文句第三發願文に同じ）
弘安七年四月廿二日　宋了一敬書
（疏記第一）弘安七年四月八日　宋了一敬書
（同　第二）弘安七年五月二十日　宋了一敬書
（同　第三本）弘安五年八月五日書訖　前權中納言平時繼　願主法印權大僧都
承詮
（同　第三中）弘安四年辛巳十二月八日書之畢　前大僧正增忠
（同　第三末）永仁四年丙申五月十八日書寫畢　執筆權少僧都賴慶

（同　第四本）　弘安七年六月初三日　宋了一敬書
（同　第四末）　弘安七年七月五日　權律師行從
天台教觀典……（文句第三發願文に同じ）
（同　第五末）　願主法印權大僧都承詮
（同　第六）　弘安五年壬午二月晦日書之畢　執筆大法師親瑜
（同　第七）　弘安七年五月十五日　宋了一敬書
（同　第八本）　弘安八年四月卅日　從一位良教宋了一續書
（同　第八末）　弘安七年閏四月九日　宋了一敬書
（同　第九本）　弘安七年閏四月十八日　宋了一敬書
（同　第九末）　弘安七年閏四月廿六日　宋了一敬書
（同　第十）　天台教觀典……（文句第三發願文に同じ）
弘安九年四月八日　開板願主　法印權大僧都承詮
（弘決第一本）　弘安二年七月八日於關東書寫畢　奉爲山王法樂拭老眼所染筆也
嚴成生年七十

（同　第一中）弘安二年十一月九日於關東書寫畢　奉爲山王法樂拭老眼寫之了嚴成

（同　第一末）弘安三年庚辰三月六日於關東書寫訖　且爲令法久住且爲山王法樂拭老眼所染筆也　釋嚴成生年七十一

（同　第三中）天台教觀典……（文句第三發願文に同じ）

弘安五年七月五日書寫之畢　執筆阿闍梨嚴尋

（同　第三末）天台教觀典……（文句第三發願文に同じ）

弘安六年五月八日　執筆阿闍梨嚴尋

（同　第四本）天台教觀典……（文句第三發願文に同じ）

弘安七年甲申九月八日書寫之　執筆阿闍梨嚴尋

（同　第四末）天台教觀典……（文句第三發願文に同じ）

弘安八年四月十六日書寫之　執筆阿闍梨嚴尋

143 法華義疏　十二帖　自永仁元年（一二九三）至同　三年（一二九五）刊　奈良　東大寺圖書館藏

（卷末刊記）

自去永仁元至同三年迻首尾三箇年之星霜開義疏十二卷之印板訖卽就澄禪宗師之講肆事討論因聚南都北嶺之舊疏加刊加以擇統略新選之相亂糾文字點畫之紕繆儻有宋本豈加旃新雕不聊爾哉尙恐庸愚撰文英賢察是風聞馬鳴龍樹負貝葉於五天也八不正觀之月獨耀震嶺提婆羅睺灑法雨於三國也絕待妙法之華盛薰金陵從爾以降漢家本朝專弘此宗異鄕邊方雖翫斯敎代屬末法鑽仰無人時覃季澆書寫莫處嗚呼從推古天皇御宇至當代七百餘年相承僅傳宗綱將亂三論章疏一無印板爰素慶幸逢難逢大乘恭聞難聞宏宗宛似雪山上士爲半偈兮投身相同香城薩埵求般若兮灑血冀結緣緇素同志兄弟早駕非三非一之妙乘速到非近非遠之寶所殊當卷檀那淸原氏女擬七々逆修顯如々妙理七世恩所通自他三界群生豈差別然則發破邪顯正之覺成革凡入聖之粧也

都幹緣沙門　素慶　虔跋
再入宋桑門　慧棄　謹書
雕刻諸人等　勝弘　明春
久信

144 大乘玄論　永仁三年(一二九五)刊　寧樂刊經史所載

(寶永六年覆刻本所載刊記)

晨旦名德　法諱吉藏　歷劫仕佛　三論顯揚　深奥宗義　末世如忘　先世悲此

專懷感傷　彼遷化後　屢送星霜　弘安聖曆　第三初商　一十三歲　忌景云當

爲資追福　大乘玄章　謹開印板　以耀餘光　納淸瀧宮　法樂增庄　不圖斯印

囘祿遭殃　醍醐學侶　不耐愁膓　衣鉢各投　論文再彰　攝嶺雲盡　八不月凉

金陵風扇　一實華芳　所生慧業　廻向無疆　萬乘聖化　德徧三皇　四海靜謐

慶曁百王　七世恩所　佛道增長　廣施群類　利益堂堂

于時永仁三年三月二十一日菩薩戒比丘寂性

盛祓　祛賢

嚴順

145 勝鬘經義疏　一帖　永仁三年(一二九五)以前刊　大阪府　叡福寺藏

(卷末朱書)

永仁三年乙未五月八日　於法隆寺寶光院加點畢　願以此功爲太子値遇菩提之緣

開發之良因矣　上宮門人沙門丼算 生年卌六

146 金光明最勝王經　十卷　永仁三年(一二九五)刊　日本古刻書史所載

(卷末刊記)

夫今經者法性制底速入證悟之妙理王法正論攘災招福之要術也弟子覺允宿執所催信心無貳脩行稍餘二十年轉讀已及一千部而世流布本於文字點畫紕繆是多疑殆不少爰或上人共比校數本具被閱義疏若訪內外之賢哲若勘和漢之字書研核之切磋之然間有一沙門詣于天川凝志誠祈宿願之處天女夢中告曰汝欲成所願者詣轉法輪寺感得最勝王經之證本可令轉讀之云云夢覺卽來傳受轉讀丹祈方答素願忽成倩思大辨之證明不耐小僧之感歎以其證本彫此印板 首尾五箇年 就中起自同法一兩輩之願念爲勸此經百萬部之將讀投一身之淨財願一部之妙文弘通普天利群生我深誓願設還三界六趣之間設墮三途八難之底手捧經卷口誦妙文在所々流轉生生世々頂載而已

永仁三年 乙未 六月七日之畢沙門了信

沙門定信

轉法輪寺住持沙門覺了

147 禪林僧寶傳　三册　永仁三年(一二九五)刊

宮内省圖書寮
東京　岩崎文庫
同　成簣堂文庫
同　靜嘉堂文庫
京都　久原文庫
藏

(卷末刊記)

義心禪者募緣將唐本僧寶傳抄寫重新鋟梓以廣其傳貴後之覽者如獲司南之車可以追配古人之萬一庶眞風不墜也

旹永仁乙未孟穐蜀苾蒭鏡堂叟覺圓書

148 大樂金剛不空眞實三昧耶經般若波羅蜜多經理趣釋　一帖

永仁四年(一二九六)刊　日本古刻書史所載

(卷末刊記)

永仁四年丙申正月　日　以槇斷開印板之　法眼行圓

149 大乘起信論義　三帖　永仁五年(一二九七)刊　筒井寬聖氏藏

(卷末刊記)

此疏巨唐香象大師之述也陳一心之本源明生佛之元致極聖之所游履諸賢之所朝於此盡矣學者之宗之仰如飢如渴予念宣布莫如開板則化有緣而鏤疏文庶乎從副

墨而會參寥假言象而窺義天焉耳永仁丁酉之歳孟夏禁足之日　華嚴宗沙門釋
智照記

150 盂蘭盆經新記　壹帖　永仁六年(一二九八)刊　京都 久原文庫 奈良 東大寺圖書館藏
(卷末刊記)
寓泉涌律寺小比丘叡禪募同志數輩開此記一卷庶使至敎流通佛種不斷
永仁六年六月　日

151 維摩經義疏　三帖　永仁六年(一二九八)以前刊　京都　久原文庫藏
(卷末墨書)
于時永仁六年戊戌冬十月二十四日於東大寺戒壇院因開講之次一部三卷盡愚加點
訓授于實圓禪明房可專弘通太子三經疏勿廢此業努力
上宮王三經學士凝然春秋五十有八

152 敎誡新學比丘行護律義　(摸板)　永仁七年(一二九九)刊　奈良　西大寺藏
(卷末刊記)
永仁七年己亥正月　日　願主　信口(重カ)

153 金光明最勝王經　十卷　正安元年(一二九九)刊　奈良　唐招提寺藏
(卷末刊記)
此經國土大珍寶　人天諸神所歸處　佛法依此經久住　王法依此經保護　而摸
朽損文字消　如失眼目無所見　若無能詮最勝文　依何知經所詮義　爲國爲法
勵微力　更開摸傳未來際　三界所有諸天神　隨喜守護佛王法　四恩爲初及法
界　六道衆生得解脫
　正安元年己亥六月　日　願主南都興福寺僧　覺性

154 四分律注戒本疏行宗記　一帖　正安元年(一二九九)刊　奈良　東大寺圖書館藏
(卷末刊記)
泉涌沙門覺阿謹彫印戒本疏記科一部冀使　祖敎流通遠資遐代
　正安元年九月　日誌之

155 無量壽經　正安元年(一二九九)以前刊　淨土敎版の研究所載
(卷末墨書)

願以此功德平等施一切同發菩提心往生安樂國
正安元十五

156 梵網經古迹記　二帖　正安四年(一三〇二)刊　奈良　律宗戒學院藏
(卷末刊記)
右形木者先師法橋實重依蒙貴賤之助成所終彫刻之微功年序多移露點半消爰信重適雖傳正教調卷之箕裘未曾修將來得果之勝業徒耽他請之名利更忘自行之善因方拭懺愧之涙專發懇棘之願且勸有緣之僧侶且勵無貳之心力開兩軸之印板祈雙親之菩提加之戒光高照除弟子之癡暗法燈久挑滅現當之苦塵凡厥法界巨益普及而已
正安四年壬寅三月　日　願主大法師信重

157 觀無量壽經　正安四年(一三〇二)刊　古經題跋所載
(卷末刊記)
校合和漢數本勘定釋義意趣文字之有無次第之上下並點畫闕行等取捨是非若有難辨者就多本用之所以恐錯謬於卒爾其功歷年月顧愚迷於寸心定以朋友談因爲

弘通證本勸重刊板印矣

願以此功德平等施一切同發菩提心往生安樂國

建保二年太歲甲戌二月初八日畢此部筆功大蒙師誨敬寫印字比丘明信

奉請根本即是圓行將來正本請出由緣記新寫奥於根本文不審由在復無證本不能校合空積歲月無勘定期所以明信發願致請機敎相感當今正時披殘部文擬校合本及類五會綜準經旨遂勘定功列版印本於是同志兩三三談一會加功成願證談所定記錄歷然順理應文補缺夷剩或來論章成其文義或引韻篇匡字音訓乃至字畫倭點假名次第讀談楷定

證印寬喜二年四月三日酉終惣結首尾五日三月二十七日故首而三月小四月二日不作此功故五日也

倭漢之勘定先達古積其功魯魚之錯謬末學今有何疑仍捧彼證本重開此板印者也

抑此印本者切取兩書生讃刪傳之字畫綴成三部大經觀經阿彌陀經之文典但於大經者染禿筆寫之其慇懃之志趣不遑具記矣

仁治二年辛丑九月四日所終功也　釋子仙才

貞永之初壬辰之歲依彼遺約置此板刊殊期一周擬終功績乃至平等施一切矣

二月三日亥筆十月五日寫竟　釋子入眞

去弘安年中行圓上人承　勅願之旨被開一切經之印板而正安第二之暦林鐘下旬之天不終大功遂歸空寂今年依迎第三回之忌辰知眞爲謝彼恩德三部之妙典五部之要義抽懇棘開印板是偏所備彼追賁也雖弘一部於穢界之雲期再會於淨刹之月而已

願以此功德平等施一切同發菩提心往生安樂國

正安四年壬寅六月廿一日　　沙門　知眞

158　般舟讚　一帖　正安四年（一三〇二）刊　　訪書餘錄所載

（卷末刊記）

去弘安年中行圓上人承　敕願之旨被開一切經之印板而正安第二之暦林鐘下旬之天不終大功遂歸空寂今年依迎第三回之忌辰知眞爲謝彼恩德三部之妙典五部之要義抽懇棘開印板是偏所備彼追賁也雖弘一部於穢界之雲期再會於淨刹之月而已

願以此功德平等施一切同發菩提心往生安樂國

正安四年壬寅六月廿一日　　沙門　知眞

159 弘法大師請來錄　一卷　正安四年(一三〇二)刊　紀伊高野山親王院　京都仁和寺塔頭藏

(卷末刊記)

爲酬四恩廣德興三寶妙道寫大師御筆謹開印板矣

正安四年十一月廿日高野山愚老沙門慶賢八十二

160 巨山和尙語錄　乾元元年(一三〇二)刊

(南院國師住南禪寺語錄乾元元年條)

因刊巨山語錄上堂劃水刀痕收不得敲空槌跡絕追尋松源正派今猶在無限平人被陸沈

161 人天眼目　三册　乾元二年(一三〇三)刊　東京岩崎文庫　京都久原文庫藏　同東福寺

(卷末刊記)

(上略)淨智道人希願慕藺命工鏤板以壽其傳其用心亦可謂勤矣學者儻思所以扁曰人天眼目則功不浪施耳　乾元癸卯正月八日桂堂叟瓊林記

162 虛舟和尙語錄　一册　嘉元元年(一三〇三)刊　東京　岩崎文庫藏

(序文)

瓊林昔年絶海遊宋往來呉越多侍先師於武林湖山間每聽火爐頭話問學平昔提唱以其未許學者流通紙襖所錄才竺峯冷泉兩會語耳別德三十年不見大篇全章爲恨痛切不意忽獲八會全錄喜不自勝卷不釋手觀其語句詞氣簡古機鋒脫略如侍座隅親聞激勵眞末法光明幢也然深恐此書湮沒則非爲人後者職故命工鋟梓垂之無窮儻閱此而知有松源師祖的傳之旨則孰謂無補於宗門哉如曰不然子雲未生寥寥千載世界無太玄法言乎　嘉元改元冬至日　見山菴嗣法小師瓊林謹言

幹緣比丘了郜　助緣僧承譽　沙彌明寂　左兵衛尉淸原貞直　藤井正光

（卷末刊記）

163 □□經　（摸板）　嘉元二年（一三〇四）刊　奈良　西大寺藏

（嘉カ）
□元二年甲辰十一月廿四日□□□

勸進大安寺僧□□

（卷末刊記）

164 嘉泰普燈錄　嘉元二年（一三〇四）刊

（南院國師住南禪寺語錄嘉元二年條）

中秋因施主捨普燈錄板上堂一輪皎潔含吐十虚名之爲月孤明自照不勞心力名之爲燈月月流光燈燈普照非惟儼臨人天亦乃烜赫佛祖便是月燈三昧也龍山恁麼剖露忽遇長沙一蹈蹈倒龍潭一吹吹滅時又作麼生良久云照而常寂寂而照一點何曾瞞得他大地衆生除黑暗靈光爍破舊山河

165 往生十因　嘉元三年(一三〇五)刊　浄土教版の研究所載

(巻末刊記)

往生十因彫印板　先使二親入安樂　廻向迷境其功德　自他法界皆蒙益

嘉元三年乙巳蕤賓下旬　願主沙彌　如圓

166 地藏本願經　一帖　嘉元四年(一三〇六)刊　奈良　唐招提寺藏

(巻末刊記)

地藏菩薩本誓願　釋尊切利附屬説　此經所明發信心　故更刻摸傳未來　以此功德及法界　先救三塗極重苦　人天厭離生死海　自他同獲菩薩化

嘉元四年丙午六月廿四日願主南都興福寺僧　覺性

167 夾註肇論　三巻　嘉元四年(一三〇六)刊　續寧樂刊經史所載

（卷末刊記）

夫今論者佛法之大綱方等之心髓文約而義顯辭巧而致深故調心之要方亦道場之玄軌是以捨財以終刊板傳世以遂興法願是則別奉餝一品法親王之佛果焉惣爲渡六道常流轉之群生矣

嘉元丙午八月十日　沙門釋素慶

168　菩薩戒本宗要　一帖　德治二年(一三〇七)刊　奈良　法隆寺藏

（卷末刊記）

願以書寫功　與法界衆生　成就三聚戒　共證無上覺

德治二年丁未四月　日　釋迦遺法苾蒭範覺

169　未來星宿劫千佛名經　三卷　德治三年(一三〇八)刊　日本古刻書史所載

（卷末刊記）

爲令法久住滅罪生善謹開印板矣

德治三年戊申三月廿一日　行圓

170　無垢稱經　（摸板）　延慶元年(一三〇八)刊　奈良　興福寺藏

（卷末刊記）

（第一卷）　德治二年五月廿日沙門猷玄爲自他同證無上菩提也

（第三・六卷）　于時德治三年戊申六月二十六日於大和州興福寺別院龍華院書寫畢

願以書寫功　與法界衆生　同入不二門　共成無上覺

執筆小苾蒭範覺

延慶元年戊申十一月十七日依相當親父良尊法橋

十三廻忌彫當卷摸畢廻向無上大𦬇　孝子等敬白

171 盂蘭盆經疏　壹帖　延慶四年（一三一一）以前刊　奈良　東大寺圖書館藏

（卷末墨書）

延慶四年三月日儲之　性譽

172 虛堂和尚語錄　五册　正和二年（一三一三）刊　宮內省圖書寮　東京成簣堂文庫　同岩崎文庫　京都久原文庫　藏

（卷末刊記）

祖翁在世語錄二帙刊流天下宋咸淳五年晋之續錄後集已成三卷而本朝未刊行之

先師常爲言而未果成也爲人之後者曷無勇爲乎仍搜遺逸新添數紙於後錄之尾鋟

梓于龍翔
正和癸丑開爐日　拙孫宗卓敬書
沙彌宗哲等施財開版

173 法然上人像　一枚（摸板）正和四年（一三一五）刊　京都　知恩院藏
（圖像上部刻記）
若我成佛十方衆生　稱我名號下至十聲　若不生者不取正覺　彼佛今現在世成
佛　當知本誓重願不虛　衆生稱念必得往生
此文者以黒谷御眞筆寫之御影者上人存日以鏡自見形像添削之本也而今刊之安
置知恩院以傳遐代頒行流通　正和乙卯十月二十一日

174 梵網經古迹記　二帖　正和五年（一三一六）刊　日本古刻書史所載
（卷末刊記）
正和五年三月　日　宗英

175 敎誡新學比丘行護律義　一帖　正和五年（一三一六）刊　寧樂刊經史所載
（卷末刊記）

南京西大寺故空公宗師百箇日忌辰依當于五月八日各投少財開此印板摺寫一千卷敬施群集僧冀以衆僧一味合力之世珍翻成尊靈五分法身之望財威儀法水久湛兮四海皆完浮囊毗尼慧燈永挑兮一天悉守油鉢乃至一闡提共得三冒地矣

正和五年三月　日

右奉爲尊靈自他二利行業成就又爲愚質現未兩世福智圓滿悉讀此印板偏擬今願望不顧後見之嘲哢唯呈中心之懇祈者也　宗英書

176 律宗作持羯磨　一帖　正和五年(一三一六)刊　奈良　西大寺藏

(卷末刊記)

南京西大寺故空公律德一百箇諱陰依相當于五月八日諸寺僧尼一門緇素抛錢貨之淨財開金文之印板寫千卷之露詞施群集之雲侶伏乞尊靈律法弘通之曩誓依之成遂斷證究竟之新果爲之圓極加之通別二受之戒香薰十方而無隔止作兩持之教風扇三世而不斷乃至寒冰苦報煖膚於尸羅之衣鳥獸愚騃開覺於木及之梢矣

正和五年丙辰三月　日

右奉爲尊靈行願圓滿垂露點開花文忘惡筆萠善種彙現當所願眞俗共成乃至法

界普皆廻向矣　宗英書

177 淨土三部經　四卷　文保元年(一三一七)以前刊　京都　清淨華院藏

(卷末墨書)

(大經上) 文保元年九月八日爲持經調此本庶幾在々處々鑽揚斯典以報佛祖之恩以成淨土之業命終之後慥可納眞如堂之佛前同行之徒必致任遺言之沙汰仍爲備冥鑒所記旨趣之狀如件　沙門向阿(花押)

我有難斷之一罪自今以後更不敢作若更犯者三世十方諸佛照罰向阿(花押)

(大經下) 文保元年九月八日爲持經調此本冀在々處々讃揚此典以報佛祖之恩以爲往生之恩命終之後慥可納眞如堂之佛前同行之徒宜致任遺言之沙汰之狀如件

沙門向阿(花押)

(觀經) 文保元年九月八日爲持經調此本乞願在々處々鑽揚斯典以報佛祖之恩以爲安養之恩命終之後慥可納眞如堂之寶前同法之徒必致任遺言之沙汰仍爲備冥鑒所記志願之狀如件　沙門向阿(花押)

(小經) 文保元年九月八日爲持經調此本訖庶在々處々鑽揚斯典以報二尊之恩以

爲九品之恩命終之後慥可納眞如堂之寶前同行之徒必致任遺言之沙汰仍爲備冥
鑒所記旨趣之狀如件　沙門向阿(花押)
我有難斷之一惡自今以後更不敢作若猶犯之六方諸佛明罰我矣

178 菩薩戒本宗要　一帖　文保二年(一三一八)刊　奈良　律宗戒學院藏
(卷末刊記)
願以書寫功　與法界衆生　成就三聚戒　共證無上覺
文保二年戊午七月　日　願主法眼永實

179 辨顯密二敎論　二卷　元應二年(一三二〇)刊　日本古刻書史所載
(卷末刊記)
元應二年庚申二月　日　開之

180 鎭州臨濟慧照禪師語錄　一册　元應二年(一三二〇)刊　東京　岩崎文庫 靜嘉堂文庫藏
(卷末刊記)
佛祖正宗貴久流傳因茲此錄鏤板捨入祥雲菴
旹元應庚申重陽日小比丘　妙秀

181 黑谷上人語燈錄　七帖　元亨元年(一三二一)刊　京都　龍谷大學藏

(卷末刊記)

元亨元年辛酉のとしひとへに上人の恩德を報したてまつらんかため又もろもろの衆生を往生の正路におもむかしめんかためにこの和語の印板をひらく

一向專修沙門南無阿彌陀佛圓智　謹疏

沙門了惠感歎にたへす隨喜のあまり七十九歲の老眼をのこひて和語七卷の印本を書之

元亨元年辛酉七月八日終謹疏

法橋幸嚴卷頭

182 新刪定四分僧戒本　一帖　元亨二年(一三二二)刊　東京　岩崎文庫藏

(卷末刊記)

募諸人力　彫本叉梓　酬玆微善　證離邊眞

元亨二年正月　日寓泉涌寺幹緣比丘會源

183 淨土三部經　四帖　元亨二年(一三二二)刊

宗教大學附屬圖書館落慶記念展覽會列品目錄所載

（觀經卷末刊記）

本印奥記云

校合倭漢數本勘定釋義意趣文字之有無次第之上下並點畫闕行等取捨是非若有難辨者就多本用之所以恐錯謬於卒爾其功歷年月顧愚迷於寸心定以朋友談因爲弘通證本勸重刊板印矣

願以此功德平等施一切同發菩提心往生安樂國

建保二年太歲甲戌二月初八日畢此部筆功大蒙師誨敬寫印字比丘明信

倭漢之勘定先達古積其功魯魚之錯謬末學今有何疑仍捧彼證本重開此板印者也抑此印本者切取兩書生讃删傳之字畫綴成三部大經觀經阿彌陀經之文典但於大經者染禿筆寫之其慇懃之志趣不遑具記矣

仁治二年辛丑九月四日所終功也釋子仙才

自建曆三年癸酉至正安四年壬寅版刊雖終度度之大功點畫漸及字字之欠闕智炬殆似幽慧燈恐可滅爰沙彌慈阿深信淨土門早辭娑婆界畢有先約訪後事因玆投彼遺財

開此新板矣

元亨二年壬戌二月十四日　沙門知眞

184 古文尙書孔氏傳　十三卷　元亨二年(一三二二)刊　古文舊書考所載

(卷末刊記)

學古神德筆法日下逸人貫書

右史記言之策者先王號令之書也廣擧宏綱密撮機要寔是啓道之淵府設敎之門樞立爲國經垂爲民紀六籍之冠萬古不刊者也今將弘其傳命工鋟梓莫謂尸祝治樽俎豈非見義而爲耶普勸學徒庶察吾志儒以知道釋以助才豈曰之小補哉

元亨壬戌南至日三侖宗業沙門素慶謹誌

185 阿彌陀經　四帖　元亨二年(一三二二)刊　日本古刻書史所載

(卷末刊記)

相當樂生上人一百箇日之忌辰翻彼遺札摺寫此經以此因緣入一佛土耳

元亨二年八月晦日　向阿

186 仁王般若經　(摸板)　元亨三年(一三二三)刊　奈良　興福寺藏

（上卷第四板陰刻銘）
元亨三年六月廿二日

187 大方廣佛華嚴經　（摸板）元亨三・四年（一三二三・一三二四）刊　奈良　興福寺藏

（陰刻銘）
（三帙六ノ三）　元亨三年十一月十一日
（五帙七ノ二）　元亨三年十二月廿二日
（五帙八ノ二）　元亨二二年五月五日重舜

188 詩人玉屑　十冊　正中元年（一三二四）刊　京都帝國大學圖書館藏　東京岩崎文庫

（卷末刊記）
玆書一部批點句讀畢胸臆之決錯謬多焉後學之君子望正之耳
正中改元蕑月下澣　洗心子　玄惠誌

189 春秋經傳集解　三十卷　正中二年（一三二五）刊　古文舊書考所載

（卷末刊記）
右一部三十卷普勸學徒拮据經營重命工刊行以弘其傳焉

正中二年己丑仲春　釋圓澄謹志

190 阿彌陀經　一卷　正中二年(一三二五)刊　近江　淨嚴院藏
(卷末刊記)
正中二年十月　日　比丘了延刻

191 選擇本願念佛集　下一帖　正中二年(一三二五)刊　京都　久原文庫藏
(卷末刊記)
正中二年十月　日　比丘了延刻

192 安樂集　正中二年(一三二五)刊　日本古刻書史所載
(卷末刊記)
正中二年十月　日　比丘了延刻

193 寒山子詩集　二册　正中二年(一三二五)刊　訪書餘錄所載
(卷末刊記)
正中歲次旃蒙赤奮若冬十月下澣　禪尼宗澤捨心聊以刊之

194 隨求卽得眞言儀軌　一卷　嘉暦二年(一三二七)刊　日本古刻書史所載

（巻末刊記）
嘉暦二年丁卯六月二日　沙門承秀刊

195 佛果圜悟眞覺禪師心要　二冊　嘉暦三年（一三二八）刊　日本古刻書史所載
（巻末刊記）
道證大師鏤佛果老人心要焉其用心之勤見於後序但彼后序偏述南北參禪與座禪之異匪遑縷羅此書之蘊故云以至見機而作今察以至爾字正思欲賛許禪定等何故治生產業猶可口出入諸禪自在世無礙哉蓋曹溪斥坐禪所以顯其性圓悟勸座禪所以治其病所謂禹稷顏回同道者耶
時嘉暦戊辰寒食之日　比丘尼如淨謹跋

196 成唯識論　巻第九　一巻　嘉暦四年（一三二九）以前刊　住田智見氏藏
（巻末朱書）
嘉暦四年四月廿五日酉尅加點了
同五月廿八日（已下不明）

197 鎭州臨濟慧照禪師語錄　一冊　嘉暦四年（一三二九）刊　日本古刻書史所載

（卷末刊記）
這箇冊子者當年臨濟祖師巧作白拈賊家具子也今五百年之後有兒孫比丘尼印開
流通而證之者且道是直躬者邪是不直躬者邪具眼勝流垂鑒察焉
嘉曆己巳仲秋日　比丘尼道證謹識

198
成唯識論　卷第三・七　二卷　元德元年(一三二九)以前刊　山田文昭氏藏
（第三卷末墨書）
正慶元年十一月一日移導了同夜亥刻一交了
（卷末朱書）
元德三年七月二日移點了卽遂一交了　實春戒二
（第七卷末墨書）
元德元年九月廿三日申尅終導之功了卽一校了
同日酉刻願以此微功資彼妙果矣　實春戒二
（卷末朱書）
五月卅日點此卷了　卽一交了　實春戒二

199
大品般若經　（摸板）　元亨・正中・元德刻　奈良　興福寺藏

（陰刻銘）

（三帙九ノ九）元亨三年六月六日永重

（一帙十巻ノ四）元亨三年九月十五日板嚴順

（一帙六ノ三）元亨四年十月五日永重

（三帙八ノ五）正中二年四月十一日久信

（三帙十ノ八）正仲（マヽ）二年四月十八日

（一帙七ノ三）元德二年七月日後見人念佛申ス幸順之

200 華嚴經探玄記　廿一帖　自嘉暦三年（一三二八）至元德三年（一三三一）刊　京都　大谷大學圖書館藏

（巻末刊記）

（巻第二）右爲令法久住利益衆生所令開刊也

嘉暦三年戊辰月　日　庸醫法橋理覺

（巻第十九）右爲令法久住利益衆生所令開刊也

元德三年辛未月　日　庸醫法橋理覺

201 來々禪子集　一冊　元弘元年（一三三一）刊　日本古刻書史所載

（卷末刊記）

辛未歲秋刊

于實相之閣

如是長語以余昔於鄉國酬應所出一時土且每因同遊者或見之必爲其所抄輙集成數帙復使諸名宿德爲題跋良由懲余之惡以誡於余誠余之益友乎人以離合不定而余又成東度遠涉故散失者十五一日檢線筐偶獲如許零亂後先翹英等爲得復編之今且又入版是以昔小懲今其大誡歟可笑辛未十月十五日四明梵僊書

202 大悲咒　元弘頃刊？

（清拙和尙語錄「大悲咒刊行跋」）

九十九億恒河沙諸佛無說而說千光王靜住如來無授而授觀世音自在大士無傳而傳釋迦世尊無讃而讃一山國師無頌而頌中浦別駕不刊而刊粉河一公上人不流通而流通若能如是信解受持者是爲眞無礙大悲心陀羅尼智莫能知識莫能識手眼千千無覓處徧虛空界大神通

203 圓覺了義經　元弘頃刊？

（東海一漚集所載「題孝寺刊圓覺經其功未畢重化檀那疏」）

至理無言非言孰了深奥秘密微妙之義大巧若拙守拙豈審曲直方面形勢之宜未忘筌罘敢廢刀筆考工既得過半矣策勳如未成全何要參多寶如來先見維摩居士一印印定印泥印水印空萬行行圓行靜行幻行寂

204 華嚴經隨疏演義鈔　八帖　正慶元年（一三三二）刊　奈良　東大寺圖書館藏

（卷末刊記）

（卷第二上下、卷第四下）　右爲令法久住利益衆生所令開板也

正慶元年壬申五月廿日　庸醫　法橋理覺

（卷第三下）　右爲令法久住利益衆生所令開板也

庸醫　法橋理覺

正慶第一暦壬申林鐘十四日權律師貞（カ）覺書

205 首楞嚴義疏注經　十帖　暦應二年（一三三九）刊

宮内省圖書寮
東京　岩崎文庫　藏
京都　久原文庫

（卷末刊記）

師直熟思今生僣尤不可勝計剏是曠劫罪障何以消除因茲謹開此直詮之板以拔積

業之根所冀上報四恩下資三有同出妄想昏域共入楞嚴覺場
　暦應二禩季春中澣武藏守高師直眞敬誌

206 佛果圜悟眞覺禪師心要　二冊　暦應四年（一三四一）刊　京都 久原文庫
東京 成簣堂文庫 藏

（卷末刊記）
助縁僧興乘　尼昌一
時暦應四年十月　日　臨川寺刊行

207 靈源和尚筆語　一冊　暦應五年（一三四二）刊　東京 成簣堂文庫
同 靜嘉堂文庫
京都 久原文庫 藏

（卷末刊記）
時暦應壬午年春下旬　日　臨川寺刊行

208 古林和尚語錄　三冊　康永元年（一三四二）刊　京都 久原文庫藏

（卷末刊記）
佛性和尚於大元泰定丙寅間住保寧府仲謀猷公首座以師提唱四方學者爭相謄寫烏焉迭謬爲病諸耆德檀越共相戮力姑取吳之天平前後開元幷饒之永福凡四會錄以先繡梓便其觀覽然保寧之語益富特未遑編次也玆本既已流通往往南詢衲子携

來不一海內勝流咸羨慕之而卒不能獲爲恨辛巳夏森禪人必欲幹募刊版以結衆緣等持古先元禪師聞而慨然喜曰昔嘗居其座下諸彥欲倩爲書時迫東歸不果今當以森公之志以補所欠由是爲之勸緣與森共成其事明年秋事未畢森復南詢堂中第二座葩公先既一力施版至是復幹募以畢其事焉

康永改元歲在壬午南禪嗣法比丘　梵僊誌

209 藥師本願功德經　一卷　康永三年(一三四四)刊　奈良　律宗戒學院藏

(卷末刊記)

康永三年甲申二月日於藥師寺金堂前披摸畢世間流布本依有謬說任小嶋傳並唐本等爲末代所被置也

210 夢中問答(單郭有界十行の大字本)　一冊　康永三年(一三四四)頃刊?　東京　帝國圖書館藏

(卷頭刊記)

此集有兩本此本爲正

(康永元年跋文)

一日等持古先禪師携此帙以示余曰此乃左武衞將軍古山大居士久參夢窓國師問答之語茲欲方便引導一切在家出家或女流等志於道者或有學無學使其便於觀覽之故乃以日本字書所謂假字者繕之目曰夢中問答國師之參學在家弟子大高伊與太守者以鏤版爾宜著語爲證明歟余曰吁世之不有至人出與以智方便千變萬化逆順縱橫以導之不知世之人若之何其爲狀耶抑佛爲一切智人然唯能度彼有緣而不能化無緣也又能以一切譬喩說種種事無有譬喩能說此法以心智路絕言語道斷不思議故然其所有不盡經敎無非方便以假名假字聊爲誘引之耳佛不云乎除佛方便說但以假名字引導於衆生此之謂也然此方便之說自佛去後謾有繼其聲者今其是作非佛再來孰能爲哉惜余不能誦其假字以觀其眞義玩其眞味於節角之處爲之撫掌擊節爲恨耳或曰未之能誦然而何以知其然而輙褒之直以謂佛再來歟余曰天何言乎四時行焉百物生焉是天之道雖聾瞽者莫不知之也唯能知其道之所以者鮮之耳國師之道亦猶是歟吾旣知且久矣雖無此書亦莫不知之也况有之哉唯莫能知其道之所以耳又且佛者覺也以其能覺斯道也旣能自覺乃能覺人卽前所謂導引之說是也所謂以先覺而覺後覺以斯道而覺斯民其揆一耳而斯道也亦大也橫亙十方

竪窮三際森森萬有何莫由斯道也所謂人人本具各各圓成物物皆然豈唯國師獨然乎哉其不然者只覺與未覺一間之耳然而而孰不有哉且夫爾之未始覺也余則指爾而謂之曰爾卽是佛當是之時除爾不覺使卽覺之則何怪哉其或怪者是未覺而未知之也茲亦何怪哉曰是則信然矣夫然又所謂至人出與者嘗聞至人無夢而此至人之書乃曰夢中問答亦何謂也曰爾固嘗聞之而亦固未嘗知之也其所謂無者豈所謂有無之無歟以夢非夢也然則爾其無復詰於我也我不爲爾重言矣何則爾其不聞古之諺語乎正所謂癡人面前不可說夢然又如舍利弗問須菩提云夢中說六波羅蜜與覺時同別須菩提云此義幽深吾不能說此會有彌勒大士汝往彼問若復於茲或有以夢中問答如舍利弗所問余卽曰此義幽深吾不能說汝往作禮國師

時康永元歲在壬午重陽後十日　中華沙門梵僊書于南禪方丈

（康永三年再跋）

余書此書越三載一日法延首座携以詰余曰至哉有是書而書之若是此非佛之與佛異相同心殊途同致彼此相爲表裏以化有情曷有是哉然而師知夫大高伊與太守及所刊此之意否余曰唯知其人是有鼻孔者有年矣而實未知所刊之意如何耳然無過

欲利益人耳復何意哉曰因其人如師所謂有鼻孔故然後如其香臭乃欲刊之也始則國師不許高曰或未始有此寫本則已既有之而人々遞相抄錄不啻烏焉成馬毫厘有差天地懸隔否則展々轉々以誤傳誤而又誤本各相不同則乃人々疑惑莫知所歸本欲利人奈何反誤人哉然固是作始爲左武衞將軍一人酬答而已不爲它人也譬如佛說一代時敎雖一時說皆爲後世及無邊衆生耳如不結集而又安有今日哉於是國師然其說故刊之由是人皆知歸安行大道不復忘趍邪徑也余曰若是哉々々然亦爾知夫大道顯然三世諸佛諸代宗師皆夢言乎延曰請書以誌之余曰是則無妨又添一個延復爲余曰大高伊與太守者號海岸居士入深法門心大如海殊有淨名之風饒益衆生誠未艾也今年春又遷若狹太守云故幷書之

甲申十月初八日　寓南禪東堂之東軒　梵僊再跋

211 古林和尙偈頌拾遺　一冊　康永四年(一三四五)刊　東京　岩崎文庫藏

(序文)

小師海壽侍者一日携巨册謂余曰昨有如聞上座者欲南詢乃附舶而去飄風至耽羅舶破之逼留高麗高麗人問其故乃出一巨編以示則皆古林和尙所作中間唯略間東

山空和尚者一二耳聞乃錄之以爲得至寶而歸今年復有舶發乃遺於壽之族師兄具幢處而復南也由是壽請之以似師又曰以觀之則皆古林師祖所刊行錄中大段無有者壽欲錄出其未刊者或得便則刊之雖乃師祖所棄之物譬如明珠大貝爲富家所棄貧人得之則受用無窮矣余曰君之言然然余之貧亦不欲明珠大貝唯從所好如何耳壽復曰此抄寫本或落或誤尤甚冀校勘之余曰曷知其元作爲何而校之歟是大難也然亦强從爾請於是壽編錄之乃爲之校或於落誤之處因不能知實爲何字以意逆之或補或正得二百九十四首後玄璵侍者自九州來見之曰某與如聞同志於高麗獲此本也奈何不卽開版耶於是欲募緣復使余作疏余謝之乃乞建仁又復圓曙藏主處得三十九首幷道皎首座處得題跋五首幷使校之及間有詰問處就爲之批古語曰校書如掃塵以莫能盡也況此無其本可以考者而又余之不能哉不唯不盡必亦多爲金銀車矣見者毋誚時康永乙酉秋書于南禪東堂之東軒

212 妙法蓮華經　八卷　貞和元年（一三四五）摺寫　奈良　興福寺藏

（卷末墨書）

依有夢想之告爲令成就現當二世之願望奉摺寫供養法花經一部八卷所奉納春日

社寶殿也

貞和元年十一月十一日　尼觀妙（花押）

南無阿彌陀佛

213 感山雲臥紀談　二册　貞和二年（一三四六）刊　東京　岩崎文庫藏

（卷末刊記）

（上卷）禪尼源性速捨淸財命工鏤梓結般緣

（下卷）貞和丙戌三月吉日沙門明起捨財命工鏤梓流通板留平岳自快菴中願一切衆

臨死海乘般若舟速到彼岸

214 佛說文殊師利菩薩發願經　（摸板）　貞和三年（一三四七）刊　大和　法隆寺藏

（卷末刊記）

爲慈父法橋一廻追善彫刻訖　右筆重嚴

貞和三年二月　日　願主慶算

215 成唯識論　九帖　貞和三年（一三四七）刊　紀伊　高野山寶壽院藏

（第十卷末刊記）

過去先亡專重院　一部十軸彫刻願　在生成功訖第六　不課宿願歸圓寂　遺跡
氏女繼素願　繫屬有緣勸時氏　未後四卷終其功　仰願懇念及自他　先亡聖靈
到彼岸　現存施主成悉地　生生値遇大明神　世世恩所得解脱　滅罪生善共登
覺　法界群萠同預益

貞和三年丁亥五月　日願主藤原氏女

大和權守時氏

216 東山和尚外集　一冊　貞和三年（一三四七）刊

宮內省圖書寮
東京　岩崎文庫
京都　久原文庫　藏

（卷末刊記）

東山和尚自於疎山踏着木蛇遭其一口既乃玄死無幾痛定之後便解拈頭作尾拈尾作頭正所謂雖是死蛇解弄也活由是叢林之士鮮有不受其毒氣自爲迷悶欲窺其斑者數百年後流於扶桑有契充書記欲滋其毒於一切以殘涎剩深化緣以鋟於梓其事未畢而輙爾詢而後元圭首座曰奈何有其頭而無其尾使人胡爲而拈弄也耶於是爲其續之乃使梵僊爲添此足耳丁亥七月書于建長方丈

217 景德傳燈錄　十五冊　貞和四年（一三四八）刊

京都帝國大學圖書館
東京　岩崎文庫
同　成簣堂文庫
京都　妙心寺靈雲院　藏

（卷末刊記）
貞和四年歳在戊子洛陽寄住正琳命工刻梓捨置于普濟大聖禪師塔所建仁天潤菴
廣開法眼永祝堯年上報四恩下資三有法界有情同圓種智者　玉峯敬書

218
五家正宗贊　一册　貞和五年（一三四九）刊　日本古刻書史所載
（卷末刊記）
貞和己丑仲冬寓于龜山雲居僧妙葩命工刊行

219
雪峯和尙語錄（東山和尙語錄）　一册　貞和五年（一三四九）刊　東京　岩崎文庫 成簣堂文庫 藏
（卷末刊記）
貞和己丑仲冬寓于龜山雲居僧妙葩命工刊行

220
盂蘭盆經　壹帖　觀應二年（一三五一）以前刊　奈良　西大寺藏
（卷末墨書）
觀應二年辛卯六月摺寫之爲備二親聖靈佛果圓滿之資糧奉施入西大寺每年講讃之
本也　綱維淳宣

221 明教大師輔教編　五册　觀應二年(一三五一)刊　東京 岩崎文庫 京都 久原文庫 藏

(卷末刊記)

前住南禪寺無隱晦和尙施所藏夾註輔教編以充刊板用是則唐天目山幻住菴流通本也

明教大師五書要義日本未有板行之者江湖英衲欲之恰如渴而思飮余爲結般若緣遂命工以鏤梓庶使慧日重輝遺音載振開人天之眼目輔聖化之流行恩有均資寃親等報歲次辛卯觀應二年休夏日沙門妙葩拜手

222 法華經釋　一帖　正平六年(一三五一)刊　日本古刻書史所載

(卷末刊記)

正平六年十月　日　開板

223 觀無量壽經　一帖　正平六年(一三五一)以前刊　山田文昭氏藏

(卷末朱書)

正平六歲辛卯十一月七ヶ日御報恩念佛中參籠本願寺之間以上人御自筆本聲切句畢日來所奉寫持之本先年於關東紛失之間今楚忽奉寫之後日以此本可奉書寫安

置者也
於上下堺之上幷行間雖被記疏文略也　釋存覺
　延四二十三ヨム也四智

224 般若波羅蜜多理趣經開題　一帖　正平六年(一三五一)刊　日本古刻書史所載
(卷末刊記)
正平六年辛卯十二月七日於金剛峯寺寛覺書　願主　法眼重信

225 佛光國師語錄　三册　貞和・觀應頃刊？　東京成簣堂文庫 京都久原文庫藏
(卷末刊記)
此板留萬年山正續院　幹緣妙霖

226 悉曇字母幷釋義　一帖　正平七年(一三五二)刊　日本古刻書史所載
(卷末刊記)
正平七年二月十五日　願主　法眼重信

227 淨土三部經　正平七年(一三五二)刊　日本古刻書史所載
(卷末刊記)

正平七年二月十五日　大法師善眞刊之

228 大般若波羅蜜多經　六百卷　觀應三年(一三五二)摺寫　古經題跋所載

(卷末刊記)

大般若經一部　六百卷
爲宿願開板畢
　觀應三年九月十五日
　　正二位源朝臣尊氏

229 敎誡新學比丘行護律儀　壹帖　文和元年(一三五二)刊　奈良　律宗戒學院藏

(卷末刊記)

迎河州敎興寺先住阿一律師三十三年之忌序遺弟苾蒭慧海投錢貨之淨財開金章
之印板冀整初心之行儀以貢尊靈之覺位兼餘薰所覃法界普利矣
　文和元年壬辰十月　日敎興寺住持慧海

230 虛空藏菩薩陀羅尼經　一卷　文和二年(一三五三)刊　日本古刻書史所載

(卷末刊記)

文和二年歳次癸巳正月十三日開板
勸進沙門　石動山　竹林坊重胤
大願主　同　山　佛藏坊賢海

231 大般若波羅蜜多經　卷第十五　文和二年(一三五三)摺寫　宮內省圖書寮藏
(卷末刊記)

參議左近衞中將源義詮
源氏女如春
大般若經一部　六百卷
爲宿願開板畢
文和二年九月廿二日
左馬頭源基氏

232 妙法蓮華經　卷第二　壹卷　文和四年(一三五五)以前刊　奈良　東大寺圖書館藏
(卷末墨書)

文和二二年己未正月　日

翻諷誦之補奉摺寫祈廣大利益者也

233 妙法蓮華經　八巻　文和四年（一三五五）刊　奈良　唐招提寺藏

（第八巻末刊記）

發護持正法　利樂有情願　窮盡未來際　彫置法華摸　庶衆人摺寫　廣流布諸
國　互興法利生　自他共成佛
第十四度彫之願主南都四恩院沙門心性
文和四年乙未十一月日彫刻終功訖　彫士重圓

234 圓覺了義經　二巻　觀應・文和頃刊？

（東海一漚集所載「刊圓覺經疏並序」）

此經上下二卷上卷竺仙和尚所書既得鏤板惟下卷未畢其功仙既入滅天章侍者欲
纘斷緒然刀筆之費亦爲不少茲製短疏廣募緇林之篤志斯道者終成美事

235 三陀羅尼　文和頃刊？

（佛德大通禪師愚中和尚語錄所載跋文）

右三陀羅尼所謂無文字之文字也今更加片假字不顧唇舌喉内成字音響雖有頗曉莫由措手則直書其傍者何唯冀禪之四衆學唐音而誦者章句明而易念而已然繕寫之亦難故行源禪人命工鏤梓卽將其板寄京之少林院亦復深期報資恩有其志可喜故略述其由

236 勅修百丈淸規　四册　文和五年(一三五六)刊　東京　成簣堂文庫　岩崎文庫藏

(卷末刊記)

龍翔笑隱百丈東陽迺天下名師也同時奉勅以重編校正百丈古淸規本寔元朝叢林之盛典也厥禮數顚末便于觀覽者智者東林兩本之所不及矣予故募緣繡梓于板以廣其流通云了

文和丙申王春初吉　前眞如明千謹識

法橋永尊彫開

237 義雲和尙語錄　一册　延文二年(一三五七)刊

(現行義雲和尙語錄所載卷末刊記)

時延文丁酉受菩薩戒弟子寶慶大檀那野州太守藤原朝臣知冬發願開版矣所集鴻

福上報四恩下資三有者

助縁奉行比丘　瑞雄維那

刊字奉行比丘　等理藏主

洛陽永興比丘　宏心書寫

住持永平兼寶慶法嗣比丘曇希校勘

238 景德傳燈錄（貞和四年版補刻）　延文三年（一三五八）刊

京都帝國大學圖書館藏
東京成簣堂文庫
同　岩崎文庫
京都　久原文庫

（卷末刊記）

（第一卷）延文戊戌重開善忠一卷刊行

（第五卷）延文戊戌重刊干城州東山天潤菴

（第十三卷）延文戊戌重開正儀一卷刊行　延文戊戌重開正右一卷刊行

（第十四卷）補刊景德傳燈錄施主芳衘　前南禪住持比丘德見　南禪住持比丘慈均　天龍住持比丘光林　東福住持比丘士昭　眞如住持比丘不傳　安國住持比丘口榮　雲居比丘妙葩

（第十六卷）延文戊戌重刊于城州東山天潤菴

（第十七卷）補刊景德傳燈錄施主芳銜　建仁住持比丘妙在　前建仁住持比丘善育　建仁住持比丘仁浩　萬壽住持比丘明千　佛心住持比丘祖佘　瑞應比丘仁球　甘露比丘本兆

（第十八卷）重刊景德傳燈錄疏　東山沙門妙在撰

傳燈錄者七佛心肝諸祖骨髓遞代承々各弘敎外別傳之道貞和戊子間前勢州玉峯大居士痛念本朝無有此板喜捨家財命工刊行永置于建仁禪寺普濟大聖禪師塔所天潤菴廣流通以報佛祖不盡之恩湖海禪流無不欣慕也適罹文和乙未十二月丙丁之變其板大半失之山中大用任首座重欲補缺傳傳諸無窮其志垂千萬世難磨滅輒持小疏偏叩大力宰官居士同道大善知識或一力成就或隨量樂施所獲福報豈易量哉

景德編成佛祖言一千七百一人全迦文自接然燈後達磨親傳般若前續焔聯芳來的々回珠轉玉正綿々須知此話重行世自璧黃金信手捐

延文三年丙申十一月吉日　謹疏　幹緣比丘　宗任

（第十九卷）延文戊戌重開雪江崇永刊行

（第二十卷）延文戊戌重開雪江崇江刊行

（第二十一卷）延文戊戌重開雪江崇永刊行

（第二十四卷）補刊景德傳燈錄施主芳銜　宗雲　傳光　宗燈　壽照　宗淨　淨
宗　玄清　院吉　觀周　宗顯　道照　宗方

（第二十六卷）景德傳燈三十卷玉峯虁足立規摸丙丁吋耐欺吾祖天潤再興作遠圖
右因少助之次以偈賀耳　前住南禪蒙山智明書
延文戊戌重刊天潤比丘　宗任

（第二十七卷）前建長住持比丘士曇　前萬壽住持比丘可什　大聖住持比丘元均
正覺元頴　大禪比丘勝源　天祥比丘宗興

239　菩薩戒本宗要　壹帖　正平十四年（一三五九）刊　奈良　東大寺圖書館藏

（卷末刊記）
右相當河州敎興寺慧海律師第三廻之忌序投淨財開鏤板摺寫數部卷敬施群集僧
翼聖典惠炬增熾燃而久曜迷情尊靈戒珠彌融朗而忽莊法身乃至三有同證菩提矣
正平十四年正月廿九日　小苾蒭叡空

240 蒲室集　一冊　延文四年(一三五九)刊　京都　久原文庫藏

(卷末刊記)

保壽尼寺檀越菩薩戒尼大友惣持施財命工刊行此版伏願人人肅清慧目个个開悟
靈心思有報資怨親融接延文己亥春

雲居比丘妙葩題

241 范德機詩集　七卷　延文六年(一三六一)刊　訪書餘錄所載

(卷末刊記)

延文辛丑仲春命工刊行

242 鈍鐵集　一冊　延文頃刊?　東京　岩崎文庫藏

(序文)

余觀鐵庵禪師鈍鐵集禪師之石溪之孫大休之嗣其所學有目來矣嗣子如意輪長老
石鱗和尚求予序引以辨其首余曰猊絃一鼓衆音絕響雖然文章詩句皆遊戲三昧耳
若曰正法眼具在五會錄中雪峯樵隱跋于尾卷甚爲詳的玆不多贅旹延文四禩春暮
前住建長四明東陵永璵七十五歲書于西雲待一軒

243 無量壽經　二卷　康安元年(一三六一)以前刊　京都　龍谷大學藏
(卷末墨書)
覺忍禪尼被付屬光助法印訖
康安元年辛丑十一月十七日

244 月林和尚語錄　一册　貞治二年(一三六三)刊　京都　建仁寺兩足院藏
(卷末刊記)
貞治癸卯夾鐘　前若狹守平正俊命工刊行

245 論語集解(二跋本)　十卷　正平十九年(一三六四)刊　東京　岩崎文庫藏
(卷末刊記)
堺浦道祐居士重新命工鏤梓
正平甲辰五月吉日謹誌
學古神德楷法日下逸人貫書

246 論語集解(單跋本)　十卷　正平十九年(一三六四)刊　東京 岩崎文庫　京都 久原文庫藏
(卷末刊記)

堺浦道祐居士重新命工鏤梓

247 大般若理趣經　一帖　正平二十年(一三六五)刊　大和　法隆寺藏

(卷末刊記)

正平二十年乙巳三月二十一日

願依印板彫刻功　聖朝都鄙皆安樂　考比師資並親友　我及衆生成正覺

太子御廟光明乘院常住物也　願主榮俊

248 夢窓國師語錄並年譜　三册　貞治四年(一三六五)刊

京都帝國大學圖書館
同久原文庫
同建仁寺兩足院
同相國寺
藏

(卷末刊記)

先國師語要嘗不許傳于世故吾徒多藏之而未敢違囑矣然藤原公德叟居士乃英烈丈夫而既身爲門弟子其機鋒與所存雖預禪會古之名士輩未必過也輙取語本以命梓且不依所誡亦不令吾徒議之吾則謂先師見之尙不過焉諸方亦必爲勘驗之但妙葩勉從紀以歲月云

貞治之四年歲乙巳五月二十二日天龍住山門人　春屋妙葩謹言

249 黑谷上人起請文　(摸板)　一枚　貞治四年(一三六五)刊　京都　知恩院藏

（卷末刊記）

貞治四年乙巳十一月廿五日開板安置知恩院以傳遐代云

250 黑谷上人御法語　（摸板）　一枚　貞治四年（一三六五）刊　京都　知恩院藏

（卷末刊記）

貞治四年乙巳十一月廿五日開板安置知恩院以傳遐代云

251 佛光國師語錄　二冊　貞治六年（一三六七）刊　京都　久原文庫藏

（卷末刊記）

貞治六年丁未十月九日刊于京臨川禪寺

252 集洪州黃龍山南禪師書尺　一冊　貞治六年（一三六七）刊　京都　大谷大學圖書館藏

（卷末刊記）

貞治六年丁未十月九日刊于京臨川禪寺

253 禪林類聚　二十冊　貞治六年（一三六七）刊　東京　岩崎文庫藏
京都　久原文庫藏

（卷頭刊記）

孟榮刊施
貞治六年丁未解制日幹緣僧希杲重刊于京臨川寺
（第十九卷末刊記）
前住長樂住持比丘良初　助緣五百文
良光　普禮　之純　各三百文
祥眞　昌玖　各二百文　梵進　元稠　各百五十文
中擧　中亮　見初　巾誠　周濃　中貞　中雄　昌濟　本祐　得芙　梵楨　道
秀　中燈　梵資　昌燈　昌爲　普薰　聞謹　祖識　昌雄　義鑒　集易　梵雲
各百文
（第二十卷末刊記）
前南禪住持比丘周澤　助緣伍貫貳佰文
天龍禪寺住持比丘法序　助緣壹貫文
前圓覺住持比丘大闡　助緣壹貫文
臨川禪寺住持比丘周應　等持禪寺住持比丘周郁　前安國住持比丘延芳　前等

持住持比丘周佐　前慧林住持比丘周信　前棲賢住持比丘圓熙　助緣各伍佰文
前補陀住持比丘慧廸　前妙光住持比丘世雄　助緣各參佰文

254 虎丘和尚語録　一冊　貞治七年（一三六八）刊

東京　岩崎文庫
京都　久原文庫　藏

（卷末刊記）

此錄舊板已漫滅玆者命工重刊置于龜山金剛禪院伏願佛種不斷世世建光明幢祖印親傳人人開無盡藏

貞治戊申孟春天龍住持比丘妙葩題

255 五燈會元　二十冊　貞治七年（一三六八）刊

東京　成簣堂文庫
同　岩崎文庫
京都　久原文庫　藏

（卷末刊記）

偈勸正仲貞首座募緣重刊五燈會元版　妙喜庵主　圓月

佛祖惠命久弗斷照昏衢如大明燈燈燈相承有五集曰傳曰普廣續聯五燈浩博難彙閱撫成一書曰會元禪學之徒喜便覽湖州武康沈淨明刻梓置之靈鷲山年遠乃版雖壞損願力堅固不可窮本朝見有大長者號曰雪江功德主命僧正仲重刊行正仲奉命自謂曰如此功德莫獨專當以普及一切人同結般若大勝緣以此勝緣功德力世世生

生作善種同發無上菩提芽　貞治馬兒年正月望書
此錄禪徒至寶也禪行我朝莫盛如今未刊行焉誠爲缺典廣化衆緣終成美事戊申
重陽日　泉南小比丘彥貞謹識
版留建仁靈洞
法印宗應刊行

宮內省圖書寮
東京　岩崎文庫
同　成簣堂文庫 藏

256 空華集　八册　貞治七年（一三六八）刊

（卷末刊記）

佛具八十種大人相不可一々重說古人賛國師有言曰空裏浮花夢裏身予謂是言於大人相盡矣無復加也瑞泉和尙外集表題曰空華國師大人相空中所雨花實非世間紅白相爭之浮浪之豔若也不信請看此集
貞治戊申春中正叟圓月跋義堂外集

257 妙法蓮華經　延文・貞治頃刊？

（義堂和尙語錄「直菴居士七周忌就于上野州金剛禪寺慶讃觀音大士」）

惟直菴居士宿殖德本修諸善根財施法施左之右之建接待也割腴田以供十方雲水

之僧永永弗絕刊法華經也各印一本以施二千淸淨之衆展轉無盡此經中云若自書若敎人書是人功德無量無邊能生一切種智又佗經說云若人紙墨自書若令人書寫如來正典然後與人令得讀誦是謂法施矣居士旣印施二千部則此功德莫大焉

（卷末刊記）　　　　東京　成簣堂文庫
　　　　　　　　　　京都　久原文庫藏

258　物初大觀語錄　一册　貞治頃刊？

法孫比丘圓月施財命工鏤板以埀後學功德報答四恩三有

（卷末刊記）　　　　京都　久原文庫藏

259　佛光國師語錄　二册　應安元年（一三六八）以前刊

松山宗林禪寺經藏公用比丘中一置之應安元年林鐘日

（書額墨書）　　　　東京　成簣堂文庫
　　　　　　　　　　京都　久原文庫藏

260　了菴淸欲語錄（南堂和尙語錄）　三册　應安元年（一三六八）刊

嘉興路萬壽山南堂四禪庵師姪比丘祖濤募緣入梓日東比丘海壽書天台周東山刊時至正己亥春起手明年庚子春畢之

（卷末刊記）

應安戊申重刊京臨川禪寺

261 破庵和尙語錄　一册　應安三年(一三七〇)刊　宮内省圖書寮　東京岩崎文庫　同成簣堂文庫藏

(卷末刊記)

此錄舊板已漫滅茲者命工重刊置于龜山金剛禪院伏願佛種不斷世世建光明幢祖印親傳人人開無盡藏

應安庚戌孟春天龍東堂比丘妙葩題

262 應庵和尙語錄　二册　應安三年(一三七〇)刊　東京成簣堂文庫　同岩崎文庫　京都久原文庫藏

(卷末刊記)

應安庚戌佛生日　天龍東堂比丘妙葩命工彫之

263 月江和尙語錄　上集二册　下集二册　應安三年(一三七〇)刊　東京成簣堂文庫　岩崎文庫藏

(下集卷末刊記)

良甫自刊月江語錄下集通計廿枚七片紙大小字該三十張數　應安三年六月初旬謹題　一翁

264 無準和尙語錄(佛鑑禪師語錄)　五册　應安三年(一三七〇)刊

（卷末刊記）

此錄舊板已漫滅茲者命工重刊置于龜山金剛禪院伏願佛種不斷世世建光明幢祖印親傳人人開無盡藏

應安庚戌季夏天龍東堂比丘妙葩題

東京　成簣堂文庫藏

265 佛光國師語錄　一册　應安三年（一三七〇）刊

東京　岩崎文庫藏

（卷末刊記）

此錄舊板已漫滅茲者命工重刊置于龜山金剛禪院伏願佛種不斷世世建光明幢祖印親傳人人開無盡藏

應安庚戌孟冬天龍東堂比丘妙葩題

366 宗鏡錄　百卷二十五册　應安四年（一三七一）刊

東京　岩崎文庫
京都　久原文庫藏

（卷末刊記）

應安辛亥結制日　天龍東堂比丘春屋妙葩命工彫之　江南陳孟榮刊刀

267 妙法蓮華經　八卷　應安五年（一三七二）刊

日本古刻書史所載

（卷末刊記）

應安五年三月十四日　　希杲拜書

268 碧山堂集　一册　應安五年（一三七二）刊　　東京　岩崎文庫藏

（卷末刊記）

應安五年八月初旬中華大唐俞良甫學士謹置

269 妙法蓮華經　應安五年（一三七二）摺寫

（佛德大通禪師愚中和尙語錄所載「印捨法華經薦親記」）

金山功德主信善女見常生知孝道奉親以順追憶慈父慕之尤切所以每遇年月之忌未嘗有一日不修善而資福也然猶思恩之罔極則非報之勿逮且如三十三周之遠忌正在癸丑正月初八日追慕之至預於壬子九月十八日特印斯典仲供養非唯斯日命於衆僧異口同音欽奉讀誦施之當寺傳於未來（下略）

270 大應國師語錄　二册　應安五年（一三七二）刊

宮内省圖書寮
東京岩崎文庫
同　成簣堂文庫藏
京都久原文庫
同　養德院

（卷末刊記）

時應安五年歲次壬子冬十二月十五日

西京龍翔禪寺住持法孫比丘宗與命工入梓
前妙興禪寺住持法孫比丘性守助緣
前眞如禪寺住持法孫比丘宗任同助
筑前聖福禪寺住持法孫比丘宗越同助
前崇福禪寺住持法孫比丘宗璨同助

271 大方廣佛華嚴經合論 卷第十五 一帖 應安五年(一三七二)刊

京都 南禪寺藏

(卷頭刊記)
大日本國山城州天龍資聖禪寺彫造
華嚴合論
今上皇帝祝延 聖壽文武官僚同資 祿位□□時應安壬子歲月日

272 兀菴和尚語錄(潭州開福禪寺寧禪師語錄) 一册 應安六年(一三七三)刊

宮内省圖書寮
東京 成簣堂文庫藏

(卷末刊記)

此錄禪徒至寶吾家青氈本朝未有鋟梓者七世孫比丘彥貞募緣雕刻欲使眼中有筋衲子一覽而知臨濟正宗在此耳
應安癸丑仲春　同幹比丘貞柏

273 北磵詩集　二冊　應安七年(一三七四)刊　宮內省圖書寮
東京　成簣堂文庫　藏

(卷末刊記)
(上略)古巖峨云盡將北磵平生文字倣工鋟木不終而遽爾其徒周楨書記善卒先志峨長崎之子世稱名家視其所聊可以知其人焉　應安甲寅孟春下瀞雲水僧祖應記

274 大般若波羅蜜多經　六百帖　應安七年(一三七四)刊　奈良　律宗戒學院藏

(卷末刊記)
(第二百十一卷)　開板願主禪忠
(第二百五十二卷)　此帙者實圓勸進開版之
(第三百七卷)　洛之慧峯正統菴置大般若印板四百內焉比丘永清發誠心而化有力命工續造矣宜哉印文打就衆人摸寫以玆功勳普利恩有者也旹應安甲寅仲秋日
幹緣比丘永清造之

（第三百十五卷）成正正四位下行左京大夫

（第三百十六卷）大中臣朝臣行廣

（條三百五十六・三百五十八・三百六十卷）左衛門平忠顯

275 李善注文選　六十卷　應安七年（一三七四）刊　日本古刻書史所載

（卷末刊記）

文選之板世鮮流布童蒙不便之福建道興化路莆田縣仁德里人俞良甫頃得大宋古家先生之書於日本嵯峨自辛亥四月起刀至今苦難始成矣甲寅十月謹題

276 重新點校附音增註蒙求　三冊　應安七年（一三七四）刊　東京　岩崎文庫藏

（卷末刊記）

龍歲甲寅年日　孟榮拜題謹置誌之

277 大藏經綱目指要錄　八冊　應安頃刊？　京都　久原文庫藏

（卷末刊記）

□□寺刊之大唐陳伯壽

278 新撰貞和分類古今尊宿偈頌集　五冊　永和元年（一三七五）以前刊

東京　岩崎文庫藏
成簣堂文庫藏

（空華日工集永和元年四月十六日條）
今此印本乃末删以前稿本也不知何處俗士鬻利者妄寫且刊烏焉成馬不特成馬或脫一字或漏一行或全篇失次其錯誤不可勝言余適欲重加校讐改刊未暇也

279 江湖風月集　一卷　永和頃刊？　東京　岩崎文庫藏
卷末刊記を缺くも、新撰貞和分類古今尊宿偈頌集と版式・書風・紙質等が全く同じであるから、同時代に同じ所で刊行されたものらしい。卷末に「歲之辛已臘二十三也壹菴書」といふ墨書がある。辛已は應永八年（一四〇一）であらう。

280 大般若波羅蜜多經　卷第二百九十七　永和二年（一三七六）刊　日本古刻書史所載
（卷末刊記）
永和二年丙辰五月　日　化緣比丘智感

281 歷代帝王編年互見之圖　一册　永和二年（一三七六）刊　訪書餘錄所載
（卷末刊記）

永和第二丙辰季冬初絃重刊洛之大用菴

282 集千家注分類杜工部詩　二十五卷　永和二年(一三七六)刊　宮內省圖書寮藏

(卷末刊記)

永和太歲柔兆執徐肅霜

京洛大藏坊法印観喜重刊

283 大方廣佛華嚴經　(摸板)　建武・永和刊　奈良　興福寺藏

(陰刻銘)

(後分下ノ四)　建武元年十二月十一日

(六卷十ノ四)　永和二年十二月日　奉行胤玄

284 元亨釋書　三十卷　自貞治三年(一三六四)至永和三年(一三七七)刊　京都帝國大學圖書館藏　同　久原文庫藏

(目錄題記)　大日本國延文庚子六月有旨入毘盧大藏海藏禪院寓居比丘單況等謹募衆緣恭爲今上皇帝祝延聖壽文武官僚資崇祿位國泰民安命工鏤梓與大藏經印板共行一部計三十卷　旹貞治三年甲辰正月　日謹題

（第十六巻題記）　大日本國延文庚子六月有旨入毘盧大藏濟北禪庵住持比丘單況等謹募衆緣恭爲今上皇帝祝延聖壽文武官僚資崇祿位國泰民安命工鏤梓與大藏經印板共行一部計三十卷　旹應安元年戊申十二月　日謹題

（第十七巻題記）　大日本國延文庚子六月有旨入毘盧大藏濟北禪院寓居比丘單況謹募衆緣刊行

（第二十二巻題記）　大日本國延文庚子六月有旨入毘盧大藏平安城南禪禪寺寓居比丘單況謹募衆緣恭爲今上皇帝祝延聖壽文武官僚資崇祿位國泰民安命工鏤梓與大藏經印板共行一部計三十卷　旹永和三年丙辰八月　日　謹題

（第二十八巻題記）　大日本國延文庚子六月有旨入毘盧大藏攝州報國禪寺住持比丘單況謹募衆緣恭爲今上皇帝祝延聖壽文武官僚資崇祿位國泰民安命工鏤梓與大藏經印板共行一部計三十卷　旹永和三年丁巳八月　日謹題

（第二十八巻末刊記）　斯卷者平安城人上池軒主惠勇捐財繡梓于時永和三祀丁巳九月也

285　寂室和尚語錄　二冊　永和三年（一三七七）刊

東京　成簣堂文庫
同　岩崎文庫
京都　久原文庫
同　東福寺
藏

（卷末刊記）

寂室和尚南遊之後晦跡岩谷與世邈如謝遣人事絕筆久之晚年因衲子懇請迫不獲已往々一言半句流落江湖或爭暗誦或私傳寫烏焉之誤蓋不亦少恐其遺失據本印行不敢加損望無差誤

時永和丁巳冬節之前三日　釋沙門性均謹白

286 金剛般若波羅蜜經　永和三年（一三七七）刊

（空華集所載「重開金剛經板化緣偈頌并叙」）

瑞鹿續燈禪庵所藏金剛經舊板乃本庵第一祖佛滿禪師書也當甲寅冬版爲火所奪而後於灰燼中獲舍利如菽者無數此蓋般若熏力不可思議者也三年歲直丁巳師之徒惠從道人發心化緣欲重繡梓以行於世故命報恩比丘某甲說偈代疏遍于諸賢檀越以集乃事此去逢著知音開顏一笑則般若惠燈增輝燦爛續續無盡矣偈曰

般若薰陶弗可量　燼餘設利燦昌光　要識金剛元不壞　還須鏤版再宣揚

287 佛源禪師語錄　一册　永和四年（一三七八）刊

京都帝國大學圖書館
同久原文庫藏
同建仁寺兩足院

（卷末刊記）

永和第四戊午半夏日釋仁到募緣重刊東山同源塔下

288 義堂和尚語錄　一册　永和頃刊？　宮內省圖書寮藏
東京岩崎文庫

(卷頭序文)

友人信義堂禪文偕熟餘力學詩風騷以後作者商參而究之最於老杜老坡二集讀之稔焉而醞釀於胷中既久矣時或感物興廢而作則雄壯健峻幽遠古淡衆禮具矣若夫高之如山嶽深之如河海明之如日月冥之如鬼神其變化如風雲雷電其珍奇如珠具金璧以至其縱逸橫放則如獵虎豹熊貅之猛然角之椅之其力不得蹔假焉紫燕之喧黃鸝之嫩其聲於是無恥乎既然不以已所能之功爲自伐也非惟不自伐爾視之如空華醫於病目故目乃集曰空華吾先覺爲淵才雅思文中王祗夜伽陀梵音妙唱令人樂聞然亦謂諸佛世界猶如空華亂起亂滅不卽不離義堂設心在焉自非禪文偕熟者安能如斯之爲耶

延文己亥春中正叟圓月走筆以爲空華集之序云

右の序文の他に洪武九年(永和二年)明僧全室宗泐の撰した序文を載せてあるから、永和頃の開版であらう。

289 大般若波羅蜜多經　巻第六百　康暦元年(一三七九)刊　東京　久原文庫藏

(巻末刊記)

此經板喜捨施入江州佐々木新八幡宮專爲上酬四恩下資三有無邊法界廣大流通者

康暦元年己未八月七日　幹縁比丘勝源

願主當國太守菩薩戒弟子崇永

290 石門洪覺範林間錄及後錄　三册　康暦二年(一三八〇)刊　東京岩崎文庫・京都久原文庫藏

(巻末刊記)

此錄舊版堙沒久矣爰臨川禪寺重新刊行庶使佛祖奥旨永傳不朽也

康暦庚申夏五督工普練誌

291 金剛般若波羅蜜經註解　般若波羅蜜多心經註解　合一册　康暦二年(一三八〇)刊　宮内省圖書寮藏

(巻末刊記)

康暦二年庚申八月日重刊于臨川寺

292 黃龍十世錄　一册　康暦二年(一三八〇)刊　京都　久原文庫藏

（序文）
愚見從上諸祖授受之間其機緣結句悉詳傳記矣自黃龍南禪師至萬年賁禪師六世則五燈錄之所載也其次天童雪菴瑾虛菴敞則所不記也本朝建仁開山千光祖師得法於虛菴其後長樂朝公壽福譽公宏光照禪師三世雖的々相承而語錄既湮沒矣獨宏光上足特賜眞源大照禪師龍山和尙妙年之時密受宏光之秘訣而後徧參南朝知識也晚年歸鄕以唱黃龍將絕之道救今編輯于南禪師以下十世語句以補闕也昔人謂前輩言行不見傳記後世學者無所矜式也愚之所以不敢私藏之意在焉
康曆庚申十一月十三日　前廣嚴嗣祖比丘　以倫　謹誌

293 法苑珠林　卷一百　一帖　康曆三年（一三八一）刊　京都　南禪寺藏
（卷末刊記）
昔康曆三年仲春吉日　大唐江南　等刻板

294 佛祖正法直傳　一册　康曆三年（一三八一）刊
（應永十一年版佛祖正法直傳卷末刊記）
康曆歲次辛酉仲春上澣　比丘宗光命工刊行

應永十一年甲申三月　日　重雕印行
幹緣　比丘　從遠
助緣　沙彌　常熙
助緣　通泰

295 摩訶般若波羅蜜多心經　一卷　永德元年(一三八一)刊　大屋德城氏藏
(卷末刊記)
永德元歲十二月十三日爲心經會開之　尊勝院

296 成唯識論　卷第一　一卷　永德二年(一三八二)以前刊　住田智見氏藏
(卷末墨書)
永德二年壬戌四月上旬於興福寺勸學院三ヶ日自二日至四日移之畢爲寺社靜謐令法久住神恩報謝利益衆生而已　末學舜專
(卷末朱書)
同五日點畢

297 金光明最勝王經　第一　一卷　永德二年(一三八二)以前刊

奈良　東大寺圖書館藏
（卷末墨書）
奉迎施入伊賀國名張郡相谷蓮華寺常住御經也
永德二年壬戌九月廿日　齊戒圓妙
298 佛祖正傳宗派圖　一帖　永德二年(一三八二)刊　京都　久原文庫藏
（卷末刊記）
斯圖之作特以五家同系於馬祖下者盖據虎關和尚五家辨以爲證焉仍附其文于后
以備藻鑑云　時永德二年壬戌菊節日新刊于洛之南禪龍興庵　板賃五十錢

299 佛說大報父母恩重經　一卷　永德三年(一三八三)刊　日本古刻書史所載
（卷末刊記）
永德三年癸亥九月十七日　願主　道祐謹刊
（智覺普明國師語錄）
爲土岐智山性惠禪尼五七忌辰圖畫地藏菩薩尊像一軀頓寫妙法蓮華經一部印造
父母恩重經

300 五部大乘經（華嚴・大集・大品・法華・涅槃）　永德三年（一三八三）刊

（京都東寺藏大方等大集月藏經卷第十卷末刊記）

奉安置五部大乘經鏤板江州大禪寺　專爲上酬四恩下資三有無邊法界廣大流通
者　永德三年十月十日　願主比丘勝源

（日本古刻書史所載大集經卷末刊記）

開經願主平員幸法名常孝有志趣者爲故靈江永公大禪定門十三回追善乃至法界
衆生皆成佛道之故也　永德三年十月　日　願主　道源

301 全室和尚語錄　三卷　康曆・永德頃刊？　日本古刻書史所載

（第二卷末刊記）

比丘絕海助刊記

302 傳法正宗記　六册　至德元年（一三八四）刊　京都　久原文庫 南禪寺 藏

（卷末刊記）

福建道興化路莆田縣仁德里住人俞良甫於日本嵯峨寓居憑自己財物置板流行
歲次甲子孟夏四月日謹題

303 大般若波羅蜜多經　巻第四百二十　一帖　至徳元年(一三八四)刊　京都　久原文庫藏

(巻末刊記)

至徳改元七月　日

化縁比丘　智感

304 佛德禪師語錄　一册　至德元年(一三八四)刊　日本古刻書史所載

(巻末刊記)

佛德禪師二會語錄幷小佛事題賛偈頌等凡若干編如師子嚬呻似象王蹴踏百怪千妖悉潛其踪於虖盛矣哉大法二千載之後就謂重闢佛國乾坤於扶桑之域乎予昔侍師側久矣今觀此錄若視承其諒諒慈誨後之證悟得入者其可勝計哉必有如古塔主讀雲門錄者也具眼者請辨取焉

至德元年冬至日　相國住持比丘妙葩拜題

305 八方珠玉集　二册　至德二年(一三八五)刊　京都　久原文庫藏

(巻末刊記)

八方珠玉集堙沒六十年末葉諸孫等戮力以彫鐫永置天池院令法源流傳至德乙丑歲仲秋良月天謹記之

306 觀無量壽經　一卷　至德三年(一三八六)刊　日本古刻書史所載

(卷末刊記)

至德三年正月廿五日印本　願主　法眼慈辨

307 安樂集　二卷　至德三年(一三八六)刊　日本古刻書史所載

(卷末刊記)

至德三年正月廿五日印本　願主　法眼慈辨

308 法華經音訓　一册　至德三年(一三八六)刊　東京　岩崎文庫藏

(卷末刊記)

旹至德丙寅佛成道日河北善法精舍住持心空謹誌

左京兆通儀大夫約齋道儉化淨財命工刊行

幹緣　行西

309 大方等大集經　至德三年(一三八六)刊　訪書餘錄所載

（卷末刊記）

此經印板今世幾希也仍發心勵衆而刊行之憑茲善利法界衆生同圓種智

至德丙寅臘月日化主光信謹識　版武州立川縣玄武山普濟禪寺

310
五部大乘經（華嚴・大集・大品・法華・涅槃）　二百卷　至德三年（一三八六）摺寫

（空華集）

備後州路三谷郡元亨禪寺始置五大部經慧日東漸健易首座爲寺主悅堂請具狀來索予爲序冠於經首其狀曰大苾蒭尼本慧者本郡人廣澤藤原氏女也世爲名族歸崇三寶甚勤本慧嘗參栖眞傑山偉和尚授以今名而後得一僧稚而端實養之如子殆二十年凡曰衣盋資身之具無一不出焉慧以至德初元甲子夏四月十九日而卒保齡七十五闍維瘞遺骨於本寺寺搬於普融中冲出東福白雲之門今嗣普融主寺事者法名麗岜號曰悅堂乃其僧也悅堂以爲鞠養恩大非資法力難爲報也及明年丙寅遇大祥忌悅堂命工印造華嚴大集大品法華涅槃等五部大經合二百卷以薦冥福因度是經奉安于寺（後略）

311
冥樞會要　三册　嘉慶元年（一三八七）刊　京都　久原文庫藏

（卷末刊記）
三州實相禪寺前住持比丘是一比丘尼妙明如雲等施長財命工重刊冥樞會要三帙置於東福常樂菴永遠流通所集殊勳上報四恩下資三有法界衆生同圓種智仍將斯功德報薦先考老覺先妣如觀冀超眞如之寶域眞至菩提之覺場
嘉慶元年重陽日　比丘是一題

312
新刊五百家註音辯唐柳先生文集（柳文）　二十册　嘉慶元年（一三八七）刊
宮內省圖書寮
東京成簣堂文庫
同岩崎文庫
同靜嘉堂文庫　藏
（卷末刊記）
祖在唐山福州境界福建行省興化路莆田縣仁德里臺室諫坊住人俞良甫久住日本京城阜近幾年勞鹿至今喜成矣　歲次丁卯仲秋印題

313
和點妙法蓮華經　嘉慶元年（一三八七）刊
（應永五年版和點妙法蓮華經卷末刊記）
法華經倭點者盖爲本國僧俗男女至于竈夫販夫未通漢音者而所設也詳夫以倭字

翻漢語猶以西天梵音而譯東土唐言其音字雖似別法義則大同矣而又倭字俗謂之假名字經曰但以假名字引導於衆生是乃約齋居士不壞假名而談實相所以流通倭點者歟若復有人手不執卷常誦是經則居士捨財鏤版厥功也不虛矣居士法諱道儉約齋其號嘗自製十願文誓施世法二藥以治一切衆生身心二病云嘉慶初元丁卯佛成道日空華道人爲約齋請隨喜而題 周信 義堂

善法住持沙門　心空校定
東山隱衲　釋　祥英繕寫
約齋居士　道儉募緣刊行

314　重刊貞和類聚祖苑聯芳集　十卷　嘉慶二年（一三八八）刊　東京　成簣堂文庫　岩崎文庫　藏

（卷末刊記）

吾宗無語句亦無法與人此集從何而來哉余貞和年間在龜山爲童蒙求選取宋元二代耆宿五七言絕句者幾乎數千首其稿燬于延文戊戌近見妄庸傳寫別本烏焉爲馬者十八九矣余不忍視此遂重編焉舊稿止於五七絕句不及八句學者恨之余讀傳燈德敷僧潤等皆有詩焉今代禪八句莫妙於眞淨文余故取眞淨以下尊宿五七言八句

補入作三千首名曰重編貞和類聚祖苑聯芳集余是時老病相凌命在呼吸乃假筆書一語其後以紀始末　嘉慶二年戊辰三月十四日　釋周信自題

315 隨心如意輪心經　一卷　嘉慶二年(一三八八)刊　奈良　唐招提寺藏

(卷末刊記)
嘉慶第二戊辰歳　秋冬雨節刻彫之　奉納法隆學問寺　摸寫流布利群生

316 佛光國師眞如寺語錄　一冊　嘉慶二年(一三八八)刊　京都　久原文庫藏

(卷末刊記)
嘉慶戊辰正脉守塔比丘周勛命工刊行

317 佛祖統紀　五十五卷　嘉慶頃刊?

(空華集所載「新開佛祖統紀板募緣疏偈」)
昔趙宋南渡景定間四明東湖沙門天台講師安石磐公撰佛祖統紀蓋擬諸兩司馬史記通鑑而作也其書五十五卷凡曰佛應奕葉之本支衡台諸師之旁正儒釋道之所以興替禪敎律之所以並行法運世界之所以通塞建立之者一開卷則粲楽羅列目前若星斗縣于秋旻莫不昭然故三學稽古之徒咸有取焉而吾國未有板行者初前普門住

持則川三公禪學之餘欲梓玆書不遂而寂及是其上足比丘南禪雲莊書記生岊一日慨然欲成録事以畢先志厥費頗夥非資衆力則難集乃俾余製疏巡化余嘉雲莊克繼厥志辭弗獲遂一偈以代四六仰于十方英檀僧俗男女隨喜樂施成就則異時佛祖彼何人哉偈曰

佛祖初無一法傳東湖筆底浪滔天欲知的的無傳意刊版流通了大緣

（卷末刊記）

318 首楞嚴經會解　五册　康應二年(一三九〇)刊　東京　岩崎文庫　京都　久原文庫　藏

嘉慶三年戊辰九月起手入彫至于康應庚午二月中旬而畢工乃板留三會院內

（卷末刊記）

319 融通念佛緣起　二卷　明德元年(一三九〇)刊　日本印書考所載

右此融通念佛緣起勸進之繪六十餘州悉隨所望侍賦傳之令勸進給之云此願乞隨喜之間奉合力令開板者也願以此善願功力及父母六親眷屬同得往生無邊群生平等利益矣

明德元年庚午七月八日開板　成阿花押

320 清拙和尙語錄　一册　明德二年(一三九一)刊　京都　久原文庫藏

(卷末刊記)

明德辛未初夏東山禪居守塔淸牧命工刊行

321 月菴和尙語錄　二册　明德二年(一三九一)刊　京都　久原文庫 建仁寺兩足院藏

(卷末刊記)

明德二禩辛未七月二十五日　幹緣比丘　正鏡

322 大方廣佛華嚴經普賢行願品疏 一卷
同 隨疏義記 六卷　合七帖　明德二年(一三九一)刊　奈良　東大寺圖書館藏

(第六卷末刊記)

淸涼國師行願疏一卷圭峰同記六册諒解纜於普賢之願海嚴臺毘盧之覺岸然巨唐盛行之後吾朝流傳以降未有鏤版已矣故圓乘學人日羸燕弗之功夜伴蟾影之競於焉惣深爲專思祖承宣通兼救宗徒辛勤投輕微之絹塵拜與善之錢貨聚多少板木開七軸疏記遂置東大寺戒壇院者也冀摺寫數本流行萬世旹明德辛未七月　日

戒壇院住持沙門惣融　弟輩比丘惣深謹誌

323 元亨釋書　十五册　明德二年(一三九一)刊　東京　成簣堂文庫 奈良　律宗戒學院藏

（卷末刊記）

東福海藏禪院重刊元亨釋書化疏有叙

大日本國平安城濟北大沙門虎關禪師撰元亨釋書者寔本朝僧傳之權輿也其書凡三十卷始於傳智終乎序說上自推古下至元亨七百餘年間事若僧尼士庶之傳若寺宇佛像之志若國家君臣資治之表有一關乎吾釋氏者靡不登載而收錄焉至延文庚子六月有旨入藏頒行蓋從其徒圓通住持龍泉淬公請也是書既鏤刊行於世會永德壬戌二月十六日司烜失職本院遺火延及書庫凡歷代三敎之書奥編祕帙一夕而燼則版亦成烏有矣聞者咸惜焉茲者師之上足前南禪性海禪師以其徒請由東菴遷莅院事未幾百廢俱擧仍圖重刊茲書費用不貲遂命在城等持比丘周信儷詞製疏巡叩十方諸大檀那貴官長者緇白男女若見聞者慨然樂施以濟版事其獲福可量也哉疏曰維元亨釋氏之編寔本朝僧史之筆曰梁曰唐曰宋三傳雖同若皎若宣若寧十科或異慨茲海藏龍宮之失護俄驚琅函玉軸之歸空天道好還行看印板打就斯文復作正好點筆疾書增濟北之陰凉壯海東之福地天子萬歲宰臣千秋

至德元年甲子六月日疏

明德二年辛未十一月日重刊置於海藏院

324 新編排韻增廣事類氏族大全　九冊　明德四年（一三九三）刊

東京　成簣堂文庫
同　岩崎文庫　藏
京都　久原文庫

（卷末刊記）
明德癸酉八月開板成圓

325 大般若波羅蜜多經　（摸板）　曆應・康永・貞和・觀應・文和・延文・康安・貞治・應安・永和・康曆・永德・至德・康應・明德　刊

奈良　興福寺藏

（陰刻銘）
（初百內五帙一卷五）　貞治六未三月卅日觀舜房ノサタ
（初百內八帙一卷五）　康曆元年十一月　日
（初百內八帙五卷七）　永德元年六月廿日
（初百內五帙九卷四）　永德四年四月十日
（初百內九帙六卷一）　明德三年六月廿日
（初百內七帙四卷八）　明德三年七月十日

(初百內七帙三卷五)　應安二年八月　日 久弘 奉行胤玄
(初百內九帙八卷七)　至德三年三月廿日
(初百內四帙七卷三)　永和元年五月　日
(初百內十帙三卷五)　永德三年正月卅日
(初百內十帙九卷四)　至德二年ウシノトシ十二月　日
(初百內六帙四卷一)　明德三年八月　日
(初百內五帙四卷一)　明德三年八月十日
(初百內五帙十卷四)　貞治二年十一月　日久弘
(初百內五帙一卷七)　貞治六年十一月廿日 重禪 得|
(初百內三帙一卷六)　至德元年八月廿日
(初百內一帙一卷六)　應安七年十二月廿日
(二百內十帙十卷一)　康安二年五月八日
(二百內八帙四卷四)　貞治六年八月　日久弘
(二百內六帙二卷五)　永和元年五月七日

(二百內五帙五卷一)　明德三年壬申十月廿日

(二百內四帙四卷五)　明德四年癸酉月　日

(二百內三帙三卷三)　明德四年癸酉七月八日

(二百內八帙一卷六)　貞治二ゥ九月卅日

(二百內十帙十卷三)　應安七年二月　日分五枚之內中御門　永尊

(二百內二帙九卷三)　康永二年二月　日

(二百內五帙七卷二)　康曆二年十二月　日

(二百內七帙七卷三)　明德二十月廿日

(二百內三帙六卷一)　明德四六月卅日

(二百內四帙九卷七)　明德四年癸酉十月廿日

(二百內五帙九卷六)　康永二年七月九日

(二百內六帙十卷五)　永德元年六月廿日

(三百內八帙三卷三)　貞治二ゥ十一月十日

(三百內五帙一卷三)　永德三年十二月卅日

(三百内一帙十巻四)　貞和二年十月　日

(三百内五帙五巻一)　貞和二年十二月　日

(三百内三帙九巻二)　貞治六年正月　日

(三百内七帙二巻七)　貞治六年十月十日

(三百内五帙四巻二)　貞治六年三月廿日

(三百内四帙八巻五)　貞和三年二月　日

(三百内十帙五巻四)　康暦元年六月　日

(三百内七帙二巻三)　貞治二年十一月晦日

(三百内三帙二巻二)　應安六年六月廿日

(三百内八帙五巻六)　延文二年六月十三日

(三百内一帙三巻一)　貞和五年五月十五日

(三百内七帙六巻二)　永和二年二月　日順

(三百内一帙十巻八)　貞和二年八月　日

(三百内九帙六巻六)　貞治七年正月廿日順

〔三百内四帙五卷二〕 至德四　五月　日

〔三百内一帙十卷八〕 貞和二年八月日

〔三百内八帙五卷三〕 貞治二年十一月十日

〔三百内六帙七卷七〕 貞治二卯十二月十日

〔三百内六帙八卷三〕 貞治六未五月卅日

〔三百内六帙三卷一〕 康應元年十月廿日

〔三百内十帙四卷一〕 貞和三年四月　日

〔三百内二帙五卷八〕 明德元年十二月卅日

〔三百内五帙六卷三〕 延文三年三月六日

〔三百内五帙四卷一〕 永和二年五月十日

〔三百内七帙八卷二〕 永和五年午五月九日

〔三百内八帙九卷二〕 曆應五年五月　日

〔三百内十帙二卷一〕 貞和二年九月　日

〔三百内八帙四卷五〕 曆應五年四月　日

（三百內四帙一卷七）　延文二年九月十日
（三百內九帙九卷三）　貞和五年六月廿五日
（三百內三帙四卷七）　貞治七申正月十日
（三百內九帙九卷二）　永和二年六月廿日
（三百內七帙一卷二）　永德二年五月十日
（三百內七帙九卷六）　觀應元年十月七日
（三百內七帙一卷二）　永德二年五月十日
（三百內九帙八卷五）　明德二年十月廿日
（三百內十帙六卷五）　貞治六年卯月卅日
（三百內九帙四卷六）　貞治二年十二月十日
（三百內八帙五卷二）　應安二イヌ五月廿九日
（四百內四帙八卷八）　貞和三年十二月　日
（四百內八帙三卷二）　貞治三年六月十日
（四百內三帙二卷二）　應安六年六月廿日

（四百内二帙七巻八）　延文五年九月五日
（四百内五帙八巻八）　貞治三暦四月廿日
（四百内二帙十巻）　康安二年七月四日　重
（四百内八帙八巻八上）　貞治三暦二月廿日
（四百内五帙七巻四）　應安七年トラ七月十日
（四百内一帙八巻六）　延文元年五月十八日
（四百内一帙十巻八）　貞治三辰六月十日
（四百内八帙九巻八）　貞和四年十月卅日
（四百内十帙十巻四）　永和三年四月　日
（四百内十帙九巻三）　應安六丑年十一月卅日
（四百内八帙六巻八）　應安七年トラ十月十日
（四百内五帙八巻七）　貞治三暦三月卅日
（四百内四帙三巻八）　貞治三暦五月卅日
（四百内六帙五巻一）　貞和二年十一月　日

（四百内二帙二巻八）貞和二年三月　日

（四百内九帙六巻一）文和四年八月三日

（四百内四帙二巻八）延文二年五月廿日

（四百内二帙十巻二）明徳元年午三月晦日

（四百内二帙六巻四）貞和四年二月　日

（四百内五帙一巻二）至徳元年十月廿日

（四百内五帙六巻五）永和三年丁巳十月　日クハスハラサタ信

（五百内三帙五巻三）貞治四年五月十日順

（五百内九帙二巻六）應安六年丑十一月廿日

（五百内六帙六巻三）應安三申六月廿日

（五百内二帙三巻五）應安子五月卅日

（五百内一帙七巻五）延文五年十二月廿二日

（五百内七帙四巻五）永和二年十二月八日中院内大貳

（五百内七帙五巻八）永和元年九月　日順

（五百内二帙八巻四）　貞治二年六月十日

（五百内一帙五巻一）　貞治四年巳十一月　日　久弘

（五百内八帙五巻四）　永和元年ゥ四月十日

（五百内十帙五巻三）　永和元年四月廿日

（五百内十帙三巻七）　永和元　九月　日　順

（五百内七帙六巻一）　永和二年六月卅日

（五百内八帙十巻三）　永和元年四月十日

（五百内七帙六巻四）　應安七年八月十日

（五百内十帙六巻五）　應安八年卯三月廿日

（五百内四帙五巻八）　貞治三年六月十日　シムツイノ分

（五百内八帙八巻八）　康永元年十一月　日　永重

（五百内二帙三巻〇）　延文二年十二月四日

（五百内八帙四巻一）　文和四年八月十日

（五百内十帙八巻八）　應安八年三月廿日

（五百內三帙三卷二）文和三年十一月五日
（五百內八帙八卷四）應安六丑十月卅日
（五百內十帙五卷七）貞治二巳四月廿日
（六百內九帙二卷一）永和元年七月十二日　大成
（六百內二帙二卷八）永和四年九月十日
（六百內八帙六卷五）應安七年八月　日
（六百內六帙六卷七）應安四年十一月十日
（六百內八帙七卷三）應安六年丑五月　中院ノ分　五枚之內
（六百內二帙十卷八）康曆二年申九月十日
（六百內一帙八卷八）永和五年三月　日
（六百內八帙三卷二）永和三年九月十三日　伊
（六百內五帙一卷一）永和元年十一月廿日
（六百內八帙三卷七）貞治二二巳八月卅日
（六百內九帙十卷七）貞治二二巳十月廿日

（六百內四帙八卷一） 康暦二年甲九月十日

（六百內三帙二卷一） 應安七年五月分 五枚之內中院

（六百內八帙五卷六） 應安七年十月分 中御門大貳

（六百內二帙十卷五） 應安三戌十二月十一日

（六百內三帙九卷一） 永和四年七月六日

（六百內三帙三卷八） 永和四年九月十日

（六百內十帙一卷一） 康暦二年八月廿九日

326 **般若心經疏** 一册 應永二年（一三九五）刊 **東京** 岩崎文庫藏

（卷末刊記）

印施 賢首大師般若心經疏伏願頓悟般若之妙心朗開群生之慧目功德遍三世利

濟流十方法界含靈同圓種智者也

應永二年季春日 雒汭 釋梵書拜書

大明國 兪良甫刊行

應永第七寶暦沽洗上巳嘉辰

持行救贖戒權大僧都慈顯

327 通別二受抄　一巻　應永二年(一三九五)刊　奈良　唐招提寺藏

(卷末刊記)

古今賢匠述作此議不知其數無詳盛師卷號二受通別兩門文約義豐如説受戒卽入佛位悟道在心啻鑒斯典但恨扶桑流布以來先哲刻板未令恢弘今弟子賢盛開印以望戒律流通上報三寶洪恩下濟六趣沈苦而已

應永二年乙亥九月四日

和州唐招提寺住侶小蒭賢盛謹誌

328 注華嚴法界觀門　一帖　應永三年(一三九六)刊　奈良　東大寺圖書館藏

(卷末刊記)

右此觀者闢法界之廣都陳毗盧之玄門於此盡矣予思宣通莫如開板則投淨財而鏤良梓庶乎遐方流演終古傳布而已

于時應永丙子仲春日　三河守源時則謹誌

彫工　彈正爲經

329 佛祖正法直傳　一册　應永三年(一三九六)刊　東京　岩崎文庫藏

(卷末刊記)

應永丙子孟冬下澣　重命工刊行

330 大般若波羅蜜多經　卷第四百三十二　應永四年(一三九七)刊　京都　久原文庫藏

(卷末刊記)

應永四年二月日　化緣比丘法龜

331 古今韻會擧要　十册　應永五年(一三九八)刊　東京　岩崎文庫藏 京都　久原文庫藏

(卷末刊記)

應永五歲姑洗日　幹緣藤氏權僧都　聖壽

重刊釋氏　一周

332 和點妙法蓮華經　八卷　應永五年(一三九八)刊　近江　長濱八幡宮藏

(卷末刊記)

旹應永戊寅之歲比丘靈昊化緣重刊板置慧峰龍吟庵

333 三國佛法傳通縁起　三帖　應永六年(一三九九)刊　奈良　東大寺圖書館藏

(卷末刊記)

戒壇示觀律師學該乎三藏智辯汗瀾焉空有性相猶庖丁之於牛也且所遺之心盡凡千有餘卷焉然不出卷而投諸宗之閫域知三國之傳通者莫若乎斯書也苟從事于此者豈不云乎回千里之迷途者一呼之力也不遇於斯説則吾終昧於大方者邪所恨未約刊行所利不廣仍命工鋟板云爾

應永巳卯正月　日　總深謹寫

334 淨土三部經　四帖　應永六年(一三九九)刊　二見眞定氏藏

(阿彌陀經卷末刊記)

本院奥記云

校合倭漢數本勘定釋義意趣文字之有無次第之上下並點畫闕行等取捨是非若有難辯者就多本用之所以恐錯謬於卒爾其功歷年月顧愚迷於寸心定以朋友談因爲弘通證本勸重刊板印矣

建保二年太歲甲戌二月初八日畢此部筆功大蒙　師誨敬寫印字比丘明信

右謹仰弘通乎止住百歳之金言頼巨益乎皆可得度之誠說開淨土三部經幷論序題之印板是令安置來迎安樂之兩寺而已

奉加諸衆

僧懷實　僧導見　僧量阿　僧了覺　僧眞阿　僧圓賢　僧宗忍　僧慧光　僧神光　僧定光　僧妙光　僧宗光　僧太光　僧順覺　僧證光　僧顯蓮　僧淨繼

僧實圓

尼淨順　尼妙圓　尼善阿　尼如一　尼松名　尼法名　尼良俊　清原氏女　尼念阿　尼禪妙　小納言女　彥三郎　大神晴清論施主　此外雖有數輩不遑具記耳

應永六年己卯八月十五日

奈良　律宗戒學院藏

335 妙法蓮華經　第七　卷首缺一卷　應永六年(一三九九)以前刊

(卷末墨書)

應永六年己卯九月十六日

336 増修互註禮部韻略　五册　應永六年（一三九九）以前刊　東京　岩崎文庫藏

（卷末墨書）

應永第六己卯十一月廿三日

337 妙法蓮華經　卷第一　一卷　應永六年（一三九九）以前刊　奈良　唐招提寺藏

（卷末墨書）

照峯　愛染院常住

應永六年

338 大光明藏　三册　應永七年（一四〇〇）刊　東京　岩崎文庫藏

（卷頭刊記）

資助緣　定祐　定覺

勇運　宗高　宗秀　春壽　宗悟

宗緣　宗澄　乘慶　宗雲　宗乘

光俊　宗圓　善此　宗覺　宗淨

慶祐　能秀　宗參　禪心　宗闕

重氏　定各　宗琇　宗正　宗明
宗眞　宗省　聖智　宗義　順連
應永七庚辰　誌

339
律宗新學作持要文　一帖　應永八年(一四〇一)刊　奈良　唐招提寺藏
(卷末刊記)
中興佛法曩祖大悲菩薩撰集詞句也
右報開板所生之功業圓迷津出要之巨益焉弟子賢盛期行勝中懷於生靈及戒律弘
通於龍華乃至法界同證佛智而已
應永八年辛巳二月　日
南都唐招提寺住侶釋賢盛謹誌
北洛小比丘慈純書

340
圜悟錄　三册　應永十一年(一四〇四)刊　東京　成簣堂文庫藏
(卷末刊記)
此錄本朝未流布仍龜陽臨川命工刊行焉

應永甲申結夏日　獨園　昌楚志

東京　靜嘉堂文庫藏

341 佛祖正法直傳　一册　應永十一年(一四〇四)刊

(卷末刊記)

康曆歲次辛酉仲春上澣　比丘宗光命工刊行

應永十一年甲申三月　日　重雕印行

幹緣比丘　從遠

助緣沙彌　常熙

助緣　通泰

342 諸偈撮要　一册　應永十一年(一四〇四)刊

宮內省圖書寮藏

(卷末刊記)

此版留在野州足利行道山淨因菴

應永十一年甲申小春日誌

343 無門關　一册　應永十二年(一四〇五)刊

日本古刻書史所載

(卷末刊記)

舊板磨滅故重命工鋟梓畢這板置于武藏州坣牵山廣園禪寺也
應永乙酉十月十三日　　幹緣比丘常牧

344
妙法蓮華經　卷第八　一卷　應永十四年(一四〇七)以前刊
奈良　東大寺圖書館藏

(卷末墨書)
外題紙五部讀經之朱點令寄進者也元祿八乙亥五月吉日　俊雅大
此御經者春衔爾大納所之時惣公物加具等被賣被加修覆畢依惣評定如此畢與隆
之專一不可過之者也爲後代記之而已
天文十四年己卯月四日　口行之砌記之畢
應永十四年丁亥三月下旬之比奉修補之經師押小路順貞　生年五十一才

345
一山國師語錄　二册　應永十四年(一四〇七)刊
東京　成簣堂文庫
京都　建仁寺兩足院藏

(卷末刊記)
此錄舊版燬於明德癸酉重募緣入梓永留大雲精舍印行
應永丁亥四月日　幹緣比丘　彥裁謹白

346 阿彌陀經　一帖　應永十五年(一四〇八)刊　東京　增上寺藏

(卷末刊記)

武州豐島小石川談所
應永十五年戊子十一月十五日
幹緣比丘酉譽
筆者松雨其阿

347 月菴禪師行實　一册　應永十六年(一四〇九)刊

(月菴禪師語錄所載跋文)

黑川月菴大禪師戢化既廿餘載而緇白欽仰(中略)茂林樹公久侍左右(中略)撰行實一通(中略)便走幣附舶遣于明國求銘諸塔凡禪苑敎庠稱能文者數謁數請皆謙拒不敢爲使船三四往反而不果於是戊子冬茂林尒逝矣金吾公慮狀散逸刻板以壽其傳嗚吁吾朝近古諸老如天龍正覺國師建長古先禪師偕得明之宋學士景濂氏銘文其鴻筆偉辭足以摹述高明盛大之蹟無慙德無乏辭爲得其所則吾卽之塔又有所竢乎儻有景濂氏者出焉舍是而將何所徵刻而傳之不尒宜哉應永十六年龍集己丑正月十

六日小比丘得巖謹志

348 藏乘法數　一冊　應永十七年(一四一〇)刊
東京　成簣堂文庫
東京　岩崎文庫藏
京都　久原文庫

(卷末刊記)
比丘靈通修禪之暇古敎照心嘗患法義有未解了而梔吾口者偶獲遂師藏乘法數若法若義瞭然在目乃欲流通是書與天下學者共之今周州大先道雄居士欣然施財命工以壽于梓使覽者乃知禪不異敎敎不異禪禪敎雙忘而超言數之表寔有補於宗門者也
應永庚寅二月比丘靈通謹白
無板賃

349 聚分韻略　一冊　應永十九年(一四一二)刊
日本古刻書史所載
(卷末刊記)
應永壬辰刻梓　洛東　靈源院

350 大川和尚語錄　一冊　應永廿年(一四一三)以前刊
京都　久原文庫藏
(上卷末墨書)

悟庵捨入

應永廿年正月十五日永覺

（下巻末墨書）

悟庵捨入

寄進　應永廿年正月十一日永覺

351 融通念佛緣起　二巻　應永廿一年(一四一四)刊　日本印書考所載

（巻末刊記）

愚僧この融通緣起の繪百餘本すゝめ侍る意趣利物の聖言に順じて六十餘州に一本二本或多本此繪をつかはしてあまねく貴賤上下をすゝめ奉り各帳をたまはりて供養をさせ當麻寺の瑠璃壇に奉納せしめて決定往生の用にそなへんが爲めに開板せしむるものなり云云

應永廿一年四月十五日依良鎮上人所望染筆者也　壽阿

352 像法決疑經　一帖　應永二十一年(一四一四)刊　京都　東寺藏

（巻末刊記）

應永二十壹甲午五月十六日　就于萬年山鹿苑院五部大乘經形木新開板畢　奉行本紹　相奉行禮高

353 大毗盧遮那成佛經疏　二十帖　應永廿一年(一四一四)刊　日本古刻書史所載

(卷末刊記)

應永廿一年十月三日於高野山南谷大樂院以左學頭寶性院御本令開版了　金剛資成範四五

354 虎關和尚十禪支錄　一冊　應永二十二年(一四一五)刊　日本古刻書史所載

(卷末刊記)

應永二十二年乙未冬日濟北比丘令在命工刊行

龍阜寓住比丘桂文筆之

助緣一貫文　比丘種善

355 大毘盧遮那成佛神變加持經　七卷　自應永廿三年(一四一六)至應永廿四年(一四一七)刊　奈良唐招提寺 紀伊高野山正智院藏

(卷末刊記)

（第一卷）應永廿三年丙申六月一日　大傳法院惠淳
（第二卷）應永廿三年丙申八月三日　大傳法院惠淳
（第三卷）應永廿三年丙申九月九日　大傳法院惠淳
（第四卷）應永廿三年丙申十月十日　大傳法院惠淳
（第五卷）應永廿四年丁酉正月六日　大傳法院惠淳
（第六卷）應永廿四年丁酉三月三日　大傳法院惠淳
（第七卷）爲興眞宗之妙道續三寶之惠命開一部七卷之印板矣
應永廿四年丁酉六月八日　大傳法院惠淳

東京　岩崎文庫
京都　久原文庫　藏
京都　眞珠菴

356 聖一國師年譜　一册　應永廿四年（一四一七）刊

（卷末刊記）

慧日國師住世七十九年言行出處章章可法鐵牛心玄集爲年譜藏在筑前四德院　方秀丁酉歲掃塵塔下每覽此譜慮其湮沒將欲壽于梓以使後學有所矜式但其間不能無誤脫是故或校之於藤家遺編或正之於國師眞蹟或亦有佛鑑尺牘證其付法傳衣不妄復有西巖子元等往徠書疏謂其道德可見者莫不揷以入之雖以秀之不敏亦與後裔然

生於百年之後諸塔別記諸寺碑碣不能徧探悉索好古君子若有所得則錄以添補其
列嗣法十餘員者以著慧日得人　應永二十四年十月十七日
主塔遠孫吡丘讃岐州人　岐陽方秀謹識
比丘慧玄書
比丘祖芳募緣刊于慧日常樂庵
今具助緣芳銜于後
東　堂
方秀　珠堅　已上各助壹貫文
健易　宏怡　性智　玄冲　明東　祥學　聖悟　玄晴　良鑑　祖恭　祖璨　善
洞　已上各助佰文
西　堂
明紹　助參佰文　心交　助貳佰文
明識　聖賛　源常　智傳　源佐　祥久　永璠　昌旭　元潮　啓洪　咸用　仲
玲　心敎　聖藝　智幢　已上各助佰文

大衆

祖芳　助壹貫文　妙壽　助伍佰文

聖滿　性本　已上助參佰文　一慶　助貳佰文　明萬　助佰貳拾文

從尊　慧玄　慧晃　祐瑞　慧玖　慧充　慧覺　慧橘　慧運　慧安　一圭　明

讃　永芳　生榮　宗悅　明哲　正徹　禮苑　常洞　道休　全運　壽光　一誠

一梁　一香　一柔　明篤　正乂　光慶　慶康　祖梅　源庸　慧綱　彥頴　源

曦　澄遵　源充　心能　爲霖　源桂　盈俊　祥玉　心禮　慧晃　能勤　圓岱

英丘　桂胤　祖心　明諸　康憲　識桂　尙三　明林　嘉幢　慧承　聖範　聖

心　永釣　元咸　芳昭　慧誾　麗眞　慈超　二嚴　從悅　正琇　正派　祖傳

令儒　桂孫　慧肖　光東　令薰　令伯　祖觀　令能　令初　宥川　已上各助

佰文

在家

寶城　紀元衡　已上各助壹貫文

多々良元俊　藤元久　已上各助參百文

寶密　宮有慧有　已上各助貳佰文

源元家　藤元資　橘元高　越智常安　越智通益　已上助佰文

道忻　捨櫻板九枚

板賃二十文　摺賃十五文

357 金剛頂瑜伽經　三卷　應永廿四年(一四一七)刊　紀伊　高野山正智院藏

(卷末刊記)

(第一卷)　應永廿四年六月十三日　大傳法院惠淳

(第二卷)　應永廿四年八月廿二日　大傳法院惠淳

(第三卷)　應永廿四年十月廿七日　大傳法院惠淳

358 蘇悉地羯羅經　三卷　應永廿五年(一四一八)刊　紀伊　高野山正智院藏

(卷末刊記)

(第一卷)　應永廿五年二月九日　大傳法院惠淳

(第二卷)　應永廿五年五月三日　大傳法院惠淳

359 佛祖宗派綱要　一册　應永廿五年(一四一八)刊　京都　久原文庫藏

（巻末刊記）
此圖専據五燈錄及五燈會元以載列焉凡有機緣語句者悉皆系之有名而無章者甚多今所採摘不過數十人而已宋末已來宗師名位顯達者大格載之　吾朝耆宿位登五山者搜羅列之余不揆愚蒙猥造此圖恐是訛謬不一後來君子改而正之不爲幸乎唯願分派分支流通列祖命脉聯芳聯葉紹續先聖惠燈應永二十五季歲次戊戌八月十三日　濃州路岐陽沙門　周印謹題

360 大方廣佛華嚴經普賢行願品別行疏　一巻　應永廿六年（一四一九）以前刊
奈良　東大寺圖書館藏

（巻末墨書）
應永廿六年三月之候寫之訖　權僧正光經

361 天台四敎儀　一册　應永廿六年（一四一九）刊
京都　大中院藏

（巻末刊記）
高麗觀師四敎儀其文約其義豐天梯妙句罄無不盡本朝版行既久然未見列段分科之者不能無憾丹州比丘祖芳偶獲科本命工鏤版捨常樂菴莊嚴聖一國師品位所冀

文義無礙禪敎雙忘一心之玄門證三德之祕藏應永己亥春王正月前天龍岐陽方秀
謹志

362 顯戒論　三册　應永廿六年（一四一九）刊　近江　延暦寺淨土院藏

（卷末刊記）

夫以道業昇沈擬沈木叉之持毅覺果遲速相從尸羅之輕重者乎三世諸尊無不依戒
成佛十方大士無不以戒爲師菩提曠路已爲資粮生死大海亦爲船筏是以再興一論
之印板將致三卷之弘通仰羨同志合力人與善結縁冀忞量解三聚十重之巨益飽濟
度六趣四生之羣品焉　於時應永歳次己亥中夏日　勸進比丘繼爾謹誌　元應寺
公用

363 三部假名抄　七卷　應永廿六年（一四一九）刊　三部假名抄要解所載

（卷末刊記）

夫向上人者淨華院鼻祖淨土宗精哲也會下慕德宗中貴才遂若稽三經一論之奥義
述作三部七册之秘抄顯示易往易行勸化引接下根下機品彙爰隆堯感得靈夢奇瑞
相丁上人正忌諱日是以信仰銘肝安心徹髓依之三部秘抄鏤開板安置當院一流法

燈挑明焔展轉永劫矣仰羨伽藍安穩行學不退焉斯志所之厥功亦不虚于時應永己亥之歳林鐘告朔之日圓教佛子隆尭謹誌

三部右筆一條黄門

刻彫檀主四明良俊

364 註菩薩戒經　三冊　應永廿七年(一四二〇)以前刊　東京　岩崎文庫藏

(卷末刊記)

斯板捨置經局

無板料摺賃八十

(見返墨書)

應永廿七庚子八月廿八日置之

365 金剛般若波羅蜜經註解
般若波羅蜜多心經註解　合一冊　應永廿七年(一四二〇)刊　東京　成簣堂文庫藏
京都　久原文庫藏

(卷末刊記)

應永廿七年庚子十二月日重刊南禪雲臥

366 無門和尚語錄　一册　應永二十八年(一四二一)刊　日本古刻書史所載

(卷末刊記)

應永辛丑正月　於土佐國修禪寺書開板了

367 旱霖集　一册　應永廿九年(一四二二)刊　京都　久原文庫藏

(卷末刊記)

大智圓應禪師夢巖和尙編類生平禪定餘力所作之文名曰旱霖集其徒刊布之蓋欲使天下禪林咸知前輩立言之必有憑據也余作一偈以賛其成之徧告同志之士以遂此事則其沾丐後學豈易量哉夢翁文字旱天霖利物恩人所潤深喜見殘膏猶未盡願留萬古益叢林

應永壬寅佛生日書　前南禪周崇書

368 妙法蓮華經　卷第八　一卷　應永廿九年(一四二二)刊　奈良　東大寺圖書館藏

(卷末刊記)

播州性海寺常住大願主富田則兼

應永廿九年□六月　日

369 念佛安心大要抄　一卷　應永三十年(一四二三)刊　古經題跋所載

(卷末刊記)

應永三十癸卯年正月廿五日
印本右筆　天台隆堯
刻彫檀主　法印良俊

370 菩薩戒經　一帖　應永三十年(一四二三)刊　京都　久原文庫藏

(後序)

竊蹟搜此戒本之來由夫時菩薩戒者必須諳此戒也經云若受菩薩戒不誦此戒者非是菩薩非佛種子故是故什師於此品內別出戒法一卷單題菩薩戒經令人習誦如藏師云羅什以持菩薩戒故偏誦此心地法門品印土持菩薩戒者無不皆誦什自誦出而共譯之惠融等從筆受亦同誦持仍別錄此下卷偈頌已後所說戒相獨爲一卷卷首別標當時受戒羯磨等事仍云此羯磨出梵網經律藏品內盧舍那佛爲妙海王及王千子受菩薩戒法如顗師云釋迦從舍那所受誦次轉與逸多菩薩如是二十餘菩薩次第相付什師傳來又云既別部外稱菩薩戒經然此題目每本各異亂何甚哉咸師云什師二

卷者祇云梵網經菩薩心地品一卷者祇云菩薩戒經又云後人以上卷文多節均於此不應卷初安長行文又天台疏中題云菩薩戒經不安品目故知此題合安偈前明矣今欲板行寫一本之次與數本校讎增減不同不知何正法及末運悉亂眞說良可慨也然其減處皆不可增者或有善且簡其善書之細字又不除初長行者并爲便于講讀也用舍宜隨人耳錄此本始中終云尒應永三十年癸卯秋善月日春夫誌

371 出相阿彌陀經　一卷　應永三十三年(一四二六)刊　京都　知恩院藏

(卷末刊記)

靈應傳云傳敎大師此一部經釋給文也

一代聖敎之結經　八萬法藏妙肝心　出離生死最要法　彌陀來迎得往生　南無

此經擁護赤山明神

爲興隆佛法利益衆生五條西洞院信樂寺奉寄進處也

應永三十三年十月十三日　勸進聖融通那阿彌陀佛敬白

372 夢中問答(單郭無界十六行の小字本)　一册　應永頃刊?　東京　成簣堂文庫 岩崎文庫 藏

(卷頭刊記)

此集有兩本此本爲正

（康永元年跋文並に同三年再跋は大字本に同じ）

（卷末刊記）

此版留在行道山淨因禪庵常住公用

373 一華五葉　一册　應永頃刊？　東京　岩崎文庫
靜嘉堂文庫藏

（卷末刊記）

毗陵高節道人　道崇　助緣鋟梓

374 蕉堅稿　一册　應永頃刊？　東京　成簣堂文庫
岩崎文庫藏

（跋文）

書蕉堅稿後

余聞龘室以文章振世其所傳皆以文字禪廣第一義至於廣智一變山林蔬筍之氣而爲館閣其學之者逮遍寰宇及仝室則遭遇明時其道愈顯眞敎門之木鐸也今觀蕉堅稿廼知絕海得益於仝室爲多其遊於中州也覩山川之壯麗人物之繁盛登高俯深感今懷古及與碩師唱和一寓於詩雖吾中州之士老於文學者不是過也且無日東語言

氣習而深得全室之所傳也信矣其疏語絕類蒲室之體製其文縝密簡淨尤得一家之所傳誠爲海東之魁想無出其右况其自叙曰時逢山水幽勝之處披衣散策而陶冶於猨鳥雲樹之趣悠然如遊乎物化之元此皆樂道之至言豈可與詩人留連光景玩物喪志比擬哉蘭也嘗與全室往來乎錢塘金陵之都會相知頗久若宿契然今觀絕海之著作則舊遊之風景倶在目前其徒等聞上人又爲之請輒贅語於卷末云

大明永樂元年癸未臘月　天竺　如蘭

東京　宮内省圖書寮
京都　岩崎文庫藏
久原文庫

375 絕海和尚語錄　三册　應永頃刊？

（跋文）

日本國絕海禪師初住甲州惠林三住相國承天四會語錄其弟子等聞請跋予以老辭之不獲因閱而觀之其提唱峭峻機鋒敏捷策勵學者尤爲諄切正覺國師稱其必能振起臨濟宗風不誣矣

永樂二年正月望日

徑山比丘　心泰　書時年七十有九

376 註菩薩戒經　三册　應永頃刊？

東京　岩崎文庫藏

（巻末刊記）
斯板捨置　經局
無板料　摺賃八十
（見返墨書）
應永廿七庚子八月廿八日置之

377 梵網經天台疏　三冊　應永頃刊？　京都　久原文庫藏
（巻末刊記）
斯板捨置鹿苑經局　無板料摺賃八十　應卯林鐘一校了人道（瘂字）猶未了　若是
焉馬强烏三豕渡河沒却了

378 韻府群玉　十冊　永享二年（一四三〇）以前刊　京都　久原文庫藏
（巻末墨書）
永享二年閏十一月日　彥軾置之

379 阿彌陀經　三卷　永享三年（一四三一）以前刊　奈良　東大寺圖書館藏
（巻末墨書）

合殺

南無阿彌陀佛……………………

處世界如虚空　如蓮花不着水　心淸淨超與　稽首禮無上尊

右爲相談義坊夏中三時勤行之內例時導師本奉寄進之若有人而或分己用或他

所取出者忽可蒙大菩薩之御罸者也

永享三年五月十二日　施主　賢重

380 妙法蓮華經　卷第八　一卷　永享五年(一四三三)刊　奈良　律宗戒學院藏

(卷末刊記)

是出相經古於西阜臨川募緣印行今在東麓直指重雕功畢伏願所獲功德上酧四恩

下資三有法界群生同圓種智焉

旹永享五年四月五日

381 佛說遺敎經　一册　永享九年(一四三七)刊　奈良　東大寺圖書館藏

(卷末刊記)

永享九年丁巳二月五日爲太平誠賀上座刊之

382 淨土論　一帖　永享九年(一四三七)刊　兵庫　毫攝寺藏

(卷末刊記)

願主比丘敬覺

南無阿彌陀佛　筆者沙門泰兼

此淨土論之形木爲末代利益安置知恩院

永享九丁巳年七月十八日

383 鎭州臨濟慧照禪師語錄　永享九年(一四三七)刊　訪書餘錄所載

(卷末刊記)

永享九年八月十五日板在法性寺東經所

384 選擇本願念佛集　二帖　永享十一年(一四三九)刊　近江　新知恩院藏

(卷末刊記)

延應第一之曆沽洗第六之天校根源正本直展轉錯謬卽寫印字用令流布矣

奉開板選擇集者爲法界衆生往生極樂令安置東山知恩院　勸進沙門靜秀

永享十一年辛未十二月廿五日

385 法然上人像　（摸板）　一枚　永享十二年（一四四〇）刊　　近江　阿彌陀寺藏

（圖上刊記）

我本因地以念佛心入無生忍今於此界攝念佛人歸於淨土

永享十二年七月　日

386 佛德大通禪師愚中和尚年譜　一册　永享十三年（一四四一）刊　　京都　久原文庫藏

卷末刊記が磨滅して判讀し難きも、永享辛酉歲德義が募緣して開版したことが見えてゐる。

387 妙法蓮華經　卷第三　一卷　嘉吉元年（一四四一）以前刊　　奈良　東大寺圖書館藏

（卷末墨書）

右依心承勸奉施入處可件　嘉吉元年卯月二日施主尼都阿彌

388 大毗盧遮那成佛神變加持經　七卷　嘉吉元年（一四四一）刊　　京都　久原文庫　東寺觀智院金剛藏藏

（卷末刊記）

右經王七軸印板膺師主權僧正十三囘之忌命鏤梓而置此於東寺西院冀以此無盡
莊嚴之法文賁彼三覺圓滿之菩提亦望續密藏於三會救群生於彼岸矣
旹嘉吉元年辛酉六月十五日　　權律師覺增謹識
清淨　了然

389　淨土三部經　四帖　自永享七年（一四三五）至嘉吉三年（一四四三）刊　京都　大谷大學藏

（卷末刊記）
（大經上卷）
淨土三部經印板勸進事
右蒙於十方壇那之資助開於四卷正依之形木不問有緣無緣之人令得現生當生之
益也
永享七年乙卯五月廿五日　知恩院安置之
（同下卷）（刊記同文）
嘉吉三年癸亥二月十五日　知恩院安置之
（觀經）（刊記同文）
嘉吉元年辛酉十二月　日　知恩院安置之

（小經）（刊記同文）

嘉吉元年辛酉十二月　日　知恩院安置之

390 仁王護國般若波羅蜜多經　二帖　文安元年（一四四四）刊　京都　久原文庫 東寺觀智院金剛藏 藏

（卷末刊記）

東寺西院根本版依朽損文安元季甲子四月重刊　奉行　權律師覺増

391 金剛頂瑜伽經　一卷　文安元年（一四四四）刊　山城　清凉寺藏

（卷末刊記）

文安甲子極月日　金剛佛子覺增

392 圓覺經略疏之鈔　第二　十二冊　文安五年（一四四八）以前刊　奈良　東大寺圖書館藏

（卷末墨書）

文安五年四月晦日點畢　深

393 大日經住心品　一帖　寶德二年（一四五〇）以前刊

京都　東寺觀智院金剛藏藏

（卷末墨書）

寶德二年六月一日開題供養了　同三年六月六日墨點畢

394 地藏菩薩本願經　二帖　寶德四年（一四五二）刊　日本古刻書史所載

（卷末刊記）

寶德四年二月九日開板

395 禪苑淸規　一册　享德二年（一四五三）以前刊　京都　久原文庫藏

（卷末墨書）

享德二年十一月初一日法碩置之

396 妙法蓮華經　卷第八　一卷　享德四年（一四五五）以前刊　奈良　唐招提寺藏

（卷末墨書）

享德四年五月廿七日於京都春日東洞院邊寫点畢在京之間處々論義聽聞之時爲
隨身淩隟寫之願以此功德中之三寶令成就圓滿二世之悉地給矣　爲前院主貞兼
僧正御房追修被擢供養之乃至法界平等利益矣

畢本云自康正初暦仲冬下旬至同三年南呂下旬□□旬以后本指之訖康正三祺八
月廿五日法相宗僧□

397 大般若波羅蜜多經　（摸板）　應永・永享・寶德・康正刊　奈良　興福寺藏

（陰刻銘）
（初百內七帙七卷二）　應永十三年九月廿三日
（三百內八帙五卷三）　應永十陸年九月漆日　重圓
（三百內三帙五卷八）　應永十六十一月十八日
（三百內三帙四卷八）　應永十八年二月廿四日
（二百內三帙一卷八）　應永廿五年二月　日
（二百內七帙十卷一）　應永二二四月　日
（二百內二帙十卷六）　應永十亥正月　日
（二百內二帙十卷五）　應永十四年十二月　日
（二百內二帙十卷三）　應永十五十一月　日
（三百內六帙七卷六）　應永廿七年四月六日

（三百内五帙六卷二）　應永巳四月三日
（三百内八帙五卷四）　應永二年五月廿日
（三百内七帙三卷一）　應永十八年十月　日
（三百内八帙七卷八）　應永十九年四月　日
（三百内四帙六卷六）　應永七トラ五月廿日
（三百内六帙二卷六）　寶德二年三月　日
（三百内六帙四卷十）　應永廿五年十二月八日
（四百内七帙三卷八）　應永五年七月十日
（四百内六帙二卷一）　應永十三年七月　日
（四百内八帙三卷八）　應永廿五年十一月　日
（四百内八帙八卷一）　應永廿六年十二月　日
（四百内六帙六卷八）　應永四年十二月　日
（四百内五帙三卷一）　應永十二　四月　日
（四百内一帙九卷一）　應永十二　七月　日

(四百内一帙九卷五)　康正元年十一月　日

(四百内　帙　卷　)　康正三年三月　日

(四百内五帙三卷八)　應永廿二年正月　日

(五百内三帙七卷一)　應永廿九年壬寅九月廿一日　順榮

(五百内八帙九卷八)　應永十一年十二月

(五百内八帙七卷九)　應永五　九月　日

(五百内二帙二卷二)　應永八　十月　日

(五百内　帙　卷　)　應永九　二月　日

(六百内十帙一卷四)　應永七年正月十三日　五枚之内中御門分

(六百内十帙八卷八)　應永八　二月　日

(六百内六帙九卷一)　應永九　一月　日

(六百内五帙五卷一)　應永十二　正月　日

(六百内六帙五卷三)　應永廿三年十一月　日

(六百内五帙六卷八)　應永廿六年六月　日

（六百内一帙三卷五）　應永廿六年六月十五日

（六百内八帙一卷三）　永享二年九月八日

398 勅修百丈淸規　二册　長祿二年（一四五八）以前刊　東京　岩崎文庫藏

（上卷末墨書）

茅茨不誅土階三尺上世眞天子也雕梁琇椽長城萬里苛律瑣法掩人之揖人之口後來濁皇帝也想百丈古規甚密不至如此然而借律而居寄食於人之日何不出世之賓挨肩而罪多也規矩之後亦何邁往之師不及前時今日規繩與人併而蕩焉偶因閲此卷聊寫私慨於玆云　長祿二年戊寅五月六日古筠木𥡴叟惠鳳

（下卷末墨書）

永享庚戌雲翁講東陽淸規於淩宵乃勝剛禪師所乞也今二十九年矣叢林非曩時如余比之廢人不復齒乎人類思昔愧今有至於泣下者瑞林雲谷禪師洞上傳道也丙子年托予以此集意欲予句點易以曉拆不幾禪師下世已三涉歲偶獲之笥間自責失言於禪師生前輙力而爲之不辭以紕繆被人摘瑕然而以予之愚猶能有此者以三十年前雲翁之言彷彿在耳也仍以延陵掛劔之義貽之其嫡子今瑞林禪師大寂定裡先老

御必亦圓照所協尚在世之曰若呈此而謁則其喜氣之可挹也不翅春室之雲其永亨庚戌當明國宣德五年長祿二年戊寅乃大明國天順二年也云　長祿二年戊寅五月十又二日　木印綴道人慧鳳敬書

399 金光明最勝王經　（摸板）　長祿三・四年（一四五九・一四六〇）刊　奈良　興福寺藏

（陰刻銘）

一卷六枚　爲寺門御沙汰　順盛

長祿三年己卯七月廿六日　供目代宗美　奉行淨藝

七卷六枚　順盛

長祿四年庚辰三月十二日　供目代實心　奉行淨藝

十卷八　順盛

長祿四年七月廿九日　供目代實心　奉行淨藝

400 般若波羅蜜多心經幽賛添改科　（摸板）　一枚　寛正二年（一四六一）刊　奈良　東大寺圖書館藏

（卷末刊記）

寛喜三年辛卯十月日依悲母禪尼性如之遺言敬彫此摸於廻向者併任幽靈所願而已
願主藤原氏女
此摸奥板一枚失墜之間六方沙汰刻彫之
寛正二年辛巳十月　日

401 佛果圜悟禪師碧巖集　十册　東京 成簣堂文庫　京都 久原文庫　藏

（卷頭刊記）
越後州蒲原郡加地之庄本源禪院新刊

402 佛果圜悟禪師碧巖集　十册　京都　久原文庫藏

（卷頭刊記）
能州總持禪寺置焉

403 佛果圜悟禪師碧巖集　十册　京都　久原文庫藏

（卷頭刊記）
本朝濃州路瑞龍禪寺新刊

404 佛果圜悟禪師碧巖集　四册　東京 成簣堂文庫　京都 久原文庫　藏

(卷頭刊記)
山城州西京妙心禪寺內正眼菴新刊

405 禪家四部錄　一册　文明元年(一四六九)以前刊　東京　岩崎文庫藏

(卷末墨書)
時文明龍集己丑於賀茂縣總持季穐十有日書寫

406 淨土三部經　一帖　自文明元年(一四六九)至同二年(一四七〇)刊　中澤見明氏藏

(卷末刊記)
(小經) 右爲道俗受持頂戴亦爲自身滅罪生善書之開之者也願以此功德自他法界
平等利益
文明己丑中秋吉日　筆者行阿
願主立譽
施主永仁

(觀經)(刊記同文)
文明元年己丑中秋吉日　願主立譽
筆者行阿

（大經）（刊記同文）

文明二庚寅中春吉日　　願主

筆者行阿

407 正信偈三帖和讃　四帖　文明五年（一四七三）刊　京都　大谷大學圖書館藏

（卷末刊記）

右斯三帖和讃幷正信偈四帖一部者末代爲興際板木開之者也而已

文明五年癸巳三月　日（花押）

408 般若心經疏　一册　文明十一年（一四七九）以前刊　奈良　東大寺圖書館藏

（卷末墨書）

文明十一年九月十九日　順興　大藏卿證賢

409 隨求陀羅尼　一卷　文明十二年（一四八〇）刊　京都　東寺觀智院金剛藏藏

（卷末刊記）

爲與三寶妙道酬四恩廣德謹開印板而已　文明十二年庚子九月十五日願主義運

410 大學章句　一册　文明十三年（一四八一）刊

（延徳四年版大學章句卷末刊記）
文明龍集辛丑夏六月左衛門尉平氏伊地知□重貞命工鏤梓於薩州鹿兒島

411 聚分韻略　一册　文明十三年（一四八一）刊　東京　岩崎文庫藏
（卷末刊記）
文明辛丑刻梓薩陽和泉莊　宗藝

412 般若波羅蜜多理趣經　一卷　文明十五年（一四八三）刊　日本古刻書史所載
（卷末刊記）
文明十三年辛丑十月廿五日
梵漢博士權少僧都看範書之七十一
文明十五年癸卯八月十八日
勢州栗眞白子観音寺常住爲二親菩提權律師實政開之三十八廻此功德普利一切衆生界

413 藥師瑠璃光如來本願功德經　一帖　文明十七年（一四八五）刊　紀伊　高野山寶壽院藏

（巻末刊記）

右謹奉開此妙典之印板旨趣者專爲芋山寺本堂讀誦之御經且爲自身所願成辨仰寺中之勸進以藥師寺印板之經奉尅彫者也

文明十七年乙巳八月　日　願主明算　作者清秀

414 聚分韻略　一冊　文明十八年（一四八六）刊　日本古刻書史所載

（巻末刊記）

文明丙午刻梓濃之南豐大成

415 淨土二藏二教略頌　一帖　文明十九年（一四八七）刊　古經題跋所載

（巻末刊記）

勸進專心追善志　刻雕二藏頌文字　欲弘眞宗聖教故　企斯版在淨教寺

文明十九丁未年勸化比丘行譽筆

416 鎮州臨濟慧照禪師語錄　一冊　延德三年（一四九一）刊　東京成簣堂文庫　京都久原文庫藏

（巻末刊記）

延德三年辛亥八月十五日　季恭博士鏤梓　捨入濃之正法栖雲院

417 大學章句　一冊　延徳四年(一四九二)刊　大阪　懐徳堂藏
(卷末刊記)
文明龍集辛丑夏六月左衞門尉平氏伊地知口重貞命工鏤梓於薩州鹿兒島　延徳壬子孟冬　桂樹禪院再刊

418 聚分韻略　一冊　明應二年(一四九三)刊　東京　岩崎文庫藏
(卷末刊記)
明應癸丑周陽眞樂軒新鏤板

419 增註唐賢絶句三體詩法　三冊　明應三年(一四九四)刊　東京　岩崎文庫藏
(卷末刊記)
明應甲寅之秋新板畢工矣先是舊刻之在京師者散失于丁亥之亂以故損貲　行刊焉置板萬年廣德云　葉巢子敬誌

420 阿彌陀經　一卷　明應四年(一四九五)以前刊　鎌倉　光明寺藏
(卷末墨書)
明應四年乙卯三月覩譽上人上洛在參內着香衣光明勅願寺ノ綸旨同此彌陀經ヲ

自內裏給於知恩院可有講談有御所望三七日之間談義畢
舍利弗ハ有卅八

421 佛制比丘六物圖　一册　明應四年(一四九五)以前刊　京都　久原文庫藏
(卷末刊記)
此圖印板稍欲湮沒仍爲弘通重命工壽良梓夫以本覺理性雖昧靈鑑於群凡嚴制威儀要耀餘光於末運庶受遺寄永垂無窮　弟子了珍謹誌　板在南禪眞乘院
(卷末墨書)
明應第四乙卯仲秋十日於常樂偕句點了守澤行年五十二

422 妙法蓮華經　八卷　明應五年(一四九六)刊　日光　輪王寺藏
(卷末刊記)
右此本經者傳敎大師御筆以令開板之
願主御留守惣政所　坐禪院權大僧都昌源
明應五年丙辰六月　日

423 實語敎 一卷 童子敎 一卷　合一册　明應六年(一四九七)刊　訪書餘錄所載

(卷末刊記)
明應六年强圉鶉火除月上澣日於蓬萊方丈瀛州之里書之　藤千代麿

424 妙法蓮華經　八卷　明應六年(一四九七)刊　日本古刻書史所載
(卷末刊記)
此卷施主平信長此板留在甲州都盧郡德藏山妙樂禪寺諸化緣若于人
明應六年霜月　日　化主源淸
豆州三島府住吉久刀

425 聯新事備詩學大成　五册　明應八年(一四九九)以前刊　東京　岩崎文庫藏
(卷末墨書)
明應八年己未七月十六日　良崇

426 論語集解　五册　明應八年(一四九九)刊　宮內省圖書寮藏
(卷末刊記)
今玆一書夫子之遺書而漢朝諸儒所註解也寔是五經之輨轄六藝之喉衿也天下爲民生者豈不仰其德矣哉

明應龍集己未仲秋良日　西周　平武道敬重刊

427 羅湖野錄　二册　文龜元年(一五〇一)以前刊　東京　岩崎文庫藏

(卷末墨書)

(上卷)文龜元年辛酉夷則十有九日於東白軒下句點了

(下卷)文龜元年辛酉六月初九之夕於栗棘北牕下句點了靈口四十九歲

428 聚分韻略　一册　永正元年(一五〇四)刊　東京　岩崎文庫藏

(卷末刊記)

聚分韻略啓童蒙之書也然平上去入難卒分之或列四聲以備一目盖俾人易解也因鏤于板置諸東山春雲軒伏冀不即文字不離文字以極禪河敎海

永正元年歲舍甲子八月初吉

429 藥師瑠璃光如來本願功德經　(摸板)五枚　永正二年(一五〇五)刊?　大和　新藥師寺藏

(卷末刊記)

奉開　藥師本願經板木

合五枚　新藥師寺常住

右此板木當初雖在于當寺歷年序□□磨滅不能摺依之時々再興之念願□重而自去文明年中新彫之事企之雖然貧乏之至成立不急不覺年月移行□□本意之間尙勵再興之懇志拂瓢底遂□終其功畢冀現世者殊蒙第七誓願當來者示其道路金言不誤自他咸往生極樂矣

永□二年二月　日　本願舜淸

430 盂蘭盆經疏新記　二冊　永正二年(一五〇五)刊　京都　久原文庫藏

(卷末刊記)

永正乙丑之歲　比丘守懌命工鏤版置惠日不二庵

431 古文尙書孔氏傳　十三卷　永正三年(一五〇六)刊　古文舊書考所載

(卷末刊記)

永正三丙寅年陽月吉旦刊行　健齋刀

432 法華壽量品　永正八年(一五一一)摺寫

(翰林葫蘆集所載「印寫法華壽量品」)

岐之幕府有一佳士曰齋藤藤四郎某法名某今茲歲次辛未五月二十七日以疾亡於宅焉國人咸失其望矣平生所聞忠孝乎君父其遊藝也歌詠騎射出乎諸子弟之上問其齒則僅二十嗚呼天胡不假之壽而奪之之早也有家弟歸釋氏曰琛彥寶幼從東雲師而學頃者覲省鄉里遣使告兄訃東雲聞而嘆惜卽命工印法華壽量品贈焉蓋資冥福也(後略)

433 古文尚書孔氏傳　十三卷　永正十一年(一五一四)刊　日本古刻書史所載

(卷末刊記)

永正十一年　清原朝臣題言

434 妙法蓮華經　八卷　永正十六年(一五一九)刊　寧樂刊經史所載

(卷末刊記)

發護持正法　利益有情願　窮盡未來際　雕置法華摸　庶衆人摺寫　廣流布諸國　互與法利生　自他共成佛

多武峯絹盖寺法華經板木也

永正十六年己卯九月日　願主英宗

435 大原談義聞書　一冊　永正十七年(一五二〇)刊　内閣文庫藏

(卷末刊記)

願主鎌倉安養院泉蓮社昌譽

安置洛東知恩院

開版豆州三島左近大夫景吉

永正庚辰三月　日

436 月江和尚語錄　二冊　大永八年(一五二八)以前刊　京都　久原文庫藏

(上卷末墨書)

大永戊子暮春十有六於普門方丈叨執筆朱句瓢山人三十九歲

(下卷末墨書)

大永八戊子春三月十三日於普門室信筆朱句瓢庵山人三十九齡

437 醫書大全　十冊　大永八年(一五二八)刊　京都帝國大學圖書館藏

(卷末刊記)

我邦以儒釋書鏤板者往々有焉未曾及醫方惠民之澤人皆爲鮮近世醫書大全自大

明來固醫家至寶也所憾其本稍少欲見而未見者多矣泉南阿佐井野宗瑞捨財刊行彼明本有三寫之誤今就諸家考本方以正斤兩雖一毫髮私不增損蓋宗瑞之志不爲利而在救濟天下人偉哉陰德之報永及子孫矣
大永八年戊子七月吉日　幻雲壽桂誌

438 韻鏡　一冊　享祿元年(一五二八)刊　東京　成簣堂文庫藏

(卷末刊記)
韻鏡之書行於本邦久而未有刊者故轉寫之訛烏而焉焉而馬覽者多困彼此不一泉南宗仲論師偶訂諸本善不善者且從且改因命工鏤板期其歸一以便於覽者且曰非敢擴之天下聊備家訓而已於戲今日家書乃天下書也學者思旃
享祿戊子孟冬初一日　正三位行侍從臣清原朝臣宣賢

439 御成敗式目　一冊　享祿二年(一五二九)刊　訪書餘錄所載

(卷末刊記)
此書廼萬代不易之法也故加淸家點以重鋟梓矣蓋爲俾愚蒙輩易讀也苟易讀則通理速通理速則犯法者稍少豈非師道少補乎抑鄉有先生村有夫子而時習之學日新

予寧爲之哉博雅君子庶幾諒察焉
享祿己丑秋八月日　從四位下行左大夫兼算博士小槻宿禰伊治

宮内省圖書寮藏

440 聚分韻略　一册　享祿三年（一五三〇）刊

（卷末刊記）

享祿庚丑刻梓　日陽眞幸院

441 增註唐賢絶句三體詩法　三册　大永・享祿頃刊？

京都帝國大學圖書館
京都久原文庫藏
東京成簣堂文庫

（第一卷末刊記）

此板流傳自京至泉南於是阿佐井野宗禎贖以置之於家熟也欲印摺之輩待方來矣

442 論語　二册　天文二年（一五三三）刊

宮内省圖書寮
伊勢神宮文庫藏
東京岩崎文庫

（卷頭序文）

泉南有佳士厥名曰阿佐井野一日謂予云東京魯論之板者天下寶也雖然離丙丁厄而灰燼矣是可忍乎今要得家本以重鏤梓若何予云善按　應神天皇御宇典經始來繼體天皇御宇五經重來自爾以降吾朝儒家所講習之本藏諸秘府傳於叔世也盖唐本有古今異乎家本有損益之失乎年代寖遠不可獲而測遂撰累葉的本以付與庶幾

博雅君子料焉
天文癸巳八月乙亥
金紫光祿大夫拾遺淸原朝臣宣賢法名宗尤

443 八十一難經圖（難經俗解） 一冊 天文五年（一五三六）刊 日本古刻書史所載

（卷末刊記）

越前州一乘谷之艮位一里許有山田高尾其麓有寺人號曰高尾寺寺有堂客以醫王善逝尊像太守日下氏宗淳公俾一柏老人校正熊宗立所解八十一難經之文字自讀而募工鏤梓以置於本堂善醫國救民之意歟
時天文五年丙申九月九日　釋尊藝

444 藥師瑠璃光如來本願功德經 一帖 天文七年（一五三八）刊 奈良 律宗戒學院藏

（卷末刊記）

自往古堂內安置印板伽藍炎上之砌同燒失之間以一紙半錢之志新刻彫之畢若爾面々施主各々願望可爲成就處也

天文七年戊戌卯月　日　勸進聖祐尊
刊手與一

445 聚分韻略　一册　天文八年（一五三九）刊　東京　岩崎文庫藏
（卷末刊記）
三韻一覽寶於世之書也凡遊於藝工於詞之士未嘗無取焉信手開卷三聲之字條次於一紙之上平仄之異粲然於一目之中古之人五行倶下十行並下之說未必有踰此不亦快乎余平素有意於勸八蓄之故不待其桐梓之朽腐乃復命工新其刊矣庶爲是州廳本乎然而小其字於舊板冊子亦短其紙盖所以備於勤于熟覽者之藏於巾箱携於袖間也若夫與舊本同施敷於世光飾藝苑潤色詞林則所謂徑寸珠不失寶於其形之小者也矣　峕天文八年己亥春三月日
正四位下行太宰大貳兼兵部權大輔周防介臣多々良朝臣義隆

446 聲名集　一卷　天文十年（一五四一）刊　東京　岩崎文庫藏
（卷末刊記）
右板開者於高野山往生院藝刕嚴島住良舜開口之口

于時天文十年三月廿一日

447 大隨求即得陀羅尼經　（摸板）　一枚　天文十一年（一五四二）刊

東京帝國大學圖書館藏

（表面刊記）

天文十一年壬子二月十五日　音石寺

（裏面刊記）

第九　願主慶算

448 觀普賢經　一卷　天文十七年（一五四八）以前刊　奈良　唐招提寺藏

（卷末墨書）

奉寄進　唐招提寺御舍利殿常住爲祈滅罪生善也　川原寺玉明　林盛大德卅五

夏　天文十七年戊申九月十九日

449 無量義經　一卷　天文十七年（一五四八）以前刊　奈良　唐招提寺藏

（卷末墨書）

同　前

450 妙法蓮華經　卷第一　壹卷　天文十七年（一五四八）以前刊　奈良　唐招提寺藏

（卷末墨書）

同　前

451 四體千字文　一册　天文十九年（一五五〇）刊　訪書餘録所載

（卷末刊記）

夫附言增廣古文眞草行凡四千字爲誨童蒙合他力刻諸梓以傳世矣

紫陽日州田島莊　弓削雅樂入道　交雲居士謹置

天文十九庚戌歳秋八月望日

452 妙法蓮華經　八卷　天文十九年（一五五〇）以前刊　奈良　東大寺圖書館藏

（卷末墨書）

奉摺寫一部將爲令法久住利益人天口天文十九年庚戌十二月八日實祐文識敬白

453 一切如來金剛被甲眞言　（摸板）　天文二十年（一五五一）刊　奈良　東大寺圖書館藏

（卷末刊記）

和州添上郡横田西興寺内正覺堂常住
天文二十年辛亥十月十五日　願主敬白

454 淨土暑名目　一帖　天文廿一年（一五五二）刊　京都　久原文庫藏

（卷末刊記）

於野州尾羽山往生寺南龍坊圖功訖
鎭西末學沙門了譽誌之

夫名目圖者去永正着雍執徐雖鏤梓遭世亂離灰燼焉爰先師肇譽上人觖三十三回之忌辰而爲報恩攸重刊已矣遺弟比丘洛陽東山知恩第廿七世主翁燈譽八十一載書

于時天文二十一年壬子南呂望日

455 聚分韻略　一册　天文廿三年（一五五四）刊　東京　岩崎文庫藏

（卷末刊記）

駿府天澤禪寺藏殿公用

維時天文二十三甲寅年春正月吉辰

冨士山善得寺樂全軒主建乘鏤梓

456 妙法蓮華經　巻八　一巻　天文廿三年(一五五四)以前刊　奈良　東大寺圖書館藏

(巻末墨書)

天文廿三年甲寅七月　日菩提山寺金藏院宗春(花押)

457 歴代序略　一冊　天文廿三年(一五五四)刊　東京　岩崎文庫藏

(巻末刊記)

此書已渡其版未行因鏤之梓留置于東海駿府城

龍山雲齋書院

天文甲寅仲冬吉 [崇孚]

この書の別版に東海駿府城の五字を缺くものがある。想ふにこの五字は後から補刻したものであらう。

458 般若波羅蜜多理趣經　一巻　天文廿四年(一五五五)刊　奈良　唐招提寺藏

(巻末刊記)

爲現當來世悉地圓滿師長父母六親眷屬七世四恩一切含識平等無差也　願主

和州釜口成就院舜範開之
天文二十四年乙卯七月十五日

459 大樂金剛不空眞實三摩耶經　一卷　天文廿四年(一五五五)刊

奈良　唐招提寺藏

(卷末刊記)

爲現當來世悉地圓滿師長父母六親眷屬七世四恩一切含識平等無差也　願主
和州釜口成就院舜範開之
天文廿四年乙卯七月十五日

460 妙法蓮華經　八卷　弘治三年(一五五七)刊

大屋德城氏藏

(卷末刊記)

右爲備日域處々神明佛陀之法味奉開六十六部法花妙典印板仰願者爲師匠二親
三界六道四生含識皆成佛道兼又自身滅罪生々値遇三寶漸々修學增進佛道祈所
也敬白
南都東大寺觀音院　法印英訓八十二歲

弘治三年丁巳八月　日

461 韻鏡　一冊　永祿七年(一五六四)刊　東京　岩崎文庫　京都　久原文庫藏

(卷末刊記)

頃者求得宋慶元丁巳張氏所刊之的本而重校正焉永祿第七歲舍甲子王春壬子

462 佛最上乘秘密三摩地禮懺文　一卷　元龜四年(一五七三)摺寫　日本古刻書史所載

(卷末刊記)

禮懺廿卷奉寄進八幡宮理趣三昧中者也右志趣者相迎悲母妙壽禪定尼卅三廻忌令摺寫此眞文處如件

元龜四曆癸酉六月六日　施主　惣持院英海

463 八幡宮理趣三昧禮懺　元龜四年(一五七三)摺寫?　奈良　東大寺圖書館藏

寧樂刊經史に次のやうに述べてある。東大寺圖書館に、八幡宮理趣三昧禮懺數部を藏してゐる。これには跋文はないが、この頃の刻本であることは疑なく、八幡宮は東大寺鎭守手向山八幡宮であることは明かである。そして日本古刻書史には、元龜四年六月

に惣持院英海の刻するところの禮懺文があるといつて、その跋語を載せてある。(前出の佛最上乘秘密三摩地禮懺文の巻末刊記を指す) この書はこれに相當するものであらうといふ。

464 四體千字文　一册　天正二年(一五七四)刊　東京　岩崎文庫藏

(巻末刊記)

此板泉州大鳥郡堺南庄石屋町住石部了册入道新刊巧極妙字迫眞奇哉　于時天正二年六月吉辰　宿蘆齋書寫

465 三教指歸　三帖　天正八年(一五八〇)刊　紀伊　高野山親王院藏

(巻末刊記)

爲奉報高祖鴻恩閣諸事開此印板耳

天正庚辰仲秋日　勸進沙門　高野山　榮泉

檀主南都南市比丘尼琳光

板施入比丘　高球

筆者　秀海

466 庭訓往來　四帖　天正八年（一五八〇）刊　日本古刻書史所載
（卷末刊記）
右四冊者爲本嶋與一手跡稽古染拙毫者也
天正八年暮秋　彌與門板

467 仁王護國般若波羅蜜經　下　一帖　天正九年（一五八一）以前刊　奈良　西大寺藏
（見返墨書）
奉寄進　西大寺　舜海
（卷末墨書）
西大寺常住　五部之內
豐原寺天正九年辛巳三月日願主舜海

468 大隨求卽得陀羅尼　（摸板）三枚　天正十二年（一五八四）刊　大和　新藥師寺藏
（卷末刊記）
爲三界萬靈自他證覺乃至平等普句也

天正十二年甲申十一月廿日　興清敬白

469 仁王護國般若波羅蜜多經　二卷　天正十八年(一五九〇)刊

(卷末刊記)

天正十八年三月　重梓

日本古刻書史所載

470 節用集　二册　天正十八年(一五九〇)刊

(卷末刊記)

右此板木者泉州大鳥郡堺南庄石屋町經師屋有是石部了冊

于時天正十八年庚寅履端吉辰

東京　岩崎文庫藏

471 諸伽陀集法則　一帖　文祿二年(一五九三)刊

(卷末刊記)

文祿二年長月吉日於南山書寫了　泉定

大屋德城氏藏

472 妙法蓮華經　八卷　文祿四年(一五九五)刊

(第八卷末刊記)

奈良　東大寺圖書館藏

春日社於若宮座板木在之
開白沙門　慶春　良尊　宗甫　宗賢
供養沙門　實相屋　堯觀
文祿四年丁未六月十日作者賢盛　妙雲　圓盛

473 補註蒙求　三册（活字版）文祿五年（一五九六）刊　宮内省圖書寮藏

（卷末刊記）

桑域洛陽西洞院通勘解由小路南町住居甫庵道喜新刊一字板繡此書以應童蒙之
求也呼嗚未辨芋耶羊耶魚耶魯耶潤愧林塹冀博覽人運郢斤多幸
惟時文祿第五丙申小春吉辰道喜記

474 法華玄義序　一帖（活字版）文祿頃刊？　杉浦三郎兵衞氏藏

（卷末刊記）

奉寄進法華玄義序百部
文祿四年乙未曆極月二十四日　大光山本國寺常住願主一輪房日保

475 天台四敎儀集解　三册（活字版）文祿頃刊？　日本古刻書史所載

（卷末刊記）

文祿乙未曆十一月廿四日

476 勸學文　一册　（活字版）　慶長二年（一五九七）刊

東京岩崎文庫
京都帝國大學圖書館
寄託近衞文麿氏藏

（卷末刊記）

命工每一梓鏤一字棊布之一板印之此法出朝鮮甚無不便因玆摸寫此書

慶長二年八月下澣

477 錦繡段　一册　（活字版）　慶長二年（一五九七）刊

東京岩崎文庫
京都久原文庫藏

（卷末刊記）

錦繡段者東阜天隱之所編而未有刊行玆悉取載籍文字鏤一字於一梓棊布諸一版印一紙纔改棊布則渠祿亦莫不適用此規模頃出朝鮮傳達天聽乃依彼樣使工摹寫焉叡思辱在擬周詩六義敎以化以之家藏人誦傳之不朽云

慶長二歲在丁酉夷則下澣　臣僧南禪靈三誌焉

478 節用集　二册　慶長二年（一五九七）刊

宮內省圖書寮
京都久原文庫藏

（卷末刊記）

洛陽七條寺內平井
勝左衞門休與開板

有客携鉅卷曰此節用集十字九皆贋也正諸於韻會禮部韻諸則命工刻梓焉如愚夫弄麈何辨字畫之誤哉惟取定家卿假名遣分書伊爲越於江惠之六隔段以返之云旹慶長二丁酉易林誌

479 日本書紀神代卷　一册（活字版）慶長四年（一五九九）刊

宮內省圖書寮
京都帝國大學圖書館
東京岩崎文庫
東京靜嘉堂文庫
伊勢神宮文庫　藏

（卷末刊記）

日本書紀歷代之古史也　元正天皇養老年中一品舍人親王太朝臣安麻呂奉勅撰之吾朝撰書迄奏覽以是爲權輿者耶君臣共以莫不窮此書矣按　應神天皇以還至繼體天皇御宇異域典經多以雖來朝不解其義徒經三百有餘歲矣　推古天皇御宇聖德太子察三歲之源達三國之起故始以漢字附神代之文字傍於于爰吾邦人浸得識量典經之旨非至聖誰敢成此緯哉盖神道者爲萬法之根柢儒敎者爲枝葉佛敎者爲花實彼二敎者皆是神道之末葉也雅以枝葉顯其本原然則異曲同工者歟頃學儒

佛者顯而知神書者鮮矣物有本末事有終始何棄本取末焉於神國爭疏神書乎萬機之政尙以神事爲最第一但神代事理既幽微非理不通欽惟陛下寬惠叡智之餘後世惜其流布之不廣遂命鳩工於是始壽諸梓矣舊頗純駮不一求數本考正之去其駮而錄其純用之國而及之天下則以成煕皥之治以紹神尊之統保瑞穗之地千五百秋將必有賴於斯焉

慶長己亥姑洗吉辰　正四位下行少納言兼侍從臣清原朝臣國賢敬識

480 古文孝經　一册（活字版）　慶長四年（一五九九）刊　東京　岩崎文庫藏　吉田良兼氏藏

（見返刊記）

孝經慶長己亥刊行

481 大學　一册（活字版）　慶長四年（一五九九）刊　京都帝國大學圖書館寄託　近衞文麿氏藏

（見返刊記）

大學慶長己亥刊行

482 中庸　一册（活字版）　慶長四年（一五九九）刊　京都帝國大學圖書館寄託　近衞文麿氏藏

（見返刊記）

中庸慶長己亥刊行

483 論語　一冊（活字版）慶長四年（一五九九）刊

京都帝國大學圖書館
寄託近衞文麿氏
靜岡葵文庫藏

（見返刊記）

論語慶長己亥刊行

484 孟子　二冊（活字版）慶長四年（一五九九）刊

東京岩崎文庫
京都帝國大學圖書館
寄託近衞文麿氏藏

（見返刊記）

孟子慶長己亥刊行

485 職原鈔　一冊（活字版）慶長四年（一五九九）刊

宮內省圖書寮
東京靜嘉堂文庫
京都久原文庫藏

（見返刊記）

職原鈔慶長己亥季夏刊

486 六韜　二冊（活字版）慶長四年（一五九九）刊

右文故事所載

（卷末刊記）

維時內府家康公以刊字數十萬予卽開六韜六韜是文武備書也吾公治世不忘亂謂乎

慶長四龍集己亥仲夏吉辰

前學校三要於伏見城下書寫

右文故事所載

487 三略　一冊　（活字版）　慶長四年（一五九九）刊

（卷末刊記）

右三略依內府家康公命刻梓焉板行誤以明本講義改正者也

于時慶長四龍集己亥仲夏吉辰

庠主三要野衲書之

宮内省圖書寮
伊勢神宮文庫
足利學校遺蹟圖書館　藏

488 孔子家語　四冊　（活字版）　慶長四年（一五九九）刊

（卷末刊記）

世際季運而學校敎將廢也維時內府家康公于文于武得其名故興廢繼絕爲後學刻梓文字數十萬而賜予退爲謝公之恩惠初開家語此書是聖人奥義治世之要文寔非小補也刊字列盤中則明本家語以數本考正焉或板行有訛謬或文字有顚倒以亡加之以余删之雖如此有帝席鸖鶴誤者必矣只願待博雅君子改制焉也謹跋

慶長第四龍集己亥仲夏吉辰

前學校三要野衲於城南伏見里書寫
慈眼刊之

489 元亨釋書　十册（活字版）慶長四年（一五九九）刊　京都帝國大學圖書館藏

（卷末刊記）

于時慶長四年戊亥月日　日東洛陽　如庵宗乾　模行

490 貞觀政要　十卷八册（活字版）慶長五年（一六〇〇）刊　宮内省圖書寮藏
足利學校遺蹟圖書館藏

（卷末刊記）

唐太宗文皇帝者創業守成一代英武之賢君也千載之下仰其德慕其風者今之内大臣家康公是也故今前學校三要老禪挍訂貞觀政要去歲開家語於版今歲刻政要於梓導聖賢前軌而作國家治要宜也豐國大明神降辭下土之日受令嗣秀頼幼君賢佐遺命爾來寛厚而愛人聰明而治衆不異周勃霍光安劉氏輔昭帝也矧又海内弘此書而協和士民之心則爲明不忘舊盟爲幼君盡至忠者其用大矣哉

慶長五年星輯庚子花朝節

前龍山見鹿苑承兌叟謹誌

慈眼久德刊之

491 法華經傳記　十卷五册　(活字版)　慶長五年(一六〇〇)刊　日本古刻書史所載

(卷末刊記)

唐僧祥公不知其氏族博聞達識之人而記法華之應驗誘愚昧之徒殊載出傳譯等之科目該括一化之始終實維甚奇甚妙也故盛行于世爲談者之資矣然轉寫誤於豕亥剩有差脫不可稱計予甞披僧史傳幷衆經錄等忽覺此記傳之有本據愈考愈質輙命工鏤梓學者幸勿惑焉時

慶長庚子載季春望日洛陽釋圓智誌

492 三略　一册　(活字版)　慶長五年(一六〇〇)刊　足利學校遺蹟圖書館藏

(卷末刊記)

右三略依內大臣家康公命刻梓焉板行誤以講直兩部改正者也

于時慶長五龍集庚子孟夏吉辰

前龍山元佶叟於伏見城下書之

493 天台四敎儀集註　卷下　一册　(活字版)　慶長五年(一六〇〇)刊

（卷末刊記）

慶長第五庚子歳臘月下澣吉辰　正雲刊之

神田喜左衞門氏藏

494 元祖蓮公薩埵略傳　一册（活字版）慶長六年（一六〇一）刊

（續群書類從本卷末刊記）

慶長第六辛丑歳季冬下浣三日本地院中板行

495 四體千字文　一册　慶長七年（一六〇二）刊　京都　久原文庫藏

（卷末刊記）

慶長壬寅刊　金宣開板

496 論語集解　二册（活字版？）慶長中頃刊？　宮內省圖書寮藏

（卷末刊記）

慈眼刊正運刊　洛汭要法寺內開版

497 太平記　四十册（活字版）慶長八年（一六〇三）刊　日本古刻書史所載

（卷末刊記）

慶長癸卯　富春堂新刊

498 四體千字文　一冊（活字版）慶長九年（一六〇四）刊　日本古刻書史所載
（卷末刊記）
慶長甲辰孟春日　下洛涸轍堂新栞

499 徒然草抄　二冊（活字版）慶長九年（一六〇四）刊　京都　龍谷大學藏
（卷末刊記）
此抄者壽命院立安法印凌醫家救療之暇廣見遠聞而漸終篇予披覽最寄之餘揮短毫聊
錄事狀耳　慶長第六辛丑孟冬初九　也足叟素然
慶長九曆閼逢執徐姑洗良辰　日東洛陽如庵宗乾刊行

500 徒然草抄　二冊（活字版）慶長頃刊？　京都　龍谷大學藏
（卷末刊記）
此抄者壽命院立安法印凌醫家救療之暇廣見遠聞而漸終篇予披覽最寄之餘揮短
毫聊錄事狀耳　慶長第六辛丑孟冬九日　也足叟素然

501 大廣益會玉篇　五冊　慶長九年（一六〇四）刊　宮內省圖書寮
京都　久原文庫
伊勢　神宮文庫藏

（卷末刊記）
此書是蕭梁顧野王先生所選爾來支桑見卷於美墻者也雖然厥板行少于世童蒙者時々苦昏迷建故道本祖轉兩翁傾心信鏤於梓正運純孝兩匠盡力旣工畢矣藏置諸京師四條云伏希庚鹿無疑寸陰昜輝如之白日莌莌可感萬年永廓胸之春天矣
慶長九甲辰夏五月日　鐵山叟宗純謾書其後
京都府立圖書館藏

502 法華玄義科文　十七册（活字版）慶長九年（一六〇四）刊
（卷末刊記）
惟旹慶長九暦甲辰五月日於比叡山延暦寺東塔東谷月藏坊令摺之畢
神田喜左衛門氏藏

503 敎誡新學比丘行護律義　一册（活字版）慶長九年（一六〇四）刊
（卷末刊記）
右敎誡儀簡牘磨滅字畫殘缺或烏而焉或焉而馬故勵志投小財命工令活版併爲正法久住善願圓滿耳　慶長九年甲辰應鐘上旬　城西歡喜山寶珠院沙門幸朝　下村生藏刊之

504 佛祖宗派綱要　一册　慶長九年(一六〇四)刊　京都　久原文庫藏

(卷末刊記)

旹慶長甲辰孟秋望月　大應寺重刊

505 光明眞言初心要鈔　一册　(活字版)　慶長九年(一六〇四)刊　東京帝國大學藏

(卷末刊記)

慶長九年丙辰十月廿一日依初入者之囑注　東寺末葉桑門賴慶

506 沙石集　十卷八册　(活字版)　慶長十年(一六〇五)刊　典籍叢談所載

(卷末刊記)

此集行于世尙矣本有廣畧條有前後不知孰是也頃幸得無住師眞筆正本今也不堪

蘊藏於焉遂鏤梓十目所視豈其揜手勿敢疑也

慶長十乙巳年仲春下浣八日圓智校讐

507 東　鑑　五十一册　(活字版)　慶長十年(一六〇五)刊　宮内省圖書寮藏

(卷末刊記)

夫人之處世也言行之善不善不可不記焉得一善記之則百世善其人得一惡記之則

百世惡其人言行寔君子樞機也可不愼乎左氏記春秋而作万代龜鑑得良史名者難矣哉東鑑一書者自治承四年至文永三年八十七載之間傍羅曲探以大抵記之不知記者之名爲遺憾久歷年代其名湮滅邪深隱山林其名埋沒邪抑又謙退以不著其名耶見是書則言行之美惡如指掌也吾大將軍源家康公治世之暇翫弄此書見善思齊焉見不善內自省也凡人主之所趍向天下隨之如風草形影也以東鑑名之者非無由殷以夏爲鑑周以殷爲鑑詩曰殷鑑不遠在夏后世今也刻梓以壽其傳後世能先此書辨別淄訂則非啻東州明鑑豈不作四方鑑戒乎書之以爲跋

慶長十年星集乙巳春三月日

前龍山見鹿苑承兌叟

508 周易 三册 (活字版) 慶長十年(一六〇五)刊 宮內省圖書寮藏

(卷末刊記)

古今學儒書者排斥佛經學佛經者排斥儒者是世之常而共不辨眞理也釋尊生中國設敎則如周孔周孔生西天設敎則如釋尊儒釋元來不涉二途如鳥雙翼似車兩輪也如閑室大禪師者壯歲入東關讀四書六經而品論之講說之旣稱學校者有年乎茲暮

齡到洛陽傳中峯法要位空門極品僉曰儒釋兼併也頃蒙大將軍源家康公鈞命印行周易其志要弘聖道於萬年能校正舛差而加陸德明音義於王輔嗣注集而大成者乎古德曰鷲嶺拈華伏羲初畫少林面壁文王重爻然則於禪門亦不可不究盡易道予於禪師其情如骨肉固需跋其後不獲堅辭漫書焉也

慶長十年星集乙巳孟夏初五日

鹿苑西笑承兌

509 元亨釋書　十冊（活字版）　慶長十年（一六〇五）刊　京都　久原文庫藏

（卷末刊記）

慶長乙巳歲仲夏日　下村生藏刊之

510 周　易　二冊（活字版）　慶長十年（一六〇五）刊　日本古刻書史所載

（卷末刊記）

時丁垂拱之運無長無少入學志道也其所謂道者何也耶仁義禮智是也又推諸於則元亨利貞乃天之德也豈不學乎哉予壯歲遊學在關東日雖希宣尼之三絕慕劉安之九師僅閱其戶牖不到其奧也雖然以所希慕之厚欲鋟梓以廣其傳日奄去歲之秋獲

自一而六王氏註之自七而九韓氏註之到畧例之十唐學士刑璹傳之又加陸氏之音釋於其註下之唐朝一本而兼用本朝外史局之善本而參攷訂議漫甓碁而梓行以成矣嗚呼卷中舛謬且待博雅君子而已庶幾元亨之德日新而無所其終仁義之道擴充而永行于世矣

慶長乙巳季夏日　東下洛涸轍子祖傳謹識

日本古刻書史所載

511 玉　篇　三冊　慶長十年（一六〇五）刊

（卷末刊記）

斯玉篇者以禮部韻會龍龕手鑑等校合旃書寫者也

時慶長旃蒙大荒落褯月日　夢海謹記

512 韻　鏡　一冊　慶長十年（一六〇五）刊　京都　久原文庫藏

（序文末刊記）

慶長乙巳重刊

513 帝鑑圖說　六冊　（活字版）　慶長十一年（一六〇六）刊　東京　岩崎文庫藏

（卷末刊記）

慶長拾壹稔星集丙午春三月　日　豐光老衲承兌

514　七書　七册　(活字版)　慶長十一年(一六〇六)刊　足利學校遺蹟圖書館藏

(卷末刊記)

夫兵書古今雖多諸家說凡以七書爲樞機孫子以兵書見闔廬知孫子能用兵爲將破强楚是孫子力也吳起學書於曾子事魯君後事魏文侯擊秦拔五城所以吳起爲將也穰苴齊景公時文能附衆武能威敵景公聞爲將尉繚以天官時日決勝而已三略老人授子房書也是漢代平均基乎太公以文武龍虎豹犬傳於文王興起周代八百餘歲者乎太宗問李靖々對曰先仁義後權譎可謂文武兼並也前大將家康公以文安人以武威衆天下万民咸歸服雖周漢不能過忽隨公欽命記七書於梓以講直正之畢矣予爲令太平於後人跋其後也

慶長十一龍集丙午初秋念又一日

紫陽閑室元佶叟書寫

515　四體千字文　一册　慶長十一年(一六〇六)刊　京都　久原文庫藏

(卷末刊記)

慶長丙午歲　春枝開板

516 四體千字文　一册　慶長十一年(一六〇六)刊　日本古刻書史所載

(卷末刊記)

慶長丙午記　金宣開板

517 四體千字文　一册　慶長十一年(一六〇六)刊　日本古刻書史所載

(卷末刊記)

慶長丙午記　讃　開板

518 四分律删繁補闕行事鈔　一帖　(活字版)　慶長十二年(一六〇七)刊　奈良　唐招提寺藏

(卷末刊記)

慶長十二丁未曆五月七日　大和州添上郡於元興寺極樂律院摺寫之

519 文　選　廿一册　(活字版)　慶長十二年(一六〇七)刊　宮内省圖書寮 伊勢神宮文庫藏

(卷末刊記)

慶長丁未沽洗上旬八蓂　板行畢

520 祕藏記　一冊（活字版）慶長十二年（一六〇七）刊　京都　大谷大學藏

（卷末刊記）

慶長十二年曆丁未九月上旬

521 御成敗式目　一冊　慶長十二年（一六〇七）刊　京都　久原文庫藏

（卷末刊記）

慶長十二丁未曆九月日

522 十七憲法德失鏡　一冊　慶長十三年（一六〇八）刊　京都帝國大學圖書館藏

（卷末刊記）

于時慶長十三歲余戊申良月吉旦

右以度會四位弘訓神主所藏慶長板本令翻刻者也　勢州安濃津寛栗堂板

523 韻鏡　一冊（活字版）慶長十三年（一六〇八）刊　宮內省圖書寮藏

（卷末刊記）

慶長戊申中春良日　下洛涸轍書院新栞

524 伊勢物語　二冊（活字版）慶長十三年（一六〇八）刊　宮內省圖書寮 京都 久原文庫 藏

（巻末刊記）

伊勢物語新刊就余需勘校抑京極黄門一本之奥書云此物語之根源古人之說々不同云々如今以天福年所被與孫女本正之然而猶恐有訂校之遺闕也更圖畫卷中之趣分以爲上下是雖不足動好女人情聊爲令悅稚童眼目而已

慶長戊申仲夏上浣　也足叟

525 職原鈔　二冊　慶長十三年（一六〇八）刊　日本古刻書史所載

（巻末刊記）

官位職員科目備令條雖載之上古風儀輙難識量多端也而今抄者外題除書之體內含令式之義而撲周與之職配唐官之名又述自中古覃當時諸家昇進旨趣如指掌也是以桃華禪閤被加格言尤可謂官位職掌之龜鑑者也爰中原職忠欲鋟梓之余需校讐因聚考數本從其宜而已並可使覽者七八科附其後

于時慶長戊申夏四月蚳蚓出日　吏部少卿淸原秀賢誌

526 五家正宗賛　四冊（活字版）慶長十三年（一六〇八）刊　松本文三郎氏藏

（巻末刊記）

慶長十三戊申仲秋吉辰　西京花園一枝軒板行之

527 伊勢物語肖聞抄　三冊　(活字版)　慶長十四年(一六〇九)刊　京都　久原文庫藏

(卷末刊記)

右抄者肖柏老人所傳之作也仍號之肖聞然依後土御門院仰手自書進之云々爾降世皆異之猶元凱注左氏也彼翁者予祖之餘流庶第也今爲校讎亦有故者乎　新刊之時作三策々

慶長己酉季春上浣　也足叟

528 古文眞寶　二冊　慶長十四年(一六〇九)刊　京都　久原文庫藏

(卷末刊記)

慶長十四己酉年陽月下旬

室町通近衞町本屋新七刊行

529 釋淨土二藏頌義　十五冊　(活字版)　慶長十四年(一六〇九)刊　京都　久原文庫藏

(卷末刊記)

于時慶長十四年己酉五月十五日畢

530 十住心論　十冊　（活字版）　慶長十四年（一六〇九）刊　近江比叡山延暦寺 紀伊高野山親王院 藏

（卷末刊記）

（第一卷）　爲續三寶慧命於三會之出世廣施一善利益於一切之衆生是則守大師之遺誡偷令遂小僧之心願謹以開印板矣

慶長十四己酉年霜月廿一日

金剛峯寺寶龜院住阿闍梨　朝印　幸悦　宗安　淨善　刊之

（第二卷）　爲續三寶慧命於三會之出世廣施一善利益於一切之衆生是則守大師之遺誡偷令遂小僧之心願謹以開印板矣

慶長十四己酉年霜月廿一日

金剛峯寺寶龜院住阿闍梨　朝印　幸悦　刊之

（第六・九卷）　爲續三寶慧命於三會之出世廣施一善利益於一切之衆生是則守大師之遺誡偷令遂小僧之心願謹以開印板矣

慶長十四己酉年九月廿一日

金剛峯寺寶龜院住阿闍梨　朝印　幸悅　刊之
（第七卷）爲續三寶慧命於三會之出世廣施一善利益於一切之衆生是則守大師之
遺誡偷介遂小僧之心願謹以開印板矣
慶長十四己酉年霜月廿一日
金剛峯寺寶龜院住阿闍梨　朝印　幸悅　刊之
（第十卷）爲續三寶慧命於三會之出世廣施一善利益於一切之衆生是則守大師之
遺誡偷介遂小僧之心願謹以開印板矣
慶長十四己酉年十月廿一日
金剛峯寺寶龜院住阿闍梨　朝印　幸悅　刊之

531 論語集解　二册　慶長十四年（一六〇九）刊　日本古刻書史所載

（卷末刊記）
慶長十四年己酉九月日　洛汭宗甚三板
友傳刻

532 仁王經開題　一帖　（活字版）　慶長十五年（一六一〇）刊　筒井寛聖氏藏

（巻末刊記）
慶長十五年二月廿九日　幸悦刊之

533 太平記　四十冊（活字版）慶長十五年（一六一〇）刊　日本古刻書史所載
（巻末刊記）
慶長十五暦庚戌二月上旬日春枝開板

534 節用集　二冊　慶長十五年（一六一〇）刊　日本古刻書史所載
（巻末刊記）
慶長上章閹茂仲春上澣洛下

535 節用集　二冊　慶長十五年（一六一〇）刊　日本古刻書史所載
（巻末刊記）
于時慶長十五年庚戌仲春如意吉辰釜座衝貫三條松屋町小山仁右衛門永次開板之

536 倭玉篇　三冊　慶長十五年（一六一〇）刊　日本古刻書史所載
（巻末刊記）

慶長庚戌仲春日

537 大日經開題　一帖（活字版）慶長十五年（一六一〇）刊　紀伊　高野山寶龜院藏

（卷末刊記）

慶長十五庚戌年四月廿一日　幸悅刊之

538 日本書紀　十五冊（活字版）慶長十五年（一六一〇）刊　日本古刻書史所載

（卷末刊記）

此寫本者當初安貞二年兼賴校讎諸本正應之中神祇權大副卜部兼方筆之收于石室以來永仁正四位下行神祇權大副兼山城守卜部仲季嘉元甲辰沙彌蓮惠康永壬午神祇權大副兼員轉書之云々永正之頃內大臣實隆公以件本親朧書訂朱墨點今據內相公本鏤梓廣傳于世恐活板之徒多誤及刀陶陰矣庶幾莫貽誚於余焉

慶長十五庚戌仲夏念八　洛汭野子三白誌

539 金剛頂經開題　一帖（活字版）慶長十五年（一六一〇）刊　紀伊　高野山正智院藏

（卷末刊記）

慶長十五庚戌年九月廿一日　幸悅刊之

540 八卦圖會　一冊　慶長十六年(一六一一)刊　日本古刻書史所載
(卷末刊記)
于時慶長十六辛寅年林鐘吉日

541 比丘六物圖私鈔　三冊　慶長十六年(一六一一)刊　日本古刻書史所載
(卷末刊記)
右此私抄者京都僧衆一兩輩幷依場衆所望講談之次而抜集諸抄畢定多謬歟若少分者當其理是身幸而已然則生々不離三衣持戒世々不捨寶器廣利有情矣
于時慶長十六年六月九日於南都傳香寺寶圉照珍和尚御講之時寫之也

542 節用集　二冊　慶長十六年(一六一一)刊　日本古刻書史所載
(卷末刊記)
慶長十六年九月日　洛下烏丸通二條二町上之町刊之

543 法華疏私記　十冊　(活字版)　慶長十六年(一六一一)刊　京都　久原文庫藏
(卷末刊記)
慶長十六年十月日

544 倶舍論頌疏　二册（活字版）慶長十六年（一六一一）刊　京都　久原文庫
奈良　唐招提寺　藏

（卷末刊記）

慶長十六年亥暦孟冬　京一條清和院新刊

545 聚分韻略　一册　慶長十七年（一六一二）刊　**京都　久原文庫藏**

（卷末刊記）

慶長壬子季春吉辰

546 大乘起信論疏　三册（活字版）慶長十七年（一六一二）刊　**松本文三郎氏藏**

（卷末刊記）

惟時慶長第十七壬子暦桂秋良日　日東若耶府　利庵正節　模行

洛陽　飯田久左衞門勝家新刊

547 華嚴五敎章　三册（活字版）慶長十七年（一六一二）刊　奈良　東大寺圖書館藏

（卷末刊記）

慶長十七壬子年十月吉日

548 佛祖歷代通載　二十册（活字版）慶長十七年（一六一二）刊　京都　龍谷大學藏

（卷末刊記）

本國寺學校　玉潤日銳補爛脫耳

十住　從　實乘　進

法壽　珠　金林　慧

四僧集會異體同心鏤梓刊板行天下　慶長十七壬子極月十九日

549 書札禮事　一冊　（活字版）　慶長十七年（一六一二）刊　日本古刻書史所載

（卷末刊記）

慶長玄默困敦夾鐘刊之

550 弘安禮節　一冊　（活字版）　慶長十七年（一六一二）刊　日本古刻書史所載

（卷末刊記）

慶長玄默困敦夾鐘刊之

551 雲門匡眞禪師廣錄　三冊　（活字版）　慶長十八年（一六一三）刊　松本文三郎氏藏

（卷末刊記）

慶長癸丑歲仲春日洛陽　宗鐵重刊

552 大藏經目錄　三帖（活字版）慶長十八年（一六一三）刊
南都古寫本古版本並摸版陳列目錄所載
（卷末刊記）
戊申年高麗國大藏都監奉　勅雕造
一代藏經　開梓摺寫　報佛恩德　結緣衆生　同證佛果　二世安樂　乃至法界
平等利益　大本願伊勢聖乘坊宗存
慶長十八癸丑九月吉日　於洛陽梓之
當施主　開板　吉野入道意齋
西田勝兵衞尉

553 禪林類聚　二册零本（活字版）慶長十八年（一六一三）刊
京都　久原文庫藏
（卷末刊記）
於洛陽高臺寺　參來之徒拔出之誤多々　于時慶長十八癸丑菊月吉辰

554 徒然草　二册　慶長十八年（一六一三）刊
日本古刻書史所載
（卷末刊記）

這兩帖吉田兼好法師燕居之日徒然向暮染筆寫情者也頃泉南亡年處士箕踞洛之草盧而談李老之虛無說莊生之自然且以暇日對二三子戲講焉加之後將書以命於工鏤於梓而付二三子矣越句讀淸濁以下俾予料之予座好其志忘其醜卒加校訂而已復恐有其遺逸
慶長癸丑仲秋日　　黃門光廣

555 倭玉篇　三冊　慶長十八年(一六一三)刊　京都　久原文庫藏
(卷末刊記)
慶長癸丑仲冬　日　開板之

556 無量壽經鈔　七冊(活字版)慶長十九年(一六一四)刊　京都　大谷大學圖書館藏
(卷末刊記)
旹慶長十九甲寅三月二十五日　願主權大僧都

557 明德記　二冊　慶長十九年(一六一四)刊　日本古刻書史所載
(卷末刊記)
今世好事者保元平治平家物語皆以費梓工矣於是承久兵亂及明德記及應仁記不

幸而免如予閑人幸而得之屢爲日之便時時以古本校訂之漸畢其功忽補其闕雖然不獲其全也庶幾後人就有是而正焉而已

于時慶長第十九年無射望日　以時

558 黃石公素書　一册　慶長二十年(一六一五)刊　日本古刻書史所載

(卷末刊記)

慶長二十年乙卯閏六月下澣　天龍老夫玄昌書

559 無量壽經鈔　七册　慶長二十年(一六一五)刊　日本古刻書史所載

(卷末刊記)

洛陽七條寺內平井近江法橋良專開板

于時慶長二十年乙卯初夏上旬

560 和風安心抄　二册　慶長頃刊？　日本古刻書史所載

(卷末刊記)

于時天正廿年二月二日進上之

561 三部經音義　二卷　慶長頃刊？　日本古刻書史所載

（卷末刊記）

天正十八歲次庚寅暮春上澣

和州之住侶鎭西汲流野僧珠光草錄

562 辨證配劑醫燈　二冊　慶長頃刊？　日本古刻書史所載

（卷末刊記）

斯一冊予既及頽齡故强勉而啓秘記要而卽爲門生以老音爲泉州松山好春公詳使講授焉終一覽而染老筆畢

于時天正十二年秋日　洛下翠竹院　一溪叟道三

563 貞永式目鈔　二冊　慶長頃刊？　日本古刻書史所載

（卷末刊記）

以祖父常忠御說先年令抄出之處局務外央業賢盜取之間重令抄出之以此本爲證一子之外不可許一覽而已

天文三年閏正月廿八日終其功

清三位入道環翠軒宗尤判

564 闕疑抄　四册（活字版）慶長頃刊？　日本古刻書史所載

（卷末刊記）

此闕疑抄幽齋老新作之作也旨趣見奥書予又衣草之時侍几下沙衣免許書寫深秘
遂底莫出窓外耳
慶長第二孟冬十五日也足叟素然在判

565 勸發諸王要偈　（活字版）元和元年（一六一五）刊　舟橋水哉氏藏

（刊記）

伊勢太神宮　一切經　本願　常明寺
慶長十八癸丑年正月吉日　法印宗存　敬白
施戒慧爲種　往返人天中　無垢淨名稱　流布十方國　世間導人主　上生化
天王　令捨五欲樂　遠離諸放逸　衆生迷正濟　漂浪隨四流　無量生死苦
度令至彼岸　緣此成佛道　究竟大涅槃
勸發諸王要偈　乙卯歲大日本國大藏都監奉　勅彫造

566 十卷章　十册　元和二年（一六一六）刊　京都　東寺觀智院金剛藏藏

（般若心經秘鍵卷末刊記）　爲奉報高祖鴻恩謹以開印板矣　元和二丙辰暦正月二十一日　願主　東寺順宗

檀主　寶嚴院　空盛

彫士　二條堀川忠三郎

（吽字義卷末刊記）　爲奉報高祖鴻恩蒙貴賤助成　謹以開印板矣　元和二丙辰暦二月二十一日　願主　東寺順宗

（寶鑰卷中卷末刊記）　奉報大師之遺恩爲遂現當之心願謹以開印板矣

（卽身成佛義卷末刊記）　爲奉報高祖鴻恩蒙貴賤助成謹以開印板矣　元和二丙辰暦二月二十一日　願主　東寺順宗

567 大毗盧遮那成佛經疏　三卷五帖　（活字版）　元和二年（一六一六）刊

高野山　親王院・釋迦文院・寶壽院　藏
京都　久原文庫

（第一・二・三卷末刊記）

爲酬四恩之廣德與三寶之妙道開五卷疏之印板矣

元和二丙辰年三月廿一日

高野山金剛三昧院第三十四代良算

568 續傳燈錄　四册（活字版）元和二年（一六一六）刊　京都　久原文庫藏

（卷末刊記）

續傳燈者古來日域未有板行今使工模寫焉畢竟其功冀後代不朽矣

元和丙辰小春良辰　宗鐵誌之

569 沙石集　十册（活字版）元和二年（一六一六）刊　京都帝國大學圖書館藏

（卷末刊記）

此集行于世尙矣本有廣畧條有前後不知孰是也頃幸得無住師之眞筆正本今也不堪蘊藏於焉遂鏤梓十目所視豈其搶手勿敢疑也

元和二年六月吉日　圓智校讎

570 維摩經略疏　十册（活字版）元和二年（一六一六）刊　京都　大谷大學圖書館藏

（卷末刊記）

旹元和二年丙辰九月上旬摺之

571 下學集　一册　元和三年（一六一七）刊　宮內省圖書寮　京都　久原文庫藏

（巻末刊記）
元和三年丁巳孟夏吉旦梓焉

572 顯戒論　巻下　二冊（活字版）　元和三年（一六一七）刊　京都　久原文庫藏
（巻末刊記）
惟旹元和三丁巳曆八月中旬於西京北野經王堂常明寺宗存同摺刊之畢

573 宗派圖　二冊（活字版）　元和三年（一六一七）刊　京都　建仁寺兩足院藏
（巻末刊記）
元和三歳仲秋月壁庵宗鐵校勘

574 摩訶止觀科解　十巻二十六册（活字版）　元和三年（一六一七）刊　古芸餘香所載
（巻末刊記）
（第一巻二）　惟旹元和三丁巳曆七月中旬於西京北野經王堂常明寺宗存令刊摺之畢
（第二巻一）　於北野經王堂摺刊之　于時元和三丁巳曆　林鐘中旬
（各册ともに巻末刊記あるも右の刊記と同様にして、たゞ月日を異にせるのみ）

575 法華玄義科文　十巻十七册（活字版）　自元和三年（一六一七）至元和四年（一六一八）刊　古芸餘香所載

（巻末刊記）

（第一巻）　惟旹元和三丁巳暦九月中旬於西京北野經王堂常明寺宗存令刊摺畢

（第三巻）　元和四戊午年二月中旬於西京北野經王堂常明寺神力摺刊

（各冊ともに巻末刊記あるも右の刊記と同一にして、たゞ月日を異にせるのみ）

576　法華文句科解　十巻廿三冊（活字版）　自元和三年（一六一七）至元和四年（一六一八）刊　古芸餘香所載

（巻末刊記）

（第一巻）　惟旹元和三丁巳暦十月下旬於西京北野經王堂常明寺宗存令刊摺之畢

（第二巻）　元和四戊午年三月十七日令成就畢　於西京北野經王堂常明寺神力摺刊之　手傳玄作齋

（第三巻）　元和四戊午年三月中旬於西京北野經王堂常明寺神力摺刊之畢

（第十巻）　元和四戊午年三月中旬於西京北野經王堂常明寺神力摺刊之畢　摺寫役人上州住正直　工匠台林

（各冊ともに巻末刊記あるも右の刊記と同様にして、たゞ月日を異にせるのみ）

577　勝鬘經義疏　一冊　元和四年（一六一八）以前刊　奈良　律宗戒學院藏

（卷末刊記）

右勝鬘經義疏閼伽□權律師光盛ヨリ遺物加點畢南無本願聖皇護持三寶現世安穩後生善所　于時元和四曆戊午五月上旬之頃

578 法華去惑　二册（活字版）元和四年（一六一八）刊　京都　久原文庫藏

（卷末刊記）

元和四戊午曆彌生中旬摺之

579 心地教行決疑　六册（活字版）元和四年（一六一八）刊　京都　大谷大學圖書館藏

（卷末刊記）

于時元和四戊午曆殘春下旬於山門西塔南尾摺之

580 天台名目類聚鈔　七册（活字版）元和四年（一六一八）刊　京都帝國大學圖書館藏

（卷末刊記）

于時元和四年戊午六月上旬　於比叡山寶幢院刊摺之

581 城西聯句　二册（活字版）元和四年（一六一八）刊　京都　久原文庫藏

（巻末刊記）
元和四歳霜吉辰　二兵衞開板

582 東福開山聖一國師年譜　一冊　元和六年（一六二〇）刊　著者藏
（巻末刊記）
聖一國師年譜吾門曩祖岐陽方秀禪師嘗綉于梓者也雖然歷過貳佰餘寒喧而盡殘滅矣繇之于今遠孫比丘守藤募緣再刊之次緝諸彥訓點之數本採其宜新添刻點句讀矣只要使覽者速知師行實而已伏冀擴祖道眞風於八荒耀惠日靈光於末運
時元和六稔庚申小春上澣　法孫小比丘　守藤謹誌焉

583 聖一國師語錄　一冊　元和六年（一六二〇）刊　著者藏
（巻末刊記）
右語錄以國師年譜再刊助緣之餘貲重刻者也
元和六年庚申臘月下浣
見東福集雲叟守藤記之

584 法華肝要略註秀句集　一冊　（活字版）　元和六年（一六二〇）刊

京都　龍谷大學圖書館藏

（卷末刊記）

旹元和六年庚申五月十六日武州江戸開板

585 禪林類聚　四冊（活字版）　元和六年（一六二〇）刊　京都　建仁寺兩足院藏

（卷末刊記）

於越前國靈泉寺二代目雷澤和尚之假名點細被付置候不殘一點校合悉致精誠畢

于時元和六庚申極月吉辰　二條通仁王門町長島世兵衛開梓

586 皇宋事寳類苑　十五冊（活字版）　元和七年（一六二一）刊　京都帝國大學圖書館　東京岩崎文庫　京都久原文庫藏

（卷末刊記）

皇宋事寳類苑吉州太守江少虞所撰也葢此書之趣恐遺文逸説可事美一時語流千載者之泯絶也其顛末詳于序文今不復贅矣伏惟皇帝陛下叡智夙成之天性柔仁博愛之至道悉叢于聖躬紀綱整肅于朝中車書混一于海内加之萬機餘暇孳孳學術惜白駒忙於書窓跋江燭轉於夜几不啻校訂本朝國史特設經史子集之庫其經營也塗以黝堊堆以金碧甍棟雄麗而結霞闌楯衡直而炳日意匠出巧輪焉奐焉其前有池水

漣漪湛凝碧浮鳥戲乎其上游鱗躍乎其中佳木秀而布繁陰奇石疊而幻小峰風致璋其庭除如此大觀豈可以口舌賛揚而盡哉然而令如薜稷馬懷素沉詮期武平一之俊才知之於是下勅命曰令皇宋類苑鏤梓其叡旨要前人之言往古之行取之左右逢其原且又欲令天下國家之人誦斯文者視其美以爲勸視其惡以爲戒嗚乎大哉體乎業已了畢則先賢之言之美也以之爲寶而玩之則昆山精精之玉不足比擬焉高文之才之俊也以之爲苑而遊之則鄧林之材梗楠杞梓不足譬喩焉況又樂花開而禮葉茂氣焰生而麗藻光以盡美善矣問者辱宣庥命於臣僧某甲曰跋此書尾如臣某淺術末智醯甕之雞坎井之蛙如不知甕外之天井外之海今又老懶眼生昏花憑烏皮着睡工夫之外別無一所爲何以與毛刺史楮先生從事哉雖然固辭固請普天率土無處回避綴荒蕪詞塵黷宸眷惟深慚縮臣某不勝蒙恩遇故奉謝其萬一跋非臣敢所書

元和七年重光作噩六月晦日　前南禪臣僧瑞保謹書

587 鎮州臨濟慧照禪師語錄　一册（活字版）元和九年（一六二三）刊　京都　久原文庫藏

（卷末刊記）

元和九年孟冬吉旦洛陽　重刊

588 法苑珠林　百巻四十三册　自元和七年（一六二一）至寛永元年（一六二四）刊　古芸餘香所載

（巻末刊記）

（第一册三巻）　伊勢太神宮一切經本願常明寺宗存敬梓　元和九年癸亥年九月十二日

（第十四册三十四巻）　元和八年壬戌年十月十八日

（第三十八册八十八巻）　元和七年辛酉十一月吉日

（第四十三册百巻）　寛永元年甲子十二月二十七日

（各巻末に概ね刊記あるも元和七年より寛永元年までの年月日を印す）